高等院校汽车类创新型应用人才培养规划教材

新能源汽车基础

主　编　姜顺明

北京大学出版社
PEKING UNIVERSITY PRESS

内容简介

本书首先介绍了新能源汽车的发展概况，以及电动车辆的共性关键部件动力电池和驱动电动机的基础知识，重点阐述了纯电动汽车、混合动力汽车、燃料电池汽车的组成、原理及相应关键技术，对天然气汽车、液化石油气汽车、醇类燃料汽车等代用燃料汽车的基础知识也作了简要介绍，最后给出纯电动汽车和混合动力汽车动力性、经济性计算方法及 ADVISOR 性能仿真步骤。本书内容系统全面，理论性和实用性紧密结合，可使读者系统了解新能源汽车的基础知识。

本书可作为高等院校汽车类和交通类专业的教材，也可作为从事新能源汽车及相关领域的研发人员和管理人员的参考用书。

图书在版编目(CIP)数据

新能源汽车基础/姜顺明主编. —北京： 北京大学出版社，2015.7
高等院校汽车类创新型应用人才培养规划教材
ISBN 978-7-301-25882-8

Ⅰ. ①新… Ⅱ. ①姜… Ⅲ. ①新能源—汽车—高等学校—教材 Ⅳ. ①U469.7

中国版本图书馆 CIP 数据核字(2015)第 113174 号

书　　　名	新能源汽车基础
著作责任者	姜顺明　主编
策 划 编 辑	童君鑫
责 任 编 辑	黄红珍
标 准 书 号	ISBN 978-7-301-25882-8
出 版 发 行	北京大学出版社
地　　　址	北京市海淀区成府路 205 号　100871
网　　　址	http://www.pup.cn　新浪微博：@北京大学出版社
电 子 邮 箱	编辑部 pup6@pup.cn　总编室 zpup@pup.cn
电　　　话	邮购部 010-62752015　发行部 010-62750672　编辑部 010-62750667
印 刷 者	北京虎彩文化传播有限公司
经 销 者	新华书店
	787 毫米 ×1092 毫米　16 开本　18.75 印张　437 千字
	2015 年 7 月第 1 版　2025 年 1 月第 6 次印刷
定　　　价	56.00 元

未经许可，不得以任何方式复制或抄袭本书之部分或全部内容。

版权所有，侵权必究

举报电话：010-62752024　电子邮箱：fd@pup.cn

图书如有印装质量问题，请与出版部联系，电话：010-62756370

前　　言

汽车自发明以来已有一百多年的历史，对人类文明的进步起到了巨大的推动作用，是现代社会必不可少的运输工具。汽车工业是国民经济支柱产业，是一个国家科技水平和经济水平的重要标志。然而，随着各个国家汽车工业几十年的飞速发展，全球的汽车保有量急剧增加，使得人们面临由此带来的石油短缺和环境破坏的挑战。据美国石油业协会估计，地球上尚未开采的原油总储量不足两万亿桶，可供人类开采的时间不超过 95 年；在中大城市，空气污染中 80% 以上的 CO、40% 以上的 NO_x 及 20% 以上的微粒来自汽车尾气排放；此外，地球正面临全球变暖问题，而全球 CO_2 排放有 16% 来自汽车尾气排放。为此，发展节能、低排放的新型车辆的任务极为迫切。近十几年以来，纯电动汽车、混合动力汽车、燃料电池汽车、代用燃料汽车等新能源汽车受到极大关注，各国投入巨大的人力和资金对它们进行研发和推广。

新能源汽车的兴起使汽车工业面临一场新的技术革命。新能源汽车是多种高新技术凝聚的工业产品，集汽车、材料、电子、信息、电池、电机、智能控制等学科领域和工程技术的最新成果于一体。节能与新能源汽车关键技术主要包括高比能动力电池新体系及新材料，驱动电动机系统及核心材料，高效动力传动系统，整车动力集成与控制，高效燃料电池电堆，先进代用燃料发动机等。

本书共分 8 章。第 1 章介绍新能源汽车的概念，发展新能源汽车的意义及国内外新能源汽车的发展概况；第 2 章介绍各种类型动力电池的结构、工作原理、特性和关键材料；第 3 章介绍用于电动车辆的各种驱动电动机的结构、工作原理和特性；第 4 章介绍纯电动汽车的分类、驱动系统布置形式、动力系统设计方法，以及再生制动、电池充电、电池管理系统等关键技术；第 5 章主要介绍各种类型混合动力汽车的原理、工作模式和控制策略，以及混合动力汽车动力系统设计方法；第 6 章主要介绍质子交换膜燃料电池的结构与工作原理，以及燃料电池汽车的结构和类型；第 7 章介绍天然气汽车、液化石油气汽车、醇类汽车、生物柴油汽车、二甲醚汽车和氢气汽车等代用燃料汽车的基础知识；第 8 章介绍纯电动和混合动力汽车动力性、经济性的计算方法，以及应用 ADVISOR 软件进行车辆性能仿真的步骤与方法。

在本书的编写过程中，编者参考了大量的书籍和有关文献资料，特向其作者表示深切的感谢。由于编者水平有限，书中不足之处在所难免，敬请广大读者批评指正。

编　者
2015 年 2 月

目 录

第1章 概述 ………………………… 1
1.1 燃油汽车面临的问题 ………… 2
1.1.1 石油日益紧缺和能量使用效率低 ………… 2
1.1.2 对环境的危害 ………… 4
1.2 新能源汽车的定义与类型 …… 5
1.3 国外新能源汽车的发展概况 … 6
1.3.1 新能源汽车的发展历史 …… 6
1.3.2 各国新能源汽车发展计划 ………… 8
1.3.3 各国新能源汽车产业发展近况 ………… 11
1.4 国内新能源汽车的发展概况 … 14
1.4.1 我国新能源汽车发展计划 ………… 14
1.4.2 我国新能源汽车的相关政策 ………… 16
1.4.3 国内新能源汽车产业发展近况 ………… 16
思考题 ………………………… 21

第2章 车用动力电池 …………… 22
2.1 动力电池概述 ………………… 23
2.1.1 电池性能参数 ………… 23
2.1.2 对动力电池的性能要求 ………… 25
2.2 铅酸电池 ……………………… 27
2.2.1 铅酸电池的结构 ………… 27
2.2.2 铅酸电池的工作原理 …… 29
2.2.3 铅酸电池的充放电特性 … 31
2.2.4 铅酸电池的优缺点 …… 32
2.3 镍氢电池 ……………………… 32
2.3.1 镍氢电池的结构和工作原理 ………… 32
2.3.2 镍氢电池的正极材料 …… 34
2.3.3 镍氢电池的负极材料 …… 35
2.3.4 镍氢电池的充放电特性 … 37
2.3.5 镍氢电池的优缺点 …… 39
2.4 锂离子电池 …………………… 39
2.4.1 锂离子电池的结构与工作原理 ………… 40
2.4.2 锂离子电池的正极材料 … 41
2.4.3 锂离子电池的负极材料 … 44
2.4.4 锂离子电池的电解质 …… 45
2.5 其他电池 ……………………… 48
2.5.1 金属空气电池 ………… 48
2.5.2 钠硫电池 ……………… 49
2.5.3 ZEBRA电池 …………… 49
2.6 超级电容 ……………………… 50
2.6.1 概述 …………………… 50
2.6.2 超级电容的工作原理 …… 51
2.6.3 超级电容的电极材料 …… 53
2.6.4 超级电容的应用 ………… 55
2.7 飞轮储能装置 ………………… 56
2.7.1 飞轮储能装置结构与原理 ………… 57
2.7.2 飞轮储能装置的特点 …… 59
2.7.3 飞轮储能装置的应用 …… 60
思考题 ………………………… 60

第3章 车用驱动电动机 ………… 61
3.1 驱动电动机概述 ……………… 62
3.1.1 驱动电动机的工作条件 … 62
3.1.2 对驱动电动机的要求 …… 62
3.1.3 驱动电动机的类型 ……… 63
3.2 直流电动机 …………………… 65
3.2.1 直流电动机的结构 ……… 65
3.2.2 直流电动机的工作原理 … 67
3.2.3 直流电动机的类型 ……… 67
3.2.4 直流电动机的机械特性 … 68

3.2.5 直流电动机的控制 ……… 70
3.2.6 直流电动机的特点 ……… 72
3.3 交流异步电动机 ……………… 73
　3.3.1 交流异步电动机的结构 …… 73
　3.3.2 交流异步电动机的工作
　　　　原理 …………………… 75
　3.3.3 交流异步电动机的机械
　　　　特性 …………………… 77
　3.3.4 交流异步电动机的控制 …… 78
　3.3.5 交流异步电动机的特点 …… 83
3.4 永磁交流电动机 ……………… 83
　3.4.1 永磁同步电动机的结构与
　　　　工作原理 ……………… 83
　3.4.2 永磁同步电动机的特点 …… 85
　3.4.3 无刷直流电动机的结构与
　　　　特性 …………………… 85
　3.4.4 无刷直流电动机的控制 …… 87
　3.4.5 无刷直流电动机的特点 …… 88
3.5 开关磁阻电动机 ……………… 88
　3.5.1 开关磁阻电动机的结构与
　　　　工作原理 ……………… 88
　3.5.2 开关磁阻电动机的运行
　　　　分析 …………………… 90
　3.5.3 开关磁阻电动机的控制 …… 92
　3.5.4 开关磁阻电动机的特点 …… 93
思考题 ……………………………… 94

第 4 章 纯电动汽车 ……………… 95

4.1 纯电动汽车概述 ……………… 96
　4.1.1 纯电动汽车的定义与
　　　　分类 …………………… 96
　4.1.2 纯电动汽车动力系统的
　　　　组成 …………………… 97
　4.1.3 纯电动汽车的特点 ……… 99
4.2 纯电动汽车驱动系统布置 …… 99
4.3 纯电动汽车动力系统设计 …… 101
　4.3.1 电动机的选择 …………… 101
　4.3.2 电池的选择 ……………… 103

　4.3.3 传动系统的选择 ………… 104
4.4 纯电动汽车示例 ……………… 105
4.5 纯电动汽车的充电 …………… 111
　4.5.1 纯电动汽车对充电的
　　　　要求 …………………… 111
　4.5.2 蓄电池的充电方法 ……… 112
　4.5.3 充电机 …………………… 114
　4.5.4 充电设施 ………………… 117
4.6 纯电动汽车的再生制动 ……… 121
　4.6.1 电动机的制动原理 ……… 122
　4.6.2 纯电动汽车的再生制动
　　　　原理 …………………… 126
　4.6.3 再生制动的控制策略 …… 127
4.7 电池管理系统 ………………… 128
　4.7.1 电池管理系统的功能 …… 128
　4.7.2 电池管理系统关键
　　　　技术 …………………… 130
思考题 ……………………………… 137

第 5 章 混合动力汽车 …………… 138

5.1 混合动力汽车概述 …………… 139
　5.1.1 混合动力汽车定义与
　　　　类型 …………………… 139
　5.1.2 混合动力汽车特点 ……… 141
5.2 串联式混合动力汽车 ………… 142
　5.2.1 串联式混合动力汽车
　　　　原理和工作模式 ……… 142
　5.2.2 串联式混合动力汽车的
　　　　功率控制策略 ………… 143
　5.2.3 串联式混合动力汽车
　　　　示例 …………………… 145
5.3 并联式混合动力汽车 ………… 147
　5.3.1 并联式混合动力汽车
　　　　原理和工作模式 ……… 147
　5.3.2 并联式混合动力汽车的
　　　　动力合成 ……………… 148
　5.3.3 并联式混合动力汽车的
　　　　功率控制策略 ………… 151
　5.3.4 并联式混合动力汽车
　　　　示例 …………………… 154

5.4 混联式混合动力汽车 ············ 159
　　5.4.1 混联式混合动力汽车的
　　　　　原理与工作模式 ········ 159
　　5.4.2 混联式混合动力汽车的
　　　　　优缺点 ···················· 160
　　5.4.3 混联式混合动力汽车的
　　　　　功率控制策略 ············ 161
　　5.4.4 混联式混合动力汽车
　　　　　示例 ······················· 161
5.5 插电式混合动力汽车 ············ 166
　　5.5.1 插电式混合动力汽车
　　　　　概述 ······················· 166
　　5.5.2 插电式混合动力汽车的
　　　　　结构与工作模式 ········ 169
　　5.5.3 插电式混合动力汽车
　　　　　示例 ······················· 170
5.6 混合动力汽车动力系统设计 ··· 172
　　5.6.1 概述 ························ 172
　　5.6.2 串联式混合动力汽车
　　　　　动力系统设计 ············ 174
　　5.6.3 并联式混合动力汽车
　　　　　动力系统设计 ············ 175
　　5.6.4 混联式混合动力汽车
　　　　　动力系统设计 ············ 175
思考题 ·· 176

第6章 燃料电池汽车 ··············· 177

6.1 燃料电池概述 ························ 178
　　6.1.1 燃料电池的概念与
　　　　　特点 ······················· 178
　　6.1.2 燃料电池的类型 ········ 180
6.2 氢的制取与储存 ···················· 182
　　6.2.1 氢的制取 ·················· 183
　　6.2.2 氢的提纯 ·················· 186
　　6.2.3 氢的储存 ·················· 187
6.3 质子交换膜燃料电池 ············ 190
　　6.3.1 组成与工作原理 ········ 191
　　6.3.2 膜电极 ····················· 191
　　6.3.3 双极板 ····················· 198
　　6.3.4 水管理 ····················· 200
　　6.3.5 热管理 ····················· 203

6.4 燃料电池汽车结构与类型 ······ 206
　　6.4.1 燃料电池汽车的特点 ··· 206
　　6.4.2 燃料电池汽车的组成 ··· 206
　　6.4.3 燃料电池汽车的类型 ··· 209
6.5 燃料电池汽车的氢安全 ········· 215
　　6.5.1 氢气的安全特性 ········ 215
　　6.5.2 燃料电池汽车氢安全
　　　　　措施 ······················· 217
思考题 ·· 220

第7章 代用燃料汽车 ··············· 221

7.1 天然气汽车 ··························· 222
　　7.1.1 车用天然气 ·············· 222
　　7.1.2 天然气汽车的类型与
　　　　　特点 ······················· 223
　　7.1.3 天然气汽车的燃料
　　　　　供给系统 ·················· 225
　　7.1.4 天然气汽车的应用 ···· 230
7.2 液化石油气汽车 ···················· 233
　　7.2.1 车用液化石油气 ········ 233
　　7.2.2 液化石油气汽车的类型与
　　　　　特点 ······················· 235
　　7.2.3 液化石油气汽车的燃料
　　　　　供给系统 ·················· 236
　　7.2.4 液化石油气汽车的
　　　　　应用 ······················· 239
7.3 醇类汽车 ······························ 239
　　7.3.1 甲醇燃料汽车 ··········· 239
　　7.3.2 乙醇燃料汽车 ··········· 243
　　7.3.3 醇类燃料发动机 ········ 246
7.4 生物柴油汽车 ······················· 249
　　7.4.1 生物柴油的特点 ········ 249
　　7.4.2 生物柴油的原料与
　　　　　生产 ······················· 250
　　7.4.3 生物柴油的应用 ········ 253
7.5 二甲醚汽车 ··························· 254
　　7.5.1 二甲醚的特点 ··········· 254
　　7.5.2 二甲醚的生产 ··········· 255
　　7.5.3 二甲醚汽车的应用 ···· 256
7.6 氢气汽车 ······························ 258
　　7.6.1 氢气燃料的特点 ········ 258

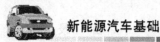

  7.6.2 氢气汽车的应用 ……… 259
 思考题 …………………………… 261

第8章 电动车辆性能与仿真 … 263
 8.1 电动车辆的纵向受力 ………… 264
  8.1.1 驱动力 ………………… 264
  8.1.2 行驶阻力 ……………… 265
  8.1.3 行驶方程式 …………… 267
 8.2 电动车辆的动力性 …………… 267
  8.2.1 动力性评价指标 ……… 267
  8.2.2 动力性计算方法 ……… 268
 8.3 电动车辆的经济性 …………… 270

  8.3.1 纯电动汽车的经济性 …… 270
  8.3.2 混合动力汽车的燃油
     经济性 ………………… 273
 8.4 电动车辆ADVISOR性能仿真 …… 275
  8.4.1 性能仿真方法 ………… 276
  8.4.2 ADVISOR软件介绍 …… 277
  8.4.3 ADVISOR的性能仿真
     应用 …………………… 279
 思考题 …………………………… 289

参考文献 ………………………………… 290

第 1 章 概 述

本章教学目标

通过本章的学习,要求了解燃油汽车面临的能源和环境问题,理解新能源汽车的含义,了解国内国外新能源汽车的发展情况。

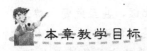

本章教学要点

知识要点	能力要求	相关知识
新能源汽车	理解新能源汽车的含义	纯电动汽车、混合动力汽车、燃料电池汽车及代用燃料汽车的定义
燃油汽车面临的问题	了解全球和我国石油紧缺及当前燃油汽车增长情况; 了解燃油汽车对环境的危害情况	汽车的能量使用效率; 温室效应
国外新能源汽车的发展	了解新能源汽车的发展历史; 了解各国新能源汽车的研发计划; 了解各国新能源汽车的产业发展情况	美国的 PNGV 计划
国内新能源汽车的发展	了解我国新能源汽车的研发计划; 了解我国新能源汽车的产业发展情况	我国新能源汽车产业政策

新能源汽车基础

导入案例

2012年7月，国务院印发的《节能与新能源汽车产业发展规划(2012—2020年)》制定了新能源汽车到2015年累计产销量达到50万辆及到2020年达到500万辆的目标。但到2014年7月，保有的新能源汽车只有大约7万辆，而且大多数都是城市公交，距离2015年50万辆的目标相差甚远。政府认识到问题的紧迫性，2014年以来出台了一系列新的政策和法规，旨在提升消费者购买新能汽车的兴趣。这些政策和法规包括：

- 减免三种新能源汽车(纯电动车、插电式混合动力汽车和燃料电池车)10%的购置税。
- 财政部、发展改革委员会和其他相关政府部门联合出台政策，到2016年，政府机关及公共机构购买的新能源汽车占当年配备更新总量的比例不低于30%。
- 一些地方政府对购买新能源汽车实行额外补贴。
- 部分一线城市(如北京和上海)为国产新能源汽车提供上牌配额，甚至免费上牌。

可见，我国对于推广新能源汽车的决心非常大。那么，什么是新能源汽车？我们为什么要大力发展新能源汽车？当前世界各国在新能源汽车研发和普及方面的情况如何？本章的学习将回答以上问题。

1.1 燃油汽车面临的问题

1.1.1 石油日益紧缺和能量使用效率低

1. 石油日益紧缺

石油是现代工业和交通的重要能源，世界各国的经济和社会发展离不开石油。目前汽车的主体仍然是燃油汽车，其能量来源于石油，汽车消耗的石油量约占石油总生产量的一半。随着汽车保有量的逐年增加以及现代工业的不断发展，石油的需求量与日俱增。然而石油是一种不可再生的能源，在地球上的储量是有限的，有限的储量与巨大的需求量间的矛盾形成了日益剧烈的供需失衡，现代社会面临严峻的能源挑战。

《BP世界能源统计2011》的数据显示，2010年的产量为299亿桶，消耗量为319亿桶，截至2010年年底，全球已探明的石油储量为13832亿桶，储产比(年底的储量除以该年度的产量得到的数值，可近似表示剩余储量的开采年限)为46.2。据美国石油业协会估计，即使加上未探明的储量，地球上尚未开采的原油总储量不足两万亿桶，可供人类开采的时间不超过95年。为了延长石油的可开采年限，人们已经不得不开始降低石油开采的速度。国际能源署2009年对全球800多处主要油田所做的评估显示，多数大油田已过产油高峰期，石油生产的下滑速度逐年加大。

中国正处于经济的快速发展期，对石油的需求量巨大，国内的石油产量满足不了实际需求。《BP世界能源统计2011》的数据显示，中国2010年的石油产量为14.9亿桶(占全球5.2%），消耗量为33.1亿桶（占全球10.6%），截至2010年年底已探明的石油储量为148亿桶（占全球1.1%），储产比为9.9。

据统计，中国2002年石油消费量为2.24亿吨，2012年为4.92亿吨，这段时期内，石油产量则基本稳定在2亿吨左右，年增幅非常有限，新增石油消费几乎都由进口解决，2002年石油对外依存为31%，2012年达到58%，11年间对外依存度增长27个百分点，年均增长2.5个百分点。

中国汽车工业正进入快速发展阶段，汽车年产销量和保有量增加迅速，加剧了我国面临的石油短缺的严峻形势。中国汽车工业协会的统计显示，2012年中国汽车产销量连续4年世界第一，产量1927.18万辆，销量1930.64万辆，同比分别增长4.6%和4.3%。中国国家统计局发布数据显示，2011年年末，中国汽车保有量达到10578万辆，比上年末增长16.4%。中国汽车保有量将保持持续增长的势头，业内预计至2020年，中国的汽车保有量将达到2亿辆。中国未来每年将新增约1000万辆汽车，折算每年增加5000万吨原油消耗，考虑到中国的石油产能，汽车能源消费的增长需求主要靠进口支撑。

2. 能源使用效率低

石油资源的有限和紧缺决定了我们在使用石油时必须尽量高效地利用它。车用燃油主要由原油提炼得到，但是目前燃油的能量使用效率还比较低。燃油汽车的能量使用效率与发动机的能量转换效率直接相关，发动机的效率一方面取决于发动机的设计、制造水平，另一方面与汽车行驶时发动机的负荷率有关。综合发动机效率、传动系统效率、汽车行驶工况等因素，汽油车和柴油车的平均效率分别约为16%和20%，若考虑燃油制取过程的效率，汽油车和柴油车总的能量效率分别仅为14%和18%。

发展新型动力汽车是提高交通运输的能源使用效率的有效途径。下面以纯电动汽车为例，简要计算其能量使用效率。目前我国火力发电量占80%以上，因此以火力发电效率作为计算依据，取平均效率38%，该效率比内燃机效率高。另外，考虑动力电池、电机、传动系统各环节的能量传递和转换及行驶工况等因素，纯电动汽车的效率仍高达65%~90%，而从初始能源到车轮的总能量效率为25%~34%。如果采用核能、水能、太阳能等其他能源的发出的电能，纯电动汽车的能量效率将更高。表1-1为各类车辆的能量效率。由表1-1可见，采用纯电动汽车、燃料电池汽车、混合动力汽车等新型车辆将能大幅度提高能源的使用效率，有利于节约地球上的宝贵石油资源。

表1-1 各类车辆的能量效率

初始能源	车载能源	燃料效率(WTT)	车辆类型	车辆效率(TTW)	总效率(WTW)
石油	汽油	88%	汽油车	16%	14%
		88%	汽油机混合动力车	30%	26%
	柴油	91%	柴油车	20%	18%
		91%	柴油机混合动力车	35%	32%

(续)

初始能源	车载能源	燃料效率(WTT)	车辆类型	车辆效率(TTW)	总效率(WTW)
天然气	压缩天然气(CNG)	85%	CNG汽车	15%	13%
		85%	CNG混合动力车	30%	26%
	氢气	59%~64%	燃料电池汽车	50%~60%	29%~39%
煤	电池	发电效率38%	纯电动汽车	65%~90%	25%~34%

注：燃料效率(Well To Tank, WTT)：燃料从矿井开采、加工、储存到加入油箱过程中的效率。
　　车辆效率(Tank To Wheel, TTW)：车辆上的燃料被转换和传递到车轮驱动车辆过程中的效率。
　　总效率(Well To Wheel, WTW)：考虑燃料从矿井开采、加工、储存、加入油箱，以及被转换和传递到车轮驱动车辆的整个过程中的效率。

1.1.2 对环境的危害

1. 二氧化碳(CO_2)排放

当前，地球大气层中的 CO_2 浓度平均为 387×10^{-6}（百万分之387），比工业化之前的 280×10^{-6} 浓度高得多。2000—2009 年间，大气 CO_2 浓度增长率为每年 2.0×10^{-6}，且逐年加速。人为因素是导致 CO_2 浓度急剧上升的主要原因。交通领域的 CO_2 排放量约占全球 CO_2 总排放量的四分之一，随着汽车生产量和销量的急剧增加，全球 CO_2 排放有 16% 来自于汽车尾气排放。

CO_2 是一种温室气体，温室气体的特点是能够吸收红外线。太阳光穿透大气层到达并加热地面，加热后的地面会辐射红外线从而释放热量，但这些红外线会被大气中的温室气体吸收，热量保留在地面附近的大气中，对地面起到了保温作用，故称之为"温室效应"。水蒸气所产生的温室效应占整体温室效应的 60%~70%，其次是 CO_2，大约占 26%。虽然水蒸气是最主要的温室气体，但与 CO_2 不同，水蒸气可以凝结成水，大气中的水蒸气含量基本稳定，不会出现其他温室气体的累积现象。因此控制温室效应主要考虑 CO_2。

大量排放 CO_2 会加剧温室效应，使全球气温升高。若大气 CO_2 含量比现在增加一倍，气温将升高 3~5℃，两极地区可能升高 10℃。气温升高将导致极端气候造成的自然灾害更强更频繁，如洪水、旱灾、热浪、飓风和龙卷风等。更令人担忧的是，气温升高将使两极地区冰川融化，海平面升高，许多沿海城市、岛屿将面临被海水吞没的威胁。

另外，大气的 CO_2 含量增加，会逐渐令全球海洋变酸。过酸的海水会导致珊瑚灭绝、浮游生物减少，甚至令海洋食物链崩溃。

2. 有害尾气排放

燃油汽车发动机的有害尾气排放物主要有一氧化碳(CO)、碳氢化合物(HC)、氮氧化合物(NO_x)和微粒排放。发动机排放的有害气体对城市空气构成污染，随着汽车保有量的增加，汽车尾气排放对空气污染的贡献度随之加重。在中大城市，空气污染中 80% 以上的 CO、40% 以上的 NO_x 及 20% 以上的微粒来自于汽车尾气排放。

CO 是燃油在燃烧过程中生成的中间产物，生成机理比较复杂，产生原因包括氧气不足、燃烧温度低、燃烧时间不足、可燃混合气混合不均等。CO是一种无色无味的气体，易和血红蛋白结合，对血红蛋白亲和力是氧的300倍，吸入人体后，同血液中的血红蛋白结合形成碳氧血红蛋白，阻碍血液向心脏、脑等器官输送氧气，从而引起各种中毒症状，甚至使人窒息。

HC包括未燃烧和未完全燃烧的燃油、润滑油蒸气及其裂解产物和部分氧化物，产生原因是混合气燃烧不完全、点火不良或泄漏。HC直接刺激视觉和嗅觉器官，吸入人体后会破坏造血机能，造成贫血、神经衰弱等症状。另外，HC也可能致癌。

NO_x主要包括NO和NO_2。NO是燃料在高温条件下燃烧生成的，生成量取决于氧的浓度、温度及反应时间。废气中NO排入大气后形成NO_2。NO吸入人体后会造成中枢神经系统障碍。NO_2会造成血液中血红蛋白变性，使血液输气能力下降，轻则引起呼吸异常、胸痛、恶心、咳嗽，重则导致肺气肿，直至死亡。

微粒主要指柴油机排气中的炭烟，是由烃类燃料在高温缺氧条件下裂解生成的，主要指直径0.1~10μm的多孔性碳粒，不完全燃烧产物（有些是致癌物质）可附着在碳粒表面。0.1mm以下的微粒对人体的危害最大，吸入肺叶后会吸附在肺细胞上，其中可溶性有机物、多环芳香烃等是致癌物质。

NO_x还会和HC在阳光作用下产生光化学烟雾，其主要生成物是臭氧，具有强烈氧化性，损坏某些人造材料（橡胶），伤害植物，使空气能见度降低，刺激人的眼睛和咽喉。

3. 噪声污染

城市噪声对于居民的干扰和危害日益严重，已经成为城市环境的一大公害。城市噪声主要包括交通噪声、工业噪声、建筑施工噪声、社会生活噪声等。城市区域内交通干线上的机动车辆噪声已成为城市的主要噪声，占城市噪声源的40%以上。城市交通干线的噪声可达65~75dB(A)，汽车鸣笛较多的地方甚至在80dB(A)以上。

汽车噪声按照接受者位置的不同分为车内噪声和车外噪声，对城市产生噪声污染的是车外噪声。汽车噪声按照产生机理又可分为发动机噪声、传动系统噪声、轮胎噪声和风激励噪声。发动机噪声包括燃烧噪声、进气噪声、排气噪声、风扇噪声及机械噪声等。

汽车噪声影响人们的正常生活和工作，干扰语言交流和通信联络，使人心情不安、烦躁、疲倦，工作效率下降，甚至分散注意力引起工作事故。有人做过试验证明，当噪声达到45dB(A)时，已睡眠的人的脑电波就会出现觉醒反映，当噪声达到55~60dB(A)时，打电话就有一定困难，当噪声达到65dB(A)时，就会明显地干扰谈话。

更严重的情况是噪声可使人的听力和健康受到损害。长时间和大强度噪声作用于人的中枢神经系统，使大脑皮层的兴奋与抑制平衡失调，脑血管张力遭到损害，使人产生头痛、脑涨、耳鸣、失眠、记忆力衰退和全身疲乏无力等症状。汽车噪声还会增加驾驶员和乘员的疲劳，影响汽车的行驶安全。

1.2 新能源汽车的定义与类型

新能源汽车的定义在不同国家其称谓也有所不同，在日本通常称为"低公害汽车"。2001年日本国土交通省、环境省和经济产业省制定了"低公害车开发普及行动计划"。该计划所指的低公害车包括 5 类：以天然气为燃料的汽车、混合动力汽车、电动汽车、以甲醇为燃料的汽车、排污和效率限制标准严格的清洁汽油汽车。在美国，新能源汽车通常只指"代用燃料汽车"。

我国已将研发和推广新能源汽车列入国家发展战略，近年来在整车和电池、电机等关键零部件的研究上取得了很大进展，制定了一些相关的生产、检测、试验国家和行业标准。有关新能源汽车的定义和种类划分的政府文件主要有以下两个。

2009 年 6 月工业和信息化部发布的《新能源汽车生产企业及产品准入管理规则》中第三条对新能源汽车的表述是：本规则所称新能源汽车，是指采用非常规的车用燃料作为动力来源（或使用常规的车用燃料、采用新型车载动力装置），综合车辆的动力控制和驱动方面的先进技术，形成的技术原理先进、具有新技术、新结构的汽车。新能源汽车包括混合动力汽车、纯电动汽车（BEV，包括太阳能汽车）、燃料电池电动汽车（FCEV）、氢发动机汽车、其他新能源（如高效储能器、二甲醚）汽车等各类别产品。

2012 年 7 月国务院发布的《节能与新能源汽车产业发展规划（2012—2020 年）》对新能源和节能汽车的表述是：新能源汽车是指采用新型动力系统，完全或主要依靠新型能源驱动的汽车，本规划所指新能源汽车主要包括纯电动汽车、插电式混合动力汽车及燃料电池汽车。节能汽车是指以内燃机为主要动力系统、综合工况燃料消耗量优于下一阶段目标值的汽车。

1.3 国外新能源汽车的发展概况

1.3.1 新能源汽车的发展历史

新能源汽车是近期才提出来的概念，实际上，作为新能源汽车中的一种，电动汽车出现的时间比内燃机汽车还要早。新能源汽车从最初的电动汽车发展到今天多种类型经历了漫长的过程，发展历程是间断曲折、不连续的。在一百多年的汽车发展历史中，新能源汽车主要经历了以下三个发展阶段。

1. 第一阶段（19—20 世纪初）

直流电机之父匈牙利发明家阿纽什·耶德利克于 1828 年在实验室试验了电磁转动的行动装置。美国人托马斯·达文波特在 1834 年发明了世界上第一辆电动车，这部电动车采用的是不可充电的干电池。1837 年，达文波特因此获得美国电机行业的第一个专利。

1859 年，法国物理学家加斯顿·普朗特发明了可充电的铅酸电池。随着蓄电池技术的发展，电动汽车在 19 世纪的下半叶在欧美得到了较大发展。1881 年，法国人古斯塔夫·特鲁夫在巴黎举行的国际电器展览会上展出了一辆电动三轮车，第一次把直流电动机和可充电电池用于私人车辆。

19 世纪末到 1920 年是电动汽车早期发展的黄金时期。这个时期的电动汽车装有钢丝辐条车轮、充气轮胎和软座椅，可以快速起动、加速并几乎没有噪声，比当时的内燃机汽车有着更多优势，这形成了以蒸汽、电机和内燃机三分天下的局面。1894 年美国人亨利·莫里斯和皮德罗·萨罗姆成立了电动客车和货车公司，制造出经久耐用的车辆，并在纽约创建了第一个电动车辆出租车队。20世纪初，美国安东尼电气、贝克、底特律电气、爱迪生等公司相继推出电动汽车，电动车的销量全面超越内燃机汽车，占领了美国私人机动车的主要市场。据统计，在20世纪初的全世界所有汽车中，有38%为电动汽车，40%为蒸汽车，22%为内燃机汽车。可见，电动汽车在当时的汽车发展中占据着重要位置。

1920年左右，电动汽车的生产达到了顶峰，但自此以后每况愈下，电动汽车市场逐步被内燃机驱动的汽车所取代。出现这种变化的主要原因是：城市道路的改善，人们开始追求高速和续驶里程的延长，电动汽车显得力不从心；内燃机技术取得很大进展，性能提升；石油的大量开发，燃油价格低廉。1920年以后，电动汽车几乎销声匿迹了，汽车工业进入了燃油汽车时代，只有在少数城市保留着有轨电车和无轨电车及少量电瓶车。电动汽车的发展从此停滞了大半个世纪，人们几乎忘记了还有电动汽车的存在。

2. 第二个阶段(20世纪70年代)

燃油汽车的发展特点是对石油供应的强烈依赖。20世纪70年代，全球发生了一场石油紧缺造成的能源危机，世界各国产生了强烈的危机感，在这样的背景下，人们又将注意力转向了电动汽车，电动汽车重新获得发展机遇。但是，这场能源危机过去之后，石油价格在20世纪70年代末开始下跌，石油短缺变得不再严重，这使得电动汽车在技术成熟和形成商业化产品之前，失去了进一步发展的动力。人们对电动汽车的兴趣和研发投入逐渐减小，电动汽车再次进入了发展的沉寂期。

3. 第三个阶段(20世纪80年代末期至今)

20世纪七八十年代是世界尤其是欧美各国工业化的快速发展时期，全球的汽车产量和保有量增加迅速。在20世纪90年代，人们意识到了燃油需求量巨大和石油资源有限的矛盾，开始寻求解决车辆驱动的能量来源问题的方法和途径。

另一方面，汽车数量的快速增加造成的空气污染日益严重。早在1943年，美国洛杉矶就发生了世界上最早的光化学烟雾事件。经过反复地调查研究，直到1958年才发现这一事件是由于洛杉矶的250万辆汽车排气污染造成的，这些汽车每天消耗约1600吨汽油，向大气排放1000多吨HC和400多吨NO_x，这些气体受阳光作用形成光化学烟雾。1971年，日本东京发生了严重的光化学烟雾事件。日本环保部门对东京几个主要光化学烟雾污染源进行调查后发现，汽车排放的CO、HC、NO_x三种污染物约占总排放量的80%。1997年夏季，拥有80万辆汽车的智利首都圣地亚哥也发生光化学烟雾事件，使圣地亚哥处于半瘫痪状态。

人们日益关注汽车排放对空气质量和温室效应所产生的不利影响，一些国家和地区开始实行更严格的排放法规，使得电动汽车发展再次获得机遇，对其进入市场起到了巨大的推动作用。1990年，美国加州大气资源管理局颁布了一项法规，规定1998年在加州出售的汽车中2%必须是零排放车辆，到2003年零排放车辆应达到10%。虽然在1998年这项法规的目标并没有完全达到，但它是一个良好的开端。受加州法规的影响，美国的电动汽车研发和应用迅速开展起来，并引发了世界其他各国电动汽车的发展。

在能源和环境的双重压力下，从20世纪90年代开始，电动汽车的研究开发进入一个活跃期。在这一时期，电动汽车的发展思路已有了重大转变，即由单一的纯电动汽车拓展为多类型的新能源汽车，混合动力汽车、燃料电池汽车、气体燃料汽车等新型汽车有了较大发展。汽车能源的多样化、能量利用高效化及零排放是今后车辆驱动技术的发展方向。

1.3.2 各国新能源汽车发展计划

为满足经济和社会的持续发展，今后较长一段时期全球汽车需求量还将保持增长。为应对日益突出的燃油供求矛盾和环境污染问题，世界主要汽车生产国纷纷加快部署，大力发展和推广应用节能技术，将发展新能源汽车作为国家战略，加快推进技术研发和产业化。

1. 美国

为了增强汽车工业的竞争能力，提高汽车燃料效率，减少有害气体和 CO_2 的排放，1993 年 9 月美国政府和美国三大汽车公司合作进行"新一代汽车合作伙伴计划"（The Partnership for a New Generation of Vehicles，PNGV）。时任美国总统克林顿形容该计划的意义时称只有阿波罗登月计划可以与 PNGV 计划相比。

PNGV 计划的目标如下。

（1）提升美国汽车公司的研发和制造水平，降低生产成本，提高汽车产品质量，最终增强美国汽车公司的竞争力。

（2）将商业可行的新技术应用于传统汽车，提高车辆的燃油效率及改善废气的排放。

（3）开发出燃油效率 3 倍于现有车辆的新一代车辆。

PNGV 计划对美国和全球汽车工业发展的影响深远，具体如下。

（1）PNGV 计划加快了美国汽车业的技术创新和产业升级，带动了能源、电子、信息等其他产业的技术进步和产业调整，提供了美国各工业部门间技术合作集成和成果产业化的有效途径，做出了在市场经济环境下，竞争企业之间以及企业与政府之间开展协作的良好典范。

（2）PNGV 计划加快了汽车产业全球联合重组。20 世纪 90 年代，各国的排放、节能及安全法规日益严格，汽车的开发、销售成本大幅增加，这引发了全球汽车公司合并、合作的潮流。这期间发生了戴姆勒与克莱斯勒合并、雷诺与日产联合、福特收购沃尔沃等事件。各大汽车公司间相互控股也时有发生。

（3）PNGV 计划虽然由美国发起，但它产生的影响是全球性的，引发各国家纷纷效仿，各自制定了本国的新一代汽车发展计划。可以说，PNGV 计划在世界范围内推动了汽车技术创新，引发了现代汽车工业具有划时代意义的大变革。

PNGV 计划开展 10 年之后，在混合动力汽车等方面取得了很大进展，为了适应新的发展形势，美国布什政府 2002 年初对 PNGV 计划进行重组调整，提出了"自由汽车协作计划"（Freedom Cooperative Automotive Research partnership plan，FreedomCAR）。

FreedomCAR 计划的重点是燃料电池汽车技术及相关氢气供应基础设施技术的研究。该计划不仅面向中型私家轿车，而且面向所有轿车和轻型卡车。FreedomCAR 计划由能源部领导，而不像 PNGV 计划由 7 个政府部门参加，最大的不同是燃料供应商参与了该计划。

FreedomCAR 计划的目标如下。

（1）从可再生能源制造氢燃料电池，摆脱对石油的依赖。

（2）研究成本不高、无排放污染的各种汽车。

（3）美国人可自由选择各种汽车，自由地获得经济、方便的燃料。

FreedomCAR 计划的战略步骤如下。
(1) 研发成本可承担的氢燃料电池汽车技术和氢气供应基础设施。
(2) 继续研发和推广降低燃油消耗和减少环境污染的技术。
(3) 研究用于多种车辆的燃料电池技术，而不仅限于某一种类型的汽车。

美国一直致力于提高乙醇以及生物柴油等可再生资源使用量。2005年发布的《能源政策法案》大力推广乙醇燃料开发，提出2012年时要消耗75亿加仑的生物质燃料。另外，该能源法还出台多项减税优惠措施鼓励人们购买使用液化气、天然气等非汽油燃料的节能汽车，以提高美国汽车行业的节能效果。2006年9月，美国通过《可再生燃料标准计划》，该计划旨在使美国使用的可再生汽车燃料数量从2006年约45亿加仑增加到2012年至少75亿加仑，相当于美国车用汽油需求量的3.71%。2007年1月24日，时任美国总统布什发表国情咨文，宣布了替代能源和节能政策，提出美国应努力在未来十年之内将汽油使用量降低20%，其中有15%是通过利用可再生燃料以及其他替代燃料实现的。美国在2007年通过的《能源独立和安全法案2007》中要求可再生燃料使用量在2022年达到360亿加仑(约1.1亿吨)，预计届时将占美国车用燃料的22%。

近年来，美国政府加大了对插电式混合动力汽车的研发投入和推广。2007年11月，美国能源部增加2000万美元投入加强对插电式混合动力汽车的研发，目标是到2014年制造出有成本竞争力的、充电一次就可跑40英里的插电式混合动力汽车，并到2016年实现批量生产。《2008年紧急经济稳定法案》规定从2009年1月1日开始，购买插电式混合动力汽车的消费者将获得2500~7500美元的税收抵扣额度。2009年，奥巴马政府将插电式混合动力汽车看成刺激美国经济和拯救汽车业的一张王牌，为了推进插电式混合动力汽车计划，短期内出台了多项措施：投入140亿美元支持动力电池、关键零部件的研发和生产，支持充电基础设施建设，消费者购车补贴和政府采购。奥巴马在2009年4月表示，联邦政府将购买由美国三大汽车厂商制造的1.76万辆节能与新能源汽车。2010年，美国首次将新能源汽车提到国家战略层面，明确提出2015年美国要有100万辆插电式混合动力汽车。同时，美国联邦政府计划到2012年联邦政府购车中一半是充电式混合动力汽车或纯电动汽车，从2015年开始联邦政府将仅采购纯电动、混合动力或其他新能源汽车作为政府用车。

2. 德国

德国是一个工业发达但资源短缺的国家，石油、天然气基本依靠进口，煤炭40%依靠进口。为改变能源供应依赖进口的局面，德国非常重视新能源的开发和利用，发展方向是可再生能源向电能的转化，德国在风能发电、太阳能发电、生物质能发电等方面的技术处于全球领先。近年，德国政府在再生能源开发应用、电网扩建和提高能效等方面进行了大规模的投入。2010年，德国电力生产的17%来自可再生能源，到2020年，这一比例将提高至35%，到2030年为50%。

近年来，德国政府高度重视新能源汽车的发展，先后制定、出台了一系列政策，采取了多项措施，大力发展和推广新能源汽车，确立的发展路线是将混合动力与清洁柴油技术视为近期过渡解决方案，纯电动汽车作为中远期的解决方案，而氢动力作为远期解决方案。2007年12月，德国政府发布的《能源气候一体化纲要》将加快电动汽车发展列为联邦政府的未来工作目标之一。随后，德国经济部、交通部、环保部和教研部联合成立了电动汽车工作小组。2009年9月，德国政府发布了《国家电动汽车发展计划》，该计划是德国发展新能源汽车的纲领性文件，将发展纯电动汽车和插电式混合动力汽车作为主要技术路线，采用能源、交通和环境相结合的整体解决方案来发展新能源汽车，详细规划了各类电动汽车的发展部署以及不同阶段的目标任务。根据该计划，到2020年，德国将在人口密集区建成全覆盖的充电基础设施，电动汽车数量将达到100万辆，到2030年，电动汽车数量超过500万辆，到2050年，城市交通不再使用化石燃料。

德国政府期望通过《国家电动汽车发展计划》的执行，达到以下目的。

（1）德国汽车公司领跑电动汽车产业，在世界电动汽车市场占据份额，确保德国汽车工业的领先地位。具体措施包括创立新型的电动汽车商业模式、推出新型电动汽车产品和服务、建立全球的电动汽车标准与规范等。

（2）逐步淘汰石化燃料汽车，实现交通的电驱动化，优化德国的能源使用结构，增加可再生能源在能源总消耗中的比例。

（3）与城市规划紧密结合，完善和优化德国的城市和公路充电设施网络。

3. 日本

日本的石油资源基本依赖进口，所以日本异常重视新能源汽车的开发和推广。

2001年，日本国土交通省、环境省和经济产业省制定了《低公害车开发普及行动计划》。该计划中，低公害车包括以天然气为燃料的汽车、混合动力汽车、电动汽车、以甲醇为燃料的汽车、排污和效率限制标准严格的清洁汽油汽车。该计划实行低公害车补助金制度。例如，轻型电动汽车享受与原型车差价一半的中央政府补贴。计划提出到2010年，低公害车要从2001年的63万辆增加到1000万辆，后又调整到1340万辆。

2002年，日本政府联合各大汽车厂商、能源企业，推出了《日本氢能和燃料电池实证示范工程（JHFC）》。示范工程包括两部分：一部分为燃料电池汽车示范运行，8个汽车厂用所制造的燃料电池轿车和公交车进行道路试验，通过试验测得车辆运行的各种状态参数，再对车辆的性能进行分析评价；另一部分为氢燃料供给设施示范，在东京建立9个加氢站，每个加氢站都采用不同的技术，如汽油重整、石脑油重整、甲醇重整、碱液电解、高压氢存储、液态氢存储等，为氢供给设施的推广应用提供经验和数据。

从2009年4月，日本实施了《绿色税制》，它的适用对象包括纯电动汽车、混合动力汽车、清洁柴油车、天然气车及获得认定的低排放且燃油消耗量低的车辆。前三类车被定义为"新一代汽车"，购买这类车可享受免除多种税收的优惠。消费者在更换使用了13年以上的旧车时，购买符合2010年度能耗标准的汽车，普通轿车可享受25万日元补贴，轻型轿车可享受12.5万日元的补贴，大巴和卡车则可享受40万～180万日元不等的补贴。如果购买时没有报废车，购买能耗低于2010年度能耗标准15%以上的汽车，普通轿车可享受10万日元的补贴，轻型轿车则可享受5万日元的补贴。

2010年4月，日本经济产业省发布的《新一代汽车战略2010》对日本汽车新能源产业发展进行了规划。该战略计划的主要内容如下。

（1）积极推动下一代汽车发展，力争2030年普及率达50%～70%。具体目标为：到2020年下一代汽车新车销量占新车总销量的20%～50%，其中混合动力汽车占20%～30%，电动汽车和插电式混合动力汽车占15%～20%，燃料电池汽车占1%，清洁柴油车占5%；到2030年，下一代汽车普及率达到50%～70%，其中混合动力汽车占30%～

40%，电动汽车和插电式混合动力汽车占 20%～30%，燃料电池汽车占 3%，清洁柴油车占 5%～10%。

（2）继续推动传统汽车的节能，具体措施包括制定 2020 年的车辆油耗基准值，对采用节能技术的汽车给予减税补贴等政策支持，推广低油耗驾驶方式以及完善城市交通管理体系等。

（3）促进汽车能源的多样化发展，具体包括推进生物燃料使用及相关基础设施的配套建设，推进清洁柴油车、柴油混合动力汽车和燃料电池汽车的普及等。

1.3.3 各国新能源汽车产业发展近况

20 世纪 90 年代中期，世界各大汽车生产厂商陆续投入新能源汽车的研究开发。经过多年技术发展和市场考验，混合动力汽车在产业化、商业化进程上的发展已经较为成熟，纯电动汽车基本具备了产业化的技术条件，但市场接受度有限，燃料电池汽车还处于技术发展阶段，但也有少量车型批量投入市场。世界新能源汽车产业的发展方向是近期提高传统内燃机节能技术和采用替代燃料如压缩天然气、液化石油气、生物燃料乙醇等，中长期是发展混合动力汽车，远期是发展纯电动汽车和燃料电池汽车。就目前来说，混合动力汽车成为各大公司的战略重点，突破了小型车的限制而应用于各型车辆上，市场竞争日趋激烈。

1. 美国

通用汽车公司把混合动力技术作为一个重要组成部分来发展，形成了独特的混合动力技术路线，从三方面开展技术研发，包括双模混合动力技术、轻度混合动力技术和混合动力在城市公交的应用。

雪佛兰 Tahoe 混合动力汽车采用艾里逊双模混合动力变速器，是全球第一款大型混合动力 SUV，也是首款搭载双模混合动力系统的车型，采用两种电动机（低速电动机和高速电动机），功率各为 30kW，300V 镍氢电池，燃油经济性可提高 30%。通用汽车公司还将双模混合动力系统用于柴油混合动力城市公交车上，该车搭载了 8.9L 柴油机，具有两个功率 100kW 的电动机（低速电动机和高速电动机），采用 588V 镍氢电池，其燃油经济性提高 60%，排放降低 90%，具有制动能量回收功能。从 2001 年起，有超过 300 辆通用产双模混合动力公交车在美国各地运行。

土星 Aura 和别克君越混合动力轿车配备了通用研发的带传动发电机/起动机（BAS）混合动力技术，BAS 是一种轻度混合动力系统，对现有内燃机汽车改造成本低且节油效果明显，能满足市场对混合动力应用的急切需求。BAS 在急速时关闭发动机，减速时切断供油，并能制动能量回收，电机功率占总功率的比例在 10% 以下。在起动时，可由电机驱动，在正常行驶和加速时由发动机驱动。与原始车型相比，采用 BAS 使燃油经济性提高 12%～15%。

2008 年 3 月，通用汽车公司发布了第二代混合动力 eAssist 系统，可使车辆燃油经济性提高 20% 左右。该系统基于原有 BAS 混合动力技术，采用了一系列先进技术，如使用性能更强劲的电动机、强化减速断油功能、强化制动能量回收功能、蓄电池充电的智能化和采用锂离子电池。另外，eAssist 系统有更多样化的动力系统可供选择，包括高效涡轮增压发动机、生物燃料发动机及柴油机。该混合动力系统目前已应用在土星 Vue、土星

Aura 以及雪佛兰 Malibu 等车型上。配置 eAssist 系统的土星 VueGreen Line SUV 是美国市场价格最低的混合动力 SUV。

2010 年，通用汽车公司发布了首款插电式混合动力车型沃蓝达(Volt)，其未来的战略部署主要集中在插电式混合动力，并将以沃蓝达车型为基准方向。

福特汽车公司 2004 年上市的混合动力版翼虎(Escape)是美国销售的第一款全混合动力 SUV，也是在美国制造的第一款全混合动力汽车。该车的全混合动力系统使其纯电动行驶能力大大强于此前的其他轻度混合动力汽车，在时速 30mile(1mile＝1.609km)以下都可以采用纯电动。混合动力翼虎装备了高效节能的四缸阿特金森循环发动机，配以电驱动系统，可在纯电动、纯机械动力或混合驱动之间自动切换，使其加速性能达到了与原版翼虎相近的水平，市区燃油经济性提高 75%。

福特汽车公司推行的电驱动化战略涵盖了纯电动汽车、混合动力汽车和插电式混合动力汽车三种电动车型，几乎是目前最全面的电动汽车发展计划，目前多数厂商主攻一种或两种驱动技术。福特汽车公司在纯电动汽车方面，2010 年推出了全顺 Connect 电动商用货车，2011 年推出电动版福克斯，2013 年又推出了电动版嘉年华。2011 年，混合动力版 Fusion 上市，2012 年福特汽车公司又推出了插电式混合动力 C-Max，瞄准丰田的 Prius，加入了激烈的混合动力汽车市场竞争行列。

除了电动和混合动力汽车的研发外，福特汽车公司在生物燃料和清洁柴油发动机领域也进行了研发和推广。福特汽车公司在全球不同市场上总共推出了 14 款灵活燃料车型，目前有超过 500 万辆福特灵活燃料汽车在全球各地运行。福特汽车公司还计划继续推出能够使用可再生燃料(如生物柴油和 E-85 乙醇)的产品。福特汽车公司宣称，只要美国的燃料与基础设施到位，能够在短期内使其半数产品可依靠替代燃料行驶。

2. 德国

大众汽车公司早年的新能源汽车路线是生物燃料及氢动力，近年来重新定位于电动和混合动力汽车，重点是插电式混合动力汽车，大众汽车公司期望在未来数年内，通过插电式混合动力这一途径将所有级别产品都实现电气化。

在纯电动方面，大众汽车公司 2010 年以来先后发布了电动宝来、电动高尔夫、电动朗逸和 UP! 家用电动车。大众汽车公司将其电驱动技术称为蓝驱(Blue-e-Motion)，采用的是磷酸铁锂动力电池组。

2010 年，大众汽车公司的途锐混合动力 SUV 批量上市。这款车采用机械增压技术的直喷汽油发动机与电动机驱动相结合的解决方案，混合动力系统的核心部件包括 TSI 增压 V6 发动机、8 速自动变速器及混合动力驱动模块。混合动力驱动模块是安装在发动机和自动变速器之间，可以协调汽油机和电动机并行工作，提供高达 279kW 的功率输出，及 580N·m 的最大转矩，燃油经济性较同级别 SUV 车型提高了 25%。

除了途锐混合动力 SUV，大众汽车公司还陆续推出了多款混合动力车型，如混合动力捷达轿车、混合动力高尔夫、混合动力帕萨特及混合动力奥迪 Q5、A6、A8 等，并计划推出其中几款的插电式混合动力版本。

2008 年，戴姆勒-奔驰汽车公司在日内瓦车展展出了 GLK BlueTec Hybrid 柴油混合动力概念车。BlueTec 是戴姆勒-奔驰汽车公司研发的有效降低柴油发动机氮氧化合物的新技术。在采用了多项新技术之后，GLK BlueTec Hybrid 的百公里油耗仅为 5.9L，排放则达到了欧洲 6 号标准。该车拥有一套高效节能的驱动系统，核心是 BlueTec 系统、混合动力模块和智能化能源管理系统，混合动力模块则由柴油发动机和电机构成。配备的四缸 2.2 L CDI 柴油机采用第四代共轨直喷技术以及两段式涡轮增压系统，可以提供 224 马力（1 马力＝0.735kW）的最大输出功率和 560N·m 的最大转矩。

戴姆勒-奔驰汽车公司 2009 年推出旗下首款量产混合动力汽车 S400 Hybrid。该车是全球第一款采用锂离子电池混合动力技术的量产轿车。高强度钢壳包裹着的锂电池组的体积只有两块砖头大小，发动机、电动机、变速器集成为一体，为乘坐和行李提供了大空间。S400 Hybrid 采用的是阿特金森循环 V6 发动机。0~100km/h 的加速时间为 7.2s，燃油经济性比同级别燃油车型提高了 20%。

宝马汽车公司将其混合动力汽车技术称为 ActiveHybrid，第一批 ActiveHybrid 车型 ActiveHybrid X6 和 ActiveHybrid 7 已于 2009 年底批量生产。与其他厂商的混合动力设计原则不同，宝马汽车公司不仅要通过混合动力技术降低排放和油耗，还要求混合动力产品能够提供比传统动力更强劲的动力。混合动力版宝马 X6 搭载一台 4.4L 排量、功率 300kW 的 V8 双涡轮增压汽油发动机，在此基础上加入两台功率为 67kW 和 63kW 的电动机，在电动机的帮助下，混合动力 X6 的最大输出功率增加到了 357kW，峰值转矩为 780N·m。该车综合百公里油耗为 9.9L，0~100km/h 的加速时间为 5.6s。宝马 ActiveHybrid 7 采用中混合动力驱动，使用新型高效锂离子蓄电池。锂离子电池大小与传统 12V 蓄电池相差无几，质量仅 28kg 左右，可方便地集成到车内，占用很小的安装空间。宝马 ActiveHybrid 7 搭载 4.4L 排量、342kW 双涡轮增压 V8 汽油发动机，15kW 三相交流同步电动机。该车综合油耗为 9.4L/100km，0~100km/h 的加速时间为 4.9s。除了 ActiveHybrid X6 和 ActiveHybrid 7，宝马还推出了发动机排量 3.0L、油耗更低的 ActiveHybrid 5 和 ActiveHybrid 3。

宝马汽车公司也布局于纯电动汽车，经过多年积累，2013 年 7 月发布了旗下第一款量产纯电动汽车宝马 i3。宝马 i3 使用一整块玻璃车顶，由前风窗一直延伸到车尾，为保证车身刚性不受影响，车顶处安装了高强度轻量化的 CFRP 碳纤维加固横梁，该材料还运用在整个乘员舱部分，车身全由铝合金材料制成，这些措施都是为了保证 i3 的续驶能力。宝马 i3 采用后置后驱的布局形式，电动机位于后桥后方，最大输出功率为 125kW，最大输出转矩为 250N·m。宝马 i3 0~100km/h 的加速时间为 7s，续航里程为 130~160km。在快速充电的情况下，20min 可以充满 80% 的电量。

3. 日本

日本的汽车公司较早进行混合动力汽车的研发，目前在混合动力技术领域处于领先，在全球混合动力汽车市场上占据大量份额。

1997 年，丰田汽车公司推出了世界第一款批量生产的混合动力汽车 Prius，并分别在 2003 年和 2009 年发布了第二代和第三代，是迄今为止全球销售总量最大的混合动力车型。混合动力 Prius 是一款全混合动力汽车，由 52kW 四缸发动机和 33kW 永磁同步电动机共同驱动，采用行星齿轮装置对发动机动力进行分配，一部分动力传到车轮，另一部分传给发电机，发电机输出的输出功率给电动机或者用于给镍氢电池充电。Prius 百公里综合油耗只有 5.1L，排放不到同级别燃油车的一半。2012 年，丰田汽车公司发布了插电式混合动力版的 Prius。

继 Prius 问世后，丰田汽车公司在十几年内又推出了众多的混合动力汽车车型，丰田旗下的多个品牌都有混合动力版本。2007 年，丰田汽车公司在东京车展推出了皇冠混合动力轿车。2010年4月，搭载了丰田新一代油电混合动力系统的凯美瑞混合动力轿车在广汽丰田量产下线。2010年7月，专为欧洲市场打造的Auris混合动力掀背车在欧洲上市。

雷克萨斯(Lexus)是丰田汽车公司旗下的豪华车品牌，其中有多款推出了混合动力版本。雷克萨斯混合动力GS450h搭载3.5L V6发动机，是世界上为数不多的大功率豪华混合动力运动轿跑车。雷克萨斯混合动力LS600h搭载5L V8发动机，是全球首款搭载V8发动机的混合动力汽车，也是丰田的旗舰混合动力轿车。雷克萨斯混合动力RX450h是搭载3.5L V6发动机的混合动力SUV。

本田汽车公司的经典混合动力汽车产品是Insight。混合动力Insight于2000年上市，搭配本田独创的集成电机辅助(IMA)混合动力系统，配备1.3L的i-VTEC三缸发动机，10kW永磁同步电动机，144V镍氢电池组，发动机和电动机集成同轴布置，发动机作为主动力，属于轻度混合动力系统。该车具有每升燃料行驶36km的超低油耗性能，是世界上油耗最低的量产汽车，在日本国内和世界其他各国都有很大销量。

除了Insight，本田汽车公司近年来还推出了多款混合动力车型，主要有飞度(Fit)混合动力轿车、CR-Z混合动力轿跑车、凌派(Crider)混合动力轿车、雅阁(Accord)混合动力轿车、思域(Civic)混合动力轿车和杰德(Jade)混合动力新概念轿车。

日产汽车公司不打算在混合动力汽车方面追赶丰田和本田，从2010年起将主攻方向放在量产的纯电动汽车上。日产聆风(Leaf)是目前纯电动汽车累计销量全球第一的车型。该车为五门五座掀背轿车，由层叠式紧凑型锂离子电池驱动，完全充电情况下可行驶160km。聆风采用家用交流电充电，需要8h将电池充满，而用专门的充电设备快速充电10min，可行驶50km。

1.4　国内新能源汽车的发展概况

1.4.1　我国新能源汽车发展计划

为了维护能源安全，改善大气环境，提高汽车工业的竞争力，我国政府对新能源汽车的研发和推广高度重视，已将增强新能源汽车领域的技术创新力、实现汽车工业跨越式发展列入国家发展战略。在21世纪初，科技部就将新能源汽车研发和产业化作为国家高新技术研究发展计划(863计划)的重点项目，至今已经连续执行了三个项目计划周期。

1. "十五"863计划：电动汽车重大科技专项

该专项选择新一代电动汽车技术作为我国汽车科技创新的主攻方向，计划在"十五"期间，以电动汽车的产业化技术平台为工作重点，力争在电动汽车关键单元技术、系统集成技术及整车技术上取得重大突破，促进符合现代企业制度和市场经济发展要求的研发体系和机制的形成。

该专项的任务是建立燃料电池汽车产品技术平台；实现混合动力电动汽车的批量生产，开发的产品通过国家汽车产品型式认证；推动纯电动汽车在特定区域的商业化运作。同时，完善国家电动汽车示范区和相关电动汽车检测基地的建设；研究、制定促进电动汽车产业化的政策、法规和相关标准，完善相关基础设施的建设；支持北京绿色奥运车辆的研发和应用示范。为我国在5～10年内实现电动汽车的产业化奠定技术基础。

该专项强调建立符合整车开发规律的严密的整车开发程序，提出以整车开发为主导，关键零部件和相关材料紧密结合、基础设施协调发展，政策法规、技术标准与评估技术同步展开的基本方针，保证电动汽车重大专项产品化和产业化目标的实现。

2．"十一五"863计划：现代交通技术领域"节能与新能源汽车"重大项目

该项目的任务是推进燃料电池汽车研发和示范运行，实现混合动力汽车规模产业化，拓展纯电动汽车的应用范围，进一步扩大代用燃料汽车的推广应用；促进节能与新能源汽车产业政策、法规和相关标准的研究与制定，完善相关检测评价能力，形成知识产权保护和投融资服务体系，构建节能与新能源汽车公共服务平台，建立我国节能与新能源汽车产业联盟；把握交通能源动力系统转型的重大机遇，建立以企业为主体的产学研结合的自主研发创新体系，实现产业化技术的跨越发展，为我国汽车工业可持续发展奠定坚实的基础。

该项目的总体布局是建立以燃料电池汽车、混合动力汽车和纯电动汽车动力系统技术平台为"三纵"，以燃料电池和动力蓄电池技术、电驱动系统技术及共性基础技术为"三横"的电动汽车"三纵三横"的研发布局，如图1.1所示。

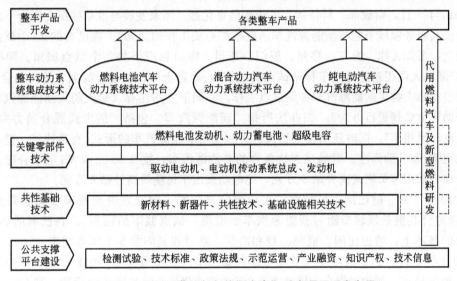

图1.1 十一五"节能与新能源汽车"重大项目研发布局

3．"十二五"863计划：现代交通技术领域电动汽车关键技术与系统集成（一期）重大项目

该项目总体目标是加强电动汽车产业化关键技术突破，强化示范考核和产业化研发，建立以企业为主体的产学研相结合的技术创新体系，支撑和引领我国汽车工业技术进步和跨越式发展。

该项目主要研究内容是开展系列化混合动力汽车产品的产业化技术研发，重点突破产品性价比的瓶颈，形成市场竞争力；开发系列化纯电驱动汽车及其能源供给系统，并探索电动汽车技术与商业运营模式的集成创新；发展以燃料电池汽车为代表的高端前沿技术，建立下一代纯电驱动动力系统技术平台，研制下一代纯电驱动汽车并进行考核示范。

1.4.2 我国新能源汽车的相关政策

2009年1月,财政部、科技部联合下发《关于开展节能与新能源汽车示范推广试点工作的通知》,确定北京、上海、重庆、长春、大连、杭州、济南、武汉、深圳、合肥、长沙、昆明、南昌共13个城市作为节能与新能源汽车示范推广的试点城市。同时颁布《节能与新能源汽车示范推广财政补助资金管理暂行办法》。根据该暂行办法,补助对象包括混合动力汽车、纯电动汽车和燃料电池汽车。其中,对于乘用车和轻型商务车:混合动力汽车最高补助5万元,纯电动汽车补助6万元,燃料电池汽车补助25万元;对于车长10m以上城市公交车:混合动力汽车补助5万~42万元,纯电动汽车补助50万元,燃料电池汽车补助60万元。

2009年3月,国务院出台《汽车产业调整和振兴规划》,提出实施新能源汽车发展战略,强调将以新能源汽车为突破口,加强自主创新,形成新的竞争优势。该规划还提出推动电动汽车及其关键零部件产业化,中央财政将安排补贴资金,支持节能和新能源汽车在大中城市示范推广。

2009年6月,工业和信息化部发布了《新能源汽车生产企业及产品准入管理规则》,明确了新能源汽车企业准入条件和新能源汽车产品准入条件,以及新能源汽车企业准入的申请程序和新能源汽车产品准入的申请程序。

2010年5月,财政部、科技部、工业和信息化部、国家发展与改革委员会联合下发《关于扩大公共服务领域节能与新能源汽车示范推广有关工作的通知》,在已有的13个试点城市的基础上,增加天津、海口、郑州、厦门、苏州、唐山和广州共7个试点城市。同时下发《关于开展私人购买新能源汽车补贴试点的通知》,确定上海、长春、深圳、杭州和合肥共5个城市启动私人购买新能源汽车补贴试点工作。一同下发的还有《私人购买新能源汽车试点财政补助资金管理暂行办法》,该办法所指"新能源汽车"包括"插电式混合动力乘用车"和"纯电动乘用车",同时还明确了私人购买和使用新能源汽车的形式(直接购买、整车租赁和电池租赁)和补助标准。对满足支持条件的新能源汽车,按3000元/kWh给予补贴。插电式混合动力乘用车每辆最高补贴5万元,纯电动乘用车每辆最高补贴6万元。

2010年7月,财政部、科技部、工业和信息化部、国家发展与改革委员会联合下发《关于增加公共服务领域节能与新能源汽车示范推广试点城市的通知》,在已有的20个试点城市的基础上,增加沈阳、成都、呼和浩特、南通和襄阳共5个试点城市。

2012年7月,国务院印发《节能与新能源汽车产业发展规划(2012—2020年)》。规划提出,到2015年,纯电动汽车和插电式混合动力汽车累计产销量超过50万辆;到2020年,纯电动汽车和插电式混合动力汽车生产能力达200万辆、累计产销量超过500万辆,燃料电池汽车、车用氢能源产业发展水平与国际同步。到2015年,节能型乘用车新车平均燃料消耗量降至5.9L/100km以下。到2020年,节能型乘用车新车平均燃料消耗量降至4.5L/100km以下,达到国际先进水平;商用车新车平均燃料消耗量接近国际先进水平。

1.4.3 国内新能源汽车产业发展近况

1. 国内主要新能源汽车企业

1)福田汽车公司

福田汽车公司是国内开发新能源汽车种类较多的汽车公司,其车型涉及插电式混合动力MPV、纯电动MPV、混合动力大客车、燃料电池大客车、CNG/LPG大客车、纯电动大客车、纯电动轻型环卫车以及混合动力轻卡。自2009年开始销售以来，福田汽车公司总计销售新能源汽车超过3000辆。福田汽车公司未来将致力于将电动汽车技术运用于商用车、乘用车系列产品。福田汽车公司开发的新能源汽车预计将达到五大类十多种车型。

2008年12月，以福田汽车公司为中心的北京新能源汽车设计制造产业基地正式成立，科技部和北京市政府联合授予福田汽车公司北京新能源汽车设计制造产业基地。北京新能源汽车产业联盟的办公机构也位于福田汽车公司，该联盟整合了北京乃至全国新能源汽车领域的优势资源，包括整车企业、零部件企业、科研院所以及终端用户等。该联盟由北汽控股、北京公交集团、北京理工大学等单位共同发起，目前已有精进电动科技、中信国安盟固利、ZF传动等几十家企业以及清华大学、中科院、运载火箭技术研究院等多家高校、科研院所加入了联盟。

2) 长安汽车公司

长安汽车公司是国内较早开展新能源汽车研发的企业，从2001年就开始布局新能源汽车，2002年加入"863计划"。长安杰勋混合动力汽车在服务于2008年北京奥运后，又加入"十城千辆"示范运行工程。长安汽车公司目前已开发、投放奔奔Love纯电动、奔奔Mini纯电动、志翔油电混合、杰勋油电中混、志翔燃料电池等多款新能源汽车车型。2011年，国内微车领域唯一的一款混合动力产品——长安金牛星混合动力汽车下线。

长安汽车公司已与全国25个新能源汽车示范运行试点城市建立了良好关系，目前已累计投放约500辆。

3) 一汽集团

"十一五"期间，一汽集团开发出解放牌全混合动力城市公交客车，比传统客车节油38%、排放达到欧Ⅳ标准。同时，一汽集团还将混合动力技术运用到卡车上。商用车的油耗和排放远大于轿车，混合动力商用车的开发对节能和减排意义重大。

一汽集团还开发了奔腾B70和B50全混合动力汽车，它们采用双电机全混合结构，具备混合动力所有功能（发动机怠速停机、纯电动、发动机单独驱动、联合驱动、串联驱动、制动能量回收），节油达到42%，排放优于国Ⅲ标准。奔腾B50混合动力汽车还具备插拔式可外接充电功能，40km/h等速工况下纯电动续驶里程达到60km。

一汽集团生产的我国首批50辆气电混合动力公交客车已经投入运营，按每天每车运行200km计算，平均每台车每年能减少二氧化碳排放54t。

一汽集团还研发了E-wing与E-coo两款纯电动仿生概念车。E-wing具有家用充电和快速充电两种充电模式，采用了单体自适应电量平衡技术。E-coo以狮子为仿生原型，具备整车动力与安全控制、能量分配与管理、故障诊断等控制功能。

4) 东风汽车公司

东风汽车公司2005年开始开发实用型纯电动车型，目前总计开发纯电动车辆10余款，涉及纯电动大客车、卡车、MPV、SUV、皮卡、微客和代步车等车型。从2006年开始，已在10个城市投放超过60辆纯电动SUV和皮卡，最长单车续驶里程60000km，示范运营里程超过20000km的车辆达35辆。

经过多年的研发实践，东风纯电动汽车开始逐渐走出试验阶段，走向市场。2009年底，东风天翼纯电动大客车开始商业化运作。

5) 上汽集团

上汽集团在国内较早实现新能源汽车的产业化，研发的荣威750中度混合动力轿车和荣威 550 插电式强混动力轿车已批量投放市场，它们综合节油分别达到 20% 和 50% 以上。另外，上汽集团的自主品牌纯电动轿车也已推向市场。

2010 年上海世博会期间，上汽集团提供了 1125 辆新能源汽车，其中混合动力汽车比例最大，混合动力大巴 150 辆，混合动力出租车 350 辆。

6) 奇瑞汽车公司

2001 年，奇瑞汽车公司成立了"清洁能源汽车专项组"，负责混合动力汽车、替代燃料汽车等清洁能源汽车技术的研究与开发。2010 年 4 月，奇瑞新能源汽车技术有限公司成立。

奇瑞汽车公司第一款 A5BSG 混合动力汽车于 2008 年批量上市，该车在芜湖、大连等城市作为出租车，同时也有部分是私人采购。ISG 中度混合动力汽车已进入小批量生产阶段，被多个新能源汽车示范试点城市作为出租、公务用车车型。2009 年，奇瑞汽车公司全面启动了新能源汽车大规模产业化及应用，奇瑞 A5ISG、A5BSG、S11EV 和 S18EV 进入了工信部发布的产品公告。2010 年 3 月，奇瑞汽车公司的第一批经济型纯电动轿车上市。

7) 比亚迪汽车公司

比亚迪汽车公司拥有电动汽车动力电池、驱动电动机和整车的研发能力和生产能力，代表车型是 F3DM 双模电动汽车和纯电动汽车 E6。F3DM 双模电动汽车于 2008 年 12 月在深圳上市，是全球第一款不依赖专业充电站的双模电动汽车。比亚迪汽车公司在动力电池方面有较强的研发实力，生产的电池以磷酸铁锂电池为主，除了自用外，产品还被国家电网和南方电网采用。

8) 吉利汽车公司

吉利汽车公司新能源汽车的研发方向是基于传统发动机的代用燃料技术，已开发出 CNG、LPG、甲醇燃料汽车等新能源车辆，部分技术已经投放市场。

2. 新能源汽车的示范推广

2009 年，我国启动了节能与新能源汽车示范推广的"十城千辆"工程，首先在北京、上海、重庆等 13 个城市开展示范推广试点工作，在公交、出租、公务、环卫和邮政等公共服务领域率先推广使用节能与新能源汽车。工程计划用 3 年左右的时间，每年发展 10 个城市，每个城市推出 1000 辆新能源汽车开展示范运行。2010 年 5 月，工程增加了 7 个示范城市。2010 年 7 月，又增加了 5 个示范城市，同时选择了 6 个示范城市进行私人购买新能源汽车试点工作。

"十城千辆"工程启动实施以来，一万多辆节能与新能源汽车在各地开展示范运行及技术考核，带动了新能源汽车技术的深入研发，增强了人们应用新能源汽车的意识。

1) 新能源汽车的购买与补贴

"十城千辆"工程是中央和各地方政府联合推进的国家重大项目，推广应用的范围以公共服务领域为主，各地在实施时基本以公共交通领域为主，私人购买只在少数几个城市试点。因此，示范运营的新能源汽车的采购具有明显的计划性和指令性，采购模式主要有政府采购、政府主导下的公交公司采购和公交公司自主采购三种。前两种采购模式有政府部门完全或部分参与，虽然具有计划性与可执行性强等优势，但也带来了一些问题。例如产生地方保护主义，当地主管部门为促进地方汽车企业发展，拉动本地 GDP 增长，政府采购往往把采购目标定位于本地生产企业，这不利于新能源汽车企业的市场竞争与技术进步。

在各示范试点城市，买新能源汽车除了可得到国家财政资助外，多数市政府也给予一定的财政补贴。但各市地方财政的购车补贴力度不一,其中部分城市的补贴力度较大。例如,大连市按1:5的比例对新能源汽车示范推广项目进行财政配套,对涉及示范项目的相关科技研发、产业培育和车辆购置进行重点补贴,如对纯电动公交车按照国家与地方1:1配套给予购车补贴,同时还补贴车辆购置税费的50%。成都市政府对购车的补贴力度也很大,给予中央财政补贴40%的购车财政补贴。此外,厦门市按车价的30%给予购车补贴。但也有部分试点城市对购车不给予地方财政补贴或补贴政策不明显。

除了中央和地方的购车补贴,部分试点城市对新能源汽车的使用与维护保养也给予财政补贴,鼓励消费者使用新能源汽车,培育新能源汽车消费市场。例如,杭州在中央财政补贴的基础上,市政府再安排了8亿多元财政资金资助新能源汽车消费者,具体包括:对纯电动汽车按车辆购置价格2%的标准给予维修保养补贴,对混合动力车按1%的标准执行等。重庆市由市财政出资,对新能源汽车的路桥费与保养费等也给予了补贴,如参照重庆市现行路桥费收取标准的三倍给予每辆车一次性过路、过桥费补贴计6900元。

新能源汽车购车补贴目前也存在一些问题,主要如下。

(1) 对个人购买新能源汽车的补贴力度偏低。在美国,个人购买一辆纯电动汽车,联邦政府补贴7500美元,各州政府再平均补贴约5000美元。日本政府对个人购买新能源汽车的补贴是每辆150万日元,大致相当于车价的1/3。与此相比,我国出台的新能源汽车私人购车补贴力度显明不够。

(2) 新能源汽车推广应用中税收制度的激励作用不够。我国的新能源汽车扶持政策基本是靠直接的财政补贴扶持其市场化发展,而相关的税收激励政策要么缺失,要么强度明显不够。发达国家扶持新能源汽车产业迅速发展的经验表明,税收调节与价格的杠杆效应明显大于直接的财政补贴。

2) 新能源汽车基础设施建设概况

为加快推进新能源汽车示范运营与市场化,国家及各地政府出台了一系列政策措施,扶持新能源汽车基础设施建设。在这些政策的推动下,我国新能源汽车基础设施建设取得了一定进展。

2010年8月,由一汽、东风、中国电网、中石油等16家中央企业加盟的电动车产业联盟正式成立,加快了我国新能源汽车的市场化步伐。而国家电网公司、中国普天信息产业集团公司、中国南方电网有限责任公司、中国保利集团公司等成员的加入,更是在很大程度上加快了我国电动汽车基础设施建设步伐与电动汽车市场化的步伐。国家电网公司表示,将加大充电设施建设力度,并计划建成面向公众服务的标准化充换电站75座、交流充电桩6209个。

各试点城市新能源汽车尤其是电动汽车基础设施建设态势良好,大都已建成大、中型充电站与充电桩。例如,合肥已建成5座充电站,可满足172辆电动汽车的充电需要,而合肥瑶海充电站则是目前国内最大的充电站,可同时满足98辆电动汽车的充电需求。上海市在《关于促进上海新能源汽车产业发展的若干政策规定》中提出,要加强新能源汽车充电站、加氢站等配套设施的规划和建设,有关配套设施建设纳入该市相应专业系统规划。对配套设施的设备投资给予不超过20%且不超过300万元的资金支持。鼓励和支持电力公司等企业参与充电站等配套设施的建设。在市政府的政策扶持下,目前国家电网公司在上海已经完成6个充电站的建设,建成的充电桩有100多个。大连市已完成纯电动示范车辆充换电设施布局规划,至2012年4月,已有8座充电站和200个充电桩为在线运行车辆提供服务。

阅读材料1-1

我国2014年7月节能与新能源汽车产量分析

我国2014年7月的节能与新能源汽车产量为6962辆,其中新能源汽车产量达到6147辆,占88.3%,混合动力汽车815辆,占11.7%,其中混合动力客车零产量。纯电动乘用车本月仍然保持了同比631%和环比6.83%的较高增长率,纯电动客车环比下降幅度最大,较上月下降75.12%,其他类型变化不大。在整车进口方面,7月混合动力乘用车有10家企业的20款车型进口国内,进口量2399辆,较上月略有下降。在纯电动乘用车进口方面,只有特斯拉和宝马i3有进口,其中特斯拉两款车型共进口1849辆。

7月节能与新能源汽车产量按能源类型分:混合动力汽车815辆,新能源汽车6147辆;按车型分:乘用车5871辆,占84.3%(其中新能源乘用车5056辆,混合动力乘用车815辆),占比较上月进一步扩大;客车909辆,占13.1%(其中新能源客车909辆,混合动力客车本月零产量),新能源专用车182辆,占2.6%,纵观2014年前7个月,新能源乘用车占比继续扩大。

在乘用车方面,纯电动乘用车本月共有12家企业的15款车型有产出,产量为4035辆,较上月23款车型生产3777辆相比较,本月的车型投产集中度更高,在一定程度上说明市场重点车型有所显现,用户市场已经呈现出一定的趋向性和偏好性。康迪小电跑本月继续领跑,并以超过7000辆的产量位列2014年累计产量头名,与国外的Car sharing模式以用户自助或专门的租赁公司运营不同,以康迪、众泰为代表的一类中低端纯电动汽车正在尝试一种新的推广模式,即以整车企业为主体,集充电设施建设、充换电运营、运营服务于一体的整车分时租赁模式,我们不妨称之为中国式Car sharing,这种方式是在国家补贴是以整车为对象且充电设施极不完备的前提下应运而生的,其模式、车型和用户的匹配度比较合理。在这种模式下,目标用户是仅以交通代步为目的,并不需要拥有,因此对车型的配置要求不高,相对价格也不能高,再往深一步想,这种中国式Car sharing一旦汇集了足够大量的用户,基于用户行为偏好的大数据分析可以吸引定向销售和广告投放,租金还可以再降低,扩张速度有可能加倍增长,甚至免费用车也不是没有可能,未来针对这种出行方式中国或能走出一条与众不同的新的Car sharing路线。插电式乘用车方面,2014年前7个月插电式乘用车只有三款车型安排投产。本月常规混合动力乘用车仍然是日系合资的天下,国内产量可以忽略不计,合资混动乘用车产量一直没有太大增长,中国的混合动力汽车市场较全球来讲差距不小,这与中国政府既定的"纯电驱动战略"及一系列政策不无关系。

在客车方面,本月产量均为新能源客车,常规混合动力客车产量连续两个月为零。其中纯电动客车产量为250辆,较上月环比大幅下降75.1%,纯电动客车是目前对财政补贴依赖度最高的车型,市场化程度最低,因此该车型的产量情况无法反映市场需求,目前只能是各个推广城市完成推广任务的必做功课,250辆的产量覆盖了21个车型,更加印证了此类车型的生产规模化程度低,传统新能源客车强势企业宇通、中通、恒通等本月仍未涉足纯电动客车生产。近期新能源客车市场格局初见端倪,主流客车厂更青睐于插电式客车,从成本回收和售后维护上投入的资金和人力更小一些。插电式客车本月共生产659辆,较上月小幅增长,宇通、金龙、恒通、中通等几大主流客车企业混战局面依旧。动力系统方面,磷酸铁锂加超级电容方案占比最大,其次是锰酸锂方案、钛酸锂方案,磷酸铁锂电池占比最少,在燃料方面,仍然是气电插电式客车产量更多,占61%。

思考题

1. 什么是新能源汽车？它有哪些类型？
2. 为什么各国要大力发展新能源汽车？
3. 我国新能源汽车的技术研发状况如何？
4. 我国近期有哪些新能源汽车推广和产业发展的政策？

第 2 章
车用动力电池

本章教学目标

通过本章的学习,要求熟悉电池各性能参数的含义,了解车用动力电池的性能要求,掌握铅酸电池、镍氢电池和锂离子电池的结构、工作原理与特性,了解超级电容和飞轮储能装置的结构和工作原理。

本章教学要点

知识要点	能力要求	相关知识
动力电池的性能	熟悉电池各性能参数的含义 了解车用动力电池的性能要求	电池的概念与分类
铅酸电池	掌握铅酸电池的结构与工作原理 掌握铅酸电池的充放电特性	阀控铅酸电池 胶体电解质
镍氢电池	掌握镍氢电池的结构与工作原理 熟悉镍氢电池的电极材料 掌握镍氢电池的充放电特性	镍氢电池正极活性物质 镍氢电池负极储氢机理
锂离子电池	掌握锂离子电池的结构与工作原理 熟悉锂离子电池的电极、电解质材料	层状结构、尖晶石结构和橄榄石结构的锂化 金属氧化物 嵌锂碳化物
超级电容	了解超级电容的结构与工作原理 了解超级电容的电极材料	双电层电容与准法拉第电容
飞轮储能装置	了解飞轮储能装置的结构和工作原理	飞轮储能装置在车辆上的应用方式

导入案例

图 2.1 为雪佛兰 Volt 插电式混合动力轿车的电池组。它外形呈 T 形,共包含 288 个锰酸锂离子单体电池,分装成 4 个电池模块再组合成组,重约 180kg,安放在后座椅的下面和前后座椅中间槽位置。电池组产生 360V 电压,具有 16kWh 的容量,可为 Volt 提供 80km 的纯电动行驶里程。电池管理系统监测和协调各单体电池的温度、电压等参数,保证它们工作状态的一致性。为防止电池过热,电池组采用液体冷却。

图 2.1 雪佛兰 Volt 的电池组

纯电动汽车、混合动力汽车和燃料电池汽车携带了一定量的电池作为主动力源或辅助动力源。那么,除了示例中的锰酸锂离子电池,还有哪些电池可以作为车用动力电池?它们是怎样工作的?各类电动车辆对动力电池要求是否相同?本章的学习将回答以上问题。

2.1 动力电池概述

电池是日常生活和工业生产中常见的一种储能装置,它的使用是电能输入转变为电化学能存储,再以电能形式输出的过程。不同的电池具有不同的电极材料和电化学特性,但电化学原理是相同的。

按照能否重复使用,电池可分为原电池(也称一次电池)和蓄电池(也称二次电池)。原电池在放电完毕后即报废,比如常见的干电池;蓄电池能够通过充电的方式使内部活性物质再生,把电能储存为化学能,需要放电时再次把化学能转换为电能。

按照电解质不同,电池可分为碱性电池、酸性电池、中性电池和有机电解质电池。碱性电池以氢氧化钾等碱性溶液作为电解质,如镍氢电池、镍镉电池等。酸性电池以酸性溶液为电解质,如铅酸电池。中性电池以盐溶液为电解质,如锌锰干电池。有机电解质电池主要以有机溶液为介质,如锂离子电池。

2.1.1 电池性能参数

1. 放电率

电池的性能和放电快慢有很大关系,因此必须对电池的放电快慢进行规定。描述电池放电快慢的参数是放电率,它可以从放电时间长短和放电电流大小两个角度进行定义。

时率:用放电时间表示放电速率,指一定的放电电流放电至达到不容许再放电状况时所需的时间,常用小时数为表述单位,此放电率称为 i 小时放电率。

倍率:以放电电流表示放电速率,指实际放电电流为额定放电电流的倍数。表示方法示例:$5C$、$20C$ 和 $C/3$ 分别表示放电电流为额定电流的 5 倍、20 倍和 1/3。

2. 电压

电池电压参数包括电动势、开路电压、工作电压、额定电压和截止电压等,分别定义如下。

电动势:电池正负极之间的平衡电极电位差。

开路电压:电池在开路时的端电压,等于正极电位与负极电位之差。开路电压一般小于电动势,这是因为两极在电解质所建立的电极电位通常并非平衡电极电位,而是稳定电极电位。一般可近似认为电池的开路电压就是电池的电动势。

工作电压:分为放电电压和充电电压。放电电压指的是电池两端接上负载后,在放电过程显示的电压;充电电压指的是对电池充电时电池的端电压。

额定电压:电池在标准规定的条件下工作时应达到的电压,可作为验收电池质量和电池选用的依据。

截止电压:分为放电截止电压和充电截止电压。放电截止电压指的是电池在规定条件下放电时,电池不宜再继续放电的最低工作电压;充电截止电压是电池充电至不宜再继续充电的最高工作电压。

3. 容量

电池容量分为理论容量、实际容量和额定容量。

理论容量:假定电池的活性物质全部参加成流反应,根据法拉第定律计算的电量。理论容量是电池容量的最大极限值,电池实际放出的容量只是理论容量的一部分。

实际容量:充满电的电池在一定条件下放电能输出的电量。常用的实际容量是 i 小时率放电容量,它指的是在恒流放电下,正好用 i 小时把充满电的电池放电到截止电压所能放出的电量,用 C_i 表示。启动电池用 C_{20},牵引电池用 C_5,电动汽车动力电池用 C_3 表示。

额定容量:在规定的放电条件下应该输出的电量,是验收电池质量和选用电池的重要标准。例如,我国将 3h 放电率容量 C_3 作为动力蓄电池的额定容量。

4. 比功率和功率密度

比功率:也称质量比功率,指单位质量蓄电池能够输出的功率,单位为 W/kg 或 kW/kg。动力电池的比功率影响电动汽车的加速性能和爬坡性能。

功率密度:也称体积比功率,指单位体积蓄电池能够输出的功率,单位为 W/L 或 kW/L。动力电池的功率密度越大,其占用的空间越小,电动汽车的装载量和车内空间越大。

5. 比能量和能量密度

比能量:也称质量比能量,指单位质量的蓄电池所能输出的能量,单位为 Wh/kg。动力电池的比能量影响电动汽车续驶里程。

能量密度：也称体积比能量，指单位体积的蓄电池所具有的能量，单位为 Wh/L。动力电池的能量密度越大，其占用的空间越小，电动汽车的装载量和车内空间越大。

6. 充电状态和放电深度

充电状态(State of Charge，SOC)指的是电池剩余容量占额定容量的比例。放电深度(Depth of Discharge，DOD)指的是已放出的电量与额定电量的比值。两者存在以下关系 DOD=1−SOC。

7. 使用寿命

电池使用寿命分为时间使用寿命和循环使用寿命两种。时间使用寿命指从电池制成开始，包括储存期和使用期在内的时间期限。循环使用寿命是电池容量降到某一规定值前，电池经历的充放电循环次数。在测定循环使用寿命时，必须规定充放电循环试验的条件，包括充放电速率、放电深度和环境温度范围等。

8. 自放电率

电池在存放过程中容量自行损失的速率，用单位储存时间内自放电损失的容量占储存前容量的百分数表示。

2.1.2 对动力电池的性能要求

用作电动车辆能量源的电池称为动力电池。纯电动汽车和混合动力汽车使用动力电池时，电池的工作状况不同，对其性能要求也不同。

1. 纯电动汽车对动力电池的要求

动力电池是纯电动汽车的唯一能量源，需要同时满足车辆的动力性和续驶里程的要求。动力电池多数时间进行的是频繁、电流不大的放电，但在加速、爬坡及制动时也应能承受较大的放电和充电电流，在整个行驶过程中，电池电压、电流有较大变化。针对这种使用特点，纯电动汽车对电池有如下几个方面的要求。

(1) 为保证需要的续驶里程，纯电动汽车应携带足够容量的电池组，要求选用的电池具有大的比能量和能量密度，有利于在有限的布置空间携带更多的能量，实现更长的续驶里程。

(2) 为了使车辆运行更长的续驶里程，使用电池的放电电流不宜过大，典型的连续放电不超过 $1C$，典型峰值放电不超过 $3C$。

(3) 为了尽可能地回收制动能量，提高能量利用率，电池应能接受较大的充电电流，要求能承受高达 $5C$ 的脉冲电流充电。

(4) 为了尽可能利用电池存储的容量来满足车辆行驶要求，要求电池能实现深度放电，必要时能实现满负荷功率和全放电。

(5) 电池具有长的使用寿命和较高的充放电效率，减少车辆的使用和运行成本。

2. 混合动力汽车对动力电池的要求

与纯电动汽车相比，混合动力汽车对电池容量的要求不大，电池工作情况也有所不同，主要在加速、爬坡时提供较大峰值功率，以及在制动时回收制动能量，频繁处于大电流充放电状态。根据使用特点，混合动力汽车对电池有如下几方面的要求。

(1) 为减轻发动机的负担,并满足加速、爬坡的动力性要求,要求电池能提供大瞬时功率。设计时应当选用大比功率的电池。

(2) 为满足动力性和回收制动能量的要求,电池应能承受大电流的充放电。

(3) 在苛刻的工作条件下,也能有很长的使用寿命,要求有1000次以上的深度放电循环和40万次以上的浅度放电循环。

(4) 为了保证正常使用和延长其使用寿命,电池SOC应当保持在50%~85%的范围内。

表2-1为我国863计划"节能与新能源汽车"重大项目对镍氢动力电池的指标要求。表2-2为美国先进电池联合会(USABC)制定的电动汽车电池的性能目标。

表2-1 "节能与新能源汽车"项目对镍氢动力电池的考核指标

容量规格/(A·h)	6、8	30、40	80
比功率/(W/kg)	≥1000	≥700	≥500
比能量/(Wh/kg)	40~45	45~50	≥50
最大放电倍率	20C(20s)	8C(30s)	5C(30s)
最大充电倍率	6C(10s)	4C(60s)	3C(60s)
单体电池内阻/mΩ	≤2.5	≤1.5	≤1.0
单体电压偏差/V	≤0.05		
单体容量偏差/(%)	≤5		≤10
使用温度范围/℃	-25~60		
搁置温度范围/℃	-40~80		
荷电保持能力(常温下搁置28天)	≥80%		
SOC估算误差/(%)	≤6		
安全性	通过行标或规范要求		

表2-2 USABC制定的电动汽车电池性能目标

性能指标	中期目标	长期目标
比能量(C/3放电率)/(Wh/kg)	80~100	200
能量密度(C/3放电率)/(Wh/L)	135	300
比功率(80%DOD/30s)/(W/kg)	150~200	400
功率密度/(W/L)	250	600
使用寿命/年	5	10
循环寿命(80%DOD)/次	600	1000
价格/(US $/kWh)	<150	<100
工作温度/℃	-30~65	-40~85
充电时间/h	<6	3~6

(续)

性能指标	中期目标	长期目标
效率(C/3 放电，6h 充电)/(%)	75	80
自放电率/(%)	<15(48h)	<15(月)

2.2 铅酸电池

铅酸电池自发明以来已有150余年的历程，在基础理论、性能等方面持续发展，很长时期内在化学电源中占据重要地位。目前形成了很大的产业链，在交通、通信、电力、航海、航空等领域有广泛的应用。早期的电动车辆多以铅酸电池为能量源。

2.2.1 铅酸电池的结构

按照电池盖密封与否，铅酸电池分为开口式和阀控式两种。

铅酸电池在充电末期电解质中的水会分解出氢气和氧气并析出，在电池内部形成气压，为了排出内部气体，开口式铅酸电池的电池盖设有开口。这类铅酸电池的缺点是需经常加酸、加水，维护工作繁重，并且气体溢出时携带酸雾，污染环境，腐蚀周围设备。

阀控式铅酸电池(Valve Regulated Lead Acid Battery)电池盖上设有安全阀(单向排气阀)，当电池内部气体量逐步增加，内部气压升高到设定值时，安全阀自动开启释放气体。当内部气压降低后，安全阀自动闭合使其密封，防止外部空气进入电池内部。这类电池采用负极板富余容量设计，充电末期氢气析出时电位提高，使正极出现氧气先于负极出现氢气，正极析出的氧气通过玻璃纤维隔板传送到负极表面与氢气结合为水，从而有效控制充电时的水电解，减少电解液的消耗，失水量很小，所以无需加水加酸。另外，还具有防爆、防酸雾、耐过充的优点。目前，阀控式成为铅酸电池的主流。

铅酸蓄电池的主要部件有正负极板、电解液、隔膜、电池壳、电池盖、安全阀，另外还有端子、连接条、极柱等附件。图2.2为普通铅酸电池结构图。

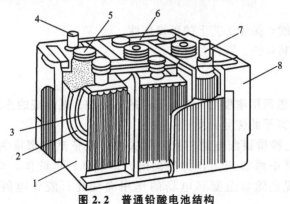

图 2.2 普通铅酸电池结构

1—正极板；2—隔膜；3—负极板；4—负极极柱；
5—加液盖；6—电极连接条；7—正极极柱；8—电池壳

1. 极板

正负极板是由板栅和活性物质组成。正极活性物质主要成分为二氧化铅（PbO_2），呈棕红色，负极活性物质主要成分为海绵状铅（Pb），呈深灰色。

参加电池反应的活性物质铅和二氧化铅是疏松的多孔体，需要固定在载体上。通常，用铅或铅基合金制成的栅栏片状物为载体，使活性物质固定在其中，该部件称为板栅。它的作用是支撑活性物质并传输电流。

正极板栅合金主要有铅钙、铅钙锡、铅钙锡铝、铅锑镉等。不同合金性能不同，铅钙、铅钙锡合金具有良好的浮充性能，但铅钙合金易形成致密的硫酸铅和硫酸钙阻挡层使电池早期失效，合金抗蠕变性差，不适合循环使用。铅钙锡铝、铅锑镉各方面性能相对比较好，既适合浮充使用，又适合循环使用。负极板栅合金一般采用铅钙合金，尽量减少析氢量。

多片正极板栅和负极板栅各自用焊接连起来，相互间隔穿插安装，中间用隔膜隔开，形成单体电池的极板组。

2. 隔膜

隔膜的主要作用：在正、负极板间起绝缘作用，防止正负极板短路，使电池结构紧凑；隔膜上有许多微孔，使电解液中正负离子顺利通过；阻缓与隔离脱落的正负极板活性物质；防止正负极板因震动而损伤。

隔膜可由 PVC、PE 塑料、微孔橡胶或玻璃纤维棉等制成。阀控铅酸电池中隔膜多采用吸附式玻璃纤维棉（Absorbed Glass Mat，AGM），电解液吸附在极板和隔膜中，贫电液设计，电池内无流动的电解液，电池可以立放工作，也可以卧放工作。AGM 材料隔膜具有如下特征。

(1) 优良的耐酸性能和抗氧化能力。

(2) 厚度均匀一致，无针孔、无机械杂质。

(3) 材料孔径小、孔率高。

(4) 优良的吸附性能，保留电解液能力强。

(5) 电阻小。

(6) 具有一定强度，保证工艺上的可操作性。

(7) 杂质少，尤其是铁、铜的含量低。

3. 电解液

铅酸电池的电解液采用密度为 $1.28g/cm^3$ 的稀硫酸。电解液的作用是参与正负极板的电化学反应以及作为离子的传导介质。

近年来，胶体电解质铅酸电池得到广泛关注。它依然用密度为 $1.28g/cm^3$ 的硫酸液作为电解液，在其中添加 SiO_2 作为凝固剂，形成乳白色胶体，电解液吸附在极板和胶体内。胶体的状况会随着温度和电场的作用而变化。胶体电解质铅酸电池的优点如下。

(1) 电解质凝胶化，使电池绝不漏液，比一般的铅酸电池多灌 10%～50% 的电解液。

(2) 充电接受能力强，容量衰减慢，能量转换效率高。

(3) 自放电率小。

(4) 循环寿命长，使用循环寿命在500次以上。

(5) 耐低温，在-20℃状态下放电，接近常温状态性能。

4. 电池壳、电池盖

电池壳、电池盖由ABS、PP材料或PVC材料制成，是盛放正、负极板和电解液等的容器，要求具有很高的强度和耐酸性。要求电池外壁在紧装配和承受内气压时外壁不能有明显气胀变形，对于PP外壳，应加钢壳加固，对于ABS和PVC外壳，壁厚一般要达到8~10mm。从散热角度看，要求电池外壳散热面积大、材料导热性好以及壁厚不能过大。

2.2.2 铅酸电池的工作原理

1. 充放电电化学反应

正极板置于硫酸电解质中，极板表面有部分活性物质PbO_2溶解，极板表面存在4价的铅离子Pb^{4+}，电动势为2.0V，负极表面也有部分活性物质Pb溶解，2价的铅离子Pb^{2+}溶入电解液，负极板表面剩下带负电的电子e，电动势为-0.1V，两极板之间的电动势为2.1V，这也是一个单体铅酸电池的电动势大小。当单体电池满足不了电压使用要求时，就需要将多个单体电池串联起来，例如，12V和24V的电压分别需要6个和12个单体铅酸电池串联。

当电池正负极两端接上用电负载时，电池处于放电状态，如图2.3所示。此时，负极板发生氧化反应，电极表面活性物质Pb失去电子，形成Pb^{2+}进入电解质，Pb^{2+}与电解质中的SO_4^{2-}结合生成$PbSO_4$，在负极板上析出；正极板发生还原反应，负极板失去的电子通过负载电路来到正极板，正极板上的Pb^{4+}得到电子还原成Pb^{2+}，也与电解质中的SO_4^{2-}结合生成$PbSO_4$，在正极板上析出。放电时，电池发生的电化学反应式为如下。

负极板：$\quad Pb - 2e \longrightarrow Pb^{2+}$

$\quad\quad\quad\quad Pb^{2+} + SO_4^{2-} \longrightarrow PbSO_4 \quad$（附在负极板上）

正极板：$\quad Pb^{4+} + 2e \longrightarrow Pb^{2+}$

$\quad\quad\quad\quad Pb^{2+} + SO_4^{2-} \longrightarrow PbSO_4 \quad$（附在正极板上）

总反应式：$\quad Pb + PbO_2 + 2H_2SO_4 \longrightarrow 2PbSO_4 + 2H_2O$

在放电过程中，正负极都生成$PbSO_4$，电解质中的SO_4^{2-}减少，硫酸液浓度和密度都减小。这预示着如果可以找出电解质浓度与电池状态参数（例如电压、SOC）的关系，就可以通过检测电解质的密度来反应放电的进程。

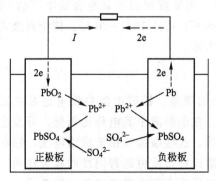

图2.3 铅酸电池放电过程

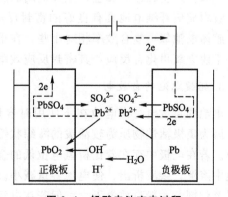

图2.4 铅酸电池充电过程

充电时，电池正负极与外接电源相连，如图2.4所示。正极发生氧化反应，电极板表面$PbSO_4$的Pb^{2+}失去两个电子变成Pb^{4+}，最后在正极生成PbO_2；负极发生还原反应，电极表面$PbSO_4$的Pb^{2+}得到两个电子还原成Pb，在负极板上析出。两电极表面$PbSO_4$的SO_4^{2-}不断回到电解质，电解质硫酸的浓度和密度都增加。充电时，电池发生的化学反应式如下：

正极板：$PbSO_4 + 2H_2O \longrightarrow PbO_2 + 4H^+ + SO_4^{2-} + 2e$

负极板：$PbSO_4 + 2e \longrightarrow Pb + SO_4^{2-}$

总反应式：$2PbSO_4 + 2H_2O \longrightarrow Pb + PbO_2 + 2H_2SO_4$

充放电过程总的反应式可写成：

$$Pb + PbO_2 + 2H_2SO_4 \underset{充电}{\overset{放电}{\rightleftharpoons}} PbSO_4(负极) + PbSO_4(正极) + 2H_2O$$

从充放电过程总的反应式可以看出，铅酸电池的充放电反应为可逆的过程，在放电过程中正负极都生成$PbSO_4$，这种充放电反应理论称为双极硫酸盐化理论。

2．充电时的氧循环

充电过程中存在水分解反应，当正极充电到70%时，开始析出氧气，负极充电到90%时开始析出氢气，由于氢氧气的析出，如果不采取措施，电解质就会失水过多以致干涸。早期的传统铅酸蓄电池，析出的氢气和氧气从电池内部排出，不进行气体的复合再利用，故经常需加酸、加水维护。阀控式铅酸电池能在电池内部对氧气复合利用，同时抑制氢气的析出。它采用负极活性物质过量设计，具有吸附玻璃纤维或胶体电解液吸附系统，正极在充电后期产生的氧气可通过吸附玻璃纤维或胶体空隙扩散到负极，与负极海绵状铅发生反应，使负极处于去极化状态或充电不足状态，达不到析氢过电位，负极不会由于充电而析出氢气，电池失水量很小，使用期间不需加酸加水维护。

要使氧的复合反应顺利进行，必须使氧气从正极扩散到负极。氧的移动过程越容易，氧循环就越容易建立。氧以两种方式传输：一是液相传输方式，氧气通过在液相中的扩散到达负极表面；二是以气相的形式扩散到负极表面。传统富液式铅酸电池中，氧的传输只能以液相方式扩散到负极。但气相方式氧的迁移速率比液相方式大得多。阀控式铅酸电池提供了这种电极间的气体通道。充电末期，正极析出氧气，其附近有轻微的过压，而负极化合了氧，产生轻微的真空，正负极间的压差推动氧气经气体通道向负极移动。

吸附玻璃纤维电池具有良好的密封反应效率，在贫液状态下氧复合效率可达99%以上。胶体电池氧再复合效率相对小些，在干裂状态下，可达70%～90%。传统富液式电池几乎不建立氧再化合反应，其密封反应效率几乎为零。

3．铅酸电池的自放电

电池的自放电是指电池在不使用时容量减小的现象。铅酸电池自放电通常主要在负极，因为负极活性物质为较活泼的海绵状铅电极，在电解液中其电势比氢低，可发生置换反应。若在电极中存在着比析氢电位低的金属杂质，这些杂质和铅形成微电池，铅在此微电池中溶解，杂质析出，使电池容量减小。在电解液中杂质也起着同样的有害作用。正极为强氧化剂，一般自放电不大。但若在电解液中或隔膜上存在易于被氧化的杂质，也会引起正极活性物质的还原，从而减少容量。

2.2.3 铅酸电池的充放电特性

1. 放电特性

蓄电池放电特性指的是在放电过程中，蓄电池的端电压等电池状态参数随时间变化的规律。放电过程中，铅酸电池端电压分为开始放电、相对稳定和迅速下降阶段。

在放电之前，活性物质微孔中的硫酸浓度与电解质的硫酸浓度相同。放电开始时，电极表面处的硫酸被消耗，浓度立即下降，并且硫酸由电解质向电极表面扩散缓慢，不能即刻补偿所消耗的硫酸，电极表面处的硫酸浓度继续下降，由于决定电极电势的正是活性物质表面处的硫酸浓度，故电池端电压明显下降，如图 2.5 所示的放电曲线 AB 段。

随着电极表面处硫酸浓度的继续下降，与电解质浓度差加大，加快了硫酸向电极的扩散过程，电极表面和微孔内的硫酸得到补充。在某一段时间内，单位时间消耗的硫酸量基本可由扩散的硫酸来补充，故电极表面处的硫酸浓度变化缓慢。随着硫酸被消耗，整体的硫酸浓度下降，活性物质不断消耗，作用面积不断减少，电流密度增加，过电位也不断加大，故这个过程中电压随着时间缓慢下降，如图 2.5 所示的曲线 BC 段。

随着放电继续进行，正、负极活性物质逐渐转变为 $PbSO_4$，并向电极深处扩展。$PbSO_4$ 的生成使活性物质孔隙率降低，加剧了硫酸向微孔内部扩散的难度，$PbSO_4$ 导电性不佳，电池内阻增加，这导致在放电曲线的 C 点后，端电压急剧下降，直至达到规定的放电截止电压。

铅酸电池放电终了的特征如下。
(1) 电压降到放电终止电压。
(2) 电解液密度降到最小终止值。

2. 充电特性

蓄电池充电特性指的是在充电过程中，蓄电池端电压等状态参数随时间变化的规律。

充电开始时，$PbSO_4$ 转化为 PbO_2 和 Pb，并有硫酸生成，电极表面硫酸浓度迅速增大，电池端电压沿着如图 2.6 所示的充电曲线 AB 段急剧上升。当达到 B 点后，由于扩散，电极表面及微孔内的硫酸浓度不再急剧上升，端电压的上升变缓慢（BC 段）。PbO_2 和 Pb 逐渐增加，它们的孔隙也逐渐扩大，孔隙率增加。随着充电的进行，逐渐接近电化学反应的终点，即充电曲线 C 点。当极板上剩余的 $PbSO_4$ 不多，氧化还原所需的 Pb^{2+} 也急

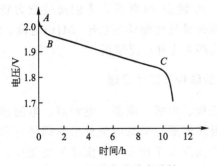

图 2.5 铅酸电池放电特性

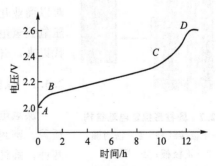

图 2.6 铅酸电池充电特性

剧缺乏，反应难度增加，当电池充入电量70%时，充电难度与水分解难度相当，正极开始析出氧气，电池端电压明显增加。当充入电量达90%以后，负极开始析出氢气，这时端电压达到 D 点，两极上大量析出气体，进行水的电解过程，端电压又达到一个新的稳定值，该值约为 2.6V。

铅酸电池充电终了的特征如下。
(1) 端电压和电解液密度上升到最大限值，并且在 2h 内不上升。
(2) 电解液发生剧烈的电解水反应，生成大量气体。

2.2.4　铅酸电池的优缺点

铅酸电池的优点如下。
(1) 技术成熟，原料易得，成本低。
(2) 比功率较大，达 200~300W/kg。
(3) 使用温度范围大，可在 -40~60℃ 环境下工作。
(4) 适合于浮充电使用，无记忆效应。
铅酸电池的缺点如下。
(1) 比能量低，只有 30~45Wh/kg。
(2) 质量大，限制了携带的电池数量。
(3) 使用寿命不长，循环使用寿命不到 500 次。

2.3　镍氢电池

镍氢电池是在镍镉电池的基础上发展起来的，相比起来，具有记忆效应小和环境友好的优点，被称为高能绿色二次电池，已被广泛应用于各类工业场合以及电子产品、电动工具等民用场合。由于能满足能量、功率、长寿命等方面的要求，镍氢电池当前大量应用于电动汽车，在混合动力汽车上成为主流动力电池。

20 世纪 70 年代，镍氢电池的负极活性物质采用的是预先充入电池的高压氢，尽管具有较好的电池性能，但是需要贵金属铂、钯作为催化剂，电池成本高，高压氢增加了电池密封的难度，限制了壳体材料的选择，且安全性差，难以商业化应用。20 世纪 80 年代，人们将注意力转向低压氢镍氢电池，即金属氢化物镍氢（Ni-MH）电池，90 年代以来，开始进入产业化并广泛应用。

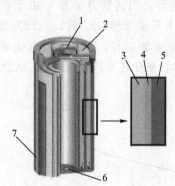

图 2.7　圆柱形镍氢电池结构
1—正极接线柱；2—密封圈；
3—正极板；4—隔膜；
5—负极板；6—负极集电极；
7—金属外壳

2.3.1　镍氢电池的结构和工作原理

镍氢电池由正极、负极、隔膜、电解液、电池钢壳及顶盖、密封圈等附件组成，镍氢电池外形有圆柱形和方形两种，圆柱形结构如图 2.7 所示，在圆柱形电池中，正负极用隔膜纸分开卷绕在一起，然后密封在钢壳中；在方形电池中,正负极由隔膜纸分开后叠成层状密封在钢壳中。隔膜采用多孔维尼纶无纺布或尼龙无纺布,厚度一般为 0.10~0.18mm。

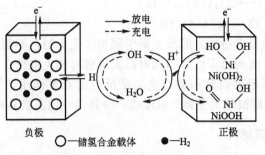

图 2.8 镍氢电池工作原理图

镍氢电池为碱性电池,电解质为 30% KOH 溶液,加入少量的 NaOH 和 LiOH。球状 Ni(OH)$_2$ 粉末与添加剂、黏合剂制成涂膏,涂在正极板上。正极活性物质为 Ni(OH)$_2$(充电时)和 NiOOH(放电时)。Ni(OH)$_2$ 中镍离子的为 2 价,NiOOH 中镍离子的为 3 价,Ni(OH)$_2$ 和 NiOOH 可以互相转化,Ni(OH)$_2$ 可以氧化成 NiOOH,NiOOH 可还原成 Ni(OH)$_2$。电池负极为储氢合金,由能反复吸收和释放出氢原子的合金晶格构成。负极活性物质为 H$_2$(放电时)和 H$_2$O(充电时)。

电池放电时,在负极发生氧化反应,正极发生还原反应。负极参加反应的活性物质为储氢金属合金 MH$_x$ 释放出的 H 原子,失去电子成为 H$^+$,再和电极附近电解质的 OH$^-$ 复合生成 H$_2$O;正极的活性物质为 NiOOH,得到电子还原成 Ni(OH)$_2$。放电时电化学反应式如下。

负极: $MH_x + OH^- \longrightarrow M + H_2O + e$

正极: $NiOOH + H_2O + e \longrightarrow Ni(OH)_2 + OH^-$

总反应: $MH_x + NiOOH \longrightarrow M + Ni(OH)_2$

电池充电时,负极发生还原反应,正极发生氧化反应。负极参加反应的活性物质此时为 H$_2$O,得到电子还原成 H 和 OH$^-$,其中 H 和储氢金属结合;正极的活性物质为 Ni(OH)$_2$,被氧化成 NiOOH。充电时的电化学反应式如下。

负极: $M + H_2O + e \longrightarrow MH_x + OH^-$

正极: $Ni(OH)_2 + OH^- \longrightarrow NiOOH + H_2O + e$

总反应: $M + Ni(OH)_2 \longrightarrow MH_x + NiOOH$

由充放电的反应式可见,镍氢电池的充放电过程是可逆的,负极发生 H$_2$ 和 H$_2$O 间的可逆变换,正极发生 Ni(OH)$_2$ 和 NiOOH 间的可逆变换。

电池有时会出现过放电和过充电的情况,镍氢电池有较好的耐过充过放的能力。过放电时,正极活性物质 NiOOH 消耗完了,此时正极的 H$_2$O 被还原成 H$_2$ 和 OH$^-$,但是在负极储氢金属的催化作用下,这些 H$_2$ 又扩散到负极和 OH$^-$ 反应生成水。可见,过放电时电池的总反应的净结果为零,保持了电池体系的稳定。过放电的反应式如下。

正极: $2H_2O + 2e \longrightarrow H_2 + 2OH^-$

负极: $H_2 + 2OH^- \longrightarrow 2H_2O + 2e$

镍氢电池一般采用负极容量过剩的配置方式。在过充电时,正极活性物质 Ni(OH)$_2$

消耗完后，继续充电正极会产生 O_2，通过隔膜扩散在负极上重新化合为水，既保持了电池内压的恒定，同时又使电电解质浓度不致发生过大变化。正、负极发生如下反应。

正极：　　　$4OH^- \longrightarrow 2H_2O + O_2 + 4e$

负极：　　　$H_2O + O_2 + 4e \longrightarrow 4OH^-$

镍氢电池的正、负极上所发生的反应属于固相转变机制，不额外生成和消耗电解液组分，正、负极都具有较高的稳定性，因此可以实现密封和免维护。负极容量大于正极容量的设计，加上储氢金属起到储氢和参与电化学反应的双重作用，使得正极在过充析出的 O_2 和过放析出的 H_2 都能被储氢金属负极吸收，故镍氢电池具有良好的耐过充过放能力。

2.3.2 镍氢电池的正极材料

镍氢电池的正极以质量轻、孔隙率高的泡沫镍作为电极基体，起导电和电极骨架的作用，泡沫镍的使用可增加电池容量。正极的活性物质是平均粒径为 $10\sim20\mu m$ 的 $Ni(OH)_2$ 粉末，由于纯 $Ni(OH)_2$ 的导电性很差，通常在 $Ni(OH)_2$ 粉末中加入一定量的导电物质如 CoO、镍粉、石墨或乙炔黑等来增加活性物质的导电性。粉料混合均匀后加入一定浓度的黏结剂调成膏糊状，然后涂至泡沫镍基体中，再经烘干、压片制成镍电极。

1. 对泡沫镍基体的要求

作为正极基板，泡沫镍应满足以下要求。

（1）为增加活性物质填充量，要求有足够高的孔隙率，一般以 95%～97% 为好，但过高会降低机械性能。

（2）有合理的孔隙结构，孔径分布在 $50\sim500\mu m$ 之间，孔的线性密度在 40～100 孔/25mm 之间。孔隙偏大，填充活性物质较容易，但过大会造成活性物质在充放电过程中的脱落，降低利用率。

（3）有足够的强度，好的延伸率，良好的反复弯曲性能。

（4）有大的比表面积，质量分布均匀，以利于基体与活性物质颗粒的接触和电极反应的进行。

（5）良好的导电性。

2. 活性物质

镍氢电池采用了正极小容量的设计，负极容量一般为正极的 1.3～1.7 倍，因此制备出高容量、高活性、高堆积密度的正极活性材料是提高电池性能的措施之一。随着镍氢电池技术的发展，对正极材料提出了更高的要求，要求 $Ni(OH)_2$ 电极的密度容量至少要达到 $550mAh/cm^3$。

充电态活性物质 NiOOH 有两种晶型结构：β-NiOOH 和 γ-NiOOH。放电态活性物质 $Ni(OH)_2$ 也有两种晶型结构：α-$Ni(OH)_2$ 和 β-$Ni(OH)_2$，通常为苹果绿的粉末物质。在强碱性介质中，α-$Ni(OH)_2$ 的氧化起始于 Ni/α-$Ni(OH)_2$ 固相界面，而 β-$Ni(OH)_2$ 的氧化则起始于 β-$Ni(OH)_2$/溶液界面，由于氧化机理不同，β-$Ni(OH)_2$ 电化学活性高于 α-$Ni(OH)_2$，一般的化学合成方法制得的 $Ni(OH)_2$ 多为 β 态。

按活性物质的形貌来分，$Ni(OH)_2$ 分为普通和球状两种。普型 $Ni(OH)_2$ 由传统的沉淀法生成。制备时由于成核速度远大于晶体生长速度，导致振实密度低下，从而造成电极填充密度的降低，同时比表面积非常大，电极的机械稳定性下降，影响其寿命。20世纪90

年代出现的球状 $Ni(OH)_2$ 粉末主要是通过控制结晶生长方式,对 $Ni(OH)_2$ 形态和粒度等实现有效的控制,从而大大提高了电极的填充密度,增大了电极的比容量。由于 $\beta-Ni(OH)_2$ 易制得且稳定性能好,故高密度、高活性的球形 $\beta-Ni(OH)_2$ 目前被广泛应用于商业化镍氢电池中。

3. 电极的添加剂

$Ni(OH)_2$ 是一种导电性不良的 P 型半导体,放电过程由固相质子扩散控制。在一定的放电深度时,由于导电不好的 $Ni(OH)_2$,镍电极放电变成由固相质子扩散和电荷传递混合控制,造成活性物质利用率很低。为了改善氢氧化镍性能,需要进行掺杂工艺处理,即添加 Co、Zn、Mn 等金属及化合物。添加剂对镍电极的作用有:提高镍电极活性物质的利用率;提高镍电极的放电电位;提高镍电极的使用寿命;改善镍电极在宽温度范围内的使用性能和大电流放电能力。

1) Co

在大部分的 $Ni(OH)_2$ 正极的制备中都要加入 Co。添加 Co 有以下作用:增加电极的导电性,提高活性物质的利用率,减少残余容量;在充电过程中提高析氧过电位,减少充电后期氧析出量,提高电极的充电接受能力,降低 $Ni(OH)_2$ 还原电位,提高电极反应的可逆性。目前 Co 的掺杂方式很多,可以在 $Ni(OH)_2$ 表面覆盖 Co、CoO 或 $Co(OH)_2$,也可以用共沉淀法将 Co 或其化合物沉积在 $Ni(OH)_2$ 的某一晶面上。

2) Cd

在 $Ni(OH)_2$ 正极中只添加 Co 往往不能达到理想效果。Cd 作为一种固定价态的元素,不会降低 $Ni(OH)_2$ 电极的氧化电位。在电极中添加 Cd 会提高电极的初始活性,对 NiO_2 层的导电性有作用,保持其层间的结合,同时阻止水、碱金属离子进入晶格,延缓了下相的生成。Cd 的另一重要作用是能提高电极的析氧过电位,提高电极的充电接受能力和放电电位。Co、Cd 共同添加还能有效抑制电极的膨胀,Co 本身不能有效地抑制电极膨胀,而 Cd 的添加使其抑制作用加强。

但 Cd 是有毒金属,会造成环境污染,故逐渐不再使用。

3) 替代 Cd 的金属

有稳定价态能够置换 Ni 的元素都能够阻止高价镍的形成,从而抑制电极的膨胀。因此,Mg、Zn、Ba 等元素都能够起到 Cd 的一定作用,改善电极性能。

近年,添加剂的应用不局限于以上几种,而是呈现多样化的趋势。Mn 被认为具有跟 Co 类似的作用。另外,Al、Ca、Cu、Ti 及稀土等都被用来改善电极的性能。镍电极添加剂发展的一个方向是复合化,即在正极添加两种或两种以上的添加剂。复合添加剂能产生互补作用,能更好地满足电极各方面的性能要求。

$Ni(OH)_2$ 导电性较差,加入活性物质添加剂对其导电性能提高不大,故还需加入具有良好导电性能的导电剂。导电剂的作用在于增加了导电基体与活性物质颗粒间的表面接触点,减少了残余容量。常用的导电剂有镍粉、石墨粉及乙炔黑等。

2.3.3 镍氢电池的负极材料

镍氢电池负极材料为储氢合金,在充电和放电过程中发生吸氢和放氢反应,涉及电极表面电化学及体相扩散过程。特别是在大电流或高温工作时,储氢电极对镍氢电池的性能有重要影响。作为负极材料,储氢合金应满足如下要求。

(1) 合金的储氢容量高。
(2) 有良好的电催化活性。
(3) 在强碱性电解质溶液中,化学性较稳定,在氢的阳极氧化电位范围内具有较强的抗氧化能力。
(4) 充放电效率高。
(5) 具有良好的电和热的传导性。
(6) 循环使用寿命长,反复充放电过程中,合金不易粉化。

储氢合金的金属分为放热型和吸热型。放热型金属中的氢在一定条件下溶解度随温度上升而减小,吸热型金属则相反。前者与氢形成强键合氢化物,控制储氢量。后者与氢形成弱键合化合物,调节生成热与分解压力。目前开发的储氢合金,基本上都是将放热型金属与吸热型金属组合在一起,合理调配以制备出室温下具有可逆吸放氢能力的储氢材料。

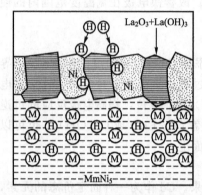

图 2.9 储氢合金吸氢反应机理

储氢合金的吸氢反应机理如图 2.9 所示。氢分子与合金接触时,吸附于合金表面上,氢分子分解成为氢原子,原子状氢从合金表面向内部扩散,形成固溶体,在固溶体饱和之后,过剩的氢原子与固溶体反应生成氢化物。氢与金属或合金的反应是一个多相反应,由以下几个反应组成:氢分子传输、吸附氢的分解、表面迁移、吸附氢转化成吸收氢、氢在 α 相稀固态溶液中扩散、α 相转变为 β 相、氢在氢化物中扩散。

常用的储氢合金见表 2-3。各种储氢合金都包括 A、B 两种金属元素。A 元素是容易形成稳定氢化物的放热型金属,如 Ti、Zr、La、Mg、Ca、Mm(混合稀土金属)等。B 元素是难于形成氢化物的吸热型金属,如 Ni、Fe、Co、Mn、Cu、Al 等。按照原子比不同,它们构成 AB_5 型、AB_2 型、AB 型、A_2B 型 4 种类型。从 AB_5 型到 A_2B 型,金属 A 的量增加,吸氢量有增加的趋向,反应速度减慢,反应温度增高。

表 2-3 储氢合金类型

分类方法	类型	
按照成分	稀土类	$LaNi_5$、$LaNi_{5-x}A_x$($A = Al$、Mn 等)
	钛系	$TiNi$、Ti_2Ni 等
	镁系	Mg_2Ni、Mg_2Cu 等
	锆系	$ZrMn_2$ 等
按照组成配比(晶型)	AB_5	$LaNi_5$、$LaNi_{5-x}A_x$($A = Al$、Mn 等)
	AB_2	$ZrMn_2$ 等
	AB	$TiNi$、$TiFe$ 等
	A_2B	Mg_2Ni、Mg_2Cu 等

1) AB_5 型

在 AB_5 型储氢合金中，$LaNi_5$ 合金是稀土系储氢合金的典型代表，具有吸氢量大、易活化、不易中毒、平衡压力适中、滞后小等优点，缺点是在吸放氢循环过程中晶胞体积膨胀变大。在 $LaNi_5$ 合金中，只在很窄的组成范围内形成均质的金属间化合物。若化学计量稍偏移至富 La 侧，在母相晶界上就容易析出富 La 相。这样，由于氢化，晶界体积变化大，促进了粉化。后来，以富 La(Ml) 或富 Ce(Mm) 的混合稀土取代纯金属 La，以 Co、Mn、Al、Si、Ti 等元素代替部分 Ni，以满足镍氢电池负极材料的要求。

2) AB_2 型

AB_2 型为 Laves 相合金，有 Zr 系和 Ti 系两大类。Zr 系 Laves 相储氢合金有 ZrV_2、$ZrCr_2$、$ZrMn_2$ 等，具有储氢量大、易活化、寿命长的优点，缺点是在碱性溶液中电化学性能极差，不宜作为电极材料。后来又开发了 Ti 系二元合金 $TiMn_2$、$TiMn_{1.5}$ 等。$TiMn_2$ 的氢化物分解压力高，在碱性溶液中电化学行为差，在室温下几乎不吸氢。

3) AB 型

AB 型储氢合金以 TiNi 和 TiFe 为代表。常见的 TiNi 合金中 Ti 易形成 TiO_2，循环稳定性差，通过加入其他元素如 V、Cr、Zr、Co 等，形成多元合金，达到了初始容量 300mAh/g，但该合金易氧化，寿命不稳定。

TiFe 合金在活化后室温下能可逆吸放大量氢，理论值为 1.86%（质量百分数），平衡氢压在室温下为 0.3MPa，很接近工业上的应用，价格便宜，资源丰富。缺点是密度大，合金活化困难，而且抗杂质气体中毒能力差，反复吸氢之后性能下降，较少用于电池应用。但近来研究发现，纳米晶 TiFe 储氢合金的储氢能力比粗晶材料显著提高，且活化处理更容易，是一种具有更高储氢效率的储氢材料。

4) A_2B 型

A_2B 型储氢合金以 Mg_2Ni 为代表。Mg_2Ni 合金的优点是密度小、储氢量高、资源丰富和价格低廉。缺点是形成的氢化物在室温下稳定而不容易脱氢，放氢过电位高，放氢量低；与强碱性溶液接触时，合金粉末表面容易形成惰性氧化膜，阻止电解液与合金表面的氢交换、氢转移和氢向合金体内扩散，使合金的电化学容量、循环寿命性能不佳。为了克服以上缺点，需要对其进行改进，最典型的是在 Mg-Ni 系基础上进行了 A、B 元素部分代替，开发出一系列新型合金。

2.3.4 镍氢电池的充放电特性

1. 充电特性

图 2.10 为镍氢电池的充电特性图。刚开始充电时，由于电池内阻产生压降，电池电压上升较快；此后，电池开始接受电荷，电池电压很缓慢地上升，此阶段后期，正极电化学反应产生少量氧气，但其会扩散到负极被化合，因此电池内部的温度和气体压力都很低；在接近充满电时，电解液中开始产生气泡，这些气泡聚集在极板表面，使极板的有效面积减小，电池内阻抗增加，电池电压开始

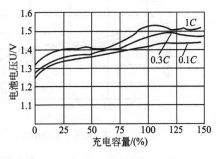

图 2.10 不同电流的镍氢电池充电特性

较快上升；若继续充电，虽然产生的氧气能很快在负极被化合，但是电池温度很快升高，使电池电压下降，因此电压曲线在接近充电终了时出现峰值。

充电特性与充电电流大小有关。充电电流越大（充电速度越快），电池充电电压越高，越早地达到充电截止电压，能充入的电量越少，充电效率也越低。

2. 放电特性

图 2.11 为镍氢电池的放电特性图。在刚开始放电时，电压快速下降，后缓慢下降，在接近放电终了时，放电电压又急剧下降。另外，放电电流越大，放电电压越低，越早地到达放电终止电压，放电时间越短，能放出的容量越小。

3. 温度特性

图 2.12 为镍氢电池各温度下的充电电压。由图 2.12 可知，环境温度越高，电池电压越低，能够充入的容量越小，即充电效率越低。另外，在各种环境温度下，在电池接近充电终了时，电池电压升高，当充电容量达到额定容量时，电池电压达到峰值。随后，由于电池发热，电池的电压又降低。

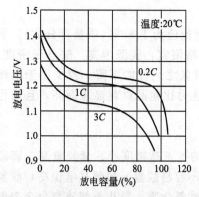

图 2.11　不同电流的镍氢电池放电特性

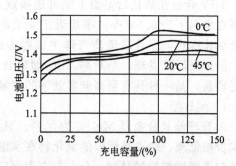

图 2.12　各温度下的镍氢电池充电电压

图 2.13 为镍氢电池各温度下的放电特性。由图 2.13(a)可知，在 −20～20℃ 范围内，温度越高，放电电压越高，但是温度过高（60℃），又会导致电压急剧降低。

由图 2.13(b)可知，在小电流放电时，温度对放电容量的影响不大。放电电流越大，温度对放电容量影响越明显，尤其是在低温放电时（0℃ 以下），放电容量下降非常显著。

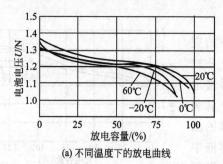

(a) 不同温度下的放电曲线

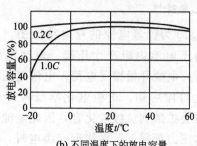

(b) 不同温度下的放电容量

图 2.13　镍氢电池的温度特性

4. 自放电

镍氢电池有一定程度的自放电行为，图 2.14 为镍氢电池的自放电特性。可能产生自放电的机制如下。

(1) 正极活性物质 Ni(OH)$_2$ 的成分自分解，产生的氧可能达到负极，减少正负极的活性物质，造成电池容量降低。

(2) 储氢合金的氢从负极到达正极，与正极反应造成活性物质损失，使容量降低。

(3) 正极存在氮化物杂质，引起亚硝酸盐和氨的氧化还原穿梭反应的进行，使正极退化。

(4) 电池内压的形成。

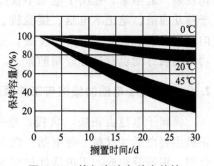

图 2.14 镍氢电池自放电特性

影响镍氢电池自放电程度的因素很多，其中储氢合金的组成、使用温度、电池的组装工艺影响较大。储氢合金的吸氢平台压力越高，氢气越容易从合金中逸出，自放电越明显；温度越高，电池自放电越大；隔膜选择不当，组装不合理，随着电池充放电次数增加，合金粉末出现脱落或形成枝晶等现象，都会加速自放电。

但是，镍氢电池自放电引起的容量损失是可逆的，长期储存的电池，经过 3～5 次小电流充放电后，可使电池容量恢复。

2.3.5 镍氢电池的优缺点

镍氢电池的优点如下。

(1) 比能量达 60～70Wh/kg，比功率达 150～300W/kg。

(2) 使用寿命较长，循环充放电达 1000 次。

(3) 耐过充、过放电能力较强。

(4) 绿色环保，无铅、镉等对人体有害金属的污染。

(5) 使用温度范围宽，可以在 -23～55℃ 下正常工作。

镍氢电池的缺点如下。

(1) 自放电损耗较大，月损失 20%～40%。

(2) 对温度敏感，温度对放电电压和容量有较大影响。

(3) 目前成本较高，是铅酸电池价格的 5 倍以上。

(4) 单体电池电压较低，为 1.2V。

2.4 锂离子电池

锂离子电池指的是以两种不同的能够可逆地插入及脱出锂离子的嵌锂化合物分别作为电池正极和负极的二次电池体系。锂离子电池是从锂电池衍生发展而来。锂电池的负极是金属锂，第一个商品化的可充式锂-二硫化钼电池于 20 世纪 80 年代研制成功，缺点是形成的锂枝晶易导致正负极间的隔膜穿孔引起电池短路。法国的 Armand 提出采用在很低电压就能使锂离子嵌入脱出的材料来代替金属锂,进而发展出正极和负极采用锂离子嵌入材料的锂离子电池。

20世纪90年代以来,各国投入大量的人力物力研发锂离子电池,有力地促进其商业化发展。近年来,锂离子电池不仅产量产值快速增长,应用领域也不断拓宽,被广泛应用于移动通信、笔记本电脑、摄像机、便携式仪器仪表等领域。另外,目前锂离子电池也在向大型电动设备的应用方向发展,是电动车辆的理想动力源,在航空航天、国防工业的大功率电源方面也有良好应用前景。

2.4.1 锂离子电池的结构与工作原理

锂离子电池由正极、负极、电解质、隔膜以及壳体、附件等组成,如图 2.15 所示。正极主要由活性材料、导电剂、黏合剂、铝箔等构成,负极主要由活性材料、导电剂、黏合剂、铜箔等构成。正极活性材料为锂化金属化合物(如 $LiMO_2$,M 为 Co、Ni、Mn 等),其特点是可以嵌入和脱出 Li^+,随着 Li^+ 嵌入和脱离,晶体仅发生相应的膨胀和收缩,而材料结构不会发生不可逆变化。负极活性材料多为天然石墨、人造石墨和层状石墨形成的锂碳化物(Li_xC),也具有可嵌入和脱出 Li^+ 的特点。

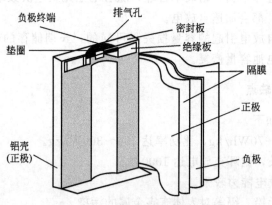

图 2.15 方形锂离子电池结构

电解质分为有机溶液和固体聚合物两种,根据所用电解质材料不同,锂离子电池分为液态锂离子电池(Lithium Ion Battery)和聚合物锂离子电池(Polymer Lithium Ion Battery)两大类。两者的工作原理基本一致。

充电时,正极失去电子,失去的电子通过外接电路供给负极,与此同时,正极 $LiMO_2$ 中的 Li^+ 从其脱出,正极处于贫锂态,Li^+ 通过电解质向负极迁移,嵌入负极石墨晶体的晶状层之间,如图 2.16 所示。充电时的电化学反应式如下。

正极: $LiMO_2 - xe \longrightarrow Li_{1-x}MO_2 + xLi^+$

负极: $C + xLi^+ + xe \longrightarrow Li_xC$

总反应: $C + LiMO_2 \longrightarrow Li_xC + Li_{1-x}MO_2$

放电时,正极得到负极失去的电子,同时 Li^+ 从负极石墨晶体脱离,通过电解质向正极移动,然后嵌入到 $LiMO_2$ 的晶状层中,正极处于富锂态,如图 2.16 所示。放电的电化学反应为式如下。

负极: $Li_xC - xe \longrightarrow C + xLi^+$

正极：$Li_{1-x}MO_2 + xLi^+ + xe \longrightarrow LiMO_2$

总反应：$Li_xC + Li_{1-x}MO_2 \longrightarrow C + LiMO_2$

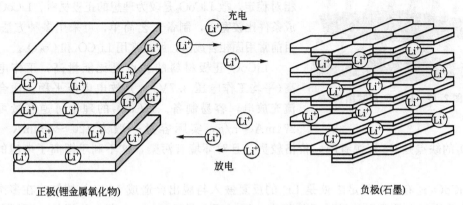

图 2.16 锂离子电池工作原理

锂离子电池在充放电过程中发生的电化学反应实际上是一种插层反应。Li^+ 在晶体内的层间、间隙或隧道中扩散时，并不产生键的断裂和电极材料结构的重建，扩散所需要的能量很小，故 Li^+ 在两个电极中的插层反应很容易进行。充电时 Li^+ 从正极脱出，嵌入负极，放电时 Li^+ 则从负极脱出，嵌入正极，即 Li^+ 在充放电过程中，处于从正极→负极→正极的运动状态。这就像一把摇椅，摇椅的两端为电池的两极，而 Li^+ 就在摇椅两端来回运动。因此，人们将锂离子电池形象地称为"摇椅式电池"。

2.4.2 锂离子电池的正极材料

正极材料是锂离子电池的关键材料之一，对它的要求如下。

(1) 晶体结构有利于 Li^+ 的嵌入和脱出，晶体结构牢固，在充放电过程中稳定性好，使电极具有良好的可逆性，以保证电池具有长循环寿命。

(2) 充放电过程中有大量的 Li^+ 嵌入和脱出，使电极具有高的电化学容量。

(3) 有较高的氧化还原电位，从而使电池具有较高的输出电压。

(4) Li^+ 在电极材料中有较大的扩散系数，以减少极化造成的能量损耗，便于电池的快速充放电。

(5) 有较高的电导率，能使电池大电流的充电和放电。

(6) 氧化还原电位变化小，以保证电池平稳地充电和放电。

(7) 正极材料不与电解质等发生化学反应，化学性质稳定。

(8) 价格便宜，对环境无污染。

锂离子电池正极材料为过渡金属氧化物，主要有层状结构的 $LiCoO_2$、$LiNiO_2$、$LiMnO_2$，尖晶石型 $LiMn_2O_4$，橄榄石型 $LiFePO_4$ 及多元材料等。

1. $LiCoO_2$

$LiCoO_2$ 是最早商业化的锂离子电池正极材料。$LiCoO_2$ 为层状结构，如图 2.17 所示。这种层状结构有利于 Li^+ 在由 CoO_6 八面体形成的二维空间进行可逆的嵌入和脱出。从电子结构来看，Li^+ 能级与 O^{2-} 能级相差较大，而 Co 能级更接近 O^{2-} 能级，Li-O 间电子云

图 2.17 LiCoO₂ 层状结构

重叠程度小于 Co-O 间的电子云重叠，Li—O 键弱于 Co—O 键，因此，Li^+ 在层间嵌入脱出，结构仍可保持相对稳定，故 $LiCoO_2$ 是较为理想的正极材料。$LiCoO_2$ 的合成条件比较宽松，制备工艺简单，可采用多种方法合成，目前常用固相合成法，原料常用 Li_2CO_3 和 Co_3O_4。

$LiCoO_2$ 正极材料的优点是比能量高，工作电压较高(平均工作电压 3.7V)，充放电电压平稳，适合大电流充放电，容易制备。$LiCoO_2$ 的理论可逆容量可达到 $274mA \cdot h/g$，实际容量一般为 $120\sim150mA \cdot h/g$。$LiCoO_2$ 的缺点是 Co 资源有限，价格较贵，且对环境有污染，这不利于锂离子电池的推广应用。

$LiCoO_2$ 还有一个不足之处是 Li^+ 的反复嵌入与脱出会造成 $LiCoO_2$ 的结构在多次收缩和膨胀后从三方晶系到单斜晶系的相变，同时还会导致 $LiCoO_2$ 发生粒间松动而脱落，使内阻增大，容量减小，造成循环性能不佳。当前对 $LiCoO_2$ 的研究集中在提高其循环性能、增加可逆容量和降低成本，采用的主要方法有：①加入 Ni、Mn、Al、Sn 等元素，制成锂钴镍或锂钴锰等复合氧化物正极材料，稳定材料结构、延长循环寿命；②加入 P、V 等原子及一些非晶物如 H_3PO_4、SiO_2 等，使 $LiCoO_2$ 晶体结构发生部分变化，提高结构变化的可逆性，以增强其循环稳定性并提高容量；③通过表面包覆对材料表面进行修饰，提高 $LiCoO_2$ 在高电位下的循环性能，增加其可用容量。

2. $LiNiO_2$

$LiNiO_2$ 的结构与 $LiCoO_2$ 结构类似，也为层状结构。$LiNiO_2$ 的优点是：Ni 资源丰富，$LiNiO_2$ 价格比 $LiCoO_2$ 便宜；实际容量高，可达 $190\sim210mA \cdot h/g$，明显高于 $LiCoO_2$；少部分 Li^+ 嵌脱时($Li_{1-x}NiO_2$ 中 $x<0.5$)，能保持结构的完整性；基本无污染，与多种电解液有良好的相容性。

$LiNiO_2$ 存在以下缺点：合成困难，要求富氧气氛，工艺条件要求高，不利于商业化应用；热稳定性差，热分解温度低(200℃左右)，而且放热量多，带来较大的电池安全隐患；在充放电过程中($Li_{1-x}NiO_2$ 中 $x>0.5$ 时)容易发生结构变化，发生不可逆相变，影响其容量和循环寿命，一般需要通过掺杂元素和包覆对 $LiNiO_2$ 进行改性。

3. $LiMn_2O_4$

$LiMn_2O_4$ 属立方晶系，是尖晶石型结构，如图 2.18 所示，其中 O 原子构成面心立方紧密堆积(CCP)，锂和锰分别占据 CCP 堆积的四面体位置和八面体位置，其中四面体晶格和八面体晶格共面构成一系列互通的三维离子通道，适合 Li^+ 自由脱出和嵌入。与层状化合物不同，尖晶石结构的 Mn_2O_4 骨架极为稳定，对 Li^+ 和溶剂或其他体积较大的阳离子具有选择性，可避免有害的溶剂共嵌入效应。

$LiMn_2O_4$ 是一种特殊的材料，有 4V 和 3V 两个电压平台。当锂完全析出后，生成的 MnO_2 异象体是用其他

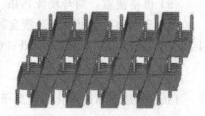

图 2.18 $LiMn_2O_4$ 层状尖晶石结构

方法不能制成的，相对 Li^+/Li 的电位为 4V；锂嵌入 MnO_2 异象体中最多可形成 $LiMn_2O_4$，这时锂嵌入八面体顶点，相对 Li^+/Li 的电位为 3V。

$LiMn_2O_4$ 作为电池正极，具有以下优点：Mn 资源丰富，价格便宜，有利于降低电池成本；采用 $LiMn_2O_4$ 正极制成的电池安全性好，耐过充放电，甚至不需要保护电路；Mn 无毒无污染，以 $LiMn_2O_4$ 作为正极材料有利于环保。

$LiMn_2O_4$ 用作正极的缺点是：理论容量偏低；材料在电解质中会缓慢溶解，造成电池容量减少，即与电解质的相容性不太好；在较高温度下，材料容易发生晶格畸变，造成电池容量迅速衰减。

4. $LiFePO_4$

$LiFePO_4$ 在自然界以磷酸锂铁矿形式存在，具有正交的橄榄石结构，如图 2.19 所示。FeO_6 八面体和 PO_4 四面体通过共角或者共边连接成开放性的三维框架结构。相邻的 FeO_6 八面体共用一个氧原子，从而互相连接形成 Z 字形的 FeO_6 层，在 FeO_6 层之间，构成了 Li^+ 的连续直线链，这使得 Li^+ 可能形成二维扩散运动。与层状结构和尖晶石结构中存在共棱八面体的连续结构不同，共顶点八面体没有连续的八面体网络，电子只能依靠 Fe—O—Fe 传导，电子传导率较低。另外，PO_4 四面体位于 FeO_6 层之间，结构中没有连续直接的 Li^+ 通道，这在一定程度上阻碍了 Li^+ 的扩散运动。$LiFePO_4$ 的脱锂产物为 $FePO_4$，实际充放电过程处于 $FePO_4$/$LiFePO_4$ 两相共存状态，$FePO_4$ 与 $LiFePO_4$ 的结构极为相似，体积也较接近。

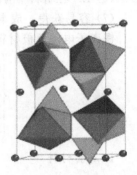

图 2.19 $LiFePO_4$ 橄榄石结构

$LiFePO_4$ 作为正极材料的优点是材料的三维框架结构稳定，在充放电过程中结构、体积变化小，可逆性好，有利于提高循环寿命；具有很好的热力学稳定性，不管在高温还是低温下均具有良好存储性能；价格低廉，无毒无污染。

$LiFePO_4$ 的不足之处是电子和 Li^+ 的传导率低，只适合于小电流密度下充放电。为了提高电导率，增强 $LiFePO_4$ 的实用性，常采用以下方法：表面包覆碳或纳米金属粒子(如 Cu、Ag 等)，形成导电体；掺杂少量高价金属离子(如 Mg^{2+}、Al^{3+}、Ti^{4+} 等)，控制条件使之取代 $LiFePO_4$ 中的 Li^+ 位和 Fe^{2+} 位；使合成物具有细小均匀的晶粒尺寸。

由于具有良好稳定性、较高比容量和低成本，$LiFePO_4$ 在大型锂离子电池上的应用潜力巨大，目前已有不少电动车辆采用这种电池。

5. 多元材料

当前的单一正极材料都存在各自的不足，综合两种或多种材料，通过协同作用克服缺点以达到优异性能所得的新型材料称为多元材料，近年来有较大的发展。例如，综合 $LiCoO_2$、$LiNiO_2$、$LiMnO_2$ 三种材料的优点，可形成 $LiCoO_2/LiNiO_2/LiMnO_2$ 的共熔体系，组合成含有镍钴锰三元素协同的新型过渡金属嵌锂氧化物复合材料，通式表示为 $LiCo_xMn_yNi_{1-x-y}O_2 (0<x<0.5, 0<y<0.5)$，存在明显的三元协同效应，其综合性能优于单一材料。多元材料具有容量高、成本低、安全性好等优点，目前在小型锂离子电池中已有应用，在动力锂离子电池领域也具有发展前景。

2.4.3 锂离子电池的负极材料

负极材料也是锂离子电池的主要部分，它的好坏直接影响到电池的性能。对负极材料有以下要求。

（1）具有较低的氧化还原电位，接近金属锂的电位，使电池的输出电压高。

（2）Li^+能够大量地在主体材料中可逆脱嵌，比容量值大。

（3）在Li^+的脱嵌过程中，主体结构稳定，变化小，以获得好的循环性能。

（4）氧化还原电位随插锂数目的变化应尽可能少，以使电压不发生显著变化，保持平稳的充放电。

（5）有较好的电子电导率和离子电导率，减少极化，利于大电流充放电。

（6）Li^+在材料中有较大的扩散系数，利于快速充放电。

（7）容易获得，成本不高，环保性好。

锂离子电池负极材料主要有以下几种。

$$\begin{cases} 碳材料 \begin{cases} 石墨：天然石墨、人工石墨 \\ 无定形碳：软碳、硬碳 \end{cases} \\ 金属氧化物：SnO、WO_2、MoO_2、Li_4Ti_5O_{12}等 \\ 过渡金属氮化物：Li-M-N(M=Co、Ni、Cu等) \\ 合金类：硅基、锡基 \end{cases}$$

1. 石墨材料

石墨由于具备电子电导率高、Li^+扩散系数大、层状结构在嵌锂前后体积变化小、嵌锂容量高和嵌锂电位低等优点，目前是主流的商业化锂离子电池的负极材料。

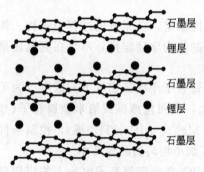

图 2.20 石墨嵌锂化合物结构

石墨质软，具有耐高温、耐氧化、抗腐蚀、强度大、韧性好、自润滑强度高、导热性好、导电性强等理化性能。天然石墨分为晶质石墨和微晶石墨两类。晶质石墨结晶较好，是含碳质的岩石经长期地质作用变质的矿物，呈明显的片状或板状，又称鳞片石墨；微晶石墨一般呈微晶集合体，是煤变质矿物，也称无定形石墨。人造石墨用碳素材料（如石油焦、沥青焦、针状焦）为原料经热干馏加工而成。常见人造石墨有中间相碳微球（MCMB）、石墨化碳纤维。

石墨属于六方晶系，其晶体是由碳原子组成的六角网状平面规则堆砌而成，具有层状结构。在每一层内，碳原子排成六边形。良好的层状结构十分适合Li^+的反复嵌入脱离。Li^+嵌入石墨层间后，形成嵌锂化合物$Li_xC_6(0 \leqslant x \leqslant 1)$，如图 2.20 所示，其理论容量可达$372mA \cdot h/g(x=1)$。

天然石墨不能直接作为锂离子电池负极材料，原因是石墨层间距小于嵌锂化合物Li_xC_6的晶面层间距，致使在充放电过程中，石墨层间距改变，易造成石墨层剥落、粉化，还会发生Li^+与有机溶剂分子共同嵌入石墨层，造成结构破坏，导致电极循环性能变差。因此，需要对石墨进行改性处理才能应用，改性方法主要有机械研磨、表面氧化、表面包覆、掺杂等。

机械研磨：能获得一定含量的菱形石墨相，菱形石墨相的存在对石墨表面 SEI 膜生成更有利，而且能提升材料的比容量及循环性能。

表面氧化：通过用气相和液相氧化的方法对天然石墨进行氧化处理。温和的氧化处理可以除去石墨颗粒表面一些活性或有缺陷的结构，从而减少了首次循环中的不可逆容量、提高充放电效率。同时还增加了其中的纳米级孔道，不仅增加 Li^+ 的进出通道，而且更多的 Li^+ 可以储存在内，从而增加了可逆容量。另外，还可形成与石墨颗粒表面紧密结合的氧化物致密层，起到了钝化膜的作用，可防止溶剂分子的共嵌，循环性能得到改善。

表面包覆：在天然石墨颗粒表面包覆上一层热解碳，形成以石墨为核心的"核-壳"式结构。目的是减缓碳电极表面的不均匀反应，使得在碳电极表面生成 SEI 膜的电解质还原分解反应能够均匀进行，在电极表面能够形成一层均匀、致密、不易脱落的 SEI 膜。表面包覆可改善石墨的循环性能及提高其充放电电流。

掺杂：适当掺入金属或非金属元素以提高材料的电化学性能。金属元素有钾、镁、铝、镍、钴、铁等，非金属元素有硼、氮、硅、磷、硫等。

2. 非石墨材料

尽管石墨目前是使用最多的负极材料，但由于石墨结构特性的制约，其发展也遇到了瓶颈，如容量已经到达极限、存在电压滞后现象、持续大电流放电能力弱等。因此，在研究石墨负极材料的同时，人们也研发非石墨类材料，如无定形碳和非碳材料（合金、金属氧化物等）。

无定形碳存在大量微孔结构，有利于锂的存储，经过合适的热处理，可逆容量大于 $372mA \cdot h/g$，有的甚至达 $1000mA \cdot h/g$。无定形碳可分为软碳和硬碳。软碳即易石墨化碳，是指在 2000℃ 以上的高温下能石墨化的无定形碳。软碳的结晶度（石墨化度）低，晶粒尺寸小，晶面间距较大，与电解液的相容性好。首次充放电的不可逆容量较高，输出电压较低，无明显的充放电平台电位；硬碳即难石墨化碳，是高分子聚合物的热解碳，在 3000℃ 的高温也难以石墨化。硬碳包括树脂碳、有机聚合物热解碳、炭黑等。

合金负极材料主要包括锡基合金和硅基合金材料。一般具有较高的比容量，其理论容量可达到 $1000mA \cdot h/g$ 以上。目前面临的问题是充放电中 Li^+ 的嵌入脱出易使材料的体积变化大，导致电极材料粉化和接触电阻增大，造成可逆容量的损失，循环稳定性差。合金材料要在锂离子电池负极上使用，需要对其进行纳米化、引入活性成分等改性处理。

金属氧化物负极材料主要包括锡基氧化物和尖晶石钛酸锂（$Li_4Ti_5O_{12}$）。其中，$Li_4Ti_5O_{12}$ 是锂离子动力电池的理想负极材料，具有以下优点：结构稳定，充放电过程中体积变化极小，循环性能优异；热稳定性好，安全可靠；具有较高的电极电压，可避免电解液分解现象；制备原料来源丰富，成本低。$Li_4Ti_5O_{12}$ 目前存在的问题是电子导电性和倍率性能较差，解决的方法是纳米化改性。

2.4.4 锂离子电池的电解质

锂离子电池对电解质的要求如下。
(1) 有较高的离子导电性。
(2) 化学稳定性高，与电池的电极材料、集流体、隔膜、黏接剂等基本上不发生反应。
(3) 热稳定性强，在较宽的电位范围内不发生分解反应。

(4) 安全无污染，容易制备，成本低。

锂离子电池电解质分为液体电解质和聚合物电解质两种。

1. 液体电解质

液体电解质由锂盐溶解于有机溶剂中制备而得，具有导电性好、与电极相容性好等优点。

对有机溶剂要求是：必须是非质子溶剂，以保证不与金属锂发生反应；极性高，能溶解足够的锂盐；黏度低，使得离子移动速度快，电导率高；熔点低、沸点高，工作温度范围宽。对锂盐的要求有：化学稳定性和电化学稳定性好，不与电极活性物质、集流体发生化学反应；在有机溶剂中具有较高的溶解度，以保证足够的电导率；具有良好的热稳定性。

常用的有机溶剂有：碳酸丙烯酯(PC)、碳酸乙烯酯(EC)、碳酸二甲酯(DMC)、四氢呋喃(THF)、乙二醇甲醚(DME)、碳酸二乙酯(DEC)及它们不同配比的混合剂。

目前所用的锂盐主要有 $LiClO_4$、$LiAsF_6$、$LiPF_6$ 等。其中 $LiAsF_6$ 性能最佳，但由于有毒、价格高，使用较少。$LiClO_4$ 是一种强氧化剂，在实验室中被广泛应用，但从电池安全角度考虑，工业上已基本不使用。含有 $LiPF_6$ 的有机电解液，具有良好的电导率、电化学稳定性，而且废弃电池处理简单，对环境影响小，缺点是抗热性和抗水解性能不够理想。但通过适当的处理，能够避免其分解引起的电解液聚合，所以，$LiPF_6$ 目前是锂离子电池最常用的电解质锂盐。

2. 聚合物电解质

液体电解质存在渗漏、安全性差、需要坚固金属壳、电池尺寸缺乏灵活性、电池组装复杂等缺点。为此，人们研发了聚合物电解质。聚合物电解质采用的是高分子材料为基体的聚合物，使有机溶剂/锂盐存在于聚合物网络中，具有离子导电性强、力学性质好、易薄膜成形、柔软质轻、有弹性以及不渗漏等特性。除了作为传递离子的电解质用，聚合物电解质还可作为正负电极间隔膜用。

聚合物电解质按聚合物的形态来分可分为固体聚合物电解质和凝胶聚合物电解质。目前已开发的聚合物电解质有：聚环氧乙烯(PEO)基、聚甲基丙烯酸甲酯(PMMA)基、聚偏氟乙烯(PVDF)基、聚丙烯腈(PAN)基和聚氯乙烯(PVC)基等，并在此基础上形成各种共聚物电解质。

聚合物电解质锂离子电池的优势有：电解质不泄漏；易于小型化，可根据不同场合需要，做成圆柱形、方形等各种形状；聚合物材料的可塑性强，可制成大面积的超薄薄膜，保证与电极的充分接触；稳定性和安全性好。

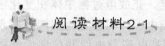

锂离子动力电池系统产业化技术研发

我国 863 计划"节能与新能源汽车"重大项目中，有关锂离子动力电池系统产业化研发的主要研究内容如下：研制开发高功率型和高能量型锂离子动力蓄电池及蓄电池系统，开展产品的优化设计、规模生产工艺、一致性控制与成本控制技术研究，重点对动力蓄电池系统的可靠性、耐久性和环境适应性进行试验考核；研究锂离子动力蓄电池管理系统技术，主要包括：SOC 估算方法与动态估算精度研究，故障诊断模式研究，管理模块软硬件开发，系统可靠性、电磁兼容性优化设计与试验考核；研究锂离子动力蓄电池正负极材料产业化关键技术，主要包括材料的安全性，材料掺杂改性和表面修饰技术，材料制备工艺技术，规模生产及成本控制技术研究；研究锂离子动力蓄电池隔膜产业化关键技术，主要包括隔膜抗拉强度、耐氧化性能和质量稳定性的提升，隔膜制备工艺技术，规模生产及成本控制技术研究；对锂离子动力电池技术发展动态与趋势进行跟踪研究，开展锂离子蓄电池新材料、新体系的相关技术研究。

研究目标为突破一批锂离子动力蓄电池产业化关键技术，提升关键材料的研发及规模生产能力，完善动力蓄电池产业链，形成动力蓄电池系统系列化产品规模生产能力。

考核指标如下。

(1) 通过 TS16949 体系认证。动力蓄电池技术指标见表 2-4。

表 2-4 动力蓄电池技术指标

容量规格/(A·h)		8、20[①]	50	100
功率密度/(W/kg)		≥1800	≥700	≥500
能量密度/(Wh/kg)	磷酸铁锂	≥65	≥110	≥110
	锰酸锂	≥70	≥120	≥120
最大放电倍率		30C(20s)	6C(30s)	5C(30s)
最大充电倍率		10C(10s)	4C(60s)	4C(60s)
单体电池内阻/mΩ		≤2.0	≤3.0	≤2.5
单体电压偏差/V		≤0.02		
单体容量偏差/(%)		≤2		
使用温度范围/℃		-25~60		
搁置温度范围/℃		-40~80		
荷电保持能力(常温下搁置28天)		≥90%		
SOC 估算误差/(%)[②]		≤5		
安全性[④]		通过行标或规范要求		
电池组循环寿命(万公里)[②③]		15(磷酸铁锂)，10(锰酸锂)		
可靠性[②]		在环境相对湿度100%条件下，动力蓄电池组能够正常工作；满足整车行使3万公里型式试验的相关要求		
成本/(元/Wh)[④]		≤3	≤2	≤2

① 高功率型，其余为高能量型。
② 动力蓄电池系统。
③ 循环寿命里程按工况法测试或等效测试。
④ 动力蓄电池系统(不含管理系统)。

(2) 开发出动力蓄电池材料，形成产业化能力。其中，磷酸铁锂材料：比容量≥150mA·h/g，振实密度>1.0g/cm³，能量型倍率性能≥10C，功率型倍率放电性能≥30C，-20℃放电容量不低于常温放电容量的75%，循环寿命2000次不低于常温放电容量的80%，安全性满足动力蓄电池要求，成本降低20%以上。锰酸锂材料：比容量≥110mA·h/g，振实密度＞2.2g/cm³，能量型倍率性能≥10C，功率型倍率放电性能≥30C，循环寿命1000次不低于常温容量的85%，55℃条件下500次循环不低于常温放电容量的60%，安全性满足动力蓄电池要求，成本降低20%以上。负极材料：比容量≥330mA·h/g，振实密度＞1.0g/cm³，能量型倍率性能≥10C，功率型倍率放电性能≥30C，具备10C以上充电接受能力，循环寿命2000次不低于常温放电容量的80%，安全性满足动力蓄电池要求，成本降低20%以上。

(3) 开发出动力蓄电池隔膜，形成产业化能力。隔膜使用温度－40～70℃，孔隙率40%～60%，隔膜厚度15～40μm，融断温度＞170℃，闭孔温度≤135℃，具有优良的均匀性、透气性等特性，安全性满足动力蓄电池要求，成本降低20%以上。

(4) 开发出动力蓄电池管理系统。电压检测精度为0.5%，电流检测精度为0.5%，温度检测精度为0.5℃，SOC估算精度为5%，故障间隔里程不低于30000km，电磁兼容性符合汽车电器设备电磁兼容性标准。

(5) 开发出新型锂离子动力蓄电池，在安全性、功率及能量方面有较大突破，高功率型锂离子蓄电池比功率≥3000W/kg；高能量型锂离子蓄电池比能量≥200Wh/kg。

2.5 其他电池

2.5.1 金属空气电池

金属空气电池是以金属（常用锌、铝）为正极、空气为负极的一类电池。以下以锌空气电池为例对其进行介绍。

锌空气电池分为锌空气一次电池和锌空气二次电池。锌空气一次电池多为纽扣式一次电池，用于便携式电子产品，主要是助听器。用于电动汽车的锌空气电池为二次电池。锌空气电池具有无污染、安全、比能量高等优点，用作动力电池有很大的开发潜力。

锌空气电池以金属锌作为负极活性物质，以空气中的氧气作为正极活性物质，多孔活性炭（便于气体的扩散）作为正极，用氢氧化钾作为电解质，以铂或其他材料作为催化剂。电池放电时，负极的锌失去电子，与碱性电解质中的OH^-发生反应，最后生成ZnO。正极得到负极从负载电路传输过来的电子，氧气在多孔碳正极扩散并与电解质接触，在催化剂的作用下，与水发生反应被还原成OH^-。锌空气电池的电化学反应式如下。

负极： $Zn+2OH^- \longrightarrow ZnO+H_2O+2e$

正极： $O_2+2H_2O+4e \longrightarrow 4OH^-$

总反应： $2Zn+O_2 \longrightarrow 2ZnO$

锌空气二次电池按照补充能量的方式分为直接充电式和机械更换式。直接充电式指的是直接对电池的锌电极进行充电，但这个过程存在一些问题。例如，锌在碱性电解质中的活性大，而且热力学性质不稳定，充电产物锌酸盐在碱溶液中溶解度大，电极容易出现变形、枝晶生长、腐蚀、钝化等现象，使电极逐步失效。另外，电解液在大气环境中易碳酸化,且受空气湿度的影响较大。因此,充电式锌空气电池的应用受到了一定的限制。

机械更换式锌空气电池在电池放电完毕之后,将使用过的负极锌板取出,换上新的锌电极,或将整个电池完全更换,仅需要几分钟即可完成更换过程。该方式对锌空气电池在电动汽车的应用非常有利。使用过的锌电极或锌空气电池可以回收处理后再循环使用。

锌空气电池的特点如下。

(1) 比能量高,理论可达 1350Wh/kg,目前已达 180~230Wh/kg。

(2) 适应性强,可在 -20~80℃下正常工作,允许深度放电,电池组没有充放电不一致性的问题。

(3) 制造成本低,正极活性物质来源于空气,锌来源丰富,锌负极可回收利用。

(4) 存储时间长,在存储时可将电池密封,将电池的空气孔与外界隔离,电池容量损失极小。

(5) 安全性和环保性好,废旧电池便于回收和再利用。

(6) 比功率不高,即能量释放速度慢,采用通常的充电方法时间长。

2.5.2 钠硫电池

钠硫电池以熔融的金属钠为负极活性物质,熔融的硫为正极活性物质,三氧化二铝(Al_2O_3)和少量的氧化钠(Na_2O)形成陶瓷固态电解质,电池要保持 300~350℃高温才能发生化学反应。

电池放电时,负极的 Na 在陶瓷固态电解质界面氧化成 Na^+,Na^+ 通过固态电解质迁移到正极与 S 发生反应生成 Na_2S。充电时,Na_2S 分解,Na^+ 迁移回负极并还原成 Na,而分解出的 S 保留在正极。钠硫电池的电化学反应式如下。

负极: $Na \rightleftharpoons Na^+ + e$

正极: $S + 2e \rightleftharpoons S^{2-}$

总反应: $2Na + S \rightleftharpoons Na_2S$

钠硫电池的特点如下。

(1) 比能量较高,理论值为 760Wh/kg,实际应用可到 100Wh/kg。

(2) 单体电池电压较高,在 2.0V 左右。

(3) 使用性能好,可大电流放电,使用寿命长,无自放电现象。

(4) 制造过程无污染,废旧电池易回收和再利用。

(5) 工作时需将电池加热到 300~350℃,硫融化后才能发生电化学反应,使用不便,并带来一定的安全问题。

2.5.3 ZEBRA 电池

ZEBRA 是 Zero Emission Battery Research Activity 的缩写,这表明它是一种零排放无污染的绿色电源,也称为钠-氯化镍电池。ZEBRA 电池是一种新型高能电池,是在钠硫电池研制基础上发展起来的。该电池在电动车辆上使用已有尝试,但由于电池组工作温度高、停车时的热损失以及启动时需要长时间加热等缺点,目前只适用于经常运转的车队车辆,不太适合于私人小轿车。

ZEBRA 电池与钠硫电池有不少相同之处,即两电池负极活性物质都是金属钠,固体电解质都是允许 Na^+ 通过的 β''-Al_2O_3 陶瓷材料,但正极有所不同,ZEBRA 电池的正极活性物质为 Ni 和 $NiCl_2$，它们在电池工作温度（270～350℃）范围内均为固态，为了便于电化学反应过程中的 Na^+ 迁移，在正极添加 $NaAlCl_4$ 熔盐作为第二液态电解质，Ni 和 $NiCl_2$ 分散在 $NaAlCl_4$ 熔盐中。

在放电时，负极的钠被氧化成 Na^+，失去的电子通过外负载电路从负极到达正极，而 Na^+ 则通过 $\beta''-Al_2O_3$ 陶瓷固态电解质迁移到正极，与 $NiCl_2$ 反应生成 NaCl 和 Ni。充电时，在外电源作用下，正极发生氧化反应生成 $NiCl_2$ 和 Na^+，Na^+ 通过固态电解质迁移回负极，得到电子还原成 Na。电池充放电过程反应是可逆的，反应式如下：

负极： $Na \rightleftharpoons Na^+ + e$

正极： $2Na^+ + NiCl_2 + 2e \rightleftharpoons 2NaCl + Ni$

总反应： $2Na + NiCl_2 \rightleftharpoons 2NaCl + Ni$

ZEBRA 电池的特点如下。

(1) 比能量较高（理论值 790Wh/kg，实际可达 100Wh/kg），比功率较高，达到 150W/kg。

(2) 单体电池电压高，达到 2.5V。

(3) 使用性能好，无自放电，容量与放电率无关，可快速充电（30min 可充入 50% 容量），循环寿命长（达 1000 次），全密封免维护。

(4) 电池抗腐蚀能力强。将腐蚀性较强的正极活性物质置于 $\beta''-Al_2O_3$ 陶瓷管内，降低了对电池壳体的防腐苛求，同时也降低了电池成本。

(5) 相对于钠硫电池，安全性得到提高。电池本身具有过充过放电保护机制，电池组成材料无低沸点、高蒸气压物质。

(6) ZEBRA 电池和钠硫电池原理类似，采用 $\beta''-Al_2O_3$ 固体电解质决定其需要保持在 300℃ 左右的工作温度，电池的启动需要一定的时间，限制了它的应用范围。

2.6 超级电容

2.6.1 概述

车辆的行驶具有以下特点：在匀速行驶时，所需的平均功率低，而加速和爬坡时的峰值功率相当高，峰值功率可达平均功率的十几倍。对于蓄电池纯电动汽车，续驶里程和加速、爬坡的动力性要求都要蓄电池来承担，蓄电池的工作条件苛刻，需要同时满足高比能量、高比功率和长寿命的性能要求。在目前很难以低成本的方式满足这些要求，这也是纯电动汽车实用化的难题之一。为了解决这个问题，除了继续研发高性能蓄电池以及努力降低其成本之外，还可采用两种或者更多种能源混合的解决方案，一种具有比较大的比能量，称为主能源，提供长的续驶里程，另一种具有比较大的比功率，称为辅助能源，提供加速和爬坡时大的瞬时辅助功率。

超级电容适合作为车辆的辅助能源。它能较好地满足电动汽车在起动、加速、爬坡时对功率的需求，与动力蓄电池配合使用，则可减少大电流充放电对蓄电池的伤害，延长蓄电池的使用寿命，同时还能通过再生制动系统将瞬间能量回收于超级电容器中，提高能量利用率。超级电容的应用是近年来电动车辆动力系统开发中的一个重要领域。

超级电容的特点如下。

(1) 比功率相当高，可达 1000W/kg 以上。

(2) 充放电线路简单，充放电能力强，充电速度快，可迅速高效地回收再生制动能量。

(3) 使用寿命长，循环充放电寿命高达几十万次，是蓄电池的几百倍。

(4) 比能量很低，通常不超过 10Wh/kg，不太适合单独驱动车辆，单独驱动时续驶里程较短，需经常充电。

表 2-5 为超级电容和电化学蓄电池的性能比较。

表 2-5 超级电容和电化学蓄电池的性能比较

性能	超级电容	蓄电池
比功率/(W/kg)	500～10000	<500
比能量/(Wh/kg)	<10	30～200
充电时间	几分钟	1～8h
循环寿命/次	>100000	300～1000
充放电效率	0.6～0.85	0.85～0.98

2.6.2 超级电容的工作原理

超级电容正式名称是电化学电容，是一种介于常规电介质电容与电化学电池之间的储能元件，同时兼有常规电介质电容器功率密度大和蓄电池能量密度高的优点。超级电容储能机理可分为双电层电容机理和法拉第准电容机理两种。超级电容的大容量和高功率充放电就是由这两种原理所产生，充电时依靠这两个原理储存电荷，实现能量的储存，放电时又依靠这两个原理实现能量的释放。制备高性能超级电容有两条途径，一是不断增大材料的比表面积，从而增大双电层电容量；二是增大材料的可逆法拉第反应的机会和数量，从而提高法拉第准电容容量。

不同电极材料和电解质的超级电容往往这两种储能原理都是同时存在的，只不过多以其中的一种为主要工作方式。但近来出现了一些采用新型材料的超级电容可充分发挥两种机理而工作，能获得极好的电容性能。

1. 双电层电容

为了更好地理解双电层电容的工作原理和特点，以下先对传统电容做简要介绍。

传统电容由两个电极板和电极板之间的电介质组成。电介质在电场作用下极化，不同电荷分别位于两极，电容值为

$$C=\frac{\varepsilon A}{\pi d \times 3.6 \times 10^{-6}}$$

式中，A 为极板面积；d 为介质厚度；ε 为相对介电常数。

所储存的能量为

$$E=\frac{1}{2}C(\Delta V)^2$$

式中，ΔV 为极板间的电压降。

由以上两式可知，想获得较大的电容量，储存更多的能量，需增大面积 A 或减少介质厚度 d。传统电容是由平板状导电材料形成储存电荷的面积，为了得到大的电容，通常做法是将一很长的材料缠绕起来获得大的面积。另外，传统电容是用塑料薄膜、纸张或陶瓷等将电荷板隔开，而这类绝缘材料的厚度不可能做得非常薄，限制了电容值的增加。

与传统电容相比，双电层超级电容有其特有的结构和工作方式。如图 2.21 所示，超级电容主要由正负电极、电解质和绝缘层组成。绝缘层将电解质一分为二，正极与负极被隔绝。电极处于电解质之中，当两个电极施加外来电压时，两个电极表面上分别聚集正负电荷，而电极表面电荷将从溶液中吸引一部分带异种电荷的离子，使它们聚集在电极/电解液界面的溶液一侧，但离电极有一定距离，生成一个与电极表面电荷数量相等但符号相反的电荷层。由于界面存在位垒，两层电荷不能越过边界互相中和。将这种一层电荷在电极表面，另一层电荷在电解液中的结构称为双电层结构，在两侧电极各有一个双电层，相当于两个电容器串联。

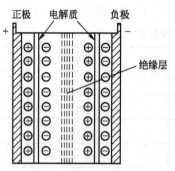

图 2.21 双电层超级电容结构

提高双电层电容值的途径有两个：一是增加电层表面积；二是获得很薄的双电层厚度。为了获得大的电容，双电层超级电容的电极材料要求具有高的比表面积，通常使用具有很高比表面积和较小内阻的碳基材料，主要包括活性炭、炭黑、纳米碳纤维、纳米碳管、玻璃碳、碳气凝胶等。碳基材料的使用使得双电层的面积很大，而双电层的厚度数量级为 0.1nm，因此，双电层电容器比传统的物理电容的容值要大很多，容量可提高百倍以上。

2. 法拉第准电容

法拉第准电容是利用在电极表面及其附近发生在一定范围内快速且可逆的法拉第反应来实现储能。它的电极材料通常为过渡金属氧化物和有机导电聚合物，以活性物质表面及体相所发生的快速可逆的氧化还原反应形式储存能量，其能量的存储是间接的，这与蓄电池中的能量存储相似。但两者也有很大不同，法拉第反应的电压随充进电荷的增加而呈线性变化。法拉第准电容最大的优点是它能产生很大的容量，远远大于活性炭材料表面的双电层电容。

在法拉第电荷传递的电化学变化过程中，多孔过渡金属氧化物（如 RuO_2、IrO_2）发生氧化还原反应时，其放电和充电过程有以下现象：两极电位与电极上施加或释放的电荷几乎呈线性关系；如果该系统电压随时间呈线性变化，则产生恒定或几乎恒定的电流。此过程高度可逆，具有电容特征，但又和界面双电层电容形成过程不同，反应伴随有电荷的转移，进而实现电荷与能量的储存，这样得到的电容就称为法拉第准电容。例如，以 RuO_2 作为电极、H_2SO_4 作为溶液的超级电容，电极上发生法拉第反应，在 RuO_2 的微孔中存在可逆的电化学离子注入，方程式为

$$RuO_2 + xH^+ + xe^- \rightleftharpoons RuO_{2-x}(OH)_x$$

法拉第准电容利用电极上的氧化还原反应来存储能量，可以提高电容器的工作电压，进而较大地增加超级电容的比能量。例如，RuO_2 电极超级电容产生的准电容是双电层电

容的10~100倍。

法拉第准电容不仅在电极表面产生，而且在整个电极内部都产生，其最大充放电能力由电活性物质的离子取向和电荷转移速度决定，其可以快速进行电荷转移，故具有极高的比功率。另外，在充放电过程中，电极不发生决定反应速度和影响电极寿命的电活性物质的相变化，所以循环使用寿命长。

2.6.3 超级电容的电极材料

为开发出性能优异的超级电容，关键点是要研发出适合超级电容器应用的并使其在不同电解液中具有较高比容量的电极材料，目前超级电容电极材料主要采用碳基材料、稀有金属氧化物和导电聚合物等。在这些材料中，碳基材料以其价廉易得、性能优异而受到重视，并已成功商业化。

1. 碳基材料电极

碳基材料超级电容主要是利用储存在电极/电解液界面的双电层的能量，碳材料的比表面积是决定电容器容量的重要因素，因此要求碳基材料的比表面积要大。理论上讲，比表面积越大，其容量也越大。但比表面积大，通常只会提高质量比容量，而更重要的体积容量密度可能会降低，且材料导电性较差。研究表明，质量比容量与比表面积并不呈线性关系，说明有的碳材料的比表面积利用率不高。这是因为多孔碳材料中孔的大小是不一样的，分为微孔(小于2nm)，中孔(2~50nm)，大孔(大于50nm)，而只有大于2nm(水溶液体系)或5nm(非水溶液体系)的孔才对形成双电层有利。因此用于超级电容器的碳电极材料不仅要求比表面积大，而且要有合适的孔径分布。另外，碳材料的表面性能、导电率等对超级电容性能也有影响。

从上述几个方面出发，人们对碳电极材料进行了广泛的研究，开发出许多不同类型的碳基材料，主要有活性炭、活性炭纤维、炭气凝胶、碳纳米管等。

1) 活性炭

活性炭有很高的比表面积(1000~3000m^2/g)，高的孔隙率，生产和应用历史悠久，生产工艺简单且价格低廉，一直受到人们的青睐，是目前已经商品化的超级电容电极材料之一。

制备活性炭的原料来源丰富，石油、煤、木材、坚果壳、树脂等都可用来制备活性炭粉。原料不同，生产工艺也略有差别。活化的方法有物理活化和化学活化两种。物理活化主要是在水蒸气、CO_2和空气的存在下，于700~1000℃进行热处理。这些氧化性气氛的存在，能极大地增加材料的比表面积和多孔性，从而增大材料的比电容。化学活化是利用某些酸(如HNO_3)或碱(如KOH)进行化学腐蚀，以增加材料的比表面积和表面官能团，或用表面活性剂(如油酸钠)对材料进行化学改性，以提高电解液在材料中的浸润性，从而提高比电容。化学活化和改性比物理活化应用得更普遍。

原料和制备工艺决定了活性炭的物理和化学性能，可通过不同的活化工艺来调节活性炭的理化性能，以适合双电层电容器的需要。随着活性炭工业的发展，新的制备方法和新产品不断出现。近些年开发的活化中间相碳微球，具有比表面积高、中孔率高、电阻低等特点，特别适合制备双电层电容器电极。

活性炭的比表面积高，但存在着大量微孔，利用率不高。开发高中孔率的活性碳是目前的研发重点。

2) 活性炭纤维

活性炭纤维是一种性能优于活性炭的材料。目前开发的活性炭纤维种类有很多，如活性炭纤维束、活性炭纤维须、活性炭纤维垫、活性炭纤维毡、活性炭纤维布和活性炭纤维线等。高比表面积的活性炭纤维布是已商品化的电极材料之一。

活性炭纤维的制备，一般是将有机前驱体纤维在低温（200～400℃）下进行稳定化处理，再进行碳化活化（700～1000℃）。

活性炭纤维具有比表面积高、孔径分布窄、导电性好及比电容高的特点，但表观密度通常较低，因此电容密度较低，还有待进一步改善性能。

3) 碳气凝胶

碳气凝胶是一种轻质、纳米级且具有多孔性的非晶碳素材料，孔隙率高达80%～98%，典型孔隙尺寸小于50nm，比表面积为600～1000m^2/g，导电性比活性炭要高1～2个数量级，是一种有应用前景的电极材料。

碳气凝胶一般是通过有机气凝胶高温分解制得的，可由间苯二酚与甲醛聚合缩合，再通过溶胶-凝胶过程，最后高温分解制备。控制溶胶-凝胶过程的条件，可调节碳气凝胶的表观密度、孔隙尺寸和孔形状等一些性质。碳气凝胶虽然性能优良，但制备时需要的超临界干燥过程时间长、设备昂贵且复杂，较难实现规模化生产。人们试图采用其他廉价原料和干燥方法代替超临界干燥，以降低成本、缩短生产周期，但目前产品性能与超临界干燥得到的碳气凝胶还有一定的差距。

4) 碳纳米管

碳纳米管自1991年首次提出，由于具有独特结构和性能而引起广泛关注，其应用现在已涉及纳米电极器件、新型储氢材料、催化剂载体材料、高性能复合材料及作为电池、电容器电极材料。碳纳米管作为超级电容电极材料有它的优越性：结晶度高、导电性好、比表面积大、微孔集中在一定范围内且微孔大小可控。

碳纳米管是中空管，比表面积大，特别是单壁纳米管，有利于双电层电容的形成。另外，形成碳纳米管中的碳为sp^3杂化，用三个杂化键成环连在一起，一般形成六元环，还剩一个杂化键，这个杂化键可以接上能发生法拉第反应的官能团（如羟基、羧基等）。碳纳米管不仅能形成双电层电容，而且还能充分利用准法拉第电容储能原理，因此从理论上讲碳纳米管是超级电容的理想电极材料。

目前碳纳米管制作电极材料大致有两种方法：一种是加黏合剂成形法，另一种是直接经过滤加热成形。采用直接热成形法制作的电容器电极材料，单位比表面积为430m^2/g，用硫酸液作为电解质，聚合物做隔极层，最高容量可达113F/g，并具有很高的比能量（大于8kW/kg）。

目前，碳纳米管用作电极还有不少问题需要深入研究，碳纳米管的石墨化程度、碳纳米管管径的大小、碳纳米管的长度、碳纳米管的弯曲程度，以及不同处理方式造成接上基团的不同等因素都会对电容器的性能产生很大影响。碳纳米管的大批量生产技术还不够成熟，成本较高，离大规模应用于电容器还有一段距离。

2. 金属氧化物材料电极

最初研发的金属氧化物电极超级电容，主要采用贵金属氧化物二氧化钌（RuO_2）作为电极材料。用作电极材料的RuO_2通常是由溶胶-凝胶法制得前驱体，然后经高温（300～800℃）热处理得到。实验发现，RuO_2的准电容来自于RuO_2的表面反应且随比表面积的增大而增大。这表明增加容量的最直接的方式是增大比表面积,从而达到有足够的微孔来满足电解液的扩散。为了增大比表面积达到提高容量的目的,可采取将 RuO_2 薄膜沉积在有粗糙表面的基底上或将 RuO_2 涂在有高比表面积的材料上(如乙炔黑、碳纤维等)等方法。

RuO_2 电极的导电性比碳电极好,电极在硫酸中稳定,可以获得更高的比容量。有研究显示,以 $RuO_2 \cdot nH_2O$ 无定型水合物作电极,5.3mol/L 的 H_2SO_4 作电解液的电容器的比电容能达到 700F/g。可见,RuO_2 是一种性能优异的电极材料,制备的超级电容的性能优于碳电极超级电容,具有很好的发展前景。

但钌是一种贵金属,资源有限和价格昂贵限制了氧化钌的应用。人们正在积极寻找低成本的过渡金属氧化物及其他化合物材料来替代它。过渡金属系的氧化物的金属原子呈多氧化态,在外加电压的作用下,大都能产生快速的氧化还原反应,因此可以预见,位于元素周期表中过渡金属区元素的氧化物都可具有与氧化钌相似的准电容性能,只是由于不同金属的氧化还原反应电位不同,导致制备方法和使用条件上的差异。氧化锰、氧化钴、氧化铱、氧化镍、氧化钨等廉价过渡金属氧化物均有较好的超级电容特性,在作为超级电容电极材料方面具有巨大的应用潜力。

3. 导电聚合物材料电极

导电聚合物材料电极电容器作为一种新型的电化学电容器,具有高性能和比贵金属超级电容器更优越的电性能。可通过设计选择相应聚合物的结构,进一步优选提高聚合物的性能,从而提高电容器的性能。应用于制备电极的导电聚合物有聚乙炔、聚吡咯、聚苯胺、聚噻吩等。

导电聚合物材料电极超级电容可分为三种类型。
(1) 对称结构,电容器的两电极为相同的可进行 P 型掺杂的导电聚合物(如聚噻吩)。
(2) 不对称结构,两电极为不同的可进行 P 型掺杂的聚合物材料(如聚吡咯和聚噻吩)。
(3) 混合结构,导电聚合物电极可进行 P 型和 N 型掺杂,充电时一个电极是 N 型掺杂状态,另一个电极是 P 型掺杂状态,放电后都是去掺杂状态,这种电容器可提高电容电压到 3V,在充放电时能充分利用溶液中的阴阳离子,具有类似于蓄电池的放电特征,是一种很有发展前景的超级电容器。

4. 复合材料电极

应用复合材料电极是近年来超级电容的一个发展方向,通过利用各组分之间的协同效应来提高 超级电容器的综合性能。复合材料主要有碳/金属氧化物复合材料,碳导电聚合物复合材料,以及金属氧化物导电聚合物复合材料等。针对碳材料比电容低的缺点,对其表面用具有大的法拉第准电容 的金属氧化物或者导电聚合物进行修饰,可使其比电容大幅度提高,如石墨烯材料,而金属氧化物的导电性通过复合后其性能同样得到明显提高,如二氧化锰材料,同时还相应改善了功率特性。

2.6.4 超级电容的应用

超级电容因其优异特性而使其在各个领域得到了广泛应用。例如,作为太阳能、风能发电系统中的永久性蓄能装置,电站直流操作电源,高压环网功率补偿电源,内燃机中的起动能源,以及作为电子电器(仪器仪表、家用电器、微型计算机、电动玩具、钟表等)的备用能源甚至主能源,还可应用于航空航天等领域。

在电动车辆上,超级电容有以下应用。

(1) 作为车辆的唯一能源,形成超级电容电动汽车,提供短途行驶所需要的能量。此方法结构简单、实用、成本低、实现了零排放,适合用于短距离、线路固定的区域,如火车站或者飞机场的牵引车、企业配送车、单位内部交通车、旅游区的游览车和公交车等。

(2) 作为燃料电池电动汽车的辅助能源,与作为主能源的燃料电池形成混合动力,提供峰值大功率(爬坡、加速时)并回收制动能量,起到重要的功率平衡作用,减轻燃料电池的负担,延长其使用寿命。

(3) 作为蓄电池电动汽车的辅助能源,提供峰值功率和回收制动能量。主电池的参数可按满足车辆连续平均功率的要求来选择,容量、质量、体积、成本都可以得到降低,工作条件得到改善,电池寿命延长。

(4) 作为燃油发动机或燃气发动机的辅助能源,形成油电混合动力或气电混合动力,承担加速、爬坡时的峰值功率需求,减轻发动机的负担,回收制动能量,可以提高能量的使用效率,大大降低燃油或燃气的消耗,减少发动机有害气体排放。

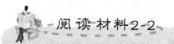

超级电容器产业化技术攻关

我国863计划"电动汽车关键技术与系统集成"重大项目中,有关超级电容器产业化技术攻关的内容如下。

研究目标: 提高功率型超级电容器单体技术水平,开发标准化和模块化的混合动力汽车电源模块,突破产业化关键技术。突破能量型超级电容器核心技术,在保持超级电容器高比功率、长寿命和快充特点的基础上,大幅度提高比能量。

主要研究内容:

(1) 功率型超级电容器:研究碳材料、电解液等关键材料技术;研究电极工艺、系统封装、均一性、筛选组合、电均衡、热均衡和系统集成技术等。

(2) 能量型超级电容器:研究先进电极等关键材料技术;研究先进制造工艺及电解液配制技术等;研究单体电容电性能设计和结构设计、模块设计、模块均衡及热管理等技术;研究产业化关键技术等。

主要考核指标:

(1) 功率型超级电容器:功率密度≥8000W/kg,能量密度≥6Wh/kg,循环寿命≥500000次,安全性满足国家标准或规范。

(2) 能量型超级电容器:功率密度≥3000W/kg,能量密度≥30Wh/kg,循环寿命≥10000次,安全性满足国家标准或规范。

2.7 飞轮储能装置

飞轮储能装置也称为飞轮电池,它是一种新概念电池,采用物理方法来实现储能,突破了化学电池的局限。飞轮储能的概念最早源于20世纪70年代初,最初设想将它应用在电动汽车上,但限于当时的技术水平,并没有得到发展。近年来,由于高强度碳素纤维复合材料的出现和应用,电磁悬浮、超导磁悬浮技术的发展,电力电子技术的新进展以及全世界范围内对环保的重视,这种新型电池得到了快速发展。随着技术的不断发展和成熟,飞轮储能装置在电力、汽车、通信、航空航天、军事等领域具有巨大应用潜力。

2.7.1 飞轮储能装置结构与原理

飞轮储能装置主要由飞轮转子、支撑轴承、电动机/发电机、变电力变换器、真空室组成,图2.22为它的结构示意图。电动机/发电机的转子和飞轮同轴。充电时,电力变换器从外部接收电能,电动机/发电机以电机模式工作,电动机带动同轴的飞轮高速旋转,飞轮储存动能,实现了电能向机械能的转换;放电时,飞轮带动电动机/发电机的转子,使电动机/发电机以发电机模式工作,通过电力变换器向外输出电能,实现机械能向电能的转换。

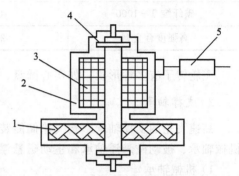

图2.22 飞轮储能装置结构示意图
1—飞轮转子;2—真空室;3—电动机/发电机;
4—支撑轴承;5—电力变换器

1. 飞轮转子

飞轮转子是飞轮储能装置的核心部件。飞轮的旋转动能表示为

$$E=\frac{1}{2}J\omega^2$$

式中,J为飞轮转子转动惯量;ω为飞轮转子角速度。由上式可知,要提高飞轮储能量,需要增加飞轮的转动惯量或者提高飞轮转速。但转速过高将使飞轮离心应力超过材料的强度极限,衡量飞轮储能性能的重要参数是比能量,即单位质量储存的能量。

$$e=\frac{E}{m}=\frac{k_s k_m}{R^2}\cdot\frac{\sigma_b}{\rho}$$

式中,m为飞轮质量;k_s为飞轮形状系数;k_m为飞轮材料利用系数;R为飞轮外径;σ_b为飞轮材料许用应力;ρ为密度。对于结构和形状一定的飞轮,比能量正比于材料的比强度σ_b/ρ。因此,飞轮应选取密度小、强度高的材料。表2-6为各种飞轮材料的参数。通过该表可知,高强度合金钢的比能量远不及高强度纤维材料。钢质飞轮比能量低,而且飞轮一旦破裂,破坏力巨大。而纤维复合材料飞轮不仅密度小、强度高,且资源丰富、性价比高、破坏力小。因此纤维复合材料是制造飞轮转子的理想材料。但纤维复合材料飞轮缠绕加工工艺复杂、成本高,所以在转速不高时也可采用金属材料作为飞轮材料。高强度碳纤维复合材料飞轮允许的外缘线速度可达600～1200m/s,而金属材料飞轮允许的线速度为300～500m/s。

表 2-6 飞轮材料参数

材料	σ/GPa	ρ/(kg/m³)	e/(Wh/kg)
E 玻璃纤维	3.5	2540	231.9
S 玻璃纤维	4.8	2520	320.6
Kevlar 纤维	3.8	1450	441.1
光谱纤维	3.0	970	520.6
碳纤维 T-700	7.0	1780	662.0
碳纤维 T-1000	10.0	1780	945.7
高强度合金钢	2.7	8000	56.8

飞轮转子有多种形状，如实心圆盘、纺锤状、伞状、带式变惯量及轮辐状等。

2. 支撑轴承

高速飞轮的支撑轴承影响飞轮储能装置的效率和使用寿命。飞轮储能支撑方式主要有机械轴承、被动磁悬浮轴承和主动磁悬浮轴承。

1) 机械轴承

当飞轮转速很高时，机械轴承的摩擦力大，影响飞轮储能的效率，且轴承寿命短，因此机械轴承一般用于中低转速的飞轮储能装置。机械轴承主要包括滚动轴承、滑动轴承、陶瓷轴承和挤压油膜阻尼轴承等，其中滚动轴承和滑动轴承常用作飞轮系统的保护轴承，陶瓷轴承和挤压油膜阻尼轴承在特定的飞轮系统中获得应用。

2) 被动磁悬浮轴承

磁悬浮轴承是利用电磁力使转子稳定悬浮起来的新型轴承，根据有无外界能源的介入分为被动和主动两种。被动磁悬浮轴承根据材料不同，可分为永磁轴承和超导磁悬浮轴承两种。

永磁轴承的转子和定子都装有永磁体，利用它们之间的磁场力实现悬浮。永磁轴承具有能耗低、不需要电源、结构简单等优点，但是只用永磁轴承不能实现稳定悬浮，需要至少在一个方向上引入外力(如电磁力、机械力)。

在超导磁悬浮轴承中，永磁体安装在转子上，高温超导体安装在底座上并用液氮冷却。超导磁悬浮的机理是超导体的完全抗磁性，即"迈斯纳效应"，超导体在达到超导低温时，不仅电阻为零，还将阻止磁场穿过。此时，当外部磁场(永磁体)接近超导体时，超导体表面将产生感应电流，同时感应电流又产生感应磁场，与外磁场大小相等，方向相反，这两个磁场相互排斥产生排斥力，也就是它们之间的悬浮力。

超导磁悬浮可形成悬浮力自稳定系统，不需要外部控制，其机理是"钉扎作用"。超导体内部的杂质、裂缝称为钉扎中心，属于非超导区域，由于超导区域有很强的排斥磁通特性，因而磁力线会被钉扎中心捕获。超导体产生的磁场总是阻碍外磁场变化的，这是磁悬浮力内在稳定的根本原因。当永磁体受到外力作用下移时，外场增加，超导体内感应出电流阻止外场增加；当永磁体上移时，外场减小，高温超导体又感应出电流阻止外场减小。高温超导体总是力图保持外场的初值和形状。钉扎在超导体内，超导磁悬浮轴承的横向恢复力和刚度就取决于磁通的钉扎程度。由于有了这个钉扎效应，超导磁悬浮轴承在各个位移方向都是无源自稳定的。超导磁悬浮就是利用超导体抗磁性提供静态的悬浮力，利用钉扎性提供一个横向稳定力,从而实现稳定的悬浮。

超导磁悬浮轴承具有不需要供电、转速高、摩擦小、不需要控制系统、轴承结构紧凑等特点,是飞轮轴承系统发展的一个重要方向。

3)主动磁悬浮轴承

主动磁悬浮轴承又称为电磁悬浮轴承,主要由转子、电磁铁、传感器、控制器、功率放大器等组成。传感器测出转子位移变化信号,传到控制器中,控制器计算后输出控制信号,经过功率放大器放大,输入到电磁铁产生电磁力,对轴承位置进行主动控制,具有阻尼和刚度可调的特点,可保证转子的稳定悬浮。

3. 电动机/发电机

从系统结构和降低功耗角度出发,电动机/发电机与飞轮本体集成一体。目前国内外广泛采用永磁无刷直流互逆式双向电动机作为飞轮储能的电动机/发电机。无刷直流电动机具有直流电动机的机械特性,结构上取消了电刷,具有寿命长、噪声和电磁干扰小的优点。由于电动机功耗还取决于电枢电阻、涡流电流和磁滞损耗,因此,无铁定子在飞轮储能的电动机上获得广泛应用。另外,转子选用钕铁硼永磁磁铁,可大大减小电动机/发电机的体积和质量。

4. 电力变换器

电力变换器是飞轮储能系统的能量转换控制元件,其转换效率对飞轮储能的整体效率有直接影响。电力变换器通过控制电动机/发电机,实现电能与机械能的相互转换。电力变换器有以下三种工作模式。

(1)能量输入模式:电力变换器对充电电流进行调整,驱动电动机/发电机,使飞轮的转速增加,并确保飞轮运转的平稳、安全和可靠。

(2)能量存储模式:飞轮达到一定转速后转入低压模式,由电力变换器提供低压,维持飞轮的转速,并使飞轮储能的机械损耗尽可能小。

(3)能量输出模式:电力变换器将电动机/发电机发出的电能变换后输出到外电路。此模式中,飞轮在一段时间后会不断减速,造成输出电压降低,为确保输出电压平稳,需要电力变换器将电压提升。

5. 真空室

真空室保护飞轮储能系统不受外界干扰,同时也不影响外界环境。真空室可提供真空环境,可大大减小飞轮高速旋转的空气阻力,进而降低风阻损失。另外,密封的真空室还可起到屏蔽事故的作用。真空度是影响飞轮储能系统效率的重要因素之一。目前系统真空度一般可达 10^{-5} Pa 量级。

2.7.2 飞轮储能装置的特点

飞轮储能装置具有以下优点。

(1)比功率高,可达 5000~10000W/kg;比能量大于 20Wh/kg,最高可达 200Wh/kg。

(2)能源转换效率高,可达 90%。

(3)使用寿命长:不受重复深度放电影响,能够循环几百万次运行,寿命长达 20 年以上。

(4)低损耗、基本免维护:磁悬浮轴承和真空环境使机械损耗可以被忽略,系统维护周期达 10 年以上。

(5) 能快速充放电。

(6) 工作温度范围宽，对环境温度要求低。

(7) 系统不含有毒材料，对环境无污染。

飞轮储能装置目前还存在以下不足：转子高速旋转，若断裂则能量不可控，带来一定的安全问题；技术还不够成熟，成本较高。

2.7.3 飞轮储能装置的应用

1．交通运输

飞轮储能装置具有比功率大、质量轻、体积小和充放电快速的优点，非常适合用作混合动力汽车的辅助能量源。当汽车制动减速时，可高效回收制动能量，存储于高速旋转的飞轮转子；当汽车加速、爬坡需要大功率时，飞轮释放能量向电机供电，辅助发动机驱动车辆。飞轮储能混合动力汽车的动力性好，不亚于燃油汽车。飞轮储能装置可稳定发动机的负荷，使发动机在稳定、高效的状态下运行，对于同级别的汽车，可以选用排量更小的发动机，实现减小油耗和排放的目的。

2．电力调峰

电力调峰是电力系统必须解决的重要问题。电网频率的变动和偏差，对用户和原动机的影响和危害很大，电网频率的稳定性和准确性是供电质量的重要指标。飞轮储能技术是在电网负荷低谷时，双向互逆电机作为电机拖动飞轮，将电能转换为动能，在电网高峰时，互逆电机作为发电机把储存在飞轮中的动能转化为电能。飞轮储能技术用于电力调峰，具有能量转换快捷、转换效率高、成本低、可分散放置等优点。

3．不间断电源（UPS）

不间断电源的作用是确保不间断供电和供电质量，在医院、金融机构、大型饭店、商场、电信运营、数据中心、政府部门及生产企业等场合有广泛使用需求。目前，蓄电池不间断电源在工作温度、湿度、电压以及放电深度等方面有较高要求，且不允许频繁地关闭和开启。而飞轮储能具有充电快捷、充放电次数无限、安全可靠、高效等优点，使其在不间断电源领域优势明显，发展前景良好。

4．其他用途

用于航天器姿态控制、太空站的能源、电磁炮强力放电、大型电焊机等场合。

1．纯电动汽车和混合动力汽车对动力电池的要求有何不同？

2．说明铅酸电池充放电的电化学反应过程。

3．镍氢电池负极吸氢放氢的机理是什么？

4．锂离子电池正极可用哪些材料？它们的化学结构有什么特点？

5．准法拉第电容和双电层电容相比有何不同？

第3章 车用驱动电动机

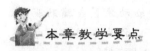

本章教学要点

通过本章的学习,要求了解车用驱动电动机的工作条件与要求及驱动电动机的类型与应用情况,掌握直流电动机、交流异步电动机、永磁交流电动机和开关磁阻电动机的结构、工作原理、特性与控制方法。

本章教学要点

知识要点	能力要求	相关知识
驱动电动机	了解车用驱动电动机的工作条件与要求; 了解驱动电动机的类型与应用	各种驱动电动机的特点
直流电动机	掌握直流电动机的结构与工作原理; 掌握直流电动机的工作特性; 掌握直流电动机的控制	直流电动机的类型; 直流电动机的机械特性; 直流电动机的调速方法
交流异步电动机	掌握交流异步电动机的结构与工作原理; 掌握交流异步电动机的工作特性; 交流异步电动机的控制	交流异步电动机的机械特性; 交流异步电动机的矢量控制; 交流异步电动机的直接转矩控制
永磁交流电动机	掌握永磁交流电动机的结构与工作原理; 掌握永磁交流电动机的工作特性	永磁同步电动机的结构与工作原理; 直流无刷电动机的结构、特性与控制
开关磁阻电动机	掌握开关磁阻电动机的结构与工作原理; 掌握开关磁阻电动机的工作特性; 掌握开关磁阻电动机的控制	开关磁阻电动机的角度位置控制; 开关磁阻电动机的电流斩波控制; 开关磁阻电动机的电压斩波控制

导入案例

图 3.1 雪佛兰 Volt 的驱动电动机

雪佛兰 Volt 插电式混合动力轿车的动力系统采用串联式结构,是全球首款增程型电动汽车。图 3.1 为该车配置的驱动电动机,这台永磁同步电动机最大功率为 111kW,最大转矩为 370N·m。与内燃机需要一定转速才能获得转矩不同,它从静止状态起就有全额转矩输出,且在非常大的转速范围内均可提供大转矩,性能发挥均衡,这使得 Volt 的动力性极好,在 9s 之内就能起步加速到 100km/h,最高车速可达 160km/h。

纯电动汽车、混合动力汽车和燃料电池汽车都装备了电机作为驱动装置或辅助驱动装置。那么,除了示例中的永磁同步电动机,还有哪些电动机可以作为车用驱动电动机?它们的结构、工作原理和特性是怎样的?本章的学习将回答以上问题。

3.1 驱动电动机概述

3.1.1 驱动电动机的工作条件

电动机是工业上常用的机器,而用于驱动车辆的电动机称为驱动电动机。驱动电动机的工作条件与一般工业电动机有明显不同,主要体现在以下方面。

(1) 驱动电动机的转速、转矩变化范围大。车辆行驶工况是频繁变化的,经常需要起步、加速、爬坡、制动,所需的驱动力矩和车速也相应变化,驱动电动机的运行状态则需要适应车辆行驶工况的大范围变动。

(2) 驱动电动机所处的使用环境恶劣。车辆上的驱动电动机所安置的空间有限,常处于高温、潮湿等恶劣的工作条件下;另外,车辆运行时的颠簸和振动使驱动电动机处于振动、冲击的环境下工作。

(3) 车载的能量有限。通用工业电动机的电能来自电网,而驱动电动机的电能量来源于车载能量源,它们的供电、控制方式必然有所不同。

3.1.2 对驱动电动机的要求

由于处于恶劣的使用条件之下,对驱动电动机的要求比对普通工业电动机的要求高,主要体现在以下几方面。

(1) 低速时能恒定地输出大转矩,以适应车辆的起动、加速、爬坡、频繁起停等工况;一定转速(基速)以上可以恒功率运行,以适应最高车速、超车等要求。

(2) 要求有较强的过载能力,能承受 4~5 倍的过载,以满足大强度加速与重负荷爬坡要求。

（3）要求电动机在整个运行范围内都有高效率，有利于节省电能，延长续驶里程。

（4）要求能够高效回收制动反馈的能量，提高能量的使用效率。

（5）要求结构紧凑、体积小、质量轻、比功率高。采用高电压、高转速有利于减小电机及其功率变换器的尺寸和质量。

（6）有良好的耐高温、耐潮湿能力和高可靠性。

（7）要求结构简单，使用维护方便，能够实现大规模生产，价格不高。

3.1.3 驱动电动机的类型

按照结构和工作原理不同，目前的驱动电动机有直流电动机、交流异步电动机、永磁同步电动机、无刷直流电动机、开关磁阻电动机等几种。

1. 直流电动机

直流电动机通过定子绕组产生磁场，向转子绕组通入直流电，并用换向装置对绕组内电流在适当时候进行换向，使转子绕组始终受到固定方向的电磁转矩。

直流电动机具有起动力矩大、控制简单的特点，但是它配备的换向器和电刷需要保养，且在高速大负载运行时会产生火花，电刷磨损大，故转速不能太高，不适用于高速运行的电动车辆。由于具有低成本、易于控制的优势，直流电动机目前仍在低速、小型的电动车辆上大量应用。

2. 交流异步电动机

交流异步电动机的定子绕组通入交流电产生旋转的磁场，转子绕组切割磁力线产生感应电流，并受到电磁转矩而旋转。交流异步电动机按照转子绕组不同，分为笼型转子和绕线转子两种。

交流异步电动机具有结构简单、坚固耐用、运行可靠、转矩平稳及转速高等优点。交流电机矢量控制技术目前已比较成熟，逆变器成本也较以前大大下降，因此，交流异步电动机现在是高速电动车辆驱动电动机的主要类型。

3. 永磁同步电动机

永磁同步电动机的定子与交流异步电动机类似，通入交流电产生旋转磁场，但转子用永磁体取代电枢绕组，电动机转速与旋转磁场转速同步。

永磁同步电动机具有高控制精度、高功率密度、转矩平稳及低噪声的优点，通过合理设计永磁磁路结构能获得较高的弱磁性能，提高电动机的调速范围。永磁同步电动机是当前驱动电动机研发与应用的热点。

4. 无刷直流电动机

无刷直流电动机结构与永磁同步电动机类似，但给定子供电的是直流电源，经过功率开关的作用通入定子相绕组的是周期换向的方波电流，电动机的机械特性与直流电动机接近。

无刷直流电动机没有换向器和电刷结构，所以不产生换向火花，寿命长，运行可靠，维修简便，转速高。此外，它采用永磁体转子，没有励磁损耗，发热的绕组装在外面的定子上，散热容易。无刷直流电动机还具有高功率密度和高效率的优点，它在电动车辆上有很好的应用前景。

5. 开关磁阻电动机

开关磁阻电动机定子和转子都是凸电极结构,只有定子上有绕组,转子无绕组。通过向定子各相绕组按一定次序通入电流,在电机内部产生磁场,此时转子受电磁转矩,并沿着与通电次序相反的方向转动。

开关磁阻电动机是一种新型电动机,结构比其他类型电动机要简单,只在定子上有简单的集中绕组,绕组端部短,没有相间跨接线。电机损耗主要在定子,易于冷却;转子无永磁体,可允许较高温升。开关磁阻电动机具有易维护、可靠性强、转速高、效率高的特点。此外,它的调速范围宽,控制灵活,易于实现各种特殊要求的转矩特性,适合驱动车辆的动力要求。

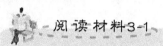

阅读材料3-1

车用电动机的研发与产业化

我国863计划"电动汽车关键技术与系统集成"重大项目中,有关混合动力与纯电动汽车用电动机的研发与产业化的内容如下。

1. 混合动力汽车用电动机及控制系统产业化技术攻关

研究目标:形成系列化电动机及其控制系统产品开发和大规模配套能力,完善产品的生产供应链和质量保障体系,实现批量化生产。

主要研究内容:研究电动机与发动机、电动机与变速器等机电耦合装置集成技术,研究双(单)电动机控制器的集成技术,研究电动机及其控制系统的性能提升与安全控制技术,研究电动机及其控制系统的可靠性、耐久性、环境适应性、电磁兼容及减振降噪技术,研究批量生产的先进制造和质量控制技术。

主要考核指标见表3-1。

(1) 主要技术指标如下。

表3-1 混合动力汽车用电动机主要技术指标

指标	项目	
	轿车	客车
电动机功率密度/(kW/kg)	≥1.5	≥1.2
控制器功率密度/(kVA/kg)	≥3.0	≥4.0
系统效率/(%)	最高效率≥93%,效率≥80%的区域不低于65%	

(2) 可靠性满足整车集成要求,安全性、电磁兼容性满足国家标准或规范。

2. 纯电驱动汽车用电动机及其控制系统研究与产业化

研究目标:掌握纯电驱动汽车用电动机及其控制系统设计、开发和产业化关键技术,提高系统功率密度、转矩密度、效率和可靠性等性能,开发系列化产品,实现批量化生产。

主要研究内容:研究高密度、高集成度、高效率电动机及其控制系统,研究电动机与机电耦合装置的集成技术;研究车载环境下电动机系统热管理与减振降噪技术,研究电动机系统的环境适应性、可靠性与耐久性预测和评估方法,研究电动机系统产品化应用技术，研究批量生产的先进制造技术和质量控制技术。

主要考核指标如下。

(1) 主要技术指标见表3-2。

表3-2 纯电驱动汽车用电动机主要技术指标

指标	项目	
	轿车	商用车
电动机功率密度/(kW/kg)	≥2.4	≥1.8
控制器功率密度/(kVA/kg)	≥4.0	≥4.0
系统效率/(%)	最高效率≥94%，效率≥80%的区域不低于70%	最高效率≥93%，效率≥80%的区域不低于65%

(2) 可靠性满足整车集成要求，安全性、电磁兼容性满足国家标准或规范。

3. 纯电驱动系统电子控制关键技术研究

研究目标：研发整车能量管理策略，完成高容错、高可靠性、低成本的整车控制器产品技术集成，完成试验与验证，为纯电驱动动力系统平台及整车产品开发提供技术支撑。

主要研究内容：研究整车控制策略、能量优化管理、整车安全控制、充电（或包括换电）控制管理、整车故障处理、失效容错控制、在线标定和监控等技术。在整车动力系统技术平台大量试验研究的基础上，将整车控制技术和控制策略集成到整车控制器硬件，并最终完成整车控制器软硬件集成、生产、装车与测试。

主要技术要求：满足整车实现功能与性能要求。

3.2 直流电动机

3.2.1 直流电动机的结构

直流电动机主要由定子和转子两部分组成。图3.2为直流电动机结构图。

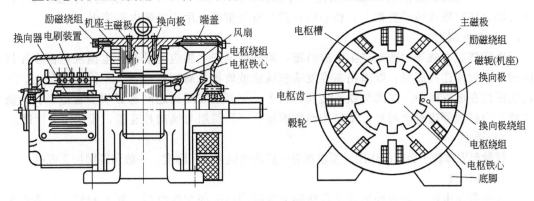

图3.2 直流电动机结构

1. 定子

电动机运行时静止不动的部分称为定子,由机座、主磁极、换向极、端盖、轴承和电刷装置等组成,其主要作用是产生磁场。

1) 机座

定子部分的外壳称为机座,用于固定主磁极、换向极和端盖,起到电动机整体的支撑、固定作用。另外,机座构成磁极之间的通路,是磁路的一部分,磁通通过的部分称为磁轭。因此,机座既要有足够的机械强度,也要具有良好的导磁性能,一般为铸钢件或由钢板焊接而成。

2) 主磁极

主磁极由主磁极铁心和励磁绕组两部分组成,作用是在定子和转子间的气隙产生磁场。铁心用0.5～1.5mm厚的钢片叠压铆紧而成。铁心套励磁绕组的部分称为极身,下面扩宽的部分称为极靴,极靴宽于极身,这样可使气隙磁场分布更合理,也便于固定励磁绕组。励磁绕组用绝缘铜线绕制而成,套在极身上,再用螺钉将主磁极固定在机座上。

3) 换向极

两相邻主磁极之间的小磁极叫换向极,也叫附加极,换向极结构与主磁极类似,由铁心和绕组构成。它的作用是改善电动机换向,减小或消除电动机运行时电刷与换向器间产生的换向火花。换向极铁心一般用整块钢制成,换向极绕组用绝缘导线绕制而成,套在铁心上。换向极用螺钉固定于机座上。换向极的数目一般与主磁极相同。

4) 电刷装置

电刷装置由电刷、电刷弹簧、电刷座等组成。电刷装置用来将直流电引入旋转的电枢绕组,并与换向器配合,使电枢绕组的电流及时换向,产生方向不变的电磁转矩。电刷座装在端盖或轴承内盖上,位置可以调整。

2. 转子

运行时旋转的部分称为转子或电枢,由电枢铁心、电枢绕组、转轴和换向器等组成,是电动机进行能量转换的枢纽,作用是产生电磁转矩和感应电动势。

1) 电枢铁心

电枢铁心是主磁通磁路的主要部分,同时用以嵌放电枢绕组。为降低电动机运行时电枢铁心中产生的涡流损耗和磁滞损耗,电枢铁心用0.35～0.5mm厚的硅钢片叠压而成。铁心固定在转轴或转子支架上。铁心的外圆开有电枢槽,用于嵌装电枢绕组。

2) 电枢绕组

电枢绕组在磁场中通电产生电磁转矩,旋转后又产生感应电动势。电枢绕组由多匝线圈按一定规律连接而成,线圈用高强度漆包线或玻璃丝包扁铜线绕成。不同线圈分上、下两层嵌放在电枢槽中,线圈与铁心之间以及上、下两层线圈边之间都必须妥善绝缘。为防止离心力将线圈边甩出槽外,槽口用槽楔固定。每匝绕组与换向片连接,形成闭合回路。

3) 转轴

转轴起支撑转子旋转的作用,要求具有一定的机械强度和刚度,一般用圆钢加工而成。

4) 换向器

换向器与电刷配合将外加直流电转换为电枢绕组中的交变电流,使电磁转矩的方向恒定不变。换向器是由许多换向片组成的圆柱体,换向片之间用云母片绝缘。

3.2.2 直流电动机的工作原理

图 3.3 为简化的直流电动机物理模型示意图。其中,固定部分有 N、S 两个磁极,以及两个电刷 A、B。转动部分为电枢绕组 abcd,绕组两端分别与两个弧形换向片连接,两个换向片之间相互绝缘。换向片和电刷相接触,当电枢旋转时,电枢绕组通过换向片和电刷与外电路接通。

当电枢绕组处于图 3.3(a)所示位置,导体 ab 位于 N 极之下,电流方向为 a→b(向里),导体 cd 位于 S 极之上,电流方向为 c→d(向外),根据左手定则,处于上部的导体 ab 在磁场中受到向左的电磁力,下部的导体 cd 受到向右的电磁力,整个绕组受逆时针的电磁转矩而发生逆时针旋转。当绕组旋转 180°到图 3.3(b)所示位置时,导体 cd 位于 N 极之下,由于换向片的作用,电流方向发生变化,为 d→c(向里),导体 ab 位于 S 极之上,电流方向为 b→a(向外),此时,处于上部的导体 cd 受到向左的电磁力,下部的 cd 受到向右的电磁力,整个绕组受到的电磁转矩依然是逆时针的,故保持逆时针旋转。

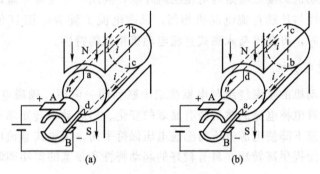

图 3.3 直流电动机物理模型

换向片和电刷的作用是将外部直流电转换成绕组内部的交流电,N 极侧导体的电流方向总是向外,S 极侧导体的电流方向总是向里,使得绕组受的转矩保持一个方向不变,确保直流电机朝确定的方向连续旋转。

3.2.3 直流电动机的类型

按照产生磁场的方式分类,直流电动机分为励磁绕组式直流电动机和永磁式直流电动机两种。励磁绕组式直流电动机有励磁绕组,磁场可由改变电流来控制,永磁式直流电动机没有励磁绕组,永磁体的磁场是不可控制的。小功率直流电动机一般为永磁式,大功率直流电动机采用励磁式。根据励磁方式的不同,励磁式直流电动机又分为他励式、并励式、串励式和复励式,如图 3.4 所示。

1. 他励式直流电动机

他励式直流电动机的励磁绕组与电枢绕组没有连接关系,两者由两个电源分别供电。该型式电动机的励磁电流不受电枢端电压或电枢电流的影响,可通过分别控制励磁电流 I_f 和电枢电流 I_a 来实现电动机的各种控制,在运行过程中励磁磁场稳定、易控制,容易实现制动能量的回收控制。小容量电动机常采用永磁体提供主磁场,永磁式直流电动机也可看成他励式直流电动机。

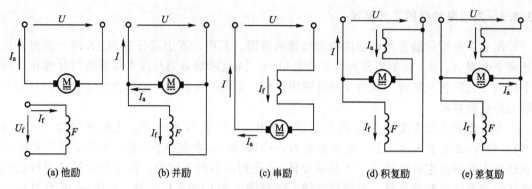

图 3.4　直流电动机的各种励磁方式

2. 并励式直流电动机

并励式直流电动机的励磁绕组与电枢绕组并联,共用一个电源,绕组端电压就是电枢绕组端电压,其特性与他励直流电动机相似。励磁电流 I_f 随着电压 U 的改变而变化,当电源电压恒定不变时,可获得与永磁式直流电动机相似的特性。

3. 串励式直流电动机

串励式直流电动机的励磁绕组与电枢绕组串联到同一电源,励磁电流等于电枢电流,电动机内的磁场随着电枢电流的改变会有显著的变化。当电动机转矩增加时,电枢电流和磁通增加,电机转速下降使电源电压与感应电压保持平衡。串励式直流电动机的转矩与转速成反比,低速时能提供高转矩,具有较好的起动特性和较宽的恒功率调速范围。

4. 复励式直流电动机

复励式直流电动机励磁绕组与电枢绕组的连接包含并励和串励两种成分,一部分和电枢绕组并联,另一部分和电枢绕组串联。电动机的磁通由两个绕组内的励磁电流产生。若串励部分产生的磁动势与并励绕组产生的磁动势方向相同称为积复励,若方向相反则称为差复励。

3.2.4　直流电动机的机械特性

1. 感应电动势和电磁转矩

导体在磁场中切割磁力线会产生感应电动势。直流电动机的转子转动时,正负电刷之间的感应电动势称为电枢绕组电动势,它与电枢电流方向相反,属于反电动势。电枢感应电动势可表达成

$$E_a = C_e \Phi n \tag{3-1}$$

式中,C_e 为由电动机结构决定的电动势常数;Φ 为每极磁通;n 为转子转速。

直流电动机电枢绕组通入电流时,绕组会受到电磁力和电磁转矩,其中电磁转矩与转子转动方向相同,属于驱动转矩。电动机电磁转矩可表达成

$$T_{em} = C_T \Phi I_a \tag{3-2}$$

式中,C_T 为由电动机结构决定的转矩常数;I_a 为电枢电流。

由式(3-1)和式(3-2)可知，电枢感应电势 E_a 与每极磁通 Φ 和转速 n 成正比，电磁转矩 T_{em} 与每极磁通 Φ 和电枢电流 I_a 成正比。

2. 他励直流电动机机械特性

直流电动机的机械特性指的是在稳定运行情况下，电动机转速与电磁转矩之间的关系。机械特性是直流电动机最重要的运行特性，是分析电动机起动、调速和制动的重要依据。不同类型直流电动机的机械特性是不一样的。其中，他励直流电动机和并励直流电动机的机械特性很相似，都是比较硬的特性。

图 3.5 为他励直流电动机的电路图。以下电压平衡式成立：

$$U_a = E_a + I_a R_a \tag{3-3}$$

式中，U_a 为电枢电压，此时与电枢电源电压相等；R_a 为电枢电阻。将式(3-1)和式(3-2)代入式(3-3)，整理得到他励直流电动机的机械特性为

$$n = \frac{U_a}{C_e \Phi} - \frac{R_a}{C_e C_T \Phi^2} T_{em} = n_0 - \beta T_{em} = n_0 - \Delta n \tag{3-4}$$

式中，n_0 为 $T_{em}=0$ 时的转速，称作理想空载转速；β 为机械特性的斜率；Δn 为转速降。

他励直流电动机的机械特性曲线如图 3.6 所示。当电枢两端加额定电压、每极磁通量为额定值、电枢回路不串电阻时的机械特性称为固有机械特性。固有机械特性是一条下斜直线，且斜率 β 值很小，直线较平，转速 n 的变化不大，特性为硬特性。

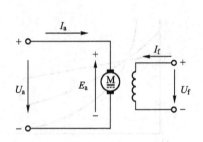

图 3.5 他励直流电动机电路

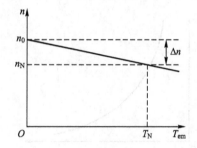

图 3.6 他励直流电动机机械特性

他励直流电动机可分别通过控制励磁电流和电枢电压来控制电动机的转速，因而调速范围大，也容易连接成发电机电路，有利于实现电动车辆制动能量的回收。

3. 串励直流电动机机械特性

图 3.7 为串励直流电动机的电路图。其特点是电枢电流 I_a 等于励磁电流 I_f，并有以下电压平衡方程式成立：

$$U = E_a + I_a R_a + I_f R_f \tag{3-5}$$

式中，U 为电枢电源电压。

当负载较轻、磁路未饱和时，磁通与励磁电流成正比：

$$\Phi = K_f I_f \tag{3-6}$$

由式(3-5)和式(3-6)及式(3-1)、式(3-2)，可整理得到串励直流电动机负载较轻时的机械特性为

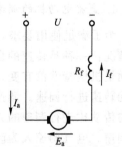

图 3.7 串励直流电动机电路

$$n = \frac{\sqrt{C'_T} U}{C'_e \sqrt{T_{em}}} - \frac{R_a + R_f}{C'_e} \qquad (3-7)$$

式中，$C'_e = C_e K_f$；$C'_T = C_T K_f$，磁路未饱和时都为常数。

当负载较重、磁路饱和时，Φ 近似不变。此时，转速随转矩的增加线性下降，与他励直流电动机的机械特性相似。

图 3.8 为串励直流电动机机械特性曲线，具有以下特点。

(1) 当电枢电流不大（磁路未饱和）时，特性为双曲线性质，转速随着转矩增加而迅速减小；当电枢电流较大（磁路趋于饱和）时，磁通近似为常数，特性与他励直流电动机特性相似，为略向下倾斜的直线。

(2) 空载或轻载运行时，电动机的转速将很高，导致"飞车"现象，使电动机受到严重的损伤，故串励直流电动机不允许空载或轻载运行。

(3) 起动转矩大，过载能力强。

4. 复励直流电动机机械特性

复励直流电动机的励磁绕组既有他励部分也有串励部分，其机械特性介于他励和串励直流电动机之间，如图 3.9 所示。在空载运行时，由于并励绕组的存在，特性曲线和纵坐标有交点，不会出现"飞车"现象。起动时，由于串励绕组的存在，可产生较大的起动转矩，具有较强的过载能力。

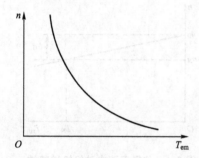

图 3.8 串励直流电动机机械特性

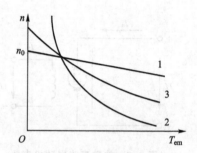

图 3.9 复励直流电动机机械特性
1—他励；2—串励；3—复励

3.2.5 直流电动机的控制

1. 直流电动机的调速方法

为了满足使用要求，电动机经常需要在不同转速下运行。电动机转速的变化分成两种情况：一种是转速的自然变化，是指负载发生变化时，电动机的转速跟着发生变化，电动机机械特性没有变，系统工作在同一机械特性上；另一种是采取一定措施对电动机驱动转速进行调速。调速可以采用机械调速、电气调速或二者共同配合。通过改变传动机构传动比进行调速的方法称为机械调速，通过改变电动机参数进行调速的方法称为电气调速。电气调速人为改变了电动机的机械特性，电动机工作点和转速发生变化，调速后工作在不同的机械特性上。

所有类型直流电动机都满足式(3-1)、式(3-2)及 $U_a = E_a + I_a R_a$，由这 3 个公式可

导出电动机转速的表达式为

$$n = \frac{U_a}{C_e \Phi} - \frac{R_a}{C_e C_T \Phi^2} T_{em} \tag{3-8}$$

由式(3-8)可知，改变U_a、R_a和Φ都可使电动机转速发生变化，故直流电动机调速方法有电枢串电阻调速、电枢电源降压调速和弱磁调速3种。

1) 电枢串电阻调速

电枢串电阻调速时，保持磁通和电枢电压为额定值，通过调节电枢回路外串电阻的大小来调节转速。

电枢串电阻调速的特点：串电阻调速时，机械特性全部在固有特性以下，故电动机转速只能从额定转速往下调；转速的稳定性差，调速范围较小；负载转矩较小时，调速效果不明显；低速时效率低；调速方法简单，控制设备简单；属于恒转矩调速。

由于调速指标并不好，电枢回路串电阻调速一般用在容量不大，低速运行时间不长，对调速性能要求不高的场合。

2) 电枢电源降压调速

电枢电源降压调速指的是保持磁通为额定值，电枢回路不外串电阻，调节电枢电源电压来调节转速。

电枢电源降压调速的特点：电枢电压只从额定电压往下调，机械特性下移，全在固有特性下方，故转速只能从额定转速往下调；调速范围大；转速的稳定性好；调速的平滑性好，可实现无级调速；电动机的损耗小；要求有独立的可调直流电源。

电枢电源降压调速的调速指标好，一般用在调速性能要求比较高的中、大容量的系统中。

3) 弱磁调速

弱磁调速指的是保持电枢电压为额定值，电枢回路不外串电阻，调节励磁绕组励磁电流，从而改变磁通，使得电动机转速改变。

弱磁调速的特点：当磁通为额定值时，电动机的铁心磁路已接近饱和，不能使磁通进一步增加，只能减小，故电动机转速只能从额定转速往上调；调速范围不大；转速的稳定性好；受电动机机械强度和换向条件限制，励磁电流可连续调节，调速平滑性好，可实现无级调速；由于在电流较小的励磁回路中进行调节，因而控制方便，能量损耗小，经济性比较好。

弱磁调速适合于从额定转速往上调节的恒功率调速。

为使直流电动机有较宽的转速控制范围，通常把降压和弱磁两种调速方法结合起来。当电动机转速在额定转速n_N以下，励磁电流保持在额定值时，采用电枢电源降压调速来改变转速。当电动机转速在n_N以上，电枢电压保持在额定值时，采用弱磁调速来改变转速。图3.10为降压和弱磁两种调速方法配合使用时，直流电动机的转矩与功率随转速的变化情况。

2. 直流脉宽调制调速

由蓄电池供电的直流电动机调速系统必须采用DC/DC转换器。DC/DC转换器以斩波方式工

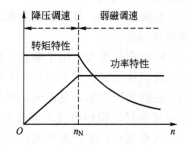

图3.10 降压调速和弱磁调速配合的直流电动机特性

作时也称为直流斩波器。直流斩波器是一种把一定形式的直流电压变换成负载所需的直流电压的变流装置。它通过周期性地快速开通、关断开关器件,把输入电压斩成一系列的脉冲电压,改变脉冲列的脉冲宽度或频率来调节输出电压的平均值。

直流斩波器改变输出平均电压的方法有以下 3 种。

(1) 脉冲宽度调制(Pulse Width Modulation,PWM):开关器件的通断周期保持不变,只改变器件每次导通的时间,也就是脉冲周期不变,只改变脉冲的宽度,即定频调宽。

(2) 脉冲频率调制(Pulse Frequency Modulation,PFW):开关器件每次导通的时间不变,只改变通断周期或开关频率,也就是只改变开关的关断时间,即定宽调频,称为调频。

(3) 两点式控制:开关器件的通断周期和导通时间均可变,即调宽调频,也可称为混合调制。

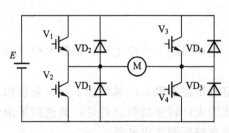

图 3.11 脉宽调制直流调速系统主电路

脉宽调制直流电动机调速在生产实际中得到了广泛应用。图 3.11 为目前应用较多的脉宽调制直流调速系统的主电路。直流电源 E 输入恒定的直流电。处于对角线上的晶体管的基极因接收同一控制信号而同时导通或截止。若 V_1 和 V_4 导通时,电动机电枢加上正电压;若 V_2 和 V_3 导通时,电动机电枢加上负电压。当它们在控制信号的驱动下以较高的频率导通或截止时,在电动机电枢两端得到所需的电压波形。用于机械惯性作用,决定电动机转速的仅为此电压波形的平均值。电压平均值与开关频率和接通时间相关。

脉宽调制直流调速系统具有以下优点。

(1) 由于脉宽调制的开关频率高,系统的频带宽,响应速度快,动态抗扰能力强。

(2) 电枢电流容易连续,系统的低速性能好,稳速精度高,调速范围宽,电动机的附加损耗和发热较小。

(3) 主电路的电力电子器件工作在开关状态,损耗小,装置效率高。

(4) 主电路所需的功率元件少,线路简单。

3.2.6 直流电动机的特点

直流电动机的优点如下。

(1) 起动性能好。具有较大的起动力矩,适用于重负载下起动的机械。用于驱动车辆可实现快速起步。

(2) 恒功率范围大。用于驱动车辆时可保证车辆的高速行驶能力。

(3) 调速性能好。可实现均匀平滑的无级调速,且具有较宽的调速范围。

(4) 控制比较简单。直流电动机易于建模,输入输出具有线性关系,可以单独控制励磁绕组电流和转子绕组电流来调节电动机转速和转矩。

(5) 技术成熟,生产规模大,价格便宜。

直流电动机的缺点如下。

(1) 换向器和电刷的存在,引起转矩波动,并限制转速的升高。

(2) 电刷带来摩擦与射频干扰。
(3) 由于磨损和断裂,换向器和电刷需定期维护。

直流电动机的这些缺点使其可靠性较低且需经常维护,限制了它在车辆驱动上的广泛应用。不过,由于低成本和易于控制,直流电动机在低功率电动车辆,如电动自行车和电动三轮车中仍然大量使用。

3.3 交流异步电动机

3.3.1 交流异步电动机的结构

交流异步电动机也称为交流感应电动机,主要由定子、转子及一些附件构成,定子与转子之间有一很小的气隙。图 3.12 为典型的交流异步电动机结构。

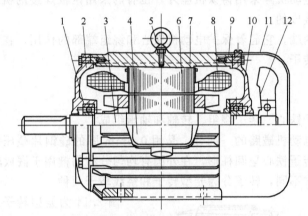

图 3.12 交流异步电动机结构图
1—轴承;2—前端盖;3—转轴;4—接线盒;5—吊环;6—定子铁心;
7—转子;8—定子绕组;9—机座;10—后端盖;11—风罩;12—风扇

1. 定子

定子主要由定子铁心、定子绕组、端盖、机座等组成。

定子铁心是主磁路的一部分,由于异步电动机的磁场是交变的,铁心中易产生涡流损耗和磁滞损耗,为了减少损耗,定子铁心由 0.35~0.5mm 厚的相互绝缘的硅钢片叠压而成,如图 3.13 所示。铁心内圆有均匀分布的槽口,用来嵌放定子绕组。小容量的电动机一般利用硅钢片的表面氧化层来达到片间的绝缘,而容量较大的电动机所用的硅钢片必须涂绝缘漆。

定子绕组是电动机的电路部分。三相异步电动机有三相绕组,通入三相对称电流时,就会产生旋转磁场。三相绕组由 3 个彼此独立的绕组组成,每个绕组为一相,在空间相差 120°电角度。每个绕组又由若干线圈连接而成。线圈由绝缘铜导线或绝缘铝导线绕制,再按一定规律嵌入定子铁心槽内。中、小型三相电动机多采用圆漆包线,大、中型三相电动机的定子线圈则用较大截面的绝缘扁铜线或扁铝线绕制。定子绕组可以接成星形或三角形。

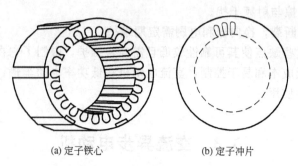

(a) 定子铁心　　　　　　(b) 定子冲片

图 3.13　定子铁心及其冲片

机座也是主磁路的组成部分。定子铁心固定在机座内，机座起着固定定子铁心的作用，机座应有足够的强度和刚度，以承受使用中产生的各种作用力，同时还要满足通风散热的需要。当电动机安装方式和冷却方式不同时，机座结构也不同。小型电动机一般都采用铸铁机座，中型电动机除采用铸铁机座外，也有的采用钢板焊接的机座，大型电动机的机座都是用钢板焊接成的。

端盖装在机座两端，它起着保护电动机铁心和绕组端部的作用，在中小型电动机中它还与轴承一起支撑转子。

2. 转子

转子主要由转子铁心、转子绕组、转轴和轴承组成。

转子铁心也是电动机磁路的一部分，是用 0.5mm 厚的硅钢片叠压而成的，套压在转轴或转子支架上。转子铁心呈圆柱形，在外圆有均匀分布的槽用于嵌放转子绕组。

按照绕组的形式不同，转子分为笼型转子和绕线转子两种。

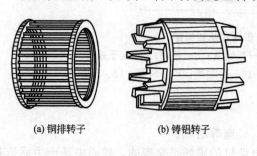

(a) 铜排转子　　　(b) 铸铝转子

图 3.14　笼型转子

图 3.14 为笼型转子。在转子铁心的每一个槽中插入一根根部未包绝缘的铜条，在铁心两端槽的出口处用短路铜环（端环）把它们连接起来，称为铜排转子。笼型转子绕组自成闭合回路，若去掉铁心，绕组形状像一个笼子，故称笼型绕组。也可用铸铝的方法，将转子导条和端环风扇叶片用铝液一次浇铸而成，称为铸铝转子。中小型电机一般采用铸铝转子。

图 3.15 为绕线转子。绕线转子用绝缘导线做成线圈，嵌入转子槽中，再连接成三相绕组，一般都接成星形。转子的一端装有 3 个滑环，称集电环，三相绕组的首端引出线分别与 3 个集电环相接。每个集电环上各有一个电刷，通过电刷将转子绕组与外部电路相连，接入外加电阻可以改善电动机的起动和调速性能，如图 3.16 所示。在正常运行条件下，要求转子绕组是短路的。因此，在大中型绕线转子电动机中还装有提刷短路装置，以使电动机在起动时将转子绕组接通外部电阻，而在起动完毕后，将外部电阻全部切断，并在提起电刷的同时将集电环短路。

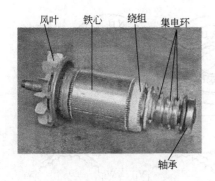

图 3.15 绕线转子

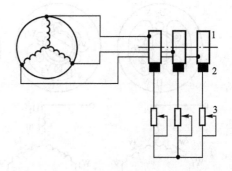

图 3.16 绕线转子与外加电阻的连接
1—集电环；2—电刷；3—外加电阻

3. 气隙

定子、转子间的气隙对异步电机的性能影响很大。气隙大则磁阻大，产生同样大小的磁场所要求的励磁电流就大，消耗的磁动势增大，导致电动机的功率因数降低。从这一角度来考虑，气隙应制造得小一些，但电动机运行时，转轴有一定的挠度，气隙太小，就可能发生定、转子铁心相擦的现象。气隙一般为机械上所允许达到的最小值，中小型异步电动机一般在 0.2～2mm。

3.3.2 交流异步电动机的工作原理

1. 旋转磁场的产生

交流异步电动机转子之所以会旋转、实现能量转换，是因为气隙内有一个旋转磁场。下面讨论旋转磁场的产生。

若三相绕组连接成星形，在空间彼此相隔 120°，末端 U_2、V_2、W_2 相连，首端 U_1、V_1、W_1 接到三相对称电源上，则在定子绕组中通过三相对称的电流 i_U、i_V、i_W。若电源的相序为 U、V、W，U 的初相角为零，三相交流电波形如图 3.17 所示。

$t=0$ 时刻，U 相绕组内无电流，V 相绕组电流为负值，电流从 V_2 流向 V_1，W 相绕组电流为正值，电流由 W_1 流向 W_2。根据右手螺旋定则，确定合成磁场如图 3.18(a)所示，为一对磁极(上 S，下 N)。

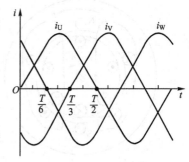

图 3.17 三相交流电波形

$t=T/6$ 时刻，U 相绕组电流由 U_1 流向 U_2，V 相绕组电流未变，W 相绕组内没有电流。合成磁场如图 3.18(b)所示，同 $t=0$ 瞬间相比，合成磁场沿顺时针方向旋转了 60°。

$t=T/3$ 时刻，合成磁场沿顺时针方向又旋转了 60°，如图 3.18(c)所示。$t=T/2$ 时刻与 $t=0$ 时刻相比，合成磁场共旋转了 180°。当电流变化一个周期时，磁场在空间转过 360°(一圈)。可见，对称三相电流通入对称三相绕组所形成的合成磁场，是一个随时间变化的旋转磁场。

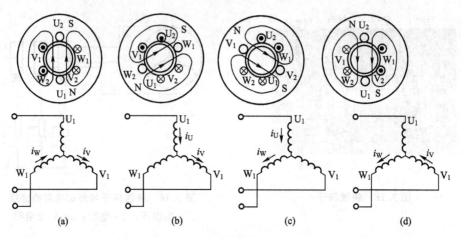

图 3.18 合成磁场方向的变化

以上分析针对的是电动机产生一对磁极的情况,当定子绕组连接形成的是两对磁极时,运用相同的方法可以分析出电流变化一个周期,磁场只转动了半圈,即转速减慢一半。由此类推,当旋转磁场具有 p 对磁极时,交流电每变化一个周期,旋转磁场就在空间转动 $1/p$ 转。因此,三相交流电动机定子旋转磁场的转速 n_1(r/min)与交流电频率 f(Hz)及磁极对数 p 之间的关系为

$$n_1 = \frac{60f}{p} \tag{3-9}$$

2. 交流异步电动机转动原理

图 3.19 为三相交流异步电动机转动原理示意图。三相交流电通入定子绕组后,便在气隙形成了一个旋转磁场。旋转磁场的磁力线被转子导体切割,根据电磁感应原理,转子导体产生感应电动势。转子绕组是闭合的,转子导体有电流流过。设旋转磁场按顺时针方向以转速 n_1 旋转,且某时刻上为 N 极,下为 S 极。旋转磁场顺时针旋转,等效于磁场不动,转子导体逆时针方向切割磁力线。根据右手定则,上半部转子导体的电动势和电流方向由里向外,下半部则由外向里。由于载流导体在磁场中要受到力的作用,用左手定则确定上、下转子导体所受电磁力的方向如图 3.19 所示。电磁力对转轴形成的电磁转矩的作用方向与旋转磁场方向一致。如此,转子便按与旋转磁场相同的方向转动起来,转速为 n。

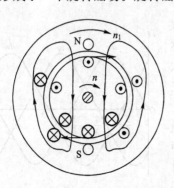

图 3.19 三相交流异步电动机的转动原理

转子转速 n 总是小于旋转磁场转速 n_1,即 $n<n_1$。这是因为如果 $n=n_1$,绕组与旋转磁场之间没有相对运动,也不切割磁力线,转子绕组导体中不产生感应电动势和电流,也不存在电磁力和电磁转矩,转子就不能继续旋转。$n<n_1$ 是交流异步电动机工作的必要条件,"异步"的名称也由此而来。

转差率 s 定义为旋转磁场转速与转子转速之差与同步转速之比,表示成

$$s = \frac{n_1 - n}{n_1} \quad (3-10)$$

转差率是异步电动机的一个基本参数，对分析电动机的运转特性有重要意义。在电动机起动瞬间，$n=0$，$s=1$；当电动机转速达到同步转速（理想空载转速，实际运行不可能达到）时，$n=n_1$，$s=0$。由此可见，异步电动机在运行状态下，转差率总在 0 和 1 之间，即 $0<s<1$。一般情况下，在额定状态下运行时，$s=0.01\sim0.05$。

3.3.3 交流异步电动机的机械特性

交流异步电动机机械特性指在电源电压、频率及电动机参数固定的条件下，电磁转矩 T_{em} 与转子转速 n 之间的关系。由于转差率 s 与转速 n 呈线性关系，机械特性也可表示为 T_{em} 和 s 的关系。

交流异步电动机只有定子绕组接交流电源，转子绕组是短路的，定子、转子电路只有磁的联系，没有电的联系。异步电动机可看成一种旋转的变压器，将转子绕组按照保持电磁效应不变的原则归算到定子电路，就可以得到定子、转子之间有电联系的等效电路，如图 3.20 所示。

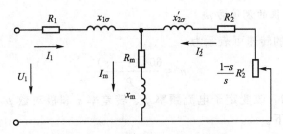

图 3.20　交流异步电动机等效电路

交流异步电动机机械特性的参数表达式为

$$T_{em} = \frac{m_1}{\Omega_1} \cdot \frac{U_1^2 \dfrac{R_2'}{s}}{\left(R_1 + \dfrac{R_2'}{s}\right) + (x_{1\sigma} + x_{2\sigma}')^2} \quad (3-11)$$

式中，m_1 为定子相数；Ω_1 为同步角速度；U_1 为定子相电压；R_1 为定子相电阻；R_2' 为转子等效电阻；$x_{1\sigma}$ 为定子漏电抗；$x_{2\sigma}'$ 为转子等效漏电抗。式(3-11)对应的机械特性曲线如图 3.21 所示。

机械特性上有 A、B、C 三个特殊的点。A 为同步速点（理论点），这时电动机以同步转速 n_1 旋转，$n=n_1(s=0)$，且 $T_{em}=0$。B 为起动点，此时电动机处于起动状态，$n=0(s=1)$，此时的电动机转矩 T_{st} 称为起动转矩。C 为临界点，此时的转差率 s_m 称作临界转差率，电动机发出最大转矩 T_m。另外，T_N 和 n_N 分别为电动机带动额定负载的额定转矩和额定转速。

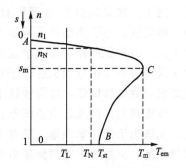

图 3.21　交流异步电动机机械特性

将电动机的起动转矩 T_{st} 与 T_N 之比定义为起动转矩倍数，用于评价电动机起动能力，一般为 $1\sim2.5$。将电动机最大转矩 T_m 与 T_N 之比称为过载倍数，用于评价电动机的过载能力，一般为 1.5～2.5。

当电动机起动转矩 T_{st} 大于负载转矩 T_L 时，电动机加速旋转，此时电动机转矩 T_{em} 随转速增加而增大（沿曲线 BC 上升），直到最大转矩 T_m。而后随着转速的继续增加，T_{em} 下降（沿曲线 AC 下降）。最后，当 T_{em} 等于负载转矩 T_L 时，电动机以某一转速稳定旋转。这个从起动到稳定运行的过程很快。当电动机在 AC 段某一点稳定运行时，如果负载受扰动增加，T_L 大于该点的 T_{em}，电动机转速下降，T_{em} 随转速的下降而增大，与负载达到新的平衡，电动机以比原来稍低的转速运行。如果增加的负载 T_L 超过了最大转矩 T_m，不存在新的平衡点，电动机转速很快下降直到停止，处于堵转状态，定子电流很大，有损毁电动机的可能。

可见，机械特性上曲线 AC 段是电动机的稳定运行区。从空载到满载转速下降较少，只要负载大小介于 A～C 区间，就能找到稳定点运行。AC 段称为电动机的硬机械特性，适合对大多数机械的拖动要求。

3.3.4 交流异步电动机的控制

1. 交流异步电动机的调速方法

交流异步电动机的转速可表示为

$$n = \frac{60f(1-s)}{p} \tag{3-12}$$

由式（3-12）可知，改变定子电流频率 f、转差率 s 和极对数 p 都可以实现电动机调速，调速方法主要如下。

$$交流异步电动机调速方法\begin{cases}改变同步转速\begin{cases}变极调速\\变频调速\end{cases}\\改变转差率\ s\begin{cases}定子调压调速\\转子串电阻调速\\串极调速\end{cases}\end{cases}$$

1) 变极调速

变极调速是在定子频率一定时，改变定子的极对数来改变同步转速，从而达到调速目的。定子上独立缠绕 2～3 套极对数不同的绕组，电动机运行时改变定子绕组接线方式来改变极对数。对于笼型转子异步电动机的定子绕组，如果仅改变每相绕组中半相绕组的电流方向，电动机的极对数成倍变化，同步转速也同步改变，电动机转速也接近成倍变化。由于绕线转子异步电动机的转子对数不能自动随定子极对数变化，而同时改变定子和转子绕组极对数比较麻烦，故绕线转子异步电动机一般不采用变极调速方式。

变极调速的优点是设备简单，操作方便，机械特性较硬，效率高；既适用于恒转矩调速，又适用于恒功率调速。缺点是有级调速且级数有限，平滑性差；变极绕组需要专门设计制造；只适用于笼型异步电动机。

2) 变频调速

改变电源频率可以改变同步转速，从而使得电动机转速变化。

变频调速的优点是机械特性硬、精度高、调速范围大；无级调速，频率可连续调节，使得转速连续变化，平滑性好；运行时转差率小，效率高；按不同的控制方式可实现恒转矩和恒功率调速。

变频调速的缺点是需要较复杂的变频电源，成本较高；基频上调时，最大转矩下降较多，不安全，当频率比较大时，定转子电抗增大，使得功率因数下降。

变频调速具有优异的调速性能，随着控制理论、电力电子技术的发展，人们在普通变频调速的基础上发展了更高性能的变频调速理论和方法，如矢量控制、直接转矩控制及各种智能控制等，使得交流调速的性能可以与直流调速系统媲美。变频调速已成为交流电动机调速的主流，在工业领域得到广泛应用。

3）定子调压调速

改变定子电压可使转差率发生变化，从而改变电动机转速。定子调压调速用电抗器或自耦变压器来降低定子绕组上所承受的电压，进而改变转矩，获得一定的调速范围。这种调速既不是恒转矩调速方式也不是恒功率调速方式，适用于负载转矩随着转速降低而减少的负载。

调压调速的优点是结构简单、控制方便、价格便宜；可以平滑调速；调压设备可以兼作起动设备；利用转速负反馈可以得到较硬的特性。缺点是低速时损耗大，效率低，电动机不能在低速下长期运行；对于恒转矩负载，调速范围很小，实用价值不大。

4）转子串电阻调速

转子串电阻调速适用于绕线转子异步电动机，属于恒转矩调速方式。

转子串电阻调速的优点是方法简单方便，初投资小，容易实现；起动性能好，且调速电阻还可兼作起动电阻使用。缺点是低速时，转子所串电阻大，使得铜损大，效率低；低速时特性软、静差率大，调速范围小；负载转矩较小时，调速效果不明显；有级调速，平滑性差。

5）串极调速

串极调速指在转子上串入与转子电动势同频率的附加电动势，并通过改变其幅值和相位来实现调速，同时将转差功率（转子消耗功率）返回到电源。传统的串电阻调速，在电阻上消耗的能量大，且转速越低，损耗越大，效率越低。从能量角度看，串电阻调速是将一部分电磁功率消耗在转子电阻上，使电动机输出功率减小，在一定负载下转速下降。串极调速设法将转差功率回馈到电源，即达到与转子串电阻相同的调速效果，又提高运行效率。

串极调速的优点是效率高，转差功率得到利用；机械特性较硬，当负载波动时，转速的稳定性好；因逆变器的逆变角可以连续调节，故可实现转速无级平滑调节。缺点是低速时，过载能力降低；系统总的功率因数低；设备体积大，成本高。

2. 交流异步电动机的矢量控制

交流异步电动机是一个高阶、非线性、强耦合的多变量系统，气隙磁通和转子电流不是相互独立的量，故直接利用交流电动机动态模型进行调速控制难度较大。对于直流电动机，它的励磁绕组和电枢绕组是相互独立的，可以分别调节励磁电流和电枢电流来调节磁通、转矩和转速，可见直流电动机更易于控制。如果能将交流电动机模型进行某种等效变换，形成类似直流电动机的模式，就可以用直流电动机的控制方法来处理交流电动机的控制问题，其分析和控制就可以大大简化。交流异步电动机的矢量控制正是按照这条思路进行的。矢量控制的基本依据是以产生相同样的旋转磁场为准则，可以建立固定三相交流绕组电流与两相交流绕组电流，以及固定两相交流绕组电流与旋转两相直流绕组间的等效关系。这些等效关系通过参数矢量的坐标变换来实现，从而将异步电动机模型等效转换成直流电动机模型来处理。

1）坐标变换

不同坐标系下电动机模型彼此等效的原则是在它们各自的坐标下所产生的磁动势等同。

若向交流电机静止的三相对称绕组 A-B-C 通以三相平衡交流电流，产生的合成磁动势是旋转磁动势，它在空间呈正弦分布，以同步转速以 ABC 的相序旋转。但是，其他任意数的对称多相绕组，通以平衡多相电流，都能产生旋转磁动势，其中以两相最为简单。如果两相静止垂直绕组 α 和 β，通以时间上互差 90°的两相平衡交流电流，当产生旋转磁动势与 A-B-C 绕组产生的旋转磁动势大小和转速都相等时，即认为这两种绕组等效。另假定有一互相垂直的绕组 d 和 q，其中分别通以直流电流 i_d 和 i_q，产生位置固定的合成磁动势。如果让 d 和 q 两个绕组旋转，磁动势也随之旋转起来，成为旋转磁动势。若能将此旋转磁动势的大小和转速也设置成与 α-β 产生的磁动势一样，就可认为 d-q 旋转直流绕组与固定的 A-B-C 交流绕组和 α-β 交流绕组都等效。换句话说，在三相坐标系下的 i_A、i_B、i_C，在两相坐标系下的 i_α、i_β 和在旋转两相坐标系下的直流 i_d、i_q 是等效的，它们能产生相同的旋转磁动势。

要得到 i_A、i_B、i_C 和 i_α、i_β 与 i_d、i_q 之间的等效关系，需要进行坐标变换。

三相静止绕组向两相静止绕组的变换，两相静止绕组向三相静止绕组的变换分别称 3/2 变换和 2/3 变换。图 3.22 给出了 A-B-C 和 α-β 两个坐标系，令 A 轴和 α 轴重合。当三相绕组总磁动势与二相绕组总磁动势总是相等时，两套绕组瞬时磁动势在 α 与 β 轴上的投影都相等，写成矩阵形式为

$$\begin{pmatrix} i_\alpha \\ i_\beta \end{pmatrix} = \sqrt{\frac{2}{3}} \begin{pmatrix} 1 & -\frac{1}{2} & -\frac{1}{2} \\ 0 & \frac{\sqrt{3}}{2} & -\frac{\sqrt{3}}{2} \end{pmatrix} \begin{pmatrix} i_A \\ i_B \\ i_C \end{pmatrix} = \boldsymbol{C}_{3/2} \begin{pmatrix} i_A \\ i_B \\ i_C \end{pmatrix} \quad (3-13)$$

其中 $\boldsymbol{C}_{3/2}$ 表示从三相坐标系变换到两相坐标系的变换矩阵，即

$$\boldsymbol{C}_{3/2} = \sqrt{\frac{2}{3}} \begin{pmatrix} 1 & -\frac{1}{2} & -\frac{1}{2} \\ 0 & \frac{\sqrt{3}}{2} & -\frac{\sqrt{3}}{2} \end{pmatrix} \quad (3-14)$$

当静止两相绕组和旋转两相绕组磁动势总是等同时，两者也是等效的，旋转两相绕组与静止两相绕组的变换称为 2r/2s 变换，如图 3.23 所示。当旋转绕组相对于静止绕组的角度为 φ 时，旋转、静止两相绕组的变换关系写成以下矩阵形式：

$$\begin{pmatrix} i_\alpha \\ i_\beta \end{pmatrix} = \begin{pmatrix} \cos\varphi & -\sin\varphi \\ \sin\varphi & \cos\varphi \end{pmatrix} \begin{pmatrix} i_d \\ i_q \end{pmatrix} = \boldsymbol{C}_{2r/2s} \begin{pmatrix} i_d \\ i_q \end{pmatrix} \quad (3-15)$$

其中 $\boldsymbol{C}_{2r/2s}$ 是两相旋转坐标系变换到两相静止坐标系的变换矩阵，即

$$\boldsymbol{C}_{2r/2s} = \begin{pmatrix} \cos\varphi & -\sin\varphi \\ \sin\varphi & \cos\varphi \end{pmatrix} \quad (3-16)$$

由上述可知，以产生同样的旋转磁动势为准则，在三相静止坐标系上的定子交流电流 i_A、i_B、i_C，通过三相/两相变换可以等效成两相静止坐标系上的交流电流 i_α、i_β，再经过同步旋转变换，又可等效成同步旋转坐标系上的直流电流 i_d 和 i_q。

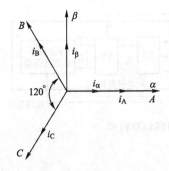 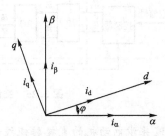

图 3.22　静止三相和两相绕组坐标系　　图 3.23　旋转两相和静止两相绕组坐标系

2）交流异步电动机矢量控制系统结构

虽然可将定子电流矢量在任意同步旋转 $d-q$ 坐标系内分解成两个分量 i_d 和 i_q，但是有无数多个 $d-q$ 坐标系可供选择，也就是可能分解成无数对 i_d 和 i_q。如果在定位 $d-q$ 坐标系时，将 d 轴与转子磁场方向取得一致，那么转子磁链矢量在 q 轴方向上的分量应为零，反言之，如果能使转子磁场在 q 轴方向上的分量为零，那么就已经实现了 $d-q$ 坐标系的磁场定向。将 d 轴定位于转子磁场的方向，称作 M(Magnetization)轴，把 q 轴称作 T(Torque)轴，形成了 $M-T$ 坐标系。将采用 $M-T$ 轴系的矢量控制称为转子磁场定向的矢量控制，它是目前常用的矢量控制形式。

在磁场定向的矢量控制中，由于取 M 轴与转子总磁通方向一致，分量 i_m 自然就是建立转子磁场的纯励磁分量，而 T 轴分量就是纯转矩分量。M 绕组相当于直流电机的励磁绕组，i_m 相当于励磁电流，T 绕组相当于伪静止的电枢绕组，i_t 相当于与转矩成正比的电枢电流。

把交流电动机与直流电动机的等效坐标变换关系用结构图的形式画出来，得到图 3.24。该图从整体上看成是一台输入为 A、B、C 三相电流，输出为转速 ω 的交流异步电动机。但从内部看，经过 3/2 变换和同步旋转变换，变成一台输入为 i_m 和 i_t，输出为 ω 的直流电动机。可见，交流异步电动机经过坐标变换可以等效成直流电动机，那么采用直流电动机的方法，得到直流电动机的控制量，经过相应的坐标反变换，就能够控制异步电动机，这种方法就是异步电动机的矢量控制，控制系统的结构如图 3.25 所示。在设计矢量控制系统时，可以认为在控制器后面引入的反旋转变换器 VR^{-1} 与电动机内部的旋转变换环节 VR 能够抵消，2/3 变换环节与电动机内部的 3/2 变换环节抵消，再忽略变频器中可能产生的滞后，则图 3.25 中虚线框内的部分可以去除，剩下的就是直流电动机控制系统。

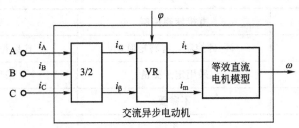

图 3.24　交流异步电动机坐标变换结构

3/2—三相/两相变换；VR—同步旋转变换；φ—M 轴与 α 轴的夹角；ω—电动机角速度

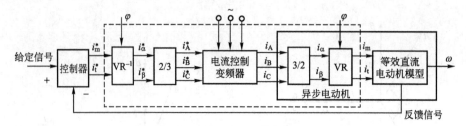

图 3.25　交流异步电动机矢量控制结构图

3. 交流异步电动机的直接转矩控制

电动机的控制归根结底是要实现对电磁转矩的有效控制。异步电动机矢量控制中的基本控制思想是将定子电流作为控制变量,通过控制定子电流励磁分量来控制转子磁场、气隙磁场或定子磁场,在此基础上,通过控制定子电流转矩分量来控制电磁转矩。为此,先要进行磁场定向,然后通过矢量变换,将磁场定向 M-T 轴系中的定子电流励磁分量和转矩分量变换为 A-B-C 轴系中的三相电流。可见,矢量控制是通过控制定子电流来间接控制电磁转矩,包含磁场定向、矢量变换和定子电流控制等流程。

直接转矩控制是继矢量控制之后发展起来的另一种高动态性能的交流电动机变压变频调速方法。直接转矩控制直接将定子磁链和转矩作为控制变量,不需要进行磁场定向、矢量变换和电流控制,因此更为简捷和快速,进一步提高了系统的动态响应能力。与矢量控制相比,直接转矩控制具有以下特点。

(1) 对转矩和磁链的控制采用双位式砰-砰控制器。其中对转矩的控制方式是,通过转矩调节器把转矩检测值和给定值进行滞环的比较,把转矩波动限制在一定范围之内,容差大小由滞环调节器控制。因此控制效果取决于转矩的实际状况,而不是取决于电动机模型是否能够简化。这种控制方式避开了将定子电流分解成转矩和磁链分量,省去了旋转变换和电流控制,简化了控制器的结构。

(2) 控制磁链时选择定子磁链作为被控量,只要知道定子电阻就可以将磁链观测出来,而矢量控制中选择转子磁链,需要知道电动机的转子电阻和电感,磁链计算易受参数变化影响。可见,直接转矩控制采用定子磁链具有不受转子参数变化影响的优势,提高了系统的鲁棒性。

(3) 采用直接转矩控制,在加减速或负载变化的动态过程中,可以获得快速的转矩响应,但也必须注意限制过大的冲击电流,以免损坏功率开关器件。表 3-3 为直接转矩控制与矢量控制的特点和性能比较总结。

表 3-3　直接转矩控制与矢量控制的特点和性能比较

	直接转矩控制	矢量控制
转矩控制	砰-砰控制,有转矩脉动	连续控制,比较平滑
磁链计算	采用定子磁链	采用转子磁链
旋转坐标变换	不需要	需要
转子参数变化影响	无	有
调速范围	不够宽	较宽

交流异步电动机直接转矩控制的典型结构如图 3.26 所示。该系统采用转速双闭环形式，转速调节器 ASR 的输出作为电磁转矩的给定信号。其中的转矩控制内环可以抑制磁链变化对转子系统的影响，使转速和磁链子系统实现近似解耦。转矩和磁链的控制器采用滞环控制器取代通常的 PI 调节器。

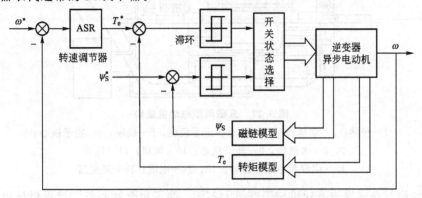

图 3.26 交流异步电动机直接转矩控制结构图

3.3.5 交流异步电动机的特点

交流异步电动机的优点如下。

(1) 结构简单、体积小、质量轻。在相同功率的条件下，交流异步电动机的质量约为直流电动机的一半。

(2) 由于无电刷和换向器，没有换向的电火花问题，所以交流异步电动机运行可靠，维护方便，使用寿命长。

(3) 效率高于有刷直流电动机。

(4) 由于技术成熟、应用广泛，目前已有大规模生产，故成本较低。

交流异步电动机存在的不足如下。

(1) 由于转子转速与旋转磁场同步转速有转差率，因而调速性能较差，在要求有较宽广的平滑调速范围的使用场合，不如直流电动机经济、方便。

(2) 运行时从电力系统吸取无功功率以建立磁场，因此功率因数较低。

(3) 交流异步电动机是多变量的非线性系统，控制比较复杂。

3.4 永磁交流电动机

根据输入电动机接线端的交流波形，永磁交流电动机分为永磁同步电动机(Permanent Magnet Synchronous Motor，PMSM)和无刷直流电动机(Brushless DC Motor，BDCM)。永磁同步电动机输入的是交流正弦电流，无刷直流电动机输入的是交流方波电流。

3.4.1 永磁同步电动机的结构与工作原理

永磁同步电动机主要由定子、转子及一些相关附件组成，图 3.27 为永磁同步电动机典型结构。定子结构与交流异步电动机类似，由定子铁心和定子绕组构成。

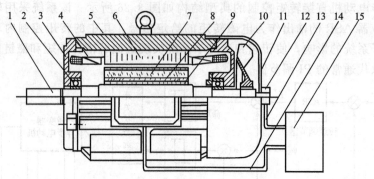

图 3.27 永磁同步电动机结构

1—转轴；2—轴承；3—端盖；4—定子绕组；5—机座；6—定子铁心；
7,8—永磁体；9—转子铁心；10—风扇；11—风罩；
12—位置和速度传感器；13,14—电缆；15—逆变器

转子结构与交流异步电动机转子有很大不同，除了包含铁心外，用永磁体取代了电枢绕组。永磁材料常用铁氧体、铝镍钴及钕铁硼等。根据永磁体在转子上的安装位置不同，转子结构又分为表面式和内置式。

1. 表面式

如图 3.28 所示，表面式转子结构又分为凸出式和嵌入式两种。永磁体通常呈瓦片形，并位于转子铁心的外表面上，永磁体提供磁通的方向为径向。

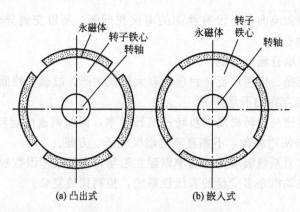

图 3.28 表面式永磁体转子

表面式永磁同步电动机的转子转速低，气隙均匀且有效值大，同步电抗小，电枢反应小，呈现隐极式同步电动机的特点。由于转子磁链为常数，电动机基本运行在恒励磁状态，处于恒转矩区域，其弱磁调速范围很小。调电磁转矩是通过控制定子绕组相电流的幅值来实现。

2. 内置式

内置式永磁体被牢牢地镶嵌在转子铁心内部，可保持高速运行时的转子的机械完整性，故适用于高速运行场合。按永磁体提供磁通的方向，又可分为径向式、切向式和混合式，如图 3.29 所示。内置式永磁同步电动机的有效气隙较小，同步电抗均较大，电枢反

应磁势较大，故存在相当大的弱磁空间。

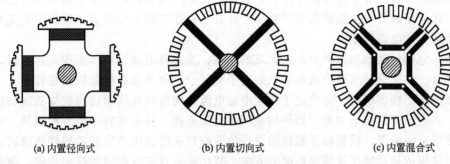

(a) 内置径向式　　　　(b) 内置切向式　　　　(c) 内置混合式

图 3.29　内置式永磁体转子

永磁同步电动机的工作原理：定子三相绕组采用正弦绕组，逆变器向定子绕组提供三相对称电流，在电动机内部产生旋转磁场，该磁场与转子的永磁体相互作用，使转子产生电磁转矩，拖动永磁转子跟着旋转磁场同步旋转。定子的通电频率及由此产生的旋转磁场转速取决于转子的实际位置和转速，转子的实际位置和转速由光电式编码器或旋转变压器获得。

3.4.2　永磁同步电动机的特点

永磁同步电动机具有以下优点。

(1) 采用永磁体转子而省去了绕组线圈、集电环和电刷，结构简单，运行可靠。

(2) 转子无绕组，无铜损，定子电流和铜损较小，故电动机效率高。

(3) 电动机转速与磁场保持同步，控制电源频率就能控制电动机的转速，电动机的调速范围宽。

(4) 具有较硬的机械特性，对于因负载变化而引起的电动机转矩扰动具有较强的承受能力，适用于负载转矩变化较大的场合。

(5) 体积小、质量轻。永磁材料的应用使得永磁同步电动机的功率密度得到提高，与同容量的异步电动机相比，体积和质量都有大幅减少。

(6) 结构多样化，应用范围广。转子有多种结构，不同结构有不同的性能、特点和适用环境。

目前，永磁同步电动机还存在永磁体成本较高及起动难度大等不足。

总体上，永磁同步电机具有体积小、质量轻、转动惯量小、功率密度高、损耗小、效率高等优点，这些优点有利于它在电动车辆有限空间内的布置。另外，永磁同步电动机的转矩/惯量比大、过载能力强、低转速时输出转矩大等特点，使其适合于电动车辆的起动加速。因此，永磁同步电动机在电动车辆上的应用日益广泛。

3.4.3　无刷直流电动机的结构与特性

1. 无刷直流电动机的引入

直流电动机内部电磁过程的特点是定子侧为静止的主极励磁磁势，转子侧由外部电刷的直流电源供电，内部绕组电流及感应的电动势为交流。换向器和电刷完成上述逆变过程的转换。电刷是电枢电流的分界线,其位置决定了电枢电流的换流时刻。可见,电刷与换向片配合起到了检测转子位置的作用。尽管转子在不停地旋转,但由于电刷相对主极静止不动,因此电枢磁势与主极磁势相对静止,并且它们在空间互相垂直,确保了直流电动机可以产生最大的电磁转矩。

但是,电刷的磨损与维护及换向火花的存在,使直流电动机难以实现高速运行,限制其应用场合。如果交换永磁直流电动机的定子和转子,即将永磁体磁极放在转子上,而原本的永磁体定子换成绕组,为使定子绕组中的电流方向能随其线圈边所在处的磁场极性交替变化,将定子绕组与电力电子器件构成的逆变器连接,并安装转子位置检测器,以检测转子磁极的空间位置,根据转子磁极的空间位置控制逆变器中功率开关器件的通断,从而控制电枢绕组的导通情况及绕组电流的方向,替代有刷直流电动机的换向功能,使电枢绕组产生的磁势与主极磁势保持一定角度以产生电磁转矩。采用以上措施的电动机就称为无刷直流电动机,它通过电力电子式逆变器完成直流到交流的转换,通过位置传感器检测转子位置完成换向片与电刷的作用以决定换流时刻。

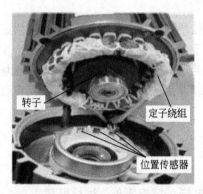

图 3.30 无刷直流电动机结构

2. 无刷直流电动机结构

图 3.30 为无刷直流电动机实物图。无刷直流电动机主要由定子、转子、电子换相器和转子位置传感器组成。与永磁同步电动机定子类似,无刷直流电动机的定子也是由定子铁心和绕组构成的,但输入的是方波电流,而永磁同步电动机输入的是三相正弦交流电。无刷直流电动机转子包括铁心和永磁体,永磁体采用表面式,呈隐极式结构,一般用环氧树脂黏结在转子表面。

电子换向器是由功率开关和位置信号处理电路构成的,主要用来控制定子各绕组通电的顺序和时间。图 3.31 为一无刷直流电动机电子换向器电路。换向电路每次触发两个晶体管导通时,接通两相定子绕组,每隔 60°电角度换向一次,每个晶体管导通 120°电角度。导通顺序为 $V_6V_1 \rightarrow V_1V_2 \rightarrow V_2V_3 \rightarrow V_3V_4 \rightarrow V_4V_5 \rightarrow V_5V_6$,每转 60°电角度进行一次换向,一个循环通电状态完成后,转子转过一对磁极,对应于 360°电角度,一个循环需进行 6 次换向,相应地定子绕组有 6 种导通状态,而在每个 60°区间都只有两相绕组同时导通。在一个周期内三相定子绕组在空间共产生 6 个定子合成磁势,在这 6 个连续跳变的定子合成

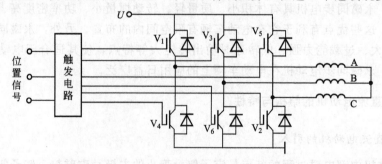

图 3.31 无刷直流电动机电子换向器电路

磁势作用下，转子永磁磁势随转子旋转。尽管定子合成磁势是跳变的，但其平均转速却与转子转速保持同步，即在平均意义上转子磁势与定子磁势相对静止。从而保证了有效电磁转矩的产生，而且转子转速为同步转速。电枢磁势在与转子磁极轴线垂直的±60°电角度范围内变化，即使两者之间的夹角在60°~120°范围内变化。这样，无论是在开关器件导通过程中还是在换流瞬间，转子磁势与定子磁势之间的夹角在平均意义上接近互相垂直。

位置传感器是无刷直流电动机的重要组成部分，它用来检测转子磁极的空间位置，并发出相应的信号控制可控硅元件的通断，使定子绕组产生的磁势与转子主极磁势之间成一定角度，产生电磁转矩使转子产生连续转动。常见的位置传感器有电磁式、光电式和霍尔元件。

3. 无刷直流电动机机械特性

无刷直流电动机机械特性方程式可以写成

$$n = \frac{U_d}{2K_p} - \frac{R_s}{K_p K_t} T_{em} \quad (3-17)$$

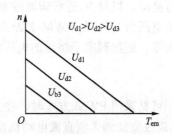

图 3.32 无刷直流电动机机械特性

式中，U_d 为定子每相电压；R_s 为定子每相电阻；K_p 为与电动机结构有关的常数；K_t 为电动机转矩系数。可见，无刷直流电动机的机械特性方程同他励直流电动机在形式上一致。可见，无刷直流电动机的机械特性是线性的，如图 3.32 所示。无刷直流电动机可通过调节电源电压实现无级调速，与直流电动机一样具有优良的控制性能。

3.4.4 无刷直流电动机的控制

由式(3-17)可知，改变直流电压 U_d 可调节无刷直流电动机的转速。加到定子绕组的电压是施加到同时导通的两相绕组间的线电压，在 U_d 一定时，通过对逆变器的功率开关进行 PWM 控制，连续地调节施加到绕组的平均电压和电流，就可实现转速调节。无刷直流电动机大多采用这种控制方式。

对于图 3.31，在每个 60°电角度间总有两个绕组同时导通，其中一相绕组通过一个功率开关与电源正极相连，另一相绕组则通过另一功率开关与负极相连。进行 PWM 控制时，可以对两个功率开关同时进行 PWM 通断控制，也可只对其中一个进行通断控制，而另一功率开关保持连续导通状态，对其只进行换向而不进行 PWM 控制。前者称为反馈斩波方式，后者称为续流斩波方式。下面说明两种斩波方式的具体工作情况。

当采用反馈斩波方式时，在 PWM 导通期间，V_1、V_6 均导通，施加到 A、B 两相绕组的电压为 U_d。V_1、V_6 切断后，由于电感的存在，施加在 A、B 两相绕组的电压为 $-U_d$，此阶段实际上是向电源回馈能量。反馈斩波方式的绕组电压波形如图 3.33(a) 所示。若 PWM 周期为 T，每个开关周期中导通时间为 t_{on}，则施加到定子绕组的电压平均值为

$$U'_d = \frac{1}{T}[t_{on}U_d + (T-t_{on})(-U_d)] = (2\alpha - 1)U_d \quad (3-18)$$

式中，α 为导通占空比，$\alpha = t_{on}/T$。

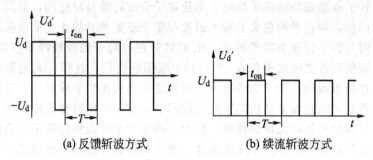

(a) 反馈斩波方式　　　　　(b) 续流斩波方式

图 3.33　绕组电压波形

当采用续流斩波方式时,只对 V_1 或 V_6 进行 PWM 控制,另一功率开关始终导通,只进行换向。以对 V_1 进行斩波控制为例,在 PWM 导通期间 V_1 导通,则 V_1、V_6 同时导通,绕组电压为 U_d。在 PWM 关断期间,V_1 关断,而 V_6 持续导通,A、B 两相绕组短路,电压为零,施加到定子绕组的电压波形如图 3.33(b) 所示,此时定子绕组电压平均值为

$$U'_d = \frac{t_{on}}{T} U_d = \alpha U_d \qquad (3-19)$$

可见采用 PWM 方式时,在直流电压 U_d 一定的条件下,通过改变 PWM 信号的占空比 α 可以改变加到无刷直流电动机定子绕组的电压平均值,进而实现对电动机的调速。

3.4.5　无刷直流电动机的特点

无刷直流电动机具有以下优点。
(1) 体积小、质量轻、比功率大,用于电动车辆时可有效减轻质量、节省空间。
(2) 运行转速范围宽,由于没有换向器和电刷造成的换向火花和电磁干扰,电动机可高速运行。
(3) 具有低转速下转矩大的特性,起动性能好,符合车辆对起步加速的转矩特性要求。
(4) 发热集中于定子,易于散热,转子采用永磁体,无绕组无铜损,电动机效率高。
(5) 控制方法比交流异步电动机简单。

无刷直流电动机目前还有以下不足。
(1) 由于定子磁场换向的不连续,电动机电磁转矩的波动比异步电动机和直流电动机都要大。
(2) 电动机需要安装位置传感器、转子使用永磁体、控制器的电子器件较多等因素使得电动机成本目前还较高。

3.5　开关磁阻电动机

3.5.1　开关磁阻电动机的结构与工作原理

1. 开关磁阻电动机的结构

开关磁阻电动机是近 20 年来开发出来的一种新型电动机,它的结构和工作原理与其他类型电动机有很大的不同。开关磁阻电动机主要由定子、转子、功率开关构成,如图 3.34 所示。

定子和转子均为成对的凸极结构，由硅钢片叠压而成。为了避免转子单边受磁拉力，转子和定子径向都必须对称，因此它们的凸极的个数都为偶数。定子凸极有集中绕组，径向相对的两个绕组串联成一个两级磁极，形成一相绕组。转子上无绕组。

开关磁阻电动机可以有多种不同的相数结构，如单相、二相、四相及多相等，且定子和转子的极数可有多种搭配，见表3-4。定子相数多，有利于减小转矩脉动，但结构复杂、开关器件多、成本增加。应用较多的是四相8/6极和三相6/4极。

图 3.34 开关磁阻电动机结构
1—转子；2—接线盒（内含功率开关）；
3—定子

表 3-4 开关磁阻电动机定子、转子级数方案

相数	3	4	5	6	7	8	9
定子极数	6	8	10	12	14	16	18
转子极数	4	6	8	10	12	14	16
步进角/(°)	30	15	9	6	4.28	3.21	2.5

定子和转子凸极数不相等，但应尽量接近，原因是当定子和转子级数相近时，就可能加大定子相绕组电感随转角的平均变化率，这是提高电动机出力的重要因素。转子凸极数一般比定子少两个。功率开关由晶体管和续流二极管组成，作用是为电动机系统提供能源，按一定次序接通或断开定子绕组电路，保证电动机产生预期的转矩。功率开关的电路结构与定子凸极的数量应该相对应。图 3.35 为四相开关磁阻电动机功率开关电路图。这个电路的每相绕组只用一个功率开关和一个续流二极管，但它的电源电压为电动机相电压的两倍，致使开关元件的电压定额成倍提高。

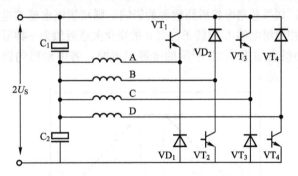

图 3.35 四相开关磁阻电动机功率开关电路

2. 开关磁阻电动机的工作原理

开关磁阻电动机的工作遵循磁通总是沿磁阻最小路径闭合的原理。当定子、转子凸极中心线不重合，所产生的磁场的磁力线是扭曲的，此时磁阻不是最小，这时磁场就会产生磁拉力，形成磁阻转矩，试图使相近的转子凸极旋转到与定子凸极中心线对齐，即磁阻最小的位置。图 3.36 是开关磁阻电动机原理图，定子绕组有 A、B、C、D 四相，但只画出了其

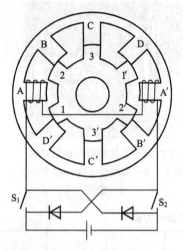

图 3.36 开关磁阻电动机的原理图

中的 A 相绕组。当只对 B 相绕组通电时,产生 BB′为轴线的磁场,此时转子凸极 2 与定子凸极 B 不对齐,磁阻并不是最小,为使磁路的磁阻最小,转子受磁阻转矩的作用而顺时针旋转,直到凸极 2 与定子极 B 相对。然后,切断绕组 B 的电流,只给绕组 A 通电流,产生 AA′为轴线的磁场,为使磁路磁阻最小,磁场产生的磁阻转矩使转子凸极 1 顺时针旋转至与定子凸极 A 相对。如此,定子绕组按 BADC 的顺序依次通电,转子将以顺时针的方向旋转;若定子绕组按 BCDA 的顺序依次通电,转子将以逆时针方向旋转。可见,当向定子各相绕组中依次通入电流时,电动机转子将持续地沿着通电相序相反的方向转动。如果改变定子各相的通电次序,电动机也改变转向。但相电流通流方向的改变不会影响转子的转向。

假定定子绕组为 m 相,定子凸极数 $N_s = 2m$,转子凸极数为 N_r。当定子绕组切换通电一次时,转子转过一个凸极齿距。定子需要切换通电 N_r 次,转子旋转一周,电机转速 $n(\text{r/min})$ 与相绕组的开关频率 f 之间的关系为

$$n = 60 \frac{f}{N_r} \tag{3-20}$$

给定子相绕组供电的功率变换器输出的电流脉动频率 f_D 为

$$f_D = \frac{mN_r n}{60} \tag{3-21}$$

3.5.2 开关磁阻电动机的运行分析

开关磁阻电动机依靠定转子的凸极效应产生电磁转矩,其机理可以用相绕组电感随转子位置变化的关系来说明。如果忽略电机磁路饱和的影响,则相绕组电感与电流大小无关。如不计磁场边缘扩散效应,相绕组电感 L 随转子位置 θ 的变化关系近似为一梯形波,如图 3.37 所示。

当开关磁阻电动机由如图 3.35 所示的电源供电时,若电动机匀速旋转,则

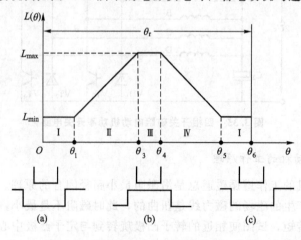

图 3.37 绕组电感与转子转角的变化关系

$$\pm U_s = L\frac{\mathrm{d}i}{\mathrm{d}t} + iR + i\omega_r \frac{\partial L}{\partial \theta} \quad (3-22)$$

式中，等号右边第一项为平衡绕组中变压器电动势的压降；第二项为电阻压降；第三项为旋转电动势所引起的压降，只在电感随转子位置而变时才存在，其方向与电感随 θ 的变化率有关；当电感随 θ 增大而增大时为正，当电感随 θ 的增大而减小时为负。

旋转电动势引起的压降为正表示吸收电功率，产生驱动转矩，输出机械功。旋转电动势引起的压降为负表示发出电功率，产生制动转矩。所以在开关磁阻电动机中，为获得较大的有效转矩应避免产生制动转矩，在绕组电感开始随转子位置角 θ 的增大而减少时应尽快使绕组中电流衰减到零。

在开关磁阻电动机中，电磁转矩的调节主要是通过控制功率开关的开、关时刻，即开关元件的导通角 α_1 和切断角 α_2 来实现。设在图3.37中的Ⅰ区内触发导通功率开关（$\alpha_1 < \theta_1$）；在Ⅱ区内关断功率开关（$\theta_1 < \alpha_2 < \theta_3$），此时相电流的波形可分为5段，如图3.38所示。

第1段，$0 < t < t_1 (\alpha_1 < \theta < \theta_1)$。在 $t=0 (\theta = \alpha_1)$ 时，功率开关导通，相绕组开始通电。在这段区间电感小且 $\partial L / \partial \theta = 0$，故无旋转电动势，所以在这阶段中相电流成线性增长，上升速率较快。通过合理选择导通角 α_1 使相电流在进入有效工作段时就达到足够大的数值，这是开关磁阻电动机控制电磁转矩的主要办法。

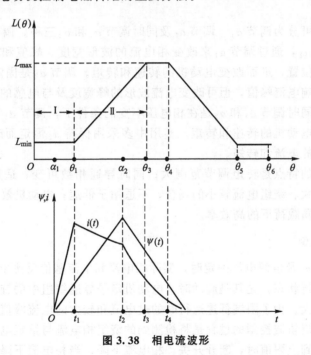

图3.38 相电流波形

第2段，$t_1 < t < t_2 (\theta_1 < \theta < \alpha_2)$。这期间 L 不断增大，相绕组中出现旋转电动势压降，绕组中电流不能继续直线上升，甚至可能出现下降。这一段的电流主要用于产生电磁转矩，直接影响电动机的出力。

第3段，$t_2 < t < t_3 (\alpha_2 < \theta < \theta_3)$。这期间在反向电压 $-U_s$ 的作用下绕组磁链开始线性下降，电流也逐渐减小。由于在这一区间 L 仍在增大，续流电流继续产生电磁转矩，说明在这一阶段电动机中的磁场储能有一部分转化为有用的机械能从电动机轴上输出，而另一

部分转化为电能回馈给了电容器。

第 4 段，$t_3 < t < t_4 (\theta_3 < \theta < \theta_4)$。在这个区段 $\partial L / \partial \theta = 0$，没有旋转电动势存在，相电流不产生电磁转矩，只在外界反向电压 $-U_s$ 作用下继续衰减。电动机中的磁场储能进一步转换成电能回馈给电容器，轴上无机械功输出。

第 5 段，$t > t_4 (\theta > \theta_4)$。相电流在这一区段中还没有衰减到零，由于 $\partial L / \partial \theta < 0$，相绕组中电流产生的是制动转矩，电机进入再生制动状态，旋转电势将起与外加反向电压相抵消的作用，使电流的下降速度变慢。

3.5.3 开关磁阻电动机的控制

开关磁阻电动机的控制方式主要有角度位置控制(APC)、电流斩波控制(CCC)和电压斩波控制(VC)。

1. 角度位置控制

功率开关的导通角对电动机电流的影响很大，它是控制开关磁阻电动机电流和转矩的主要手段。随着导通角 α_1 的减小，电流就显著增大，电动机转矩相应增加。功率开关的切断角 α_2 影响电源对电动机相绕组的供电时间的长短和续流的过程，它对电动机的转矩有直接的影响。

角度位置控制可分为调节 α_1、调节 α_2 及同时调节 α_1 和 α_2 三种。调节 α_1 是在相电压不变的情况下，固定 α_2，通过调节 α_1 来改变相电流的波形宽度、峰值和有效值及电流波形与电感波形的相对位置，进而改变电动机的转速和转矩。调节 α_2 是固定 α_1，调节 α_2，这种方法一般不会影响电流峰值，但可改变电流波形的峰宽度及与电感的相对位置，使电流有效值发生变化。同时调节 α_1 和 α_2 是在相电压不变的条件下，调节 α_1 和 α_2 两个参数来改变电流，进而调节电动机的转速和转矩。实用中多采用保持 α_2 恒定而改变 α_1 的办法来控制开关磁阻电动机的电流和转矩。

角度位置控制的特点是转矩调节范围大；同时导通相数可变；适用于电动机转速较高、旋转电动势较大、绕组电流较小的场合，不适用于低速；电动机效率较高，通过 α_1 和 α_2 的优化可实现不同载荷下的高效率。

2. 电流斩波控制

在开关角 α_1、α_2 及电源电压一定时，实际相电流和电流基值反比于电动机的转速。因此电动机在低速运行状态，尤其是起动时，电动机定子导ущ绕组中的旋转电动势较小，电流的峰值将显著增大。为了限制低速运行时的过电流和较大的电流峰值，通常需采用斩波实现恒流控制。电流斩波控制的过程是将检测到的绕组相电流与给定电流的上限值进行比较，当检测电流达到上限值时，断开开关，相电流下降；当相电流下降到下限值时，开关重新接通，使相电流增加。通过如此反复，得到在给定值波动的斩波电流波形。图 3.39 为斩波控制下的相电流波形。

电流斩波控制的特点是适用于电动机低速和制动工况，可以有效地限制峰值电流，使电动机获得恒转矩输出的机械特性；电流斩波波形呈较宽的平顶状，电动机转矩较平稳，较其他控制方式脉动小；由于峰值被限制，当负载扰动时，电流峰值无法自适应，系统在负载扰动下的动态响应慢。

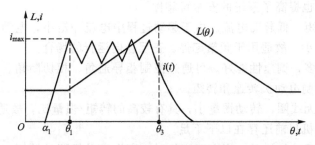

图 3.39　斩波控制下的相电流波形

3. 电压斩波控制

电压斩波控制是在固定 α_1、α_2 的情况下，使功率开关以斩波方式接通和切断。通过调节 PWM 波形的导通占空比，改变绕组的平均电压，绕组电流也相应变化，最终实现对转矩和转速的控制。

电压斩波控制的特点是可控性好，可以控制斩波频率和导通占空比两个参数；导通占空比与相电流之间有较好的线性关系，调节占空比可以很好地调节相电流的最大值；以 PWM 方式调节电压平均值可以间接调节和限制过大的绕组电流，因此该方式对高速和低速工况都适用；抗负载扰动的动态响应快，适合于转速调节系统；缺点是调速范围较小，转矩脉动较大。

实际的开关磁阻电动机可根据不同情况，选择以上几种控制方法的组合，以达到最佳的调速性能。低速运行时通电周期比较长，通常采用电流斩波控制，通过改变设定电流的大小来控制输出转矩，实现恒转矩运行。当电动机进入较高速度后，功率开关导通时间缩短，电动机达不到限流值，此时主要采用角度位置控制，通过控制 α_1 实现恒功率特性。当电动机转速进一步升高，α_1 和 α_2 已达到极限值时，电动机进入恒定 α_1 和 α_2 的运行方式，电机的转矩与转速平方成反比，呈现串励电机的机械特性。开关磁阻电动机完整的机械特性如图 3.40 所示。

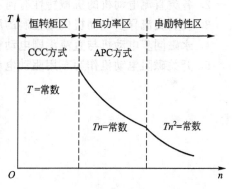

图 3.40　开关磁阻电动机机械特性

3.5.4　开关磁阻电动机的特点

开关磁阻电动机的优点如下。

（1）电动机结构简单、成本低。由于转子上没有绕组，定子线圈的端部又很短，不但制造方便，而且线圈的发热量小、容易散热，其电磁负荷可以提高，电动机利用系数高，电动机制造成本大为降低。

（2）功率变换电路简单可靠。开关磁阻电动机的转矩是靠凸极效应产生的，与绕组所通电流极性无关，通入每相绕组中的是单向电流，不需要交变。这样不但可使功率开关元件数量减半，还可避免一般逆变器中最危险的上、下桥臂元件直通的故障，显著降低功率变换装置的成本，也提高了系统的安全可靠性。

(3) 高起动转矩，低起动电流。由于起动过程中电流冲击小，电动机和控制器发热比连续额定运行时还小，故适用于频繁起停、正反换向运行的场合。

(4) 可控参数多，调速性能好。可通过控制相导通角、相切断角、相电流幅值、相绕组电压等参数来控制电动机转速和转矩。

(5) 由于转子无线圈，转动惯量小，具有较高的转矩/惯量比，故适合于高速运行。

开关磁阻电动机目前还存在以下不足。

(1) 转矩脉动现象较严重。当电感增加时，产生电动机驱动转矩，反之则产生负转矩即制动转矩。每相只在半极距内产生正转矩，易产生转矩波动，增加电动机相数可减小转矩波动。

(2) 振动和噪声较大，特别是在负载运行的时候。

(3) 电动机的绕组出线头较多，另外还有位置检测器的出线端。

(4) 功率开关元件关断时会在电动机定子绕组端部及开关器件上产生较高的电压尖峰。

1. 车用驱动电动机与普通工业电动机有何不同？
2. 各类直流电动机的机械特性有何不同？
3. 说明交流异步电动机矢量控制的原理。
4. 永磁同步电动机与直流无刷电动机有何异同？
5. 开关磁阻电动机作为车用驱动电动机有何优势？

第4章 纯电动汽车

本章教学目标

通过本章的学习,要求了解纯电动汽车的定义和分类并熟悉其动力系统组成,掌握驱动系统布置形式及动力系统的设计方法,了解纯电动汽车的充电机与充电设施,熟悉纯电动汽车再生制动的原理和控制策略,了解电池管理系统的功能和关键技术。

本章教学要点

知识要点	能力要求	相关知识
纯电动汽车的概念	了解纯电动汽车的定义与分类; 熟悉纯电动汽车动力系统的组成	纯电动汽车的分类方法; 纯电动汽车的电驱动系统、能源系统和辅助动力系统
纯电动汽车驱动系统布置	掌握纯电动汽车驱动系统的布置形式及特点	传统机械传动型,无变速器型,轮边电动机驱动,轮毂电动机驱动
纯电动汽车动力系统设计	掌握纯电动汽车动力系统设计方法	纯电动汽车动力系统的优化匹配
纯电动汽车的充电	了解蓄电池的充电方法; 了解纯电动汽车的充电机与充电设施	纯电动汽车的充电要求; 纯电动汽车的充电模式; 充电机、充电桩、充电站、换电站
再生制动	了解电机制动原理; 掌握纯电动汽车的再生制动原理; 掌握纯电动汽车的再生制动控制策略	电机的能耗制动、反接制动和再生制动; 理想制动力分配策略、最大制动能量回收策略和前后制动力比值固定策略
电池管理系统	熟悉电池管理系统的功能与组成; 了解电池管理系统的关键技术	电池性能模型; 电池SOC预测;电池热管理

新能源汽车基础

导入案例

2014年8月，全球管理咨询公司科尔尼发布了中国汽车市场调研报告，其中关于新能源汽车（纯电动以及插电式混合动力汽车）的内容如下。

46%的调查参与者会考虑购买新能源汽车，相对2013年的结果提升了15个百分点。

对于2014年刚出台的政策，54%的调查参与者表示并不会受此激励购买新能源汽车。

68%的调查参与者表示他们不愿意用比购买传统车辆多10%的钱来购买新能源汽车。

近60%的消费者希望新能源汽车的最低行驶里程能提高到250km，明显高于当前大多数新能源汽车的行驶里程。

从中我们可以看到，中国消费者对纯电动汽车的了解和接受程度增强了，但对它的价格、续驶里程和充电便利性还有较大顾虑。一个汽车市场仅靠政府的政策扶持是不够的，必须激励消费者的强大的自发需求，才能出现长期的繁荣景象。今后，电动汽车的发展方向是以电池、电机及整车等关键技术为着力点，提高其可靠性、动力性和续驶里程，降低成本，加强充电基础设施的规划，加快电动汽车智能充换电服务网络建设。

4.1 纯电动汽车概述

4.1.1 纯电动汽车的定义与分类

纯电动汽车广义上可理解成由电动机驱动的车辆，电动机的驱动电能来源于车载储能装置（如蓄电池、超级电容、飞轮储能装置等），它包括在道路上行驶的电动车辆，低速的工业用电瓶车，机场、码头、仓库用的电动运输车和电动叉车，电动观光游览车，电动巡逻车及各种电动专用车等。纯电动汽车狭义上指的是从车载储能装置获得电能，由电机驱动，同时满足道路安全法规对汽车的各项要求，允许在正规道路行驶的车辆。

按照用途来分，纯电动汽车可分为电动轿车、电动客车、电动货车和电动专用车（如电动环卫车、电动工程车等），如图4.1～图4.6所示；按照车载储能装置来分，纯电动汽车可分为单能源电动汽车和多能源电动汽车，单能源电动汽车的车载储能装置一般采用可充电蓄电池或超级电容，多能源电动汽车采用多个储能装置，但其中有一个为蓄电池。

图4.1 电动轿车

图4.2 电动客车

图 4.3 电动游览车

图 4.4 电动牵引车

图 4.5 电动环卫车

图 4.6 电动清扫车

4.1.2 纯电动汽车动力系统的组成

纯电动汽车动力系统可分为电驱动系统、能源系统和辅助动力系统三个子系统，如图 4.7 所示。

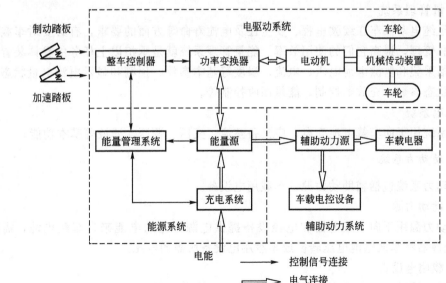
图 4.7 纯电动汽车动力系统组成

1. 电驱动系统

电驱动系统由整车控制器、功率变换器、电动机、机械传动装置和车轮组成。

1）整车控制器

整车控制器的输入是反映驾驶意图的制动踏板、加速踏板信号及车速、电动机绕组电流、转子转速等车辆状态信号，根据一定的控制算法进行计算处理，发出控制指令来控制功率变换器中功率开关的通断，调整电源通向电机的电力输入，进而实现对电动机转矩和转速的控制。

2）功率变换器

功率变换器用于调节电源和电动机间电力的大小和流向。电动机类型不同，相应的功率变换器的结构和工作方式也不同。例如，直流电动机的功率变换器称为DC/DC变换器，以直流斩波的方式工作；交流异步电动机的功率变换器称为逆变器，具有将直流电转变成所需交流电的功能。

3）机械传动装置

多数电动机的转矩范围还不能满足直接驱动汽车的要求，电动机转速和车速也不完全匹配，因此，在电动机和驱动轮之间通常还配备减速器和挡位数较少的变速器。这样做的好处是，在满足行驶要求的前提下可减轻电动机和动力电池的负荷。由于电动机的转矩特性较内燃机要好，所以采用较少挡位的变速器（2挡或3挡）即可满足汽车行驶阻力变化的要求。

2. 能源系统

能源系统由能量源、能量管理系统和充电系统构成。

1）能量源

能量源是纯电动汽车的能量来源，通过功率变换器向电动机提供电能，同时也是纯电动汽车上辅助动力系统、能量管理系统等其他部分的电源。常用的纯电动汽车能量源是铅酸电池、镍氢电池和锂离子电池，有的电动汽车配备超级电容或飞轮储能装置作为辅助储能装置。

2）能量管理系统

为满足纯电动汽车在续驶里程、安全性及电池寿命等方面的要求，有必要对车载电池进行监控和管理，提高它们的使用效率。能量管理系统就是承担以上任务的具体装置，具体功能包括采集和监测电池电压、电流、温度等基本参数，预测和显示电池电量状态、电池内阻等状态参数，充放电控制，能量回收控制等。

3）充电系统

充电系统用于向车载电池充电，应具备整流、变压、调压、滤波等基本功能。

3. 辅助动力系统

辅助动力系统包括辅助动力源、车载用电设备。

1）辅助动力源

辅助动力源用于向车载电器和电控设备提供电源，它的电能来自车载电池，需要用DC/DC变换器将车载电池电压转换成车载用电设备所需的电压。

2）车载用电设备

车载用电设备包括车载电器和车载电控设备。车载电器包括照明、仪表、刮水器、电动车窗、电动门锁、音响、空调等；车载电控设备包括EPS、ABS、VSC、TCS等。

4.1.3 纯电动汽车的特点

纯电动汽车具有以下优点。

(1) 零排放，无污染。纯电动汽车的能源来自预先输入车载储能装置的电能，车辆行驶时不产生任何的排放污染，这对提高城市空气质量极为有利。

(2) 整车的能量效率高，电能来源多样化。与燃油汽车相比，纯电动汽车的能量效率更高，并可通过再生制动回收部分制动能量进一步提高能量的利用率。车载储能装置的能源来自电网，电网的电能可来自火力发电、水力发电、风能、太阳能、核电等多种途径，减小了对石油的依赖度。

(3) 舒适性好。车内的振动很大一部分源自动力装置，与燃油汽车的内燃机相比，纯电动汽车的电动机振动造成的激励力大幅度减小，故纯电动汽车的驾乘舒适性要优于燃油汽车。

(4) 动力系统布置灵活。纯电动汽车的动力部件主要包括电池、电动机及机械传动装置，电池与电动机之间没有机械连接，各部件的布置具有很大的灵活性，可形成多种动力系统布置形式。

纯电动汽车目前存在的不足是电池的一些性能还没完全达到预期：充电时间较长，使用不够方便；循环使用寿命不长，增加了车辆的使用成本；价格较高，造成整车价格的居高不下。但随着电动汽车整车和电池等关键部件技术的不断进步，电动汽车今后必将取代燃油汽车成为主导车辆。

4.2 纯电动汽车驱动系统布置

纯电动汽车的驱动系统有多种布置形式，按照驱动电动机的驱动形式，可分为电动机集中驱动形式和电动机分散驱动形式。图 4.8(a)～图 4.8(c) 为电动机集中驱动形式，两侧的驱动轮有机械连接，并由同一电动机驱动；图 4.8(d)～图 4.8(f) 为电动机分散驱动形式，每个驱动轮由一个电动机单独驱动，两侧的驱动轮没有机械连接，驱动系统有多

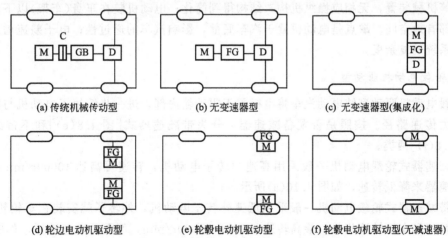

图 4.8 纯电动汽车驱动系统布置形式

C—离合器；D—差速器；GB—变速器；FG—固定传动比减速器；M—电动机

个电动机,通常采用双电动机或四电动机。

1. 传统机械传动型

传统机械传动型纯电动汽车由燃油汽车底盘改装,基本保留燃油汽车的机械传动系统(离合器、变速器、差速器等),内燃机换成电动机。

传统机械传动型的优点是技术难度低,成本低;由于传动系统传动比和传动比范围都较大,车辆驱动对电动机的要求低,可选功率较低的电动机。缺点是动力部件多(包括电池、电动机、功率变换器,再加上机械传动系统),整车质量大,布置困难。

2. 无变速器型

无变速器型纯电动汽车的结构特点是取消了离合器和变速器,采用了固定传动比的减速器,通过对电动机的控制实现变速功能。这种布置形式的优点是机械传动系统得到简化、质量、体积减小,但对电动机要求较高,要求较大的起动转矩及较大后备功率,以保证汽车的起步、加速、爬坡等动力性要求。

图 4.8(c)为无变速器型的改进形式,电动机、主减速器和差速器集成一体。这种结构的特点是结构紧凑,占用空间小,装配方便,在小型电动汽车上应用较多。图 4.9 为集成化无变速器型系统结构。

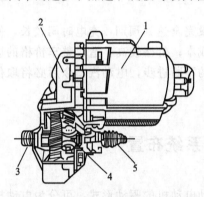

图 4.9 集成化无变速器型电驱动系统
1—电动机;2—端盖;3—左半轴万向节;
4—减速器和差速器;5—右半轴万向节

3. 轮边电动机驱动型

轮边电动机驱动型纯电动汽车不带变速器,通过电动机控制实现变速功能;驱动系统采用多电动机(2个或4个),电动机位于车轮一侧,每个电动机配备一个减速器,没有机械差速器,两侧电动机的控制系统实现电子差速的功能。

轮边电动机驱动的优点是无离合器、变速器、传动轴等机械装置,无相应操纵机构,结构得到简化;电动机装在车身(车架)以下,增加车身内部有效空间。缺点是电动机置于汽车底部,影响汽车的通过性;电子差速增加了电机控制系统的复杂度。

4. 轮毂电动机驱动型

轮毂电动机驱动型纯电动汽车将电机置于驱动轮内部,进一步缩短了电动机与驱动轮间的动力传递路径。按照是否配备减速器,分为带减速器式[图 4.8(e)]和不带减速器式[图 4.8(f)]两类。

带减速器式轮毂电动机一般采用高速内转子电动机,转速可高达 10000r/min,必须配置减速器来降低转速,如图 4.10(a)所示。

不带减速器式轮毂电动机一般采用低速外转子电动机,外转子就安装在车轮轮缘上,电动机转速和车轮转速相等,最高转速在 1000~1500r/min,不需要减速装置,如图 4.10(b)所示。但是,低速外转子电动机的体积、质量较大,成本较高。

轮毂电动机驱动的优点是无复杂机械传动系统,减轻汽车质量;动力部件结构紧凑,

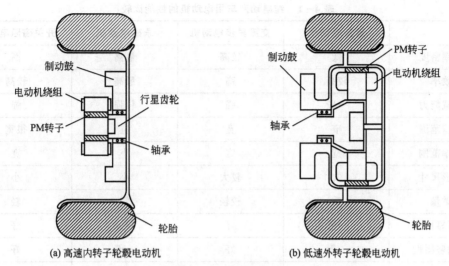

图 4.10 轮毂电动机

便于布置,增加了车内空间;便于整车的电子化、智能化、线控化。

轮毂电机驱动的缺点是多个电动机的控制与相互协调技术难度大;轮毂电动机的散热、电磁干扰、防水、防尘任务较为困难;电动机置于车轮对汽车的平顺性、操纵稳定性、通过性有一定负面影响。

4.3 纯电动汽车动力系统设计

本节讨论纯电动汽车动力系统中电池、电动机、传动系统部件的设计。这三种动力部件的参数对汽车的动力性和经济性有很大影响。在确定这些参数的时候,必须充分考虑满足这两个基本性能要求。

4.3.1 电动机的选择

1. 电动机类型的选择

汽车的车速和行驶阻力变化范围大,作为动力装置的电动机必须适应这些变化以满足汽车行驶的要求。纯电动汽车对电机性能的基本要求有:低转速下发出大转矩,以适应汽车的起动、加速、爬坡、频繁起停等工况;在高转速下能恒功率运行,以满足水平路面高速行驶;在宽的转速范围内都要有较高的运行效率,以提高续驶里程;在加速、爬坡时有一定的过载能力。

电动机类型的选择不仅要考虑电动机的转矩特性和效率,还需要从电动汽车的整车设计目标、驱动系统的结构、成本控制等方面出发,综合考虑电动机的环境适应性、可维护性、质量体积、结构强度、成本等其他因素。表 4-1 为纯电动汽车用电动机的性能比较。

表 4-1 纯电动汽车用电动机的性能比较

	直流电动机	交流异步电动机	永磁电动机	开关磁阻电动机
功率密度	低	较高	最高	高
效率	较高	高	最高	较高
过载能力	一般	强	较强	强
转速范围	窄	宽	宽	很宽
功率范围	宽	宽	小	宽
外形尺寸	大	较大	小	小
质量	重	较轻	轻	轻
可靠性	一般	好	较好	好
结构坚固性	一般	好	一般	好
可控性	好	较好	较好	较好
电机成本	高	较低	高	低
控制器成本	低	高	高	较低
应用情况	适合于低速电动汽车	在电动汽车上普遍应用	发展迅速，应用前景良好	发展迅速，应用前景良好

2. 电动机功率的选择

电动机的功率大小对电动汽车的动力性和经济性有直接的影响。电动机如果选择过小，就不能在正常状态下实现电动汽车要求的性能指标，经常在过载状态下运行，易损坏电动机及相关电力器件；相反，如果电动机功率选择太大，虽然车辆的后备功率增加，有利于提升车辆的加速和爬坡能力，但是电动机经常在欠载状态下运行，工作效率低、浪费电能，缩短了车辆的续驶里程。因此，合理选择电动机功率非常重要。

电动机的功率分为额定功率和最大功率。电动机可在额定功率下连续运行，在最大功率时属于过载状态，只能短时运行（几分钟）。对于纯电动汽车，最高车速对应的是电动机的连续工作区，即电动机的额定功率，而最大爬坡度和全力加速能力对应电动机的短时工作区，即电动机的最大功率。

设计中通常从保证电动汽车预期最高车速来初步选择电动机应有的额定功率。最高车速虽然只是汽车动力性能的一个指标，但它实质上也反映了汽车的加速能力和爬坡能力。这是因为最高车速越高，要求的电动机功率也越大，电动汽车的后备功率大，加速和爬坡能力必然较好。

若给出电动汽车要求的最高车速 u_{amax}，所选择的电动机额定功率 P_N 应不小于汽车在良好路面上以最高车速行驶时的阻力功率之和，即

$$P_N \geq \frac{1}{\eta_t}\left(\frac{Gf}{3600}u_{amax} + \frac{C_D A}{76140}u_{amax}^3\right) \tag{4-1}$$

式中，G 为汽车重量；f 为滚动阻力系数；C_D 为空气阻力系数；A 为迎风面积（m^2）；η_t 为机械传动效率。

电机的最大功率 P_{mmax} 为

$$P_{mmax} = \lambda P_N \tag{4-2}$$

式中，λ 为电动机过载系数，一般取 2~3。

3. 电动机额定转速和最高转速的选择

额定功率相同的电动机，额定转速越高，电动机体积越小，质量越轻，造价越低，因此选择高速电动机比较经济。但是电动机转速越高，需要的传动机构的传动比越大，使传动机构越复杂。

电动机最大转速和额定转速的比值称为扩大恒功率区系数 β。β 越大，恒功率区越宽，电动机的驱动特性越接近汽车行驶理想的驱动特性，即低转速大转矩，转矩随着转速的增加而逐渐减小，能很好地满足汽车起步加速和稳定运行的要求。当电动机额定功率一定时，增加 β 有两种方式，一是减小额定转速，但减小额定转速会增加电动机的额定转矩，额定转矩越大，一方面对电动机的支撑要求越高，电动机的质量和体积增大，另一方面要求更大的电动机和电力电子器件电流，增加了功率变换器的尺寸和损耗。所以，增加 β 的主要方式是增加电动机最高转速，但转速过高显然会增加传动机构的复杂度和成本。β 一般取值范围为 3~6。

可见，电动机额定转速和最高转速的选择要综合考虑行驶负载要求、电动机的尺寸与成本及传动机构的复杂度等因素。

4. 电动机额定电压的选择

额定电压是电动机的一个重要性能参数。纯电动汽车用电动机的额定电压选择与动力电池组电压密切相关。在相同输出功率条件下，电池组电压高则电流小，对导线和电力器件要求较低。但较高的电压需要较多的电池串联，会增加整车成本和总质量，并且车载设备的安全保护级别也需要提高。电动机的额定电压如果选得太低，则要求导线截面积更大，电力器件额定电流更大，增加了导线布置安装的难度及电力器件的成本，并且会使电力器件的额外损耗增加，使用寿命缩短。

可见，选择合理的电动机额定电压对电驱动系统的合理匹配和整车性能提高十分重要。选择电动机额定电压的一般要求是，在允许的范围内尽可能采用高电压，以减少电动机、电力器件、导线等装备的尺寸。通常，微型电动车辆电动机的额定电压范围为 48~288V，普通电动汽车电动机的额定电压在 300V 左右，电动大客车电动机的额定电压范围为 400~600V。

4.3.2 电池的选择

1. 电池类型的选择

电池是纯电动汽车的动力来源，为了达到动力性和续驶里程的要求，对它的基本要求是具有较高的比功率和比能量。此外，为了能够更好地使用电池，还要求其可靠性强、循环寿命长、充电快、易维护、环保性能好、充放电效率高及成本不过高。动力电池的类型应当根据车辆的性能指标、动力系统的类型与布置及整车成本控制，综合考虑各类型电池的各项性能指标进行选定。

铅酸电池由于质量大、充电时间长等不足，目前只在小型电动车辆上应用，镍氢电池和锂离子电池是当前动力电池的主流。

动力电池可分为功率型和能量型两类。功率型电池的比功率大，有利于提高车辆的动力性，能量型电池的比能量大，有利于提高电动车辆的续驶里程。当前的纯电动汽车大多侧重于增加续驶里程，因此应当选用能量型电池。此外，还可以采用主副电池混合的方案，主电池采用能量型电池，副电池采用功率型电池，这样可以兼顾续驶里程和动力性的要求。为了获得更好的动力性，副电池还可以采用比功率更高、放电能力更强的超级电容或飞轮储能装置。

2. 电池数量的选择

由于单块电池不能满足整车的电压和能量的要求，因此纯电动汽车的电池系统需要采用多块电池，它们以串联、并联或混联方式形成电池组。电池的数量要满足纯电动汽车的两项基本要求，一是能够满足车辆最大行驶功率的要求，二是要携带足够的能量以满足规定的车辆续驶里程要求。

满足最大行驶功率要求所需要的电池数量为

$$n_1 = \frac{P_{mmax}}{\eta_m \eta_c D_b m_b} \tag{4-3}$$

式中，P_{mmax} 为电动机最大功率(kW)；η_m 和 η_c 分别为电动机及功率变换器效率；D_b 为电池的比功率(kW/kg)；m_b 为单块电池的质量(kg)。

假定设计的纯电动汽车对续驶里程的要求是能以车速 u_a(km/h)行驶 S 里程(km)，则需要的电池块数可用式 (4-4) 估算。

$$n_2 = \frac{\left(Gf + \dfrac{C_D A u_a^2}{21.15}\right)S}{3.6 C_N U_N D \eta_d \eta_m \eta_t} \tag{4-4}$$

式中，C_N 为每块电池的额定容量(A·h)；U_N 为电压(V)；D 为允许的放电深度；η_d 为电池放电效率；η_c 为功率变换器效率；η_m 为电机效率；η_t 为机械传动效率。

所需的电池数量为

$$n_b = \max(n_1, n_2) \tag{4-5}$$

4.3.3 传动系统的选择

由于电动机的特性接近于理想驱动特性，理论上是可以直接用于驱动电动汽车的，但要达到整车的动力性和经济运行的性能指标，对电动机的负载能力、高效率区范围有极高的要求，符合这种要求的电动机的设计和制造成本目前还很高。因此，目前的纯电动汽车只有少数采用电动轮直接驱动的形式，多数车辆的驱动系统为电动机匹配了机械传动机构，以满足整车的动力性要求，并可减轻电动机的负荷，提高它在复杂行驶工况下的运行效率，有利于获得较大的续驶里程。

1. 最小传动比的选择

纯电动汽车的传动机构包括主减速器和变速器。汽车多数时候以最高挡行驶，即以最小传动比挡位行驶。普通汽车没有分动器和副变速器，最小传动比是主减速比和变速器最高挡传动比的乘积。若变速器最高挡为直接挡，最小传动比就是主减速比。

纯电动汽车的最小传动比应保证能够实现设定的最高车速。假定 n_{mmax} 为电动机最高转速，最小传动比应该满足

$$i_{\text{tmin}} \leqslant \frac{0.377 n_{\text{mmax}} r}{u_{\text{amax}}} \tag{4-6}$$

最小传动比也不宜取得过小,应保证最高车速出现在电动机的恒功率区,而不出现在恒转矩区,此时最小传动比要满足

$$i_{\text{tmin}} \geqslant \frac{0.377 n_{\text{N}} r}{u_{\text{amax}}} \tag{4-7}$$

式中,n_{N} 为电动机额定转速。

2. 最大传动比的选择

传动系统最大传动比是变速器1挡传动比和主减速比的乘积。当主减速比已知时,确定最大传动比也就是确定变速器1挡的传动比。最大传动比应满足最大爬坡度和附着条件两方面的要求。

假定要求的汽车最大爬坡度为 $\alpha_{\max}$,T_{mmax} 为电动机最大转矩,则最大传动比应该满足

$$i_{\text{tmax}} \geqslant \frac{G(f\cos\alpha_{\max} + \sin\alpha_{\max})r}{T_{\text{mmax}} \eta_{\text{t}}} \tag{4-8}$$

最大传动比确定后,还应该校核附着条件是否满足爬坡或加速的附着力要求。若不满足,需要调整最大传动比的取值,或者从汽车总布置和结构入手,改善汽车的附着条件。

3. 挡位数和各挡传动比的选择

在选定电动汽车的 i_{tmin}、i_{tmax} 后,需要确定传动系统的挡位数及各挡的传动比。传动系统挡位增多,可以减轻电动机的负荷,增加电机在高效区的工作机会,对改善整车的动力性和经济性都是有利的。

挡位数还影响到挡与挡之间的传动比比值。该比值不宜大于 1.7~1.8,比值过大会造成换挡困难。因此,选挡位数主要根据最大传动比与最小传动比的比值 $i_{\text{tmax}}/i_{\text{tmin}}$ 的大小,$i_{\text{tmax}}/i_{\text{tmin}}$ 越大,挡位数也应越多。

电动机具有低速高转矩的特点,并且有一定的调速能力,因此,相对于燃油汽车,纯电动汽车的 $i_{\text{tmax}}/i_{\text{tmin}}$ 较小,多数车辆采用 2~3 挡的变速器就可以满足使用要求。

各挡传动比可大体采用等比级数进行分配。例如,某纯电动汽车采用一个3挡变速器,各挡传动比符合如下关系:

$$\frac{i_{\text{g1}}}{i_{\text{g2}}} = \frac{i_{\text{g2}}}{i_{\text{g3}}} = q \tag{4-9}$$

式中,q 为各挡之间的公比。由于 i_{tmax} 和 i_{tmin} 已经确定,并且 $i_{\text{tmax}} = i_{\text{g1}} i_0$,$i_{\text{tmin}} = i_{\text{g3}} i_0$,所以

$$q = \sqrt{i_{\text{tmax}}/i_{\text{tmin}}} \tag{4-10}$$

若最高挡(即3挡)传动比为1,则1挡和2挡的传动比分别为 q^2 和 q。

4.4 纯电动汽车示例

1. 特斯拉 Model S

特斯拉 Model S(图 4.11)是一款全尺寸高性能电动轿车,最高车速为 200km/h,0~100km/h 的加速时间仅为 5.6s,充满电续驶里程可达 502km。

图 4.11 特斯拉 Model S 外形

图 4.12 特斯拉 Model S 组成
1—车身；2—电动机；3—电池组

如图 4.12 所示，特斯拉 Model S 主要由电池组、底盘系统和车身组成。电池组被整合成平板安放在底盘上，从而使得车辆的重心更低，有利于获得优异的操控性能。电动机布置在车后部，用于驱动后轮。在特斯拉 Model S 上，传统汽车的发动机舱被完全释放空间，变成了一个行李箱，而后驱的电动机也不会影响后部行李箱空间。特斯拉 Model S 的车身主要采用铝合金，质量轻。通过各种铝型材、冲压件、铸造件的合理组合，承载式车身具备极好的安全性。由于没有传统的发动机，车前的溃缩吸能区能够最大限度地优化。大梁采用的是双 8 边型导轨设计，可极好地吸收冲击能量。在关键区域的高强度硼钢加强也提高了车身的安全性。此外，在车辆受到碰撞时，电池的外部结构可保护电芯免受冲击并自动切断电源。

特斯拉采用的电池电芯是 18650 钴酸锂电池（直径 18mm、高 65mm 的圆柱形），与笔记本电脑电池电芯相同。钴酸锂电池技术较为成熟，功率高、能量密度大，且一致性较高。但它的问题是安全系数较低，热特性和电特性较差，成本也相对较高。要驱动一辆汽车，需要相当数量的 18650 电池，特斯拉 Model S 使用了 7000 多节。特斯拉采用的是松下提供的专用 18650 动力电池（图 4.13），容量为 3100mA·h，这种电池循环性能极好，容量和内阻在 3000 次充放电后都保持相对稳定，充电倍率和温度对电池的影响不大。特斯拉引入分层管理的方法控制 7000 多节电芯的电压和温度。69 个 18650 电芯并联封装成一个电池砖，9 个电池砖串联成一个电池片，最后多个电池片组成一个电池包。在每个电池单元、电池砖、电池片的两端均设置熔丝，一旦电池过热或者电流过大则立刻熔断，断开

(a) 电芯

(b) 电池砖

(c) 电池片

(d) 电池组

图 4.13 特斯拉 Model S 的电池

输出。在每个电池片上,均设置监控板用以监控每个电池的电压、温度及整个电池片的输出电压。在整个电池包上,设置有电池监控器用以监控整个电池包的工作环境,包括电池包的电流、电压、温度、湿度、方位、烟雾等。电池采用的是水冷冷却,保持电池工作在恒定温度。

电池组位于车辆的底盘上,与轮距同宽,长度略短于轴距,尺寸长 2.7m,宽 1.5m,厚度为 0.1~0.18m。电池组采用密封设计,大部分用料为铝或铝合金。电池组是一个坚固的整体,并作为车身的一部分,这使得 Model S 有较高的车身扭转刚度及较低的重心。电池组坚固的外壳也增加了车厢的强度,减少了碰撞时车厢的变形,从而保护了乘客。电池组在内部被划分为多个区域,这样的设计优点是便于电源管理,避免某个区域的电池起火时引燃其他区域的电池。此外,区域间隔离板内部可以被填充高熔点、低热导的材料。当然,还有另外一种填充物是水,利于电池降温。电池组顶部面板功能是降低噪声、降低热传导、降低来自底盘的振动。电池组底面位于底盘最底部,是一层金属保护层,保护电池组不受路面障碍物撞击。

电动机采用三相四极交流感应电动机,特斯拉的这种电动机驱动系统具有质量轻、效率高及结构紧凑的优点,能产生最高为 400N·m 的转矩,能在加速或爬坡时提供强劲动力。该电机的输出转矩可以在大范围内调整,故配备传动比为 9.73 的单速变速器。此外电动机体积小,质量仅为 52kg。

特斯拉 Model S 配置一个 10kW 车载充电器和一个 40A 的壁挂式适配器。车载充电器的参数:电压为 85~265V,频率为 45~65Hz,电流为 1~40A。采用 10kW 车载充电器的充电时间为 10h,壁挂式适配器为 5h。两者同时工作时,充电 1h 最多可让特斯拉 Model S 行驶 50km。特斯拉 Model S 的技术和性能参数见表 4-2。

表 4-2 特斯拉 Model S 的技术和性能参数

整车参数	长×宽×高	4978mm×1964mm×1435mm
	整备质量	2108kg
电动机	类型	三相四极交流感应电动机,后置后驱
	最大功率	270kW
	最大转矩	440N·m
变速器	固定传动比	9.73
电池	类型	钴酸锂电池
	输出电压	360V
	容量	85kWh
性能参数	最高车速	200km/h
	0~100km/h 加速时间	5.6s
	续驶里程	502km
	充电时间	10kW 车载充电器 10h 20kW 双车载充电器 5h 40A 壁挂式适配器 5h

2. 日产 Leaf

日产 Leaf 是在骐达车型的基础上开发的电动汽车，采用传统的五门掀背车型结构，如图 4.14 所示。该车充分考虑空气动力学因素，车身前端设计很有特色，V 形设计使前保险杠与前风窗玻璃平滑地融为一体，可有效减小风阻。车头灯竖直凸出向后延伸的设计则能够分散导向两侧后视镜的气流，有利于降低风噪和风阻。

图 4.14 日产 Leaf 外形

如图 4.15 所示，日产 Leaf 采用电动汽车专用平台，锂离子电池组配置在车身中部位置的底板下方，获得较低的重心和良好的重量平滑性能。与之前的紧凑型车身相比，可获得更大的刚度，有利于抑制车身的振动。采用层叠构造的电池，提高了车载零部件的配置自由度，有利于获得宽敞的车内空间。电池组的外装由钢板制成，为了提高侧面冲撞时的安全性，在内部设置了横梁。电池组不仅可保护电池单元免受来自外部的冲击，而且还具有提高车身整体强度的作用。

日产 Leaf 采用薄型化锂电池（图 4.16），以 4 个层压型电池单元为 1 组制造模块，通过在钢制机壳中嵌入 48 个这样的模块形成电池组。按 48×4 计算，电池单元的总数为 192 个，容量为 24kWh，最大输出功率为 90kW，总电压为 360V。外形尺寸为 1570mm×1190mm×260mm，质量约为 280kg。

图 4.15 日产 Leaf 的系统布置

图 4.16 日产 Leaf 的锂离子电池组

为了提升电动汽车的实用性，日产 Leaf 电动汽车提供两种充电插槽和两种充电方式。其中快速充电插槽可在 30min 内充电 80%；而利用一般家庭 220V 电源进行充电，则需约 8h 完成充电。Leaf 在车头前方布置两组充电插槽，可分别就一般 220V 电压或快速充电系统进行充电。

日产 Leaf 采用永磁同步电动机，转子为内嵌式，永磁材料为钕铁硼（Nd-Fe-B）。该电动机效率高，体积小，质量不到 60kg，逆变器质量为 15kg，与传动比约为 8 的减速器连接，对电动机转矩进行放大。在最大效率方面，电动机和逆变器总效率最高可达 95%，在市区平均效率达到 90% 左右。日产 Leaf 采用冷却水冷方式，以冷却水的温度保持在 60℃ 以下为标准来控制电动机。例如，当电动机内部快要达到使永磁体的磁力下降的温度时，系统会降低输出功率来防止温度上升超过 60℃。日产 Leaf 的技术和性能参数见表 4-3。

表4-3 日产 Leaf 的技术和性能参数

整车参数	长×宽×高	4445mm×1770mm×1545mm
	整备质量	1520kg
电动机	类型	永磁交流同步电动机
	最大功率	80kW/2730～9000r/min
	最大转矩	280N·m/0～2730～9000r/min
减速器	传动比	8
电池	类型	锰酸锂离子电池
	输出电压	360V
	容量	24kWh
性能参数	最高车速	145km/h
	续驶里程	160km
	充电时间	普通充电(220V 15A)约8h 快速充电30min 可达80%

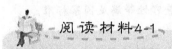

阅读材料4-1

863计划的纯电动汽车技术攻关

我国863计划"电动汽车关键技术与系统集成"重大项目中,有关纯电动汽车技术攻关类主要有以下几个方向。

1. 纯电动轿车研发与产业化技术攻关

研究目标:突破关键技术,开发出可靠、安全、性价比高的整车系列产品,并完成公告认证,实现批量生产。

主要研究内容:研究动力系统匹配与优化,机械与电气集成,碰撞与高压电安全、测试与标定,车载充电等技术;研究能量优化与管理等控制技术;研究电池热、电、结构设计一体化系统集成与管理技术;研究高效减(变)速器技术;研究可靠、耐久与环境适应性技术;研究大规模生产与质量控制技术;开发适应不同能源供给系统的系列化车型。

主要考核指标如下。

(1) 主要技术指标。纯电动轿车主要技术指标见表4-4。

表4-4 纯电动轿车主要技术指标

车型	整备质量≤1100kg	1100kg＜整备质量≤1500kg
最高车速/(km/h)	≥100	≥120
能量消耗率/(kWh/100km)	≤13	≤17
市区工况续驶里程/km	≥100	

(2) 其他动力性与同级别燃油车辆相当，安全性、电磁兼容性等满足国家标准。

2. 全新结构小型纯电动轿车设计与技术开发

研究目标：开发一体化底盘与轻量化车身，实现系统的模块化与整车的平台化，研发全新结构的纯电动汽车产品，并完成公告认证，开展商业示范运行。

主要研究内容：研究整车结构技术；研究一体化底盘与轻量化车身技术；研究全新整车结构的模块化、平台化纯电驱动技术；研究碰撞安全技术；研究电池热、电、结构设计一体化等系统集成与管理技术；整车与零部件的耐久性与可靠性试验等技术与方法；研究批量产业化生产技术。

主要考核指标如下。

(1) 主要技术指标。小型纯电动轿车主要技术指标见表4-5。

表4-5 小型纯电动轿车主要技术指标

车型	整备质量≤750kg	750kg<整备质量≤980kg	980kg<整备质量≤1100kg
最高车速/(km/h)	≥80	≥120	
能量消耗率/(kWh/100km)	≤10	≤12	≤13
续驶里程/km	≥100(市区工况)	≥120(市区工况)	

(2) 其他动力性与同级别燃油车辆相当，安全性、电磁兼容性等满足国家标准。

3. 纯电动商用车(M3/N3类)动力系统平台技术攻关

研究目标：掌握纯电动商用车动力系统平台集成、优化与控制核心技术，为两种以上整车产品开发提供核心技术支撑，支持整车产品取得公告认证。

主要研究内容：研究纯电动商用车动力系统平台集成、优化与控制技术，研究动力系统平台标准化与工程化技术，研究整车NVH、轻量化、热管理、故障诊断、容错控制与电磁兼容技术，研究动力系统可靠、耐久与环境适应性技术，研究动力电池成组与安全性技术，研究基于AMT的电驱动及传动系统集成设计技术，研究商用车充/换电技术，开发高性价比纯电动商用车。

主要考核指标：最高车速≥80 km/h，比能耗≤0.07kWh/(km·t)，续驶里程≥160km，其他动力性与同级别燃油车辆相当，安全性、电磁兼容性等满足国家标准。

4. 电动汽车整车控制器产业化技术攻关

研究目标：研制出高容错、高可靠性、低成本的纯电动汽车整车控制器硬件及底层软件，形成万套级的生产和配套能力。

主要研究内容：研究整车控制器关键技术，开发纯电动汽车动力总成用高性能控制器硬件平台及底层软件。进行控制器硬件的开发设计、抗干扰设计、容错保护设计、生产与测试、产品性能验证等，满足驱动控制、整车能量管理、动态协调、故障诊断、安全容错保护、网络管理通信等功能需求。制定整车控制器技术规范等基础性标准，为产业化提供技术支持。

主要考核指标：具有在线刷新、硬件驱动、故障诊断、安全保护、网络通信等功能，电磁兼容性、防护等级、抗振、诊断满足国家标准，平均无故障时间≥6000h，软件规范推荐符合AUTOSAR、IEC-61508和ISO-26262等标准体系。

5. 电动汽车远程监控和信息终端系统研究与开发

研究目标：掌握适用于大规模示范的纯电动汽车远程监控技术，研制车载信息终端，为形成统一数据交换接口标准与规范提供技术支撑。

主要研究内容：研制基于 GPRS 或者 3G 无线通信协议的电动汽车远程监控、标定和诊断系统，研究电动汽车实时、大流量数据的采集、传输、存储技术，研制采用 CAN/TTCAN 网络接口的数字化车载信息终端，为建立面向电动汽车的综合信息服务平台提供技术支撑。

主要考核指标：车载终端采样时间<100ms，传输数据丢包率<0.5%，电磁兼容性满足国家标准。

4.5 纯电动汽车的充电

4.5.1 纯电动汽车对充电的要求

随着纯电动汽车技术的不断进步以及逐步向产业化和实用化推进，纯电动汽车对充电要求也不断提高，主要体现在以下几方面。

1. 充电的快速化

当前动力电池的比能量等性能指标还不够理想，纯电动汽车还存在一次充电续驶里程不够长的问题。因此，在动力电池不能直接提供更多续驶里程的情况下，如果能够实现电池充电快速化，从某种意义上也就弥补了纯电动汽车续驶里程不够的弱点。

2. 充电的通用化

在多种类型动力电池、多种电压等级共存的市场背景下，用于公共场所的充电装置必须具有适应多种类型电池系统和适应各种电压等级的能力，即充电系统需要具有充电广泛性，具备多种类型电池的充电控制算法，可与各类电动汽车上的不同电池系统实现充电特性匹配，能够针对不同的电池进行充电。因此，在电动汽车商业化的早期，就应该制定相关政策措施，规范公共场所用充电装置与电动汽车的充电接口、充电规范和接口协议等。

3. 充电的智能化

电池的性能与应用水平是影响纯电动汽车推广与普及的关键问题之一。充电智能化的目标是要实现电池的无损充电，电池放电状态的监控，避免过充过放电现象，从而达到延长电池的使用寿命和节能的目的。智能化的充电包括智能化的充电机和充电站，智能化的电池电量计算、监测和管理，以及智能化的电池故障诊断和维护。

4. 电能利用的高效化

纯电动汽车的能耗指标与其运行成本紧密相关。降低纯电动汽车的运行能耗，提高其使用经济性，是普及纯电动汽车的关键因素之一。应优先选择电能转换效率高、成本低的充电装置。

5. 充电的集成化

本着系统小型化和多功能化的要求，以及电池可靠性和稳定性要求的提高，纯电动汽车充电系统的发展方向是与能量管理系统集成为一个整体，综合电流检测和反向放电保护等功能，不需要外部组件即可实现体积小、集成化高的充电解决方案，为电动汽车其余部件增加布置空间。另外，集成化的充电系统还可有效减少充电站的设备占地，提高充电站单位土地面积的充电服务效率。

4.5.2 蓄电池的充电方法

蓄电池的充电方法分为常规充电和快速充电两大类。

1. 常规充电方法

1) 恒流充电法

恒流充电法是指在充电过程中充电电流保持一个较小的恒定值的充电方法。它是通过调整充电装置输出电压或改变与蓄电池串联的电阻的方式来实现充电电流的恒定。图4.17为恒流充电曲线。恒流充电法控制简单，但由于电池可接受的充电电流是随着充电的进行而逐渐下降的，在充电后期，充电电能不能有效转变成化学能，有相当一部分转变成热能散发掉了。

恒流充电的优点是电池容量可得到充分利用，充电效率高，有利于延长电池的使用寿命。缺点是充电时间较长。

2) 恒压充电法

恒压充电法是指在充电过程中充电电压保持不变的充电方法。图4.18为恒压充电曲线。刚开始充电时，由于电池电动势小，故充电电流大，对电池的使用寿命有不利影响；在充电中后期，电池电动势增加，充电电流很小，会造成电池长期充电不足，对电池寿命也造成不利影响。因此，单一的恒电压充电很少使用，通常需要做一些调整，如在恒压充电初期，为了避免过大电流，采用较低的电压充电，待电池电动势有一定上升后，再以相对较高的规定电压进行充电。

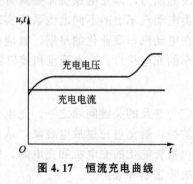

图4.17 恒流充电曲线　　　　图4.18 恒压充电曲线

恒压充电的优点是充电时间较短，缺点是不易使电池完全充足电，充电初期的大电流对电池寿命不利。

3) 阶段充电法

阶段充电法为恒流充电和恒压充电方法的组合，如先恒流后恒压充电、多段恒流充电、先恒流再恒压最后再恒流充电的方法等。常用的为先恒流再恒压的充电方法，铅酸电池和锂电池常采用这种方式。

2. 快速充电方法

1) 电池充电的可接受电流

电池充电的可接受电流是指在充电过程中电池能够接受的最大充电电流。在不超过可接受电流的前提下，充电电流越大，充电速率越快；如果超过可接受充电电流，会出现"过充"现象，电能损耗增大，不但不能提高充电速率，还会缩短电池寿命。

随着充电过程的进行，电池可接受的充电电流会发生变化。美国人麦斯提出了电池可接受充电电流的定律，即

$$i = I_0 e^{-at} \tag{4-11}$$

式中，i 为 t 时刻的可接受充电电流；I_0 为刚开始充电时的可接受电流；a 为与电池物理、化学性能相关的衰减常数。

式(4-11)表明，可接受充电电流是按指数规律而逐渐衰减的。为了避免电池的过充，充电时应避免充电电流超过当时的可接受电流。

2) 常用快速充电方法

缩短电池的充电时间是提高电动汽车使用方便性的重要一环，通过改进电池结构以降低内阻和提高反应离子的扩散速率，可以缩短电池充电时间，此外，人们也一直在研究快速充电的方法。快速充电的本质是通过提高充电电流或充电电压来加快电池的化学反应速率，提高充电的速度。但是，快速充电的速率是有上限的，过高的充电速率会造成电池内部压力上升、温度上升、电池内阻增加等现象，这不仅缩短电池寿命，也使电池可充入容量下降。因此，快速充电的策略是在整个充电过程中，充电电流不超过可接受充电电流但又尽可能接近它。

目前常用的快速充电方法有脉冲快速充电法、变电流快速充电法、变电压快速充电法等。

(1) 脉冲快速充电法。脉冲快速充电是用脉冲电流对电池充电，再停一段时间，然后再以脉冲电流充电，不断循环至充电结束，如图4.19所示。相邻充电脉冲之间设置充电间歇期可使电池的浓差极化和欧姆极化得到消除或减轻，使下一个脉冲的充电能够顺利进行，利于充入更多的电量。充电间歇也使电池有较充分的化学反应时间，提高了电池的充电电流接受率。另外，为了进一步减小或消除极化，提高电池充电率，有的脉冲快速充电在两个正向充电脉冲之间设置一个负充电脉冲，如图4.20所示。

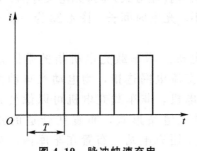

图 4.19 脉冲快速充电

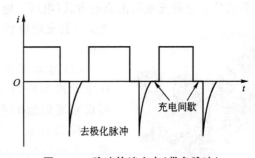

图 4.20 脉冲快速充电(带负脉冲)

(2) 变电流快速充电法。变电流快速充电是建立在恒流充电和脉冲充电基础上，其充电电流和充电电压如图4.21所示。该充电方法在充电前期采用分段恒电流充电，各段电流逐次减小，并且设置了充电间歇来消除极化现象。并且，该阶段具有较大的充电电流，使电池在较短时间内获得大部分充电量。在充电后期，采用的是恒电压充电段，通过小电流充电，使电池达到完全充电。

(3) 变电压快速充电法。变电压快速充电的充电曲线如图4.22所示。该方法在初始阶段采用的是电压逐次减小的恒电压脉冲充电，在充电脉冲之间也设置了充电间歇。相对于变电流快速充电，变电压快速充电在每个恒电压子阶段，其充电电流是按指数规律下降的，更符合电池的可充电电流随充电的进行而逐渐下降的特点。如果各段充电电压设置得当，可使整个充电过程的充电电流更接近于电池的可接受充电电流，加快充电的速度。

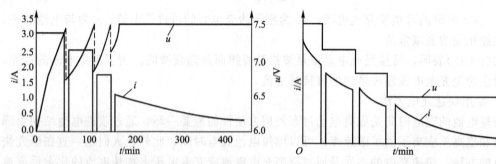

图4.21　变电流快速充电的充电曲线　　　　图4.22　变电压快速充电的充电曲线

4.5.3　充电机

对于一辆纯电动汽车，充电机是不可缺少的装置，它的功能是将电网电能转化为车载电池的化学能。

1. 充电机的类型

纯电动汽车充电机有不同的分类方法。

1) 按充电机安装位置分类

充电机按其安装位置可分为车载充电机和非车载充电机。

(1) 车载充电机。车载充电机指安装在电动汽车上的充电机，电压升降装置和整流装置安装在车内，充电时只要有合适的市电和匹配的插件即可。由于纯电动汽车总质量和布置空间的限制，车载充电机一般设计得体积小、质量轻，并便于利用内部线路与电池管理系统进行通信。这种充电机的充电方式（电压、电流和控制方式）是预先定义好的，不能改变，并且充电电流小，充电时间长。图4.23为一款车载充电机。

(2) 非车载充电机。非车载充电机指的是固定安装在电动汽车外并与交流电网连接，为电动汽车动力电池提供直流电能的充电机。非车载充电机可以像公共加油站一样设计成公共充电站形式，布置在合适的路口道旁，也可以设计成家用充电站，布置在车库内。前者不受质量和体积的限制，充电功率大，充电时间短；后者

图4.23　车载充电机

受使用空间限制,充电功率小,充电时间长,但使用方便。

非车载充电机按结构分类可分为一体式直流充电机和分体式直流充电机两种。

① 一体式充电机将直流充电模块与充电操作终端布置在同一箱体内,交流电输入,适用于环境相对较好的集中式布置的场所。一体式充电机安装较为简单,与分体式相比,可以节省充电模块机柜的安装空间,但在户外条件下使用时,对防护等级的要求较高。在满足防护等级要求的同时,不利于充电机本体的散热,且使用寿命也将缩短。图4.24为一体式非车载充电机。

② 分体式充电机将直流充电模块与充电操作终端分别独立布置。常规做法是将充电机柜安装于配电室内(户内),充电操作终端安装于充电车位旁。将直流充电模块集中布置于配电室内可以满足并联大功率输出的需求,充电模块扩展较为方便,比较适合目前的电动汽车电池的发展水平。

2)按能量转换方式分类

充电机按能量转换方式可分为接触式充电机和感应式充电机。

(1)接触式充电机将交流电经过整流器转换为直流电,再向电动汽车的动力电池直接充电,它有类似于一般电源和用电设备间的有线连接关系,将一根带插头的电缆线插到电动汽车的插座,如图4.25所示。接触式充电技术成熟,结构简单,使用方便,价格便宜,但安全性和通用性存在一定的限制,为了使它满足严格的安全充电标准,必须在电路上采用许多措施使充电设备能够在各种环境下安全充电。

图4.24 一体式非车载充电机

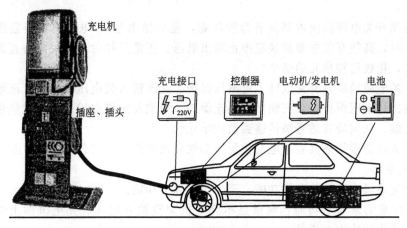

图4.25 接触式充电机

(2)感应式充电机如图4.26所示,采用的是感应充电技术,通过非接触的方式进行能量传输。它利用电磁感应原理实现电能的短距离传输,一次线圈输入一定频率的交流电,通过电磁感应在二次线圈产生一定的电流,从而将能量从输入端转移到接收端。电动汽车感应式充电机的一次线圈安装在地面,二次线圈安装在电动汽车上,当电动汽车行驶到地面一次线圈装置上时,二次线圈产生感应电流,经整流后即可对电池进行充电。

感应式充电机在工作时,电源部分与用电装置之间不存在电线的连接,可以有效地减

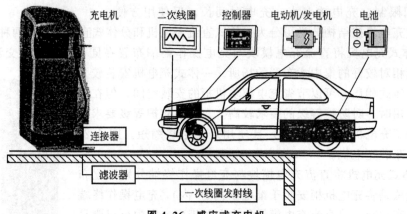

图 4.26 感应式充电机

少接触火花和机械磨损等造成的危害,即使在极端的工作条件下,如雨雪天等场合,给电池充电也不会发生触电的危险,提高了充电的安全性。其不足之处是目前技术不够成熟,输出功率不大,传输距离较短(多在毫米级),成本高。

2. 充电机的组成

一个典型的充电机由高频开关电源模块、监控单元、人机操作界面、与电动汽车的电气接口、计量系统和通信接口等组成。

1) 高频开关电源模块

高频开关电源模块的主要功能是将交流电源变换为高品质的直流电源,通常采用脉冲宽度调制方式。模块由全波整流及滤波器、高频变换及高频变压器、高频整流滤波器等组成。

每个高频开关电源模块内部具有监控功能,显示输出电压/电流值,当监控单元故障或退出工作时,高频开关电源模块应停止输出电压。正常工作时,模块应与直流充电机监控单元通信,接收监控单元的指令。

高频开关电源模块具有交流输入过电压保护、交流输入欠电压报警、交流输入缺相告警、直流输出过电压保护、直流输出过电流保护、限流及短路保护、模块过热保护及模块故障报警功能。任何异常信号被传递到监控单元。

高频开关电源模块还具有带电插拔更换和软启动功能,以防开机电压冲击。

2) 监控单元

监控单元应具有完善的监控功能,至少包括以下功能。

(1) 模拟量测量显示功能:测量显示充电机交流输入电压、充电机输出电压/电流、各个高频电源模块输出电流等。

(2) 控制功能:监控单元应能适应充电机各种运行方式,可控制充电机自动进行恒流限压充电→恒压充电→停止充电运行状态。

(3) 警告功能:充电机交流输入异常、电源模块警告/故障、直流输出过/欠压、直流输出过流、充电机直流侧开关跳闸/熔断器熔断、充电机故障、充电机监控单元与充电站监控系统通信中断、监控单元故障时,监控单元可发出声光报警,并应以硬接点形式和通信口输出到监控系统。

(4) 事件记录功能:充电机警告、充电开始/结束时间等均应有事件记录,应能保存一定数量的充电过程曲线，事件记录和曲线具有掉电保持功能。

3) 人机操作界面

人机操作界面功能包括充电设定和显示输出两大类。

充电设定可分为自动设定方式和手动设定方式两种；自动设定方式是在充电过程中，充电机依据蓄电池管理系统提供的数据动态调整充电参数，执行相应动作，完成充电过程；手动设定方式是由操作人员设置充电机的充电方式、充电电压、充电电流等参数，在电动汽车与充电机连接正常且充电参数不应超过电动汽车蓄电池管理单元最大许可范围时，充电机根据设定参数执行相应操作，完成充电过程。

显示输出功能应包含显示下列信息：电池类型、充电电压、充电电流、充电功率、充电时间、电能量计量和计费信息；在手动设定过程中应显示人工输入信息；在出现故障时应有相应的提示信息；可根据需要显示电池最高和最低温度。

4.5.4 充电设施

1. 纯电动汽车的充电模式

目前纯电动汽车主要有慢充、快充和换电池3种模式。

1) 慢充方式

慢充方式以较小电流对电池进行充电，充电时间通常为6~10h，有利于提高充电效率和延长电池的使用寿命，充电机的安装成本也较低。慢充一般利用晚间进行充电，晚间低谷电价有利于降低充电成本，但这种充电方式难以满足紧急使用需求。慢充一般采用220V/16A单相交流电源，通过车载充电机对电动汽车进行充电。车载充电机可采用标准三口插座，基本不存在接口匹配的问题。

慢充是最基本的充电方式，适用于设计的续驶里程较大、可满足一天的行驶需要并利用晚间停车时间来充电的运行车辆。现阶段技术条件下，电动汽车的续驶里程约为200km，私家车、市内环卫车、工程车、公务车、企业商务车等车辆日均行驶里程基本上在续驶里程范围内，可采用慢充的方式。

慢充方式由于充电电流小，充电条件易于满足，只需提供普通市电或较小电流的直流电即可，可在充电站、停车场、路边充电桩甚至在家庭车库进行充电。

2) 快充方式

快充方式以较大直流电流对车载电池提供短时充电（20min~1h），一般充电电流为150~400A。快充方式充电时间短，在十几分钟内就可充70%~80%的电量，可以解决续驶里程不足时电能的补给问题。但是快充对电池寿命有影响，充电电流较大对技术安全性要求也较高。充电机的充电效率降低，安装成本较高。目前这种充电方式的充电插口针脚定义、电压值、电流值、控制协议等均无统一标准，已投入使用的充电机和电池充电插口的规格由各生产企业自定。

快充方式适用情况为车辆的日平均里程大于车辆最大续驶里程，需要车辆运行间隙进行快速补充电来满足行驶需要的运行车辆。公交车和出租车是典型的使用车型。

快充由于充电电流大，对公用电网会产生负面影响，因而一般在充电站中进行。

3) 换电池模式

换电池模式是通过直接更换车载电池的方式补充电能。换电池模式的优点是操作时间短,仅需几分钟;电池可与整车分开,便于以租赁方式运营,大幅降低车辆价格;由专业服务机构负责运营,有利于电池性能的保持和废旧电池的回收;可在低谷时段集中充电,有利于降低运行成本;在能源利用方面,能起到错峰填谷的作用。

换电池模式的缺点是换电站建设成本目前较高,是普通充电站的 1.5~2 倍;目前尚未实现动力电池的标准化、模块化和电池安装位置的标准化,电池规格差别很大;涉及电池租赁、充电配送、计量更换等多个环节,由多家企业分工完成,运作复杂。

换电池模式适用于每天运行时间长、行驶路程长的车辆,如公交车、出租车及各类社会运营车辆。换电池模式只能在专业的换电站进行。

2. 充电设施概述

根据电动汽车充电方式的不同,纯电动汽车充电设施可以分为充电桩、充电站、换电站 3 种类型。以下主要介绍充电桩和充电站。

1) 充电桩

(1) 充电桩的组成与类型。充电桩是充电机为电动汽车充电的终端辅助设备,如图 4.27 所示,具有占地面积较小、布点灵活的特点。它提供充电接口、人机接口等功能,并对电动汽车的充电进行控制,实现充电开停机、通信、计费等功能。充电桩由桩体、电气模块、计量模块等部分组成。

图 4.27 室外充电桩

按照输出电流的类型,充电桩可分为直流充电桩与交流充电桩两种。直流充电桩指的是固定安装在电动汽车外并与交流电网连接,为电动汽车动力电池提供小功率直流电源的供电装置。直流充电桩可与充电机交互,向充电机发送控制指令、开关机信号,控制充电机启动与停止,获取充电机工作状态信息。交流充电桩指的是固定安装在电动汽车外并与交流电网连接,为电动汽车车载充电机提供交流电源的供电装置。

按照安装位置,充电桩分为室内充电桩和室外充电桩。室内充电桩应根据现场的情况,选用落地式或壁挂式。落地式充电桩采用电缆下进线方式,壁挂式充电桩可采用下进线方式,也可采用侧进线方式。室外充电桩应采用电缆下进线方式。

(2) 充电桩的设置。为了加快普及纯电动汽车,满足其使用要求,必须设置一定数量的充电桩便于车辆的能量补充。在新建建筑物、居住小区等场所的配建停车场以及社会公共停车场,可设置供电动汽车停放的专用停车区并配置一定数量的充电桩;对于已建的飞机场、火车站、酒店、医院、商场超市、会议中心和旅游胜地等地点的公用停车场,也可通过技术改造措施，设置电动汽车专用停车区；另外，办公、生产等场所的停车场可按照停车位数量设置一定比例的充电桩。

充电桩的设置应满足以下要求：电动汽车专用停车区应靠近临近的配电站；充电桩宜实行"一位一桩"，即一个电动汽车停车位设置一个充电桩，以便于使用和管理；充电桩通常以成组的形式进行设置，以提高其利用率；室外充电桩应安装在距地面至少 200 mm 以上的基础上，其基础底座四周应采取封闭措施，防止小动物从底部进入箱体，以满足防雨、防积水要求；室外的充电桩外壳防护应具备一定等级，外壳宜选用绝缘材料。

2) 充电站

(1) 充电站的组成与功能。充电站指的是具有特定控制功能和通信功能的将电能量传送到电动汽车的设施总称，它能够以快充或慢充方式对电动汽车进行充电。

充电站主要由供配电设施、充电机、监控系统、安全防护设施和其他配套设施等组成，公共充电站还应包括营业场所。其中，供配电设施由高压开关柜、变压器、低压开关柜及其电力、控制线路等组成；充电机通过一定规格接口与电动汽车进行连接，为电动汽车提供一定规格电源；监控系统实现对充电机、配电设备等进行监控，并实现对站内视频监视、火灾报警及其他设备进行管理。图 4.28 为充电站的典型组织架构图。

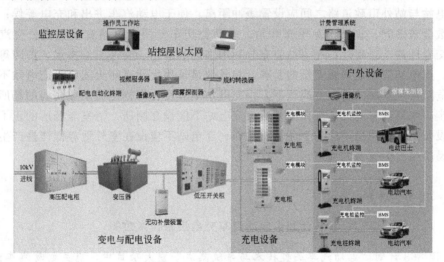

图 4.28 充电站的组织架构

充电站的基本功能应包括供配电、充电、充电过程和配电设备监控、计量、站内设备管理和通信，扩展功能包括计费。

充电站可分为公共充电站和专用充电站。公共充电站为社会电动汽车提供充电服务，专用充电站为特定范围的专用电动汽车提供充电服务。

(2) 充电站的布置。充电站总体布置应满足便于电动汽车的出入和充电时停放，保障站内人员及设施的安全。具体有以下要求：充电区的入口和出口应至少有两条车道与站外道路连接，充电站应设置缓冲距离或缓冲地带便于电动汽车的停发和进出；充电区单车道宽度不应小于 3.5m，双车道宽度不应小于 6m；转弯半径不应小于 9m，道路坡度不应大于 6%，且坡向站外；充电设施应靠近充电区停车位设置，电动汽车在停车位充电时不应妨碍站内其他车辆的充电与通行；充电区应考虑安装防雨设施，以保护站内充电设施、方便进站充电的电动汽车驾乘人员。

充电站的电气设备布置应遵循安全、可靠、适用的原则,并便于安装、操作、搬运、检修、试验。具体有以下要求:充电机、监控室、营业厅应布置在建筑物首层,高压开关柜、变压器、低压开关柜等宜布置在建筑物首层;变压器、高压开关柜、低压开关柜、充电机及监控装置宜安装在各自的功能房间,以利于电气设备的运行、便于维护管理;当成排布置的低压开关柜长度大于6m时,柜后应有两个出口通道。当两个出口之间的距离大15m时,其间应增加出口;当受到条件限制时,低压开关柜与充电机可安装在同一房间,或采取变压器与低压开关柜设置在同一房间,但变压器应选用干式。当受到条件限制时,变配电设施与充电机可设置在户外组合式成套配电站中,其基础应适当抬高,以利于通风和防水;变压器室不宜与监控室贴邻布置或位于正下方,不能满足时应采取防止电磁干扰措施。

(3)充电站的选址。充电站是中低压配电网的重要组成部分,其站址选择应兼顾电网规划的要求,并与电网规划、建设与改造密切结合,以满足电力系统对电力平衡、供电可靠性、电能质量、自动化等方面的要求,并结合变电站的建设、改造进行科学、合理的选址。

充电站选址具体有以下要求:便于供电电源的取得,宜接近供电电源端,并便于供电电源线路的进出;公共充电站应选择在进出车便利的场所,进出口不设置在主干道或快速路主道旁,不设置在交叉口附近;公共充电站入口和出口应分别设置车道与站外道路连接,充电站与站外市政道路之间应设置缓冲距离,便于电动汽车进出和充电等候;专用电动汽车数量较多时,宜设置专用充电站;电动公交车专用充电站宜设置在公交汽车枢纽站、公交专用停车场附近;充电站应充分利用临近的道路、交通、给排水、消防等公用市政设施;充电站应满足消防安全的要求,与其他建筑物之间有防火间距;充电站不应设在有爆炸危险环境场所的正上方或正下方;充电站不应设在有剧烈振动或高温的场所;不宜设在多尘、水雾或有腐蚀性气体的场所;充电站不应设在厕所、浴室等场所的正下方,安装电气设备的功能用房不应与上述场所贴邻;充电站不应设在室外地势低洼易产生积水的场所和易发生次生灾害的地点。

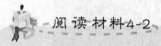

863计划中电动汽车充电设备技术攻关

我国863计划"电动汽车关键技术与系统集成"重大项目中,有关电动汽车充电设备技术攻关的内容如下。

1. 电动汽车充电机产业化技术攻关

研究目标: 掌握充电机谐波电流抑制、并联均流和集群控制调度等关键技术,研制车载充电机、充电站用充电机与双向充放电机,形成产品的批量生产能力。

主要研究内容: 研究车载充电机高效有源功率因数校正与DC/DC电路拓扑技术、适应车载的结构及热设计、高功率密度磁性器件设计、高性能谐波电流抑制与电磁兼容、智能均衡充电等技术。研究充电站用高压、大电流充电机新型高效电路拓扑和柔性控制策略、大功率充电模块并联的自主均流、快速充电技术及其适用性。研究电池更换站用充放电机新型高效率、低电压、大电流及能量双向流动的充放电机主电路拓扑技术与先进控制策略、充放电机放电模式下的并网控制、更换站内充电机的集群控制调度等技术。

主要考核指标如下。

（1）主要技术指标。充电机主要技术指标见表4-6。

表4-6　充电机主要技术指标

项目	场站直流（快速）充电机	车载充电机	电池更换站用充放电机
稳流/稳压精度/（%）	≤0.5		
输出电压纹波/（%）	<1		
效率/（%）（满载）	≥94	≥92	≥92

（2）充电机输入输出电压、电流等规格参数符合国家相关标准要求。电池更换站用充放电机具有全功率并网双向能量流动功能。

2. 电池组快速更换系统集成技术研究与装备开发

研究目标：确定电池组快速更换总体技术方案，研制电池组快速更换装置，提出机械连接接口标准、电气连接接口标准和其他接口标准，研究和开发用于纯电动汽车的通用性电池自动更换系统，为探索电动汽车新型商业化模式提供技术支撑。

主要研究内容：研究适用于快速更换的电池成组技术，电池箱结构优化与系统集成技术，热、电综合管理技术等；研究电池箱定位锁紧技术、电池箱互换性技术、动力电池箱快速电气连接技术、高效动力电池更换模式的控制策略、车辆停车定位技术、更换设备自动定位技术等；研究电池系统均衡、维护和梯次利用技术。

电池组快速更换系统主要考核指标见表4-7。

表4-7　电池组快速更换系统主要考核指标

项目	指标	
	轿车	商用车
更换时间/min	≤3.5（车辆入位后）	≤2（单组电池箱，不计开舱等时间）
更换系统承载能力/kg	≥300	≥300（单箱承载能力）
通用性	系统应具备良好的车型通用性	

4.6　纯电动汽车的再生制动

续驶里程是纯电动汽车的重要性能，影响着纯电动汽车的实用性和公众接受度。在当前蓄电池等储能装置的能量密度不够大的条件下，提高能量的利用效率具有重大意义。车辆在减速或制动时，将其中一部分动能转化为电能等形式储能起来的过程称为制动能量回收。纯电动汽车的电机在车辆制动时可处于发电状态，使车辆产生制动力矩，同时将所发出的电能储存到蓄电池，从而有效地回收制动能量，延长车辆的续驶里程。纯电动汽车电机的这种制动称为再生制动或者回馈制动。

4.6.1 电动机的制动原理

电动机的运行状态分为电动状态和制动状态。在电动状态,电动机电磁转矩和转动方向相同,电源向电动机输入电能,转换成机械能带动负载;在制动状态,电动机电磁转矩和转动方向相反,电动机吸收机械能转换成电能,消耗在电枢回路电阻上或回馈到电源。电动机制动的目的是使电力拖动系统停车或减速,或者使位能性负载稳定下放。

电动机的电气制动分为能耗制动、反接制动和再生制动。下面以他励直流电动机和交流异步电动机为例,对电动机的制动原理予以介绍。

1. 他励直流电动机的制动

1) 能耗制动

能耗制动时电路如图 4.29 所示。电动机的原状态是带动负载 T_L 稳定运行于电动状态 A 点。现采用能耗制动停车,方法是将开关切换,电枢脱离电源,同时在电枢回路串入制动电阻 R_B。由于惯性,电枢保持原来方向继续旋转,电动势 E_a 方向不变。由 E_a 产生的电枢电流 I_a 的方向与电动状态时的方向相反,对应的电磁转矩方向相反,为制动性质,电机处于制动状态。正向电动态时电机运行在第一象限,机械特性为图 4.30 的线 1,能耗制动运行于第二象限,机械特性为线 2。在开关切换瞬间,由于转速不能突变,电动机工作点从 A 转 B,电磁转矩方向改变,与转速反向,与 T_L 同向,在制动电磁转矩与 T_L 的共同作用下,系统沿特性 BO 减速。随着转速下降,反电动势 E_a 不断减小,电枢电流和电磁转矩也减小,转到 O 点,电动机停止。

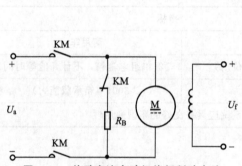

图 4.29 他励直流电动机能耗制动电路

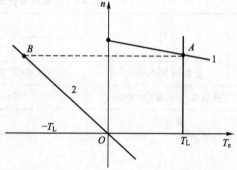

图 4.30 他励直流电动机能耗制动的机械特性

在能耗制动过程中,电动机变成了一台与电源无关的直流发电机,把系统的动能转换成电能,消耗在电枢回路的电阻上,系统的动能消耗完了,电动机就停止了。

2) 反接制动

所谓反接制动就是在需要制动时,把正向运行的他励直流电动机的电枢电源电压反接,反向的电枢电流产生反向的电磁转矩,从而产生很强的制动作用。为了限制过大的制动电流,需要在电枢回路串入反接制动电阻。反接制动的机械特性如图 4.31 所示。在电源反向切换瞬间,由于转速不能突变,电动机工作点从 A 转到 B,电磁转矩方向改变,与转速反向,与 T_L 同向,在制动电磁转矩与 T_L 的共同作用下电动机减速,电枢电动势减小,电枢电流和电磁转矩也下降,直至 C 点电动机停转。但是在 C 点,电枢电流和电磁转矩并不为零,此时电磁转矩大于负载 T_L,电动机将反转。故反接制动若要电动机停车,需要及时切断电流。

反接制动时,电动机从电网吸收电能,又从转轴上吸收机械能,变成电能消耗在电枢回路的电阻上,制动的能量损耗比较大,适用于要求快速停车的拖动系统。

3) 再生制动

当电动机运行转速 n 高于同步转速 n_0 时,$E_a>U_a$,电枢电流 I_a 反向,电磁转矩也反向,变成制动转矩。电动机处于发电状态,这种状态称为再生制动状态。再生制动时的机械特性方程与电动状态相同,只是运行在曲线上不同的区段而已。再生制动分为正向再生制动和反向再生制动。正向再生制动时机械特性位于第二象限,反向再生制动的机械特性位于第四象限。

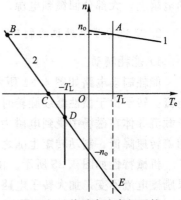

图 4.31 他励直流电机反接制动的机械特性

(1) 正向再生制动。正向再生制动为出现在第二象限的减速过程,如图 4.32 所示。假定电动机采用调压调速,设电动机原工作在特性 A 点,当电压突降为 U_1 时,转速来不及变化,反电动势不变,电机从 $A \to B$,此时 $n_B>n_{01}$,电枢感应电动势 $E_a>U_1$,电枢电流与电磁转矩反向,而转速为正,故电磁转矩为制动转矩。在电磁制动转矩和负载 T_L 共同作用下,转速沿特性 BC 迅速下降到 n_{01},此时电磁转矩为 0,制动过程结束。进入第一象限后,电磁转矩变回正向,但小于负载 T_L,系统沿特性 CD 继续减速,直到 D 点时电磁转矩与 T_L 平衡,电动机以较低的转速 n_D 稳定运行。电动机在 BC 期间,由于 $n>n_{01}$,电动机属于再生制动状态。

(2) 反向再生制动。反向再生制动适用于重物的稳定下放。如图 4.33 所示,电动机原工作在 A 点,以 n_A 提升重物。将电源反接,并串入电阻,进行反接制动。工作点由 $A \to B \to C$,在 C 点 $n=0$,停止提升重物。此时如不及时切除电源,电动机就会在电磁转矩和负载转矩的共同作用下反向起动,经反向电动状态到 $n=-n_0$、$T_e=0$ 后,电动机在 T_L 作用下继续加速,使 $|-n|>|-n_0|$,$E_a>U_N$,I_a 与 E_a 同方向,进入第四象限,电动机运行于反向再生制动状态,直到 D 点,以 n_D 转速下放重物。

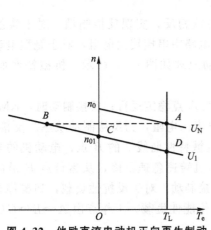

图 4.32 他励直流电动机正向再生制动

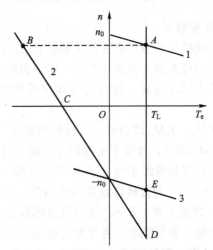

图 4.33 他励直流电动机反向再生制动

电动机在再生制动时,电动机将转轴上的机械能转变为电能,一部分消耗在电枢回路的电阻上，大部分回馈到电源。

2. 交流异步电动机的制动

1）能耗制动

能耗制动电路如图4.34所示。将KM_1断开，KM_2接通，定子绕组通入一直流励磁电流。转子由于惯性继续旋转时，切割定子绕组产生的恒定磁场，感应电动势和电流，转子载流导体在磁场中受到电磁力的作用，产生与转向相反的转矩，电动机进入制动状态。随着转速降低，制动转矩也随之减少，到$n=0$时，$T_e=0$，故可用于准确停车。

机械特性如图4.35所示。由于是制动状态，特性曲线在第二象限，且通过原点。如果励磁电流不变，加大转子电路所串电阻，特性斜率增大，但T_m不变，如图中曲线3所示；如果电阻不变，加大励磁电流，则如图中曲线2所示，T_m增大。对于绕线型异步电动机，可以增大转子回路电阻来增大初始制动转矩。对于笼型异步电动机，可以增大直流励磁电流来增大初始制动转矩。

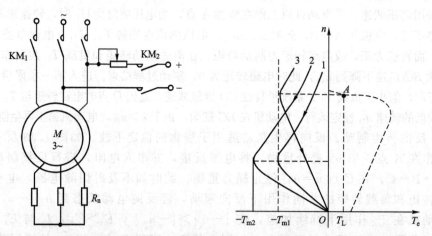

图4.34 交流异步电动机能耗制动电路　图4.35 交流异步电动机能耗制动的机械特性

2）反接制动

将电动机定子两相反接可使旋转磁场与转速相反，实现反接制动。对于绕线式电动机，为限制过大的反接制动电流，常常在转子电路中串接较大电阻，对于笼型电动机可在定子回路中串入电阻。绕线式电动机反接制动原理如图4.36所示，机械特性如图4.37所示。

当KM_1、KM_3闭合时，电动机在曲线1上A点稳定运行；反接制动时，KM_1、KM_3断开，KM_2闭合，改变了电源相序，转子回路串入电阻，为反接制动状态。反接制动后，电动机运行点从曲线1的A点平移到反相序机械特性曲线2的B点，电动机的电磁转矩为$-T_e$。在$-T_e$和负载转矩共同作用下，电动机转速急速下降，从运行点B沿曲线2降到C点，转速为零。$B \rightarrow C$的运行过程称为反接制动。对于反抗性负载，如要停车，应立即切断电源，否则电动机将反方向起动。对于位能性负载，工作点由$A \rightarrow B \rightarrow C$（反转）$\rightarrow -n_0$（开始再生制动）$\rightarrow E$。

反接制动时，转子回路消耗了从电源输入的电磁功率和负载送入的机械功率，数值很大，在转子回路中必须串入较大的外串电阻，保护电动机不致由于过热而损坏。

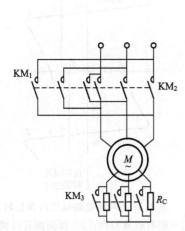 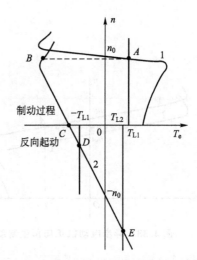

图 4.36　绕线式电动机反接制动原理图　　图 4.37　绕线式电动机反接制动的机械特性

异步电动机反接制动停车比能耗制动停车速度快，但能量损失大。一些频繁正、反转的生产机械，经常采用反接制动停车接着反向起动，就是为了迅速改变转向，提高生产率。对于笼型异步电动机转子回路无法串接电阻，因此反接制动不能过于频繁。

3）再生制动

异步电动机再生制动分正向再生制动和反向再生制动。

(1) 正向再生制动。正向再生制动是指电动机在正向电动状态运转时，超过同步转速而进入二象限的再生制动状态。正向再生制动一般发生在电动机正向运行时降低定子电流频率或增加定子绕组的极对数等情况下。如图 4.38 所示，电动机初始在 A 点上运行。若降低定子电流频率，同步转速由 n_0 降为 n_{01}，机械特性由曲线 1 变为曲线 2。由于惯性，电动机转速不能突变，且 $n_A>n_{01}$，运行点从曲线 1 的 A 点平移至曲线 2 的 B 点，电磁转矩变负。在电磁转矩和负载的共同作用下，电动机减速，沿 $B{\to}n_{01}{\to}C$ 运行，最终在 C 点稳定运行。在 $B{\to}n_{01}$ 段，异步电动机的电磁转矩为负，转速为正，且 $n_A>n_{01}$，属于正向再生制动状态。

再生制动过程中，转子侧送来的电磁功率除了转子绕组上的铜损耗外，其余的传送给定子，通过定子回馈给电源。这时异步电动机相当于一台发电机，它把系统的动能转变为电能送回电源。

(2) 反向再生制动。反向再生制动适用于重物的稳定下放。电动机起初运行于特性曲线 1 的 A 点。将定子两相反接，定子旋转磁场的同步转速变为 $-n_0$，电动机运行的特性曲线变为 2。经过反接制动过程后，在位能负载作用下反向加速并超过同步转速 $-n_0$，直到 B 点保持稳定运行。此时，电动机高速运行于第四象限，电磁转矩为正，转速为反向，$|n|>|-n_0|$，处于反向再生制动状态。

反向再生制动时，电动机的功率关系与正向回馈制动过程是一样的，电动机是一台发电机，它把从负载位能减少而输入的机械功率转变为电功率，然后回送给电网。从节能的观点看，反向回馈制动下放重物优于能耗制动下放重物。

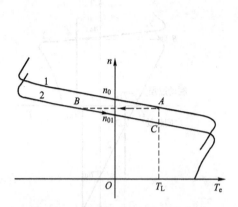

图 4.38 异步电动机正向再生制动

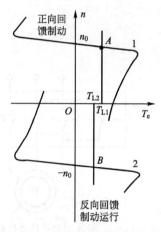

图 4.39 异步电动机反向再生制动
1—固有机械特性；2—反向固有机械特性

4.6.2 纯电动汽车的再生制动原理

纯电动汽车的电动机在制动时，电动机机械特性经过电动机控制器调节后发生变化，同步转速下降，此时电动机转速为正并大于同步转速，电磁转矩与转速方向相反，属于制动转矩，电动机处于再生制动状态，吸收车辆制动时的机械能，并向电源反馈电能。由于驱动电动机是不能反向的，纯电动汽车的再生制动属于正向再生制动。再生制动只在电动机转速高于同步转速时产生，不能使电动机转速降到零，即不能使车辆停车，故只作为辅助制动，纯电动汽车以常规的机械制动作为主制动，以满足各种制动要求。可见，纯电动汽车的制动系统包括机械制动（液压或气压）和电动机制动两种。其控制系统实际上是一种混合制动系统，可分为两类：一类是并联式混合制动系统，基本保留了常规制动系统的各个部件，具有结构和控制简单的特点；另一类是全可控混合制动系统，各个车轮可以独立控制，可在各种路面和各种工况下实现良好的制动性能。

车辆的制动大致可分为三种情况，在不同情况下，机械制动和电动机制动采取相应的工作模式。

（1）紧急制动：制动加速度大于 $2\mathrm{m/s^2}$ 的制动过程。出于安全性考虑，应以机械制动为主，电动机制动也可同时使用。

（2）中轻度制动：应用于汽车在正常工况下的制动过程，可分为减速过程与停车过程。通常由电动机制动完成减速过程，机械制动完成停止过程。两种制动的过渡点由电动机的发电特性确定，需要考虑充电电流大小及充电时间等因素。

（3）下长坡时制动：此场合对制动力要求不大，可完全由电动机制动提供，制动时回馈电流小、充电时间长。

以图 4.40 来说明纯电动汽车的再生制动工作原理。该车电动机前置，电动机通过传动系统与前轮连接，故再生制动只在前轮起作用，再生制动过程由电机控制器进行控制。机械制动为 ABS 液压制动系统，主要由轮速传感器、ABS 控制器和液压调节器组成。ABS 控制器根据输入的轮速信号计算车轮滑移率和加速度，向液压调节器发出控制指令。液压调节器由电磁阀和液压泵组成，安装在制动主缸和制动轮缸之间，它根据 ABS 控制器的控制指令来调整制动轮缸油压的增减。

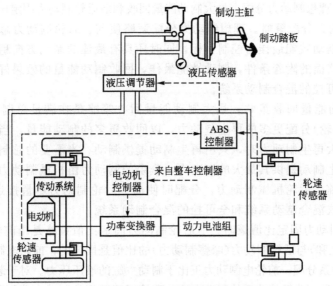

图 4.40 带再生制动的制动系统

当驾驶员踩下制动踏板时，整车控制器（图中未画出）根据制动踏板、加速踏板、车速、电动机和电池状态等信号，决定机械制动和再生制动的工作状态。当需要电动机进行再生制动时，整车控制器向电动机控制器传递控制信号，电动机控制器再发出指令控制功率变换器中各功率开关的操作，实现电动机的再生制动，向电源回馈制动能量。再生制动需要整车控制器、电动机控制器和 ABS 控制器之间的信息交流。

4.6.3 再生制动的控制策略

车辆的制动性包括制动效能、制动效能的恒定性和制动的方向稳定性三层含义。电动机制动可获得的制动强度较低，无法单独满足制动效能要求，因此必须保留传统机械制动来保证车辆的制动效能。电动机再生制动的引入对纯电动汽车的制动性能有一定影响。再生制动会影响前后轴制动力分配，使分配曲线发生变化，改变了前、后轮的抱死趋势，进而使制动的方向稳定性发生变化。电动机制动的加入给纯电动汽车制动系统的设计提出以下问题：如何分配前后轮（驱动轮和非驱动轮）的制动力矩；如何分配驱动轮上机械制动和再生制动的制动力矩。

为使再生制动满足整车制动性能和回收制动能量的要求，对其有如下要求。

（1）车辆的制动操作要符合驾驶员的制动习惯，制动过程应尽可能地与传统燃油汽车的制动过程近似。

（2）再生制动作用时，要防止出现后轮先抱死的危险情况，并尽量避免前轮拖死，以保持车辆的转向能力。

（3）在满足车辆制动性能前提下，机械制动应能根据电制动力大小进行相应变化，使驾驶员制动感觉与驾驶传统燃油汽车一样平顺，防止对驾乘人员造成不适的感觉。

（4）在保证制动性能与平顺性条件下，尽可能多地回收制动能量。

（5）防止充电电流过大或充电时间过长，缩短电池寿命。

制定再生制动控制策略的基本原则是，在满足制动安全性的前提下，尽可能多地回收制动能量。目前主要有理想制动力分配、最大制动能量回收和前后轮制动力固定比值三种控制策略。

(1) 理想制动力分配策略。理想制动力分配策略使前、后轮制动力总是符合理想制动力分配曲线，以制动效能最佳为控制目标，同时还具有最佳的制动方向稳定性。这种控制策略能充分利用路面的附着条件，制动性能最佳，回收制动能量的效果好，但是控制系统复杂，适合于全可控的混合制动系统。

(2) 最大制动能量回收策略。最大制动能量回收策略是在满足总制动力要求的前提下，向前轮（驱动轮）分配更多的再生制动力，以回收更多的制动能量。当所需的总制动力小于能提供的最大再生制动力时，只由再生制动提供制动；当需要的总制动力大于最大再生制动力时，再生制动提供其最大的制动力，剩余的制动力由机械制动力提供，剩余的机械制动力分配为前、后轮机械制动力，分配时使前、后轮制动力尽量接近理想分配曲线。这种适合于并联式混合制动系统和全可控的混合制动系统。

(3) 前后轮制动力固定比值策略。前后轮制动力固定比值策略是指前轮制动力（摩擦制动力与电制动力之和）与后轮制动力（摩擦制动力）的比值是固定的，前轮电制动力与前轮机械制动力以固定的关系分配，前轮电制动力正比于制动主缸的液压压力。对于装载量变化不大的车辆（如轿车），这种策略可使前后轮制动力的分配接近于理想的制动力分配曲线，制动效能较好，在大制动强度时可更多地依靠机械制动，主要用于前驱电动汽车的并联式混合制动系统。

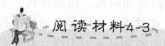

能量回馈式电动汽车制动防抱死系统研究与开发

我国863计划"电动汽车关键技术与系统集成"重大项目中，有关电动汽车制动防抱死系统研发的内容如下。

研究目标：突破回馈制动与传统ABS的集成化设计与控制关键技术，实现电动汽车制动能量回馈制动防抱死系统（EABS）的产业化，实现制动安全性、制动舒适性、制动能量回收效率的综合优化，可靠性和成本满足电动汽车大规模示范的配套需求。

主要研究内容：研究回馈制动与摩擦制动耦合方法；研究制动能量回收策略与协调控制方法；研发EABS集成控制系统；研究与开发执行机构等关键部件；研究EABS的试验技术与评价方法；研究EABS的批量化生产工艺技术。

主要考核指标：制动能量回收对整车经济性改善幅度在15%以上（城市工况，纯电驱动模式）；平均故障间隔里程≥15万km（轿车用），平均故障间隔里程≥10万km（客车用）。

4.7 电池管理系统

4.7.1 电池管理系统的功能

在纯电动汽车和混合动力汽车上装备了一定量的动力电池作为车辆的唯一或者辅助能量源，为了满足车辆的动力性、续驶里程、使用寿命、安全性及降低运行成本等方面的要求，有必要对车载电池进行安全监控和有效管理，提高它们的使用效率，承担上述任务的具体装置就是电池管理系统(Battery Management System，BMS)。

电池管理系统的功能和作用是随着电动车辆整车技术的发展而逐步扩展的。早期的电池管理系统只是采集电池电压、电流、温度等基本参数，后来发展到可测量和预测复杂一些的状态参数如 SOC、电池内阻等，现阶段的电池管理系统发展到可预警电池状态、故障诊断及参与整车控制。电池管理系统的功能主要包括数据采集、预测电池状态、能量管理、热管理、安全管理、均衡控制和通信。

1. 数据采集功能

在电池管理系统中，采集数据是对电池做出合理有效管理和控制的基础，数据采集精度、采样频率和数据过滤特性是影响电池管理系统性能的重要因素。由于电池的电压、电流、温度具有动态变化的特点，故采样频率通常应不低于 200Hz。

不同类型电池对数据采集的要求有所不同。例如，锂离子电池的安全性要求高，对电压比较敏感，所以要求采集每个单体电池的电压，并监测到每个电池的工作温度，而镍氢电池和铅酸电池对电压、温度的数据采集量少于锂离子电池，通常采用成对或成组采集的方式，这样可减小电池管理系统的复杂度。

2. 预测电池状态功能

电池状态包括电池电量状态（SOC）和电池健康状态(State of Health，SOH)两部分，SOC 用来显示电池的剩余容量及预测车辆的续驶里程，SOH 用来显示电池的技术状态和预测电池使用寿命。

3. 能量管理功能

能量管理指的是对电池充放电过程的控制，即设置一个控制电池充电和放电的控制算法，根据电池的 SOC、SOH、电压、电流和温度等参数来控制电池的充放电过程。

4. 热管理功能

各类电池都有其正常工作温度范围，温度过高或过低都会影响电池的充放电性能和使用寿命，影响电池工作温度的因素有充放电电流大小、散热条件、气候等。另外，电池组在充放电发热时，可形成各单体电池工作温度不一致，这也会降低电池组的充放电能力。因此，BMS 必须具备温度的监测和调整能力，控制工作温度在正常范围内，并维持各单体电池的温度均衡。

5. 安全管理功能

电动车辆上的电池组具有数百伏的高压电，为保证用电安全，BMS 必须实时监控电池电压、电流和高压电路状态，在出现异常状况后能立即反应并处理。BMS 具体包括以下安全功能：充电过电压和过电流控制、过放电控制、防止温度过高、在发生碰撞的情况下切断高压电路。

6. 均衡控制

电池组在使用过程中，若不进行有效监控和管理，各个单体电池的容量、电压、温度等状态参数会产生不一致的情况，影响整个电池组的工作状态。因此，有必要在电池组各电池之间设置均衡电路，根据实际情况合理调控各电池的工作状态，尽量保持它们的一致性，提高整个电池组的工作效能。

7. 通信功能

电池管理系统是电动车辆的一个子系统，在监控和管理电池组的同时，还应能实现将电池状态参数与其他车载设备进行通信，为电池充放电控制和整车控制提供电池状态信息。

电动汽车的电池数量很多，并且以成模块成组的方式组织，具有分布性，所以电池管理系统通常采用分布式结构。图4.41为某纯电动客车分布式电池管理系统结构。电池管理系统有一个主控制单元和多个电池测控模块，每个测控模块对应一个电池箱，具有数据采集、电池均衡和热管理执行等功能。主控单元有两路CAN通信线路，CAN1用于和各测控模块、高压控制模块和绝缘监测模块等的通信，CAN2用于主控单元与整车控制器和充电机的通信。

电池管理系统的工作原理：数据采集电路采集电池电压、温度等状态信息数据，输入主控制单元，进行数据分析和处理，根据预先设计的控制算法得出控制指令，然后将各控制指令发给系统内的相关功能模块，同时和其他车载控制设备进行通信，从而参与整车的控制。

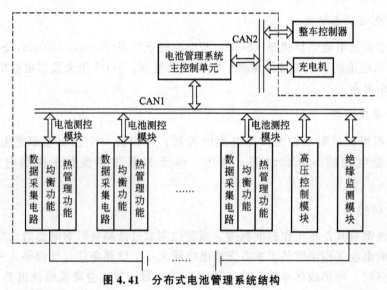

图4.41 分布式电池管理系统结构

4.7.2 电池管理系统关键技术

电池管理系统核心功能是电池SOC预测和热管理，而SOC预测与电池性能模型密切相关，以下介绍电池性能模型、电池SOC预测和电池热管理，它们都是电池管理系统实现的关键技术。

1. 电池性能模型

常用的性能模型分为简化电化学模型、等效电路模型和神经网络模型等。

1）简化电化学模型

电池的电化学模型非常复杂，在电动车辆上难以直接应用，需要对电化学模型进行简化，才能用于电池管理系统中对电池 SOC 的预测。

(1) Peukert 方程。最经典的描述电池特性的模型是 Peukert 方程，即

$$I^n \tau = 常数 \tag{4-12}$$

式中，I 为放电电流；τ 为以 I 电流放电至终止电压的放电时间；n 为 Peukert 常数，由电池结构确定，铅酸电池一般取 1.3 左右。

若定义 I_N 和 C_N 分别为额定电流和额定容量，以 I 电流放电的放电容量 C 可表示成：

$$C = C_N \left(\frac{I_N}{I}\right)^{n-1} \tag{4-13}$$

由式(4-12)和式(4-13)可知，放电电流越大，电池放电至终止电压的放电时间越短，电池可用的容量也越小。Peukert 常数 n 在某种意义上反映了电池性能的好坏，n 越接近于 1，电池在大电流放电条件下的放电性能越好，n 越大，电池放电可使用的容量越小。

(2) Shepherd 模型。随着充放电电化学反应的进行，电池会发生极化。电池的极化分为三种，一是电极与溶液界面进行的电化学反应本身的不可逆性引起的极化，称为电化学极化或活性极化；二是由于反应消耗，电极表面反应物得不到及时补充，或某种生成物在电极表面积累而得不到及时疏散，这就相当于把电极浸在较浓或较稀的溶液中，遂使其电位偏离通电前按总体浓度计算的平衡值，这种极化称为浓差极化；三是电解质溶液、电极材料、导电材料之间存在的接触电阻引起的极化，称为欧姆极化。这三种极化都是电化学反应的阻力，反映到充放电电路就使蓄电池端电压发生变化。由电化学极化和浓差极化引起的电池内阻称为极化内阻，由欧姆极化引起的电池内阻称为欧姆内阻。

Shepherd 模型用电池欧姆内阻、极化内阻、电压、电流等参数来描述电池的电化学过程，常和 Peukert 方程一起用来计算电池的电压和 SOC。Shepherd 模型用式 (4-14) 描述。

$$E_t = E_0 - R_i I - \frac{K_i}{1-f} \tag{4-14}$$

式中，E_t 为电池端电压；E_0 为电池充满电时的端电压；R_i 为欧姆内阻；K_i 为极化内阻；I 为瞬时电流；f 为安时积分法计算的电池净放电量。

2) 等效电路模型

等效电路模型是根据电池的工作原理来描述电池的工作特性。根据电路元件的特点，等效电路模型可分为线性电路模型和非线性电路模型。常用的等效电路模型有 Rint、Thevenin 和 PNGV 模型。

(1) Rint 模型。Rint 模型也称为电阻模型，采用的电路如图 4.42 所示。Rint 模型的数学方程如下：

$$U_L = U_{OC} - I_L R \tag{4-15}$$

$$I_L = U_{OC} - \frac{\sqrt{U_{OC}^2 - 4RP_L}}{2R} \tag{4-16}$$

式中，U_0 为开路电压；U_{OC} 为工作电压；I_L 为工作电流；R 为电池内阻；P_L 为电池工作功率。

放电时，I_L 和 P_L 为正；充电时，I_L 和 P_L 为负。

(2) Thevenin 模型。Thevenin 模型是根据戴维南定理提出的电池模型，是最具代表性的电路模型，采用的电路如图 4.43 所示。在 Thevenin 模型电路中，用理想

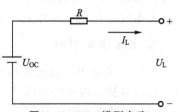

图 4.42 Rint 模型电路

电压源 U_{OC} 描述电池的开路电压，电容 C_{TP} 与电阻 R_{TP} 并联描述电池的超电势 U_{TP}，而超电势与电压源 U_{OC}、电池内阻 R_{TO} 串联。超电势指的是在电化学反应中，电极上有电流通过时的电极电动势与可逆电极电动势之间偏差的绝对值。

Thevenin 模型的数学方程如下：

$$U_L = U_{OC} - I_L R_{TO} - U_{TP} \tag{4-17}$$

$$I_L = \frac{(U_{OC} - U_{TP}) - \sqrt{(U_{OC} - U_{TP})^2 - 4R_{TO}P_L}}{2R_{TO}} \tag{4-18}$$

式中，C_{TP} 为电容；R_{TP} 为电阻；U_{TP} 为超电势；U_L 为电池工作电压；I_L 为工作电流；P_L 为电池工作功率；U_{OC} 为开路电压；R_{TO} 为电池的欧姆内阻。

放电时，I_L 和 P_L 为正；充电时，I_L 和 P_L 为负。

(3) PNGV 模型。PNGV 模型电路如图 4.44 所示，与 Thevenin 模型相比，PNGV 模型增加了一个电容 C_{PB}，用于描述负载随着时间累计产生的开路电压变化，电容 C_{PB} 的电压为 U_{PB}。以下为描述 PNGV 模型的数学方程：

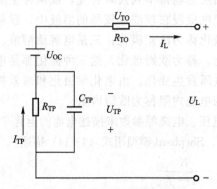

图 4.43 Thevenin 模型电路

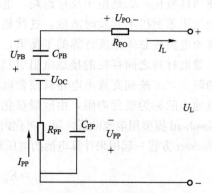

图 4.44 PNGV 模型电路

$$\begin{pmatrix} U_{PB} \\ U_{PP} \end{pmatrix} = \begin{pmatrix} 0 & 0 \\ 0 & -\dfrac{1}{C_{PP}R_{PP}} \end{pmatrix} \begin{pmatrix} U_{PB} \\ U_{PP} \end{pmatrix} + \begin{pmatrix} \dfrac{1}{C_{PB}} \\ \dfrac{1}{C_{PP}} \end{pmatrix} (I_L) \tag{4-19}$$

$$(U_L) = (-1 \quad -1) \begin{pmatrix} U_{PB} \\ U_{PP} \end{pmatrix} + (-R_{PO})(I_L) + (U_{OC}) \tag{4-20}$$

$$I_L = \frac{(U_{OC} - U_{PB} - U_{PP}) - \sqrt{(U_{OC} - U_{PB} - U_{PP})^2 - 4R_{PO}P_L}}{2R_{PO}} \tag{4-21}$$

式中，C_{PP} 为极化电容；R_{PP} 为极化电阻；U_{PP} 为电容 C_{PP} 的电压；U_L 为电池工作电压；I_L 为工作电流；P_L 为电池工作功率；U_{OC} 为开路电压；R_{PO} 为电池的欧姆内阻。

放电时，I_L 和 P_L 为正；充电时，I_L 和 P_L 为负。

2. 电池 SOC 预测

SOC 是防止电池过充电和过放电的主要依据，只有正确地预测电池 SOC 才能有效地保护电池和提高电池的利用率。准确预测电池 SOC 的意义如下：

(1) 延长电池使用寿命。过充电或者深度放电都会对锂电池造成不可逆的损害，降低电池可用容量和使用寿命,准确预测 SOC 有利于充放电的有效管理。在充电过程中,如果电池 SOC 接近充满时,电池的内阻快速增大,此时需要系统限制充电电流来减小电池内阻上的电能消耗,防止温度急剧上升以保护电池;在放电过程中,如果电池 SOC 接近用完,此时电池内阻也会增大,系统需限制放电电流以减小电池内阻的电能消耗,防止电池温度过高。准确预测 SOC 有助于保证电池在合理的电量范围内工作(如 20%~80%),从而延长电池的使用寿命。

(2)提高电池的利用率和整车性能。在不能提供准确的电池 SOC 的情况下,人们往往会采取保守的电池使用策略,不能充分发挥出电池潜能,降低整车性能。在提供准确 SOC 值的情况下,系统除了可对电池进行有效保护外,也不必为了保证电池的耐用而采取保守使用策略,这样可以充分发挥电池的潜能,提高车辆的续驶里程和整车性能。

(3)降低对电池的性能要求,节约成本。在准确预测 SOC 的前提下,电池的性能可以被充分地利用,一定程度上降低了对电池的性能要求,因此在系统设计时电池的容量等性能指标可以选择得低一些,降低了整车的制造成本及后期的运行维护费用。

(4)便于车辆的使用。在电动车辆行驶过程中,准确估计 SOC 余量可帮助驾驶员准确判断车况,决定下一步的驾驶行为,并为电池的充电和维护提供参考信息,增强了电动车辆的易用性。

电池的充放电是一个包含电能、化学能、热能转换的复杂过程,具有较强非线性和不确定性,电池剩余电量受内部状态及外部环境的诸多因素影响,这些因素包括电池温度、充放电电流、电池内阻、自放电、电池老化等。可见,准确估算 SOC 是有相当难度的,到目前为止,电动车辆上电池 SOC 的精确估算问题还没有得到完全解决。

目前,电池 SOC 预测的主要方法有电流积分法、开路电压法、电池内阻法、神经网络法和卡尔曼滤波法。

1)电流积分法

电流积分法是最常用的 SOC 预测方法。该方法的思路是通过对电池工作电流进行时间积分,获得电池每一轮充电或放电得到或放出的电量,确定电池 SOC 的变化。假定起始电量状态为 SOC_0,电池额定容量为 C_N,电池电流为 I,充放电效率为 η,实时的 SOC 为

$$SOC = SOC_0 - \frac{\eta}{C_N}\int_0^t I \mathrm{d}t \qquad (4-22)$$

电流积分法将电池看作黑箱,不考虑电池内部结构、状态等方面的变化,因而该方法简单、方便实施。但是,电流积分法也存在以下问题:一是方法本身无法给出电池的初始 SOC;二是若电流测量精度不高,那么随着时间的推移,SOC 累计误差将会不断加大,影响 SOC 的计算精度;三是要考虑充放电效率。

要解决多次积分的 SOC 误差积累问题,必须采取校正措施,目前大多利用电池组电压来校正累积误差。当电池组放电到放电终止电压时,此时无论 SOC 多大其值都重置为 0,这样可以避免长时间积分的累积误差。电流误差问题可通过装备高性能电流传感器来解决。解决充放电效率问题的方法是通过大量实验数据来建立充放电效率经验公式。

电流积分法适用于所有类型电池 SOC 的预测,若能保证电流测量的准确性,建立足够精确的充放电效率模型,该方法是一种简单、可靠的 SOC 计算方法。

2) 开路电压法

开路电压法是最简单的 SOC 预测方法，主要根据电池开路电压与电池 SOC 的关系来预测 SOC 值。由电池的工作特性可知，随着电池 SOC 的增加，电池的开路电压随之增加。因此，可以根据在一定的充放电倍率下电池的开路电压和 SOC 的关系曲线，通过测量开路电压的大小，插值得到电池 SOC 值。

铅酸电池的开路电压与 SOC 具备近似的线性关系，因此测量开路电压可以比较准确地估算电池 SOC。镍氢电池和锂离子电池的开路电压和 SOC 的线性度不如铅酸电池，但其对应关系也可以用于估计 SOC，并且在充电的初期和末期的效果较好。

开路电压法需要事先经过试验得到电池开路电压和 SOC 的关系，试验时，需先将电池充分静置，然后测取电池开路电压值，建立开路电压和 SOC 间的关系。预测 SOC 时，测量出电池开路电压后，再利用开路电压和 SOC 的关系计算出 SOC。开路电压和 SOC 的关系测量准确度对估算结果影响较大，因此测量要求较为严格。测量时需要注意电池静置时间、静置前的充放电状态及温度等因素。

开路电压法简单、易于实现，但也存在显著的缺点。电池静置时间要求若干小时以达到电压稳定，这给测量带来了困难，所以该法单独使用时不适用于电池的在线实时检测，只适用于驻车状态。由于开路电压法在充电初期和末期估算准确度高，常将开路电压法与电流积分法联合使用，以得到更好的估算结果。

3) 电池内阻法

电池内阻可分为交流内阻（也称交流阻抗）和直流内阻两类，它们都与 SOC 存在一定关系。电池交流阻抗为电池电压与电流之间的传递函数，是一个复数变量，表示电池对交流电的反抗能力，要用交流阻抗仪来测量。电池交流阻抗受温度影响大，并且交流阻抗的测量时机目前仍存在争议，使得交流阻抗与 SOC 的关系不稳定，所以很少在实际中应用。

直流内阻表示电池对直流电的反抗能力，等于在同一很短的时间段内，电池电压变化量与电流变化量的比值。实际测量中，将电池从开路状态开始恒流充电或放电，相同时间里负载电压和开路电压的差值除以电流值就是直流内阻。铅酸电池在放电后期，直流内阻明显增大，可用来估计电池 SOC；镍氢电池和锂离子电池的直流内阻变化规律与铅酸电池不同，应用较少。

直流内阻的大小受计算时间段影响，若时间段短于 10ms，只有欧姆内阻能够检测到；若时间段较长，内阻将变得复杂。准确测量电池单体内阻比较困难，这是直流内阻法的缺点。内阻法适用于放电后期电池 SOC 的估计，可与电流积分法组合使用。

4) 神经网络法

电池是一个高度非线性的系统，它的充放电过程受电池自身和外界诸多因素的影响，因此很难建立准确的数学模型来处理相关问题。神经网络法是解决非线性系统相关问题的一个有效工具。神经网络法不需要建立数学模型，通过模拟人脑的推理、判断等智能思维，经过一段时间的学习，从系统的输入输出样本得到系统的输入输出关系。神经网络法具有分布并行处理、非线性映射和自适应学习等特性，可用于模拟电池动态特性以估算 SOC。

神经网络法预测 SOC 一般采用输入层、中间层、输出层的三层神经网络结构，输入层和输出层的神经元个数由实际需要来决定，中间层所具有的神经元个数取决于问题的复杂度和要求的 SOC 精度。神经网络输出层输出的变量为 SOC，输入层输入的变量可以为电池的电压、电流、内阻、电池温度、环境温度等。输入变量的数量及其组合是否合适，直接影响计算的计算量和精度。

神经网络法适用于所有类型的电池，但是此方法需要大量参考数据供神经网络进行学习，训练数据和训练方法要合适，否则得不到满意的预测精度。

5）卡尔曼滤波法

卡尔曼滤波法应用于预测 SOC 时，电池被看成一个动态系统，并将电池的非线性状态空间模型线性化，电池的 SOC 作为系统状态变量，通过观测变量值来更新 SOC 值。卡尔曼滤波法是基于电流积分法的，并采用开路电压法对电池的初始容量进行估计。该法把其他对蓄电池容量的影响因素作为系统噪声，采用卡尔曼滤波最小方差估计最优化递推算法，在有测量噪声环境中对蓄电池的 SOC 进行实时滤波与估计，使电流积分法在一个大范围内有较高的精度。该方法的核心是一套递归方程，方程包含 SOC 估计值和由协方差矩阵给出的估计误差，协方差矩阵用于给出估计误差范围。卡尔曼滤波法电池模型的一般数学形式如下。

状态方程：
$$x_{k+1} = A_k x_k + B_k u_k + w_k = f(x_k, u_k) + w_k \tag{4-23}$$

观测方程：
$$y_k = c_k x_k + v_k = g(x_k, u_k) + v_k \tag{4-24}$$

式中，u_k 为输入变量，通常为电池电流、温度、剩余容量和内阻等变量，y_k 为输出变量；通常为电池的工作电压；x_k 表示系统状态变量，SOC 包括在内；$f(x_k, u_k)$ 和 $g(x_k, u_k)$ 都是由电池模型确定的非线性方程，使用时需要将其线性化；w_k 和 u_k 为互不相关的系统噪声，它们是由传感器误差及系统建模和不确定性因素造成的误差。

卡尔曼滤波法不仅可给出 SOC 估计值，还可以给出估计误差。该法凭借出色的纠正误差能力，适用于各类电池，尤其适合于电流波动剧烈的混合动力汽车电池 SOC 的预测。该估算法的缺点在于对模型的准确性和系统的计算能力要求较高，需求的 SOC 精度越高，电池模型越复杂，计算量急剧增加。

3. 电池的热管理

车用动力电池组是由很多个电池单体通过串并联组成的，电池单体都紧密地布置，在进行充放电时，各电池单体所产生的热量如果不能及时散发，将使电池组温度过高或温度不均匀，造成电池使用寿命缩短、电池性能降低，以及各电池模块性能的不均衡。因此，车用动力电池必须设置一个有效的热管理系统。电池热管理系统有如下功能：电池温度的测量和监控；电池组温度过高时可有效散热和通风；低温条件下的快速加热，使电池组能够正常工作；有害气体产生时的有效通风；保证电池组温度的均匀分布。

1）电池组的冷却

电池组冷却按照能量提供的来源分为被动式冷却和主动式冷却。只利用周围环境冷却的方式为被动式冷却；主动式冷却组装在系统内部，能够在低温情况下提供热源或在高温下提供冷源，主动元件包括蒸发器、加热芯、电加热器或燃料加热器等。按照传质的不同，电池组冷却可分为空气强制对流冷却、液体冷却、相变材料（Phase Change Material，PCM）冷却、空调制冷、热管冷却等。

(1) 空气冷却。空气冷却是利用空气作为冷却介质对电池组进行冷却。按照是否使用风扇，空气冷却分为自然冷却和强制冷却方式。自然冷却的冷却效果比较差。强制冷却通过风扇将电池的热量带走，需尽可能增加电池间的散热片、散热槽及距离，电池的封装安装位置及散热面积需要重点设计。按照冷却系统所采用的结构不同，空气冷却分为串行和并行冷却。图 4.45(a)是串行式冷却，空气从电池组的一侧吹入，从另一侧吹出，容易造成电池包散热不均匀；图 4.45(b)是并行式冷却，空气从电池组底部吹入，从上部吹出，几乎相同的空气量流过各个电池模块的表面，能够使电池包散热均匀。

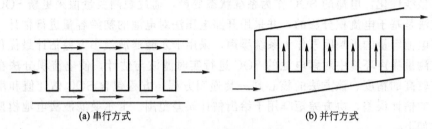

(a) 串行方式　　　　　　　　　　　　(b) 并行方式

图 4.45　电池组空气冷却

然而在高温环境下，即使强制冷却也无法将电池组的最高温度控制在安全范围内。这时可以采用主动热管理系统，在空气充入电池之前，先通过冷却装置对空气进行冷却，经过冷却的空气能够有效地控制电池的温度。

(2) 液体冷却。空气冷却结构简单、成本低，但冷却效果有限。与空气相比，液体具有高的热容量和导热系数，在相同体积和流速下，液体冷却效果明显比空气好。液体冷却通过液体与外界空气进行热交换把电池组产生的热量送出，在模块间布置管线或围绕模块布置夹套，或者把模块沉浸在电介质的液体中。如果液体与模块间采用传热管、夹套等，传热介质可以采用水、乙二醇、油，甚至制冷剂。如果电池模块沉浸在电介质传热液体中，必须采用绝缘措施防止短路。传热介质和电池模块壁之间进行传热的速率主要取决于液体的热导率、黏度密度和流动速率。

采用液体冷却必须考虑电池的密封绝缘、比能量降低及成本等问题。

(3) 相变材料冷却。就鼓风机、排风扇、泵管道等附件而言，空气冷却和液体冷却使得整个系统笨重、复杂。PCM 以其无毒、不易燃、储热能力强、成本低以及应用方便等优点，逐步应用于动力电池热管理系统。相变冷却机理是靠相变材料的熔化（凝固）潜热来工作，利用 PCM 作为电池热管理系统时，把电池组浸在 PCM 中，吸收电池放出的热量而使温度迅速降低，热量以相变热的形式储存在 PCM 中，在充电或很冷的环境下工作时释放出来。在寒冷的条件下，储存在 PCM 的部分潜热会传递到周围空间，如果电池温度下降到 PCM 熔点以下时，PCM 储存的热量就会传递到电池模块，对于电池在低温下的工作是有利的。

(4) 热管冷却。热管是利用相变来传热的一种热管理系统。它是一种密封结构的空心管，一端是蒸发端，一端是冷凝端。冷却电池的原理是：当热管的一端吸收电池产生的热量时，毛细芯中的液体蒸发汽化，蒸气在压差之下流向另一端放出热量并凝结成液体，液体再沿多孔材料依靠毛细作用流回蒸发端，如此循环，电池发热量得以沿热管迅速传递。热管可按照所需冷却物体的温度进行单独设计。

(5) 空调制冷。空调制冷方式冷却电池包可以使用装载在整车上的空调系统，是通过空调压缩机进行制冷，通过水冷器将水中的热量（来自于电池组）带走，并通过空调冷凝器将热量散发出去。当压缩机开始工作时,压缩空调制冷剂,压缩过的制冷剂流入冷凝器中,经冷却后复原为液态,将压缩机传给制冷剂的热量散发到空调系统外,液态的制冷剂流到水冷器中再行蒸发,所需的蒸发热从冷却水中吸收,因此冷却了冷却水,气态的制冷剂重新流回空调压缩机。电池组的冷却可以采用水冷和风冷两种方式。当采用水冷时,经空调系统冷却后的水流到电池组进行热交换,吸收电池组的能量。当采用风冷时,周围空气由冷却水经过热交换器降温后变成冷气,再用风扇吹入电池。

2) 电池组的加热

当电池处于低温放电时,电池内阻大大增加,电解液的活性物质不能充分利用,电池电压下降很快,放电量也将大大下降。此时,必须对电池组进行加热升温保证其工作性能。

按照加热位置,电池组加热分为内部加热法和外部加热法。内部加热法采用交流电直接对电池的电解液进行加热。与内部加热法相比,外部加热更安全、更容易实现,但能量损失大、加热时间长。外部加热法可分为加热板加热、加热套加热和珀耳贴效应热泵加热。

加热板加热指在电池组顶部或底部添加电加热板,对电池加热时,将加热板通电,加热板的一部分热量通过热传导的方式直接传给电池,还有一部分通过周围被加热的空气以对流方式对电池进行加热。加热板所需的电能由电池组本身提供。

加热套加热指每个电池单体加上一个加热套,加热套由电阻材料制成。这种加热方式可以使电池单体受热均匀,能量损失比较少,加热时间相对比较短,但是,在高温环境中,加热套会造成电池散热困难。

珀耳贴效应是指电流流过两种不同导体的界面时,从外界吸收热量,或向外界放出热量,通过改变电流的方向,可以实现加热和制冷两种功能,加热和制冷强度通过电流大小进行精确控制。珀耳贴效应热泵加热具有结构简单、温度控制精度高、能耗低等优点,不仅可对电池进行加热和冷却,而且具有替代汽车空调的潜力。

思考题

1. 如何对纯电动汽车进行分类?简述纯电动汽车的组成。
2. 简述纯电动汽车驱动系统的布置形式与特点。
3. 纯电动汽车各动力部件有哪些主要参数?设计时是如何确定的?
4. 简述纯电动汽车的充电模式与特点。
5. 充电桩有哪些类型?布置充电桩应考虑哪些因素?
6. 充电站的布置和选址有哪些要求?
7. 如何制订纯电动汽车再生制动的控制策略?
8. 电池管理系统如何预测电池 SOC?

第 5 章
混合动力汽车

本章教学目标

通过本章的学习，要求了解混合动力汽车的分类与特点，掌握串联式、并联式、混联式混合动力汽车的原理、工作模式和控制策略，对插电式混合动力汽车的结构和工作模式也要有较深的认识，掌握混合动力汽车动力系统设计方法。

本章教学要点

知识要点	能力要求	相关知识
混合动力汽车	了解混合动力汽车的定义； 了解混合动力汽车的分类与特点	混合动力汽车的混合度； 混合动力汽车的动力系统结构
串联式混合动力汽车	掌握串联式混合动力汽车原理和工作模式； 掌握串联式混合动力汽车的控制策略	发动机开关式控制策略； 发动机功率跟随式控制策略
并联式混合动力汽车	掌握并联式混合动力汽车原理和工作模式； 掌握并联式混合动力汽车的动力合成方式； 掌握并联式混合动力汽车的控制策略	动力的转矩合成、转速合成； 单轴式、双轴式、分路式结构； 电机辅助驱动控制策略
混联式混合动力汽车	掌握混联式混合动力汽车原理和工作模式； 掌握混联式混合动力汽车控制策略	发动机的动力分配； 混联式混合动力汽车的动力控制
插电式混合动力汽车	了解插电式混合动力汽车的特点； 掌握插电式混合动力汽车的结构与工作模式	纯电动里程； 增程式电动汽车
混合动力汽车动力系统设计	掌握混合动力汽车动力系统设计方法	混合动力汽车动力系统优化匹配

> 图 5.1 是一辆燃油汽车在城市和公路循环工况的燃油化学能和汽车各种能量消耗的平衡图。由图可知,燃油汽车的能量效率除了与行驶阻力、发动机效率及传动系统效率有关之外,还与停车怠速油耗、汽车附件(空调等)消耗及制动能量损耗有关。在城市循环工况中,后 3 个因素消耗的能量总计达燃油化学能的 25.2%。传统结构的燃油汽车在这些方面尚未找到突破性的提高燃油经济性的措施。采用混合动力结构是解决以上问题的一个有效途径。那么,混合动力汽车节能机理是什么?混合动力系统有哪些类型?它们的结构形式和工作模式是怎样的?本章的学习内容将回答这些问题。

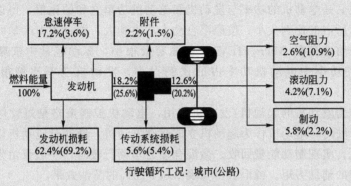

图 5.1 燃油轿车行驶的能量平衡

5.1 混合动力汽车概述

5.1.1 混合动力汽车定义与类型

1. 混合动力汽车定义

能量与动力的传递同时具有以下特点的车辆定义为混合动力电动汽车(Hybrid Electric Vehicle,HEV),通常简称为混合动力汽车。

(1) 传递到驱动轮来推进车辆的能量至少来自两种不同的能量转换装置(如内燃机、燃气涡轮机、斯特林发动机、液压马达、电动机等),这其中有一个为电动机。

(2) 这些能量转换装置可从至少两种能量储能装置(如油箱、蓄电池、超级电容、飞轮、储氢罐等)获取输入能量,其中至少有一种能量储能装置提供的是电能。

(3) 能量储能装置也可以吸收电能。

应注意的是,传统车辆的内燃机也配有一个由蓄电池供电的起动电动机,但不能将其称为混合动力汽车,这是因为起动电动机只是起到起动发动机的作用,并不能提供驱动力,而且它的功率比内燃机功率小得多。

目前,最常见的混合动力汽车是同时带有内燃机和电动机两种能量转换装置的车辆,俗称"油-电混合动力汽车"。这类车辆的储能装置其中一个是汽油或者柴油燃油箱,为汽油机或柴油机提供能量,另一个是能够充电的储能装置,可以是蓄电池、超级电容、飞轮储能装置等,它们为电动机提供电能来推动车辆,在必要时还可以吸收发动机多余能量和制动能量转换过来的电能。

2. 混合动力汽车分类

混合动力汽车有多种动力部件,它们可进行不同的组合配置,应用于各种使用场合满足不同的用途。因此,混合动力汽车是各式各样的,为了更好地研究和使用,有必要对它们进行合理分类。混合动力汽车可以有多种方法进行分类。

1) 按混合度分类

混合度的定义是电动机的功率与发动机和电动机功率之和的比值,可以反映在整个驱动动力中电驱动所占的比例大小。按照混合动力从小到大,混合动力汽车可分为:

(1) 微混合动力汽车(Micro HEV):电池容量很小,驱动能量中依靠电池的比例极小。车辆的行驶功率中电动机功率占的比例很小,发动机功率比例很大,混合度小于10%。

电动机仅作为发动机的起动机/发电机使用,电动机控制策略是短暂停车时发动机熄火,当车辆再行驶时,电动机作为起动机立即起动发动机;制动时电动机以发电机模式发电,向电池充电,实现制动能量回收。微混合动力车辆行驶时,一般仅由发动机驱动,电动机不提供行驶的辅助力矩。微混合可实现5%~15%的节油效果。

(2) 轻度混合动力汽车(Mild HEV):电池容量较大,驱动能量中依靠电池的比例较大。与微混合系统相比,车辆的行驶功率中电动机功率占的比例增大,发动机功率的比例减小,混合度一般大于10%。

与微混合相比,轻度混合的电动机可以辅助发动机驱动,但不能单独驱动车辆,具有制动能量回收、起动发动机等功能。轻度混合可实现20%~25%的节油效果。本田Insight和Civic Hybrids是典型的轻度混合动力汽车。

(3) 全混合动力汽车(Full HEV):也称为重度混合动力汽车。电池容量大,驱动能量中依靠电池的比例大。车辆的行驶功率中电动机功率占的比例大,发动机功率的比例减小,混合度一般大于30%。

电动机和发动机可以各自独立或共同驱动车辆。在低速、起步和倒车等情况下,车辆可全电动行驶,加速时电动机和发动机共同驱动,有制动能量回收能力,可实现节油50%~56%。丰田Prius、福特混合动力Escape为典型全混合动力汽车。

各种混合度车辆的比较见表5-1。

表5-1 各种混合度车辆的比较

	起动机功能	发电机功能	制动能量回收	辅助驱动	纯电动里程
微混合动力	有	有	有	一般无	无
轻度混合动力	有	有	有	有	无或极短
全混合动力	有	有	有	有	有

2)按动力系统布置分类

按照这种分类方法,混合动力汽车可以分为如下几种。

(1)串联式混合动力汽车(Series HEV):车辆驱动系统的驱动力只来源于电动机的混合动力汽车称为串联式混合动力汽车。其典型结构特点是发动机带动发电机发电,电能通过功率变换器输送给电动机,由电动机驱动车辆行驶。动力电池也可以单独向电动机供电能驱动车辆行驶。另外,发电机和电池也可以共同向电动机提供电能驱动车辆。

(2)并联式混合动力汽车(Parallel HEV):车辆驱动系统的驱动力由发动机及电动机单独或共同提供的混合动力汽车称为并联式混合动力汽车。其典型结构特点是发动机和电动机都和驱动轮有机械连接,即各有独立的动力传动路线,车辆可以单独使用发动机或电动机作为动力源,也可以同时使用发动机和电动机作为动力源驱动车辆行驶。

(3)混联式混合动力汽车(Combined HEV):具备串联式和并联式两种混合动力系统结构的混合动力汽车称为混联式混合动力汽车。其结构特点是可以在串联式模式下工作,也可以在并联式模式下工作,兼有串联式和并联式两种混合动力系统的结构特点。

3)按外接充电能力分类

按照这种分类方法,可以分为插电式混合动力汽车(Plug-in HEV)和非插电式混合动力汽车。

在正常情况下可以从非车载装置中获取电能的混合动力汽车称为插电式混合动力汽车。应注意的是,仅用作储能装置的不定期电量调节或维护目的非用作常规的车外电能补充,即使有车外充电能力,也不认为是插电式混合动力汽车。

非插电式混合动力汽车是在正常情况下只能从燃料获取能量的混合动力汽车。

另外,混合动力汽车还可以按照储能装置、驱动装置、技术特征、燃料类型、功能结构和车辆用途等其他方法进行分类。

5.1.2 混合动力汽车特点

混合动力汽车的节油方式如下。

(1)大大减少甚至消除了发动机急速,短暂停车时可关闭发动机,再行驶时利用电动机迅速地重起发动机。

(2)制动时可利用电动机的发电机模式来回收制动能,而传统汽车的机械制动中这些能量转化为热量散发。

(3)设计时,混合动力汽车发动机功率可选得比传统汽车小,发动机设置在高效率区稳定工作,加速、爬坡的峰值功率由电动机提供。

与纯电动汽车相比,混合动力汽车具有以下优点。

(1)电池的容量减小,使整车自重减小,成本有所降低。

(2)续驶里程和动力性可达到内燃机汽车的水平。

(3)不需要建设庞大的充电设施,不需要每天充电维护。

与传统内燃机汽车相比,混合动力汽车具有以下优点。

(1)可使发动机在最佳的工作区域稳定运行,降低发动机的油耗、排放污染和噪声。

(2)可实现纯电动模式,在居民区、市中心等人员密集的地区,关闭发动机,实现零排放。

（3）通过电动机回收制动时的能量，提高能量利用率，进一步降低汽车的能量消耗和排放污染。

总之，与纯电动汽车和传统内燃机汽车相比，混合动力汽车综合了它们的优点，避免了它们的缺点，是目前唯一一种实现了大规模生产的新型汽车。表5-2为电动汽车、燃料电池汽车、混合动力汽车和内燃机汽车性能的比较。

表5-2 各类车辆性能的比较

性能	混合动力汽车	电动汽车	内燃机汽车	燃料电池汽车
续驶里程	长	短	长	较长
能量转换效率	较高	高	低	高
高效工况区范围	较宽	宽	窄	宽
尾气排放	少量	无	多	无
能量来源	较广	广	窄	较窄
有无再生制动	有	有	无	有

5.2 串联式混合动力汽车

5.2.1 串联式混合动力汽车原理和工作模式

串联式混合动力汽车动力系统主要由发动机、发电机、电池、电动机、功率变换器和机械传动装置等组成，结构布置如图5.2所示。发动机带动发电机发电，且两者通常组合在一起称为辅助动力单元（Auxiliary Power Unit，APU）。APU输出的电能可通过功率变换器为电池充电，也可以供给电动机驱动车辆。另外，电池也可以放电向电动机提供驱动功率。电动机是驱动串联式混合动力汽车的唯一动力装置，而发动机与驱动轮无机械连接，发动机的运行工况可以设置成与车辆行驶工况脱离关系。

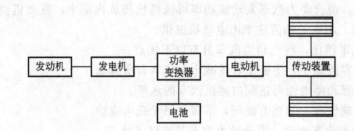

图5.2 串联式混合动力汽车动力系统结构

根据车辆行驶工况的不同，串联式混合动力汽车可以有多种工作模式，具体见表5-3。

表 5-3 串联式混合动力汽车工作模式

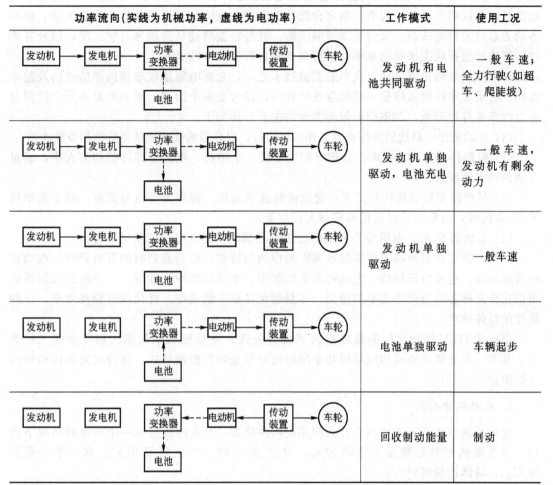

功率流向(实线为机械功率,虚线为电功率)	工作模式	使用工况
	发动机和电池共同驱动	一般车速;全力行驶(如超车、爬陡坡)
	发动机单独驱动,电池充电	一般车速,发动机有剩余动力
	发动机单独驱动	一般车速
	电池单独驱动	车辆起步
	回收制动能量	制动

串联式混合动力汽车优点如下。

(1) 适合于在城市运行。车辆在城市运行时,需要频繁起步、停车、加速和低速运行,在这些工况下,传统燃油汽车发动机的油耗高、排放性能差,而串联式混合动力汽车的发动机受行驶工况影响小或者不受影响,可工作于稳定、高效的最佳工况区域。

(2) 发动机/发电机组与机械传动装置无机械连接,布置较灵活。

(3) 结构和工作原理比较简单,系统的设计和实现难度相对较低。

串联式混合动力汽车缺点如下。

(1) 能量转换、传输环节多,能量转换效率比较低。

(2) 电动机的额定功率要求比较大,相应体积和质量也较大,这是因为电动机是唯一直接驱动车辆的动力装置,需要满足最高车速、加速、爬坡等所有工况的功率要求。

5.2.2 串联式混合动力汽车的功率控制策略

混合动力汽车与传统车辆相比最大的特点是有多个能量源,车辆运行时能量流动具有多个方向。混合动力汽车的高效率驱动需要合理地分配这些能量流。混合动力汽车的能量管理,就是控制车辆行驶过程中不同工况中各动力部件(发动机、电动机、电池、传动装置等)的能量流的大小和流向。能量管理策略包括功率控制策略、传动装置控制策略和制动能量回收策略三部分。其中,制定合适的功率控制策略及其逻辑是优化能量流动、协调各动力总成运行的核心。所谓功率控制策略,就是根据驾驶员意图和行驶工况,以及各部件的特性和运行状态来确定车辆的运行模式和各部件功率的大小。

功率控制策略是混合动力汽车的关键技术之一,它影响能量在车辆内部的流动及整车性能。制定功率控制策略是一项综合性的任务,需考虑多个因素,不同类型和大小的混合动力汽车各有所侧重,功率控制策略实现的主要目标如下。

(1) 发动机位于最优的工作点或工作区域运行,以获得最佳的燃油经济性和排放性能。

(2) 根据行驶工况的要求,合理分配发动机、电动机、电池等部件的功率大小,满足车辆的动力性要求。

(3) 尽量稳定发动机运行工况,避免低转速下运行,提高发动机负荷率,减少发动机的开/关次数,避免起动时的低效率和大排放量。

(4) 电池的SOC、电压等参数维持在正常范围内,延长电池的使用寿命。

另外,制定控制策略需要掌握各部件的性能与特性,包括发动机的万有特性、电动机的转矩特性、电池电压特性、电池的充放电效率、电动机效率特性等。一个好的控制策略可以充分发挥各动力部件效率的潜力,尽量避免各部件低效率,优化混合驱动效率,达到最佳的整体效率。

串联式HEV的功率控制策略有发动机开关式、发动机功率跟随式和复合式三种类型。其中,发动机开关式和发动机功率跟随式分别是两种极端模式,复合式则是这两种模式的组合。

1. 发动机开关式

这种控制策略下,发动机有开启和关闭两种状态,开启时固定在一个转速和功率下运行。该策略的控制参数是电池的SOC,设定SOC的一个上限值SOC_{max}和一个下限值SOC_{min},具体控制规则为:

(1) 发动机开启时,设置在经济点稳定地运行,带动发电机发电仅向电池充电。

(2) 当电池SOC超过SOC_{max}时,发动机关闭,电池放电,单独向电动机提供电能。

(3) 当电池SOC小于SOC_{min}时,发动机开启,带动发电机向电池充电。

这种控制策略的优点是发动机处于经济点稳定运行,燃烧充分,排放低。缺点是动力的传递要经过发动机、发电机、电池充放电、电动机、机械传动系统等,传递环节多,特别是目前电池充放电循环效率较低,所以整个动力传递系统效率较低,油耗偏高。

2. 发动机功率跟随式

该控制策略的控制参数是车辆所需的行驶功率,控制规则为:

(1) 发动机一直开启,它的功率跟随着电机的功率变化而变化。

(2) 设定一发动机功率下限值,当行驶所需功率低于该值时,发动机以下限值功率带动发电机发电,发出的电功率主要满足行驶功率的要求,多余功率向电池充电。

(3) 当行驶功率很大,发动机最大输出功率不能满足驱动要求时,电池放电输出电能补充,两者共同带动电机驱动。

发动机功率跟随式策略的特点是尽量利用发电机发出的电能驱动电动机而少用电池,以减少动力传递环节,避免电池低充放电循环效率对整体效率的不良影响。设置发动机功率下限的目的是避免发动机在低负荷工况下极高的油耗率。该策略如果发动机匹配合理,使其运行于经济区域,可获得良好的燃油经济性。发动机功率跟随式的缺点是发动机工况不断变化,排放不如发动机开关式。

3. 复合式

为了综合开关式策略的低排放和跟随式策略的低油耗的优点,可采用将两者结合起来的方案,即复合式控制策略,该策略的控制参数为 SOC 和需求行驶功率两个,具体控制规则见表 5-4。

表 5-4 串联式混合动力汽车复合式控制策略

	$SOC \leqslant SOC_{min}$	$SOC_{min} < SOC < SOC_{max}$	$SOC \geqslant SOC_{max}$
$P_r \leqslant P_{e0}$	APU 以下限功率运行向电动机供电,多余功率给电池充电 $P_e = P_{e0} = P_r + P_{bc}$	APU 以下限功率运行向电动机供电,多余功率给电池充电 $P_e = P_r + P_{bc}$ 电池单独供电,APU 关闭 $P_{bd} = P_r$ $P_e = 0$	电池单独供电,APU 关闭 $P_{bd} = P_r$ $P_e = 0$
$P_{e0} < P_r < P_{emax}$	APU 除了提供行驶功率,还向电池充电 $P_e = P_r + P_{bc}$	APU 除了提供行驶功率,还向电池充电 $P_e = P_r + P_{bc}$ APU 只提供行驶功率 $P_e = P_r$ $P_{bc} = 0$	电池单独供电,APU 关闭 $P_{bd} = P_r$ $P_e = 0$
$P_r \geqslant P_{emax}$	应避免出现此状况	APU 以最大功率运行,不足功率由电池放电提供 $P_e = P_{emax}$ $P_{bd} = P_r - P_{emax}$	APU 以最大功率运行,不足功率由电池放电提供。 $P_e = P_{emax}$ $P_{bd} = P_r - P_{emax}$

注:P_r 为需求行驶功率;P_{e0} 为 APU 下限功率;P_{emax} 为 APU 最大功率;P_{bc} 为电池充电功率;P_{bd} 为电池放电功率。

复合式控制策略是发动机开关式和发动机功率跟随式两种极端模式的组合,具有可同时满足低排放和低油耗性能的潜力。实际上,复合式控制策略在两种极端模式之间存在着最优点,在该点发动机和电池合理分担行驶功率,发动机和电池混合驱动效率最高。优化点的位置取决于发动机经济区的大小和电池的充放电效率。若发动机经济区扩大或电池效率降低,优化点向功率跟随式策略移动;反之,发动机经济区变窄或电池效率升高,优化点靠近开关式策略。

5.2.3 串联式混合动力汽车示例

丰田 Coaster 混合动力客车(图 5.3)采用串联式结构,在 Coaster 燃油车型基础开发而来。该车可以装载 25 名乘员,一次加油的续驶里程为 400~500km,所排放的 HC 和 NO_x 比燃油汽车低 90%,CO 比燃油汽车低 66%。

Coaster 混合动力客车的系统结构如图 5.4 所示,发动机/发电机组装在汽车的前部,发动机与发电机用一个增速器互相连接。发动机为 1.496L 直喷式汽油发动机。发动机可保持在最佳状态下运转，由于转速比较低且运转平稳，因此有害废气排放量大大减少，噪声也较低。电池组采用密封式铅酸电池，驱动电动机为 70kW 的交流感应电动机。电动机经过减速器增加转矩以驱动后轮。电池组的电能可经过逆变器传送到电动机。发动机/发电机组所发出的电能，可经过变频器输送到电动机，也可以输入到电池组中。在市郊行驶时，发动机/发电机组发电供应电动机，并向电池组充电，增加车辆的续驶里程。在城区行驶时，发动机/发电机组可停止工作，依靠电池组的电能驱动，实现零排放。在制动时，该车还可实现制动能量回收。

图 5.3 Coaster 混合动力客车

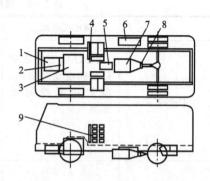

图 5.4 Coaster 混合动力客车的系统结构

1—发电机；2—增速器；3—发动机；4—整流器；5—中央控制器；6—逆变器；7—驱动电动机；8—减速器；9—电池组

Coaster 混合动力客车的技术和性能参数见表 5-5。

表 5-5 Coaster 混合动力客车的技术和性能参数

整车参数	长×宽×高	6990mm×2070mm×2580mm
	整备质量	3930kg
	乘员数	25 人
发动机	类型	DOHC 四缸汽油机
	排量	1.496L
	最大功率	36kW/3100r/min
	最大转矩	112N·m/3100r/min
电动机	类型	薄型无刷直流电动机
	最大功率	70kW/1650~4500r/min
	最大转矩	405N·m/0~1650r/min
减速器	传动比	15.1
电池	类型	铅酸电池
	容量	58A·h

5.3 并联式混合动力汽车

5.3.1 并联式混合动力汽车原理和工作模式

并联式混合动力汽车动力系统主要包括发动机、电池、电动机、动力合成装置、机械传动装置等部件,典型的系统布置如图 5.5 所示。发动机和电动机是车辆的两个动力源,都和驱动轮有机械连接,两者的动力通过动力合成装置合成。发动机一般是主动力源,具有独立驱动车辆的能力。电动机的主要功能是在必要时(如车辆起动、加速、爬坡等工况)通过动力合成装置辅助发动机驱动,对于电动机额定功率较大及电池数量较多的车辆,电动机具有单独

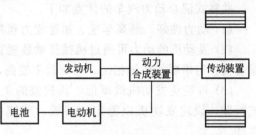

图 5.5 并联式混合动力汽车动力系统结构

驱动车辆的能力。在制动时,电动机以发电机模式工作,把车辆的动能转化成电能,存储于电池中。

并联式混合动力汽车有发动机和电动机两套驱动系统,两者的组合可以实现多种驱动方式,为适应复杂的车辆行驶工况的动力需求,并联式混合动力汽车的主要工作模式见表 5-6。

表 5-6 并联式混合动力汽车工作模式

功率流向(实线为机械功率,虚线为电功率)	工作模式	使用工况
发动机→动力合成装置→传动装置→车轮;电池--→电动机↑	电动机单独驱动,发动机关闭	车辆起步
发动机→动力合成装置→传动装置→车轮;电池←--电动机↑	发动机单独驱动,电池充电	一般车速,发动机有剩余动力
发动机→动力合成装置→传动装置→车轮;电池 电动机	发动机单独驱动,电动机关闭	一般车速
发动机→动力合成装置→传动装置→车轮;电池--→电动机↑	发动机和电动机共同驱动	一般车速;全力行驶(如超车、爬陡坡)

(续)

功率流向(实线为机械功率,虚线为电功率)	工作模式	使用工况
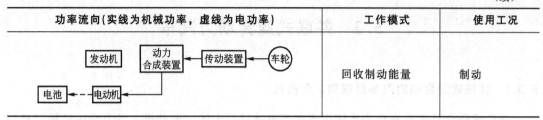	回收制动能量	制动

并联式混合动力汽车的优点如下。

(1) 动力性好,最高车速、加速能力和爬坡能力可做到与传统汽车相同。

(2) 发动机的动力可通过机械传动装置直接输出到驱动轮,中间没有机械能-电能的能量转换,与串联式布置相比,系统效率较高,更有利于获得好的燃油经济性。

(3) 可避免发动机效率低、排放差的工况,在车辆低速运行时,可以采用电驱动方式行驶,设定发动机以稳定、高效、节能的状态运行,获得很好的燃油经济性和环保性能。

(4) 行驶功率由发动机和电动机共同提供,在部件选型时,可以选择功率小一点的发动机和电动机。部件体积小,有利于在车上的安装和布置。

(5) 与串联式相比,电池的数量少,有利于电池的布置、整车质量的减小以及降低成本。

并联式混合动力汽车的缺点如下。

(1) 动力部件多,具有多种驱动组合和运行模式,虽然可以实现很好的控制效果,但使得控制系统的设计和实现难度较大。

(2) 两套驱动系统的动力合成需要动力耦合装置,另外,系统还配置有离合器、变速器、驱动桥等传动装置,整车的机械传动机构比较复杂,布置和控制较困难。

(3) 发动机与驱动轮有机械连接,运行工况受行驶工况的影响,当车辆在行驶工况频繁变化下运行时,发动机状态也不断变化,这对减少发动机排放是不利的。

5.3.2 并联式混合动力汽车的动力合成

1. 动力合成方式

在并联式混合动力结构中,发动机和电动机有时需要共同驱动车辆,这要求将两者的动力进行合成,动力合成的方式分为转矩合成和转速合成。

1) 转矩合成方式

转矩合成的特点是合成的转矩是发动机转矩和电动机转矩的线性组合,合成动力的输出转速、发动机转速、电机转速三者具有比例关系。在图 5.6 中,T_1、n_1 分别为发动机的输入转矩和转速,T_2、n_2 分别为电动机的输入转矩和转速,T_3、n_3 分别为动力合成后的输出转矩和转速,转矩合成时输入输出应该满足如下条件。

图 5.6 动力合成示意图

$$T_3 n_3 = T_1 n_1 + T_2 n_2 \tag{5-1}$$

$$T_3 = k_1 T_1 + k_2 T_2 \tag{5-2}$$

$$n_3 = n_1/k_1 = n_2/k_2 \tag{5-3}$$

式中，k_1、k_2 为与动力合成装置结构有关的常数。典型的转矩合成装置有圆柱齿轮传动结构、锥齿轮传动结构、带传动结构，此时 k_1、k_2 就是相应的齿轮副或带传动传动比。还有一种比较常见的结构是发动机和电动机转子同轴，此时 $k_1=k_2=1$。

2) 转速合成方式

转速合成方式的特点是合成的转速是发动机转速和电动机转速的线性组合，合成动力的输出转矩、发动机转矩、电动机转矩三者具有比例关系。转速合成时输入输出应该满足如下条件：

$$T_3 n_3 = T_1 n_1 + T_2 n_2 \tag{5-4}$$

$$n_3 = k_1 n_1 + k_2 n_2 \tag{5-5}$$

$$T_3 = T_1/k_1 = T_2/k_2 \tag{5-6}$$

最常用的转速合成装置是行星齿轮机构。行星齿轮机构包括中心轮、行星架、齿圈三个部件，当作为动力合成装置时，其中的两个部件分别和发动机与电动机相连，另外一个部件作为输出，连接方式可以有多种组合，可根据实际情况灵活选用。例如，在一个行星齿轮动力合成装置中，发动机和中心轮连接在一起，电动机和齿圈连接，行星架作为输出部件，z_1、z_2 分别为中心轮和齿圈齿数，令 $\alpha = z_2/z_1$，根据行星齿轮的传动关系，可以得到输入输出转矩转速的关系为

$$n_3 = \frac{1}{1+\alpha} n_1 + \frac{\alpha}{1+\alpha} n_2 \tag{5-7}$$

$$T_3 = \alpha T_1 = \frac{1+\alpha}{\alpha} T_2 \tag{5-8}$$

2. 动力合成的结构形式

并联式混合动力汽车按照动力合成的结构形式，分为单轴式结构、双轴式结构和分路式结构三种。

1) 单轴式结构

单轴式结构如图 5.7 所示，发动机的输出和电动机的转子同轴，合成的转矩等于发动机转矩和电动机转矩之和，因此属于转矩合成方式。另外，电动机转速和发动机转速相同，限制了电动机的工作区域，故需要合理选择匹配电动机的特性。

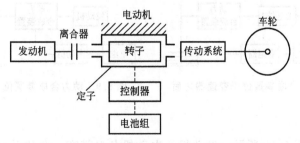

图 5.7 并联式混合动力汽车的单轴式结构

在发动机和电动机之间还设置一个离合器，根据需要可以中断或者结合发动机和电动

机及传动系统间的动力传递,具体工作方式有:在车辆起步时,离合器结合,电动机作为起动机工作带动发动机起动;正常运行时,发动机单独驱动,电动机不工作,此时离合器处于结合状态,如果发动机有多余动力,带动电动机以发电机模式工作,向电池充电;急加速或爬坡时,电池向电动机供电,此时发动机和电动机共同驱动以满足驱动要求;短暂停车时,发动机关闭以避免怠速工况;制动时,发动机关闭,离合器分离,车辆带动电动机以发电机模式工作,向电池充电,回收制动能量。

这种结构中的电机综合了起动机、辅助驱动电动机、发电机的功能,有利于发动机、电动机和变速器的一体化模块设计,使得动力传递总成体积小、质量轻,便于布置和节省空间,但电动机的功率一般不大,不能单独驱动车辆或者可单独驱动的里程很短,采用该结构的车辆属于轻度混合动力车型。

2) 双轴式结构

双轴式结构中,发动机和电动机的轴线位于两条不同的直线,两者的动力经过动力合成装置合成之后,再通过传动系统来驱动车辆。按照动力合成的位置不同,双轴式结构又分为两种,一种是动力合成发生在变速器之后,如图5.8所示,另一种是动力合成在变速器之前完成,如图5.9所示。

在动力合成装置位于变速器之后的结构中,发动机和电动机各有一套变速器,考虑到电动机的转矩特性,电动机变速器有时可以只设置较少挡位数或者取消。由于具有多个挡位的选择,发动机和电动机的转速比例关系是可调的,通过调节它们之间的转速关系,使发动机、电动机的工况调节更灵活。另外,两个变速器的多挡位和两种动力的合成可形成多种驱动力特性曲线。因此,这种结构可以为发动机和电动机处于最佳区域提供更大机会,可获得良好的车辆动力性和系统整体效率。缺点是换挡复杂,传动系统结构复杂,不利于在车辆上布置。

在动力合成装置位于变速器之前的结构中,发动机和电动机的动力在输出机器之后直接在动力合成装置中合成,之后通过同一个变速器,变速器能以相同的倍数提高发动机和电动机的转矩。相对于图5.8的结构,这种结构得到了简化。发动机和电动机的转速成比例关系,这就要求合理选择动力合成装置的传动比,使发动机、电动机都工作于各自合理区域,高效率地发挥出各自的动力优势。

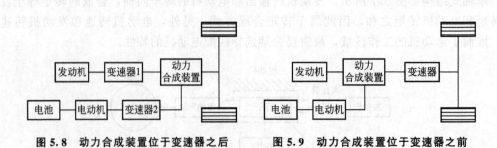

图5.8 动力合成装置位于变速器之后　　图5.9 动力合成装置位于变速器之前

3) 分路式结构

分路式结构如图5.10所示,发动机和电动机各自带有一套传动系统,分别驱动前轮或后轮,动力的合成是通过牵引力在路面的复合来完成的。汽车的牵引力由两个驱动轴承担,每一轴上承担的牵引力减少,不容易超出地面附着极限,车辆的通过性好。发动机和电动机的双动力使得车辆具有良好的动力性，同时，与传统的燃油四轮驱动汽车相比，可获得更低的油耗和排放。

这种结构的缺点是装备两套动力传动系统使得结构复杂、不紧凑，不适合于尺寸较小的车型，并且布置困难，占用较多空间，减小了乘员和行李的有效空间。

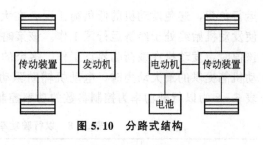

图 5.10 分路式结构

5.3.3 并联式混合动力汽车的功率控制策略

在设计一辆混合动力汽车的过程中，对各动力部件进行设计、匹配时，必须制订功率控制策略，这是实现混合动力汽车低油耗低排放目标的关键所在。并联式混合动力汽车功率控制策略的任务是在满足汽车各种工况的驱动要求的前提下，针对各部件的性能特性及汽车的行驶工况，根据电池 SOC、驾驶员加速踏板和制动踏板位置、车速和行驶功率等控制参数，按照一定的控制规律，确定发动机、电动机、电池等部件的工作模式并合理地分配它们承担的功率，使它们处于最佳的工作区域，达到最高的整车系统效率，获得整车最佳燃油经济性和最低排放。

并联式混合动力汽车功率控制策略主要包括电动机辅助驱动控制策略、实时控制策略和模糊逻辑控制策略三种。

1. 电动机辅助驱动控制策略

电动机辅助驱动控制策略也称为基于规则的控制策略。在这类控制策略中，发动机作为主动力源，电动机在必要时辅助发动机驱动，主要思想是：根据发动机的性能特性，以一个或多个变量作为控制参数，如车速、行驶功率需求、加速信号等，设定一定的控制规则，判断和确定动力部件的工作模式与功率大小，使车辆运行在高效区，提高汽车的燃油经济性。

1) 以车速为控制参数

这是并联式混合动力汽车最早采用的一种控制策略。设定一个临界车速，将实际车速大小与临界车速进行比较，并以比较结果作为控制依据。这种策略利用了电动机低速大转矩的特性，避免了发动机在低速时的低效率，当车速较高时发动机处于高效率区运行，此时采用发动机驱动可避免高速纯电动行驶时的电池快速放电损失。具体控制规则见表 5-7。

表 5-7 以车速为参数的功率控制策略

$v \leqslant v_0$	发动机关闭，电动机单独驱动 $P_m = P_r, P_e = 0$	
$v > v_0$	当 $SOC > SOC_{min}$	当 $SOC \leqslant SOC_{min}$
	发动机开启，电动机关闭 $P_e = P_r$ $P_m = 0$	发动机开启，除了提供行驶功率，还向电池充电。 $P_e = P_r + P_{bc}$

注：v_0 为临界车速；SOC_{min} 为设定的最小 SOC；P_r 为需求行驶功率；P_m 为电机功率；P_e 为发动机功率；P_{bc} 为电池充电功率。

2) 以行驶载荷为控制参数

此情形以行驶载荷作为控制参数（常用行驶功率或驱动转矩），其思想是均衡发动机的运行负荷，避免发动机的低负荷工况，在大行驶载荷时电动机辅助驱动减小发动机负荷，使发动机始终处于经济运行区工作。该策略设定一行驶载荷临界值，当实际行驶载荷低于该值时，发动机在载荷临界点工作，多余的动力用于给电池充电，当实际行驶载荷大于发动机能提供的最大动力时，电动机辅助驱动，车辆以发动机和电动机共同驱动模式运行。表 5-8 为以行驶功率为控制参数的功率控制策略。

表 5-8 以行驶功率为参数的功率控制策略

$P_r \leqslant P_{e0}$	发动机以下限功率运行，多余功率给电池充电 $P_e = P_{e0} = P_r + P_{bc}$
$P_{e0} < P_r < P_{emax}$	发动机单独驱动，电动机关闭 $P_e = P_r \quad P_m = 0$
$P_r \geqslant P_{emax}$	发动机以最大功率运行，不足功率由电动机提供 $P_e = P_{emax}$ $P_m = P_r - P_{emax}$

注：P_r 为需求行驶功率；P_{e0} 为设置的发动机下限功率；P_{emax} 为发动机最大功率；P_e 为发动机功率；P_m 为电动机功率；P_{bc} 为电池充电功率。

3）多控制参数

单变量控制策略简单且易于执行，但能实现的混合动力系统工作模式较少，不能保证各部件的良好匹配，无法获得整车系统的最大效率。为了实现更多的系统工作模式，需要采用多变量作为控制策略的控制参数。在多参数控制策略中，各参数被划分成多个区间，这些区间进行组合可将车辆的运行划分成较多的子状态，有利于实现更多的车辆工作模式。表 5-9 为以车速、行驶功率和电池 SOC 为控制参数的并联式混合动力汽车功率控制策略。

表 5-9 多参数功率控制策略

	$v \leqslant v_0$	$v > v_0$	
$P_r \leqslant P_{e0}$	发动机关闭，电动机单独驱动 $P_m = P_r$ $P_e = 0$	发动机以下限功率运行，多余功率给电池充电 $P_e = P_{e0} = P_r + P_{bc}$	
$P_{e0} < P_r < P_{emax}$	发动机关闭，电动机单独驱动 $P_m = P_r$ $P_e = 0$	当 $SOC > SOC_{min}$ 发动机开启，电动机关闭 $P_e = P_r$ $P_m = 0$	当 $SOC \leqslant SOC_{min}$ 发动机开启，除了提供行驶功率，还向电池充电 $P_e = P_r + P_{bc}$
$P_r \geqslant P_{emax}$	发动机关闭，电动机单独驱动 $P_m = P_r$ $P_e = 0$	发动机以最大功率运行，不足功率由电动机提供 $P_e = P_{emax}$ $P_m = P_r - P_{emax}$	

注：v_0 为临界车速；SOC_{min} 为设定的最小 SOC；P_r 为需求行驶功率；P_{e0} 为设置的发动机下限功率；P_{emax} 为发动机最大功率；P_e 为发动机功率；P_m 为电动机功率；P_{bc} 为电池充电功率。

基于规则的电动机辅助驱动控制策略虽然算法简单且容易实现，但是属于静态控制策略，没有考虑各部件的动态特性，而且只考虑发动机的燃油经济性，不考虑发动机排放。

另外，没有针对实时的电池状态来考虑充电力度的问题，而无节制的电池放电或利用制动能量为电池充电，会导致电池的瞬时电压过高而影响其性能和寿命。所以从理论上讲，基于规则的控制策略并不是最优的控制策略。

2. 实时优化控制策略

实时优化控制策略有时也称为自适应控制策略。对于混合动力汽车来讲，实时优化控制就是根据对车辆性能提出的控制目标，利用最优控制原理，考虑发动机的性能特性，建立相应的目标函数，并使目标函数值最小来实现所要求的控制目标。实时优化控制策略需要建立发动机性能特性模型，或者预先在控制系统中存储发动机的性能特性数据。在车辆运行时，系统实时采集发动机运行状态参量，由发动机模型或数据确定实际性能指标，并与设定的控制目标进行比较，根据比较结果实时调整发动机的运行状态，以达到最优的发动机性能。

实时优化控制的目的有两个，一个是发动机燃油经济性最佳，一个是发动机排放最小。发动机的转速和功率范围较宽，其最佳燃油经济工作区与最低排放工作区不完全一致，并且不同排放物（如 NO_x、HC、颗粒等）最小值区域也不重合，因此，要求燃油经济性和排放所有工况下同时达到最佳是不切实际的，实际控制策略需要实时地在两类优化目标之间权衡。实时优化控制可以综合考虑燃油经济性和各种排放，通过一组权值来描述各自的重要性，用户可以根据自己的要求来设定这组权值，从而在燃油消耗和排放之间获得权衡。例如，在市区行驶时，可以提高目标函数中优化排放的权值，适当牺牲一点燃油经济性，在高速公路上行驶时，则提高燃油经济性的权值，以达到更低的燃油消耗。

实时优化控制虽然可实现性能最优控制，但优化过程复杂，计算量大，控制系统的软硬件都比较复杂，这对实时性要求较高的车辆控制系统是不利的。

3. 模糊逻辑控制策略

混合动力汽车动力系统具有明显的非线性和时变的特点，而对于难以建模的复杂非线性时变系统，采用线性系统控制往往难以实现最理想的控制效果。智能控制从模仿人类的智能出发，根据复杂被控动态过程的定性和定量信息，进行综合集成和推理决策，对非线性时变系统有较好的控制效果。模糊逻辑控制从模仿人类思维方式的角度出发，是一种基于知识库的智能控制，具有不需要精确数学模型和对时变系统适应能力强的优点，因此适合用于混合动力汽车动力系统的控制。

从本质上说，模糊逻辑控制策略也是一种基于规则的控制策略，但是与经典逻辑门限值控制的区别是门限值的表示方式。经典逻辑门限值控制是基于布尔逻辑，可用精确值描述控制规则，而模糊逻辑控制是基于模糊逻辑，是用模糊值描述控制规则。实际的控制系统中，各种控制模式间有时存在过渡区，且有的控制规则无法用精确参数表达，从这个角度来说，采用门限值模糊化的模糊逻辑控制具有优势。

在混合动力汽车模糊控制系统中，模糊控制器将检测的整车和部件状态参数精确信号转换成模糊量，根据专家制定的推理机制，应用基于专家知识和经验的规则库中的相关规则，得出模糊结论，并将其转换成精确量作为控制指令，协调车辆各部件的功率流，使整车的燃油经济性和排放达到最佳。

5.3.4 并联式混合动力汽车示例

1. 本田 Insight 混合动力轿车（图 5.11）

本田公司是较早从事混合动力开发的汽车公司之一，1999 年发布的 Insight 是美国市场上销售的第一款混动车型。2009 年本田推出了第二代 Insight，相对于上一代产品，最大的改进是车身尺寸加大，内部空间加大，乘员数由一代的 2 人增加到 5 人，实用性得到增强。

本田 Insight 采用的是并联式的混合动力结构，发动机输出轴和永磁无刷直流电动机的转子同轴，本田将这种电机称为集成电机辅助系统（Integrated Motor Assist，IMA）。电动机的最大功率为 10kW，发动机最大功率为 65 kW，混合度为 13%，属于轻度混合动力汽车。

本田 Insight 的混合动力系统由一台 1.3L i-VTEC 汽油发动机（图 5.12），一台超薄无刷直流电动机，一个镍氢电池组，一台无级变速器（或手自一体变速器）等部件组成，具有结构简单、质量低、组成部件占用车体空间更小、便于在车辆上布置的优点。考虑到整车配重平衡的问题，发动机、电动机及变速器布置在车辆前部，而电池布置在车辆后部，系统布置如图 5.13 所示。

图 5.11 本田 Insight 混合动力轿车

图 5.12 1.3L i-VTEC 发动机＋IMA

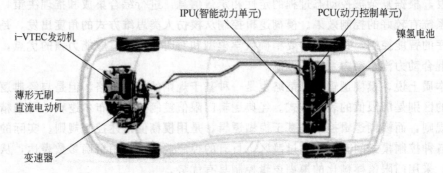

图 5.13 本田 Insight 的动力系统

本田 Insight 的 i-VTEC 发动机采用可变气门正时和升程控制 VTEC 技术，并在此基础上应用了可变气缸管理技术，能根据行驶工况，智能控制工作气缸数，降低燃油消耗。高效率的燃烧控制，实现更高的燃油经济性和低排放。IMA 电动机采用高密度线圈和高性能永磁体，厚度极薄，只有 60mm，实现了轻量化和体积小型化，可以容纳在发动机和变速器之间。本田 Insight 的技术和性能参数见表 5-10。

表 5-10 本田 Insight 的技术和性能参数

整车参数	长×宽×高	4390mm×1695mm×1435 mm
	整备质量	1223kg
	乘员数	5 人
发动机	类型	i-VTEC 超稀薄燃烧，SOHC 直列四缸汽油机
	排量	1.339L
	最大功率	65 kW / 5800r/min
	最大转矩	121 N·m / 4500 r/min
电动机	类型	薄型无刷直流电动机
	最大功率	10 kW / 1500r/min
	最大转矩	78N·m /1000r/min
变速器	类型	CVT 无级变速器/7 速手自一体变速器
电池	类型	镍氢电池
	输出电压	100V
性能参数	最高车速	180km/h
	0～100km/h 加速时间	10.3s
	综合百公里油耗	4.4L

2. 大众途锐混合动力 SUV

大众途锐混合动力 SUV（图 5.14）基于并联式混合动力技术，发动机的输出轴和电动机转子轴同轴，通过一套共同的传动系统提供机械动力，因此属于单轴式并联结构。大众途锐混合动力 SUV 是全时四轮驱动 SUV，发动机和电动机的动力通过同轴方式合成，经过一个 8 速手自动变速器后，再由一个分动器将动力分配到前桥和后桥，动力传动系统布置如图 5.15 所示。与混联式或串联式相比较，大众途锐混合动力 SUV 的混合动力系统所需的组件大大减少。电动机是混合动力系统的核心组件，同时作为发动机的起动机、为高压电池组充电的发电机和驱动车辆的电动

图 5.14 大众途锐混合动力 SUV

机使用，因此发动机不必安装 12V 车载起动机、发电机和发电机驱动带。电动机功率为 34 kW，发动机功率为 245kW，车辆的混合度为 12%，属于轻度混合动力汽车。

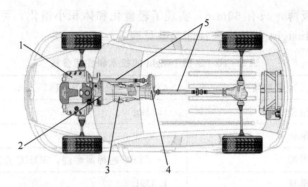

图 5.15　大众途锐混合动力 SUV 的动力系统
1—发动机；2—电动机；3—变速器；
4—分动器；5—驱动轴

　　大众途锐混合动力 SUV 作为混合动力和四轮驱动 SUV，动力性和越野性能优异。0～100km/h 的加速时间仅为 6.5s，最高车速达 240km/h，而综合油耗仅为 8.2L，与车身尺寸及动力性能相当的同级燃油车型相比，可节省超过 25% 的燃料消耗。另外，在纯电力驱动模式下，该车在平路上的车速可达 50km/h。镍氢电池组的容量为 6.5A·h，使这台自重近 2.4t 的车型可以以电驱动的方式行驶大约 2km。

　　大众途锐混合动力 SUV 发动机为 3.0L 的 V6 TSI 增压发动机，发动机上的一条皮带驱动增压器，另一条皮带驱动冷却液泵，冷却液泵是整个动力传动系热管理系统的一部分。一个单盘干式离合器安装于发动机和电动机之间。当发动机开始运转时，离合器接合。当车辆依靠电力行驶、处于制动能量回收模式或处于静止状态时，发动机熄火，离合器分离。当高压电池电量低时，控制系统起动发动机为高压电池充电，此时离合器接合。离合器安装于电动机壳体内。大众途锐混合动力 SUV 的技术和性能参数见表 5-11。

表 5-11　大众途锐混合动力 SUV 的技术和性能参数

整车参数	长×宽×高	4795mm×1940mm×1709 mm
	整备质量	2322kg
	驱动方式	4MOTION 全时四轮驱动
发动机	类型	V6 TSI 增压汽油发动机
	排量	3.0L
	最大功率	245kW /5500～6500r/min
	最大转矩	440N·m /3000～5250r/min
电动机	类型	三相交流电动机
	功率	作为电动机输出机械功率为 34kW，作为发电机输出电功率为 31 kW
	最大转矩	110N·m

(续)

	类型	8速手自动变速器 Tiptronic
变速器		
电池	类型	镍氢电池
	输出电压	288V
	容量	6.5A·h(相当于1.87kW/h)
性能参数	最高车速	240km/h
	0~100km/h加速时间	6.5s
	综合百公里油耗	8.2L

3. 上海通用君越混合动力轿车

上海通用君越混合动力轿车(图5.16)的动力系统属于双轴式并联混合动力结构，是混合度为10%的微混合系统，上海通用将其称为eAssist系统。如图5.17所示，eAssist系统采用一台2.4L SIDI智能直喷发动机，使用了缸内直喷、D-VVT电子可变气门正时系统及智能发动机管理模块等多种先进技术，发动机最大功率为137kW，最大转矩为240N·m。一台紧凑型感应电动机安装在发动机的缸体边上，通过一根传动带与发动机轴连接，实现电动机和发动机的动力合成，这种结构被称为BAS(Belt Alternator Starter)。电动机可为发动机提供15.3kW的辅助动力，并拥有15kW的发电功率。车辆起步时，电动机可起动发动机，上坡、加速时为发动机提供额外动力，减速断油时，能够稳定车辆行驶状态。

图5.16 君越混合动力轿车

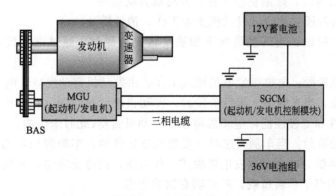

图5.17 君越混合动力轿车的eAssist系统

新能源汽车基础

君越混合动力轿车采用锂电池，电池容量为 4.4A·h，可提供 115V/15kW 的电力，采用空气强制冷却，在发动机停机时向电机提供电能，并可回收制动能量及发动机多余能量。整合于其中的功率变换器还可输出 12V 直流电。君越混合动力轿车的技术和性能参数见表 5-12。

表 5-12 君越混合动力轿车的技术和性能参数

整车参数	长×宽×高	5005mm×1858mm×1496 mm
	整备质量	1750kg
发动机	类型	SIDI 智能直喷发动机
	排量	2.4L
	最大功率	137 kW /6200 r/min
	最大转矩	240 N·m /4800 r/min
电动机	类型	感应电动机
	最大功率	15.3kW
	最大转矩	65N·m
变速器	类型	6 速手自一体变速器
电池	类型	锂离子电池
	输出电压	115V
	容量	4.4A·h
性能参数	最高车速	180km/h
	0~100km/h 加速时间	10.3s
	综合百公里油耗	8.3L

君越混合动力轿车的混合动力系统详细工作模式如下。

(1) 车辆停车阶段：踩下制动踏板直至停车，发动机进入自动停机模式，此时发动机处于关闭状态，没有燃油流向发动机。

(2) 发动机自动起动阶段：当驾驶员松开制动踏板或踩下加速踏板车辆需要起步时，电动机带动发动机运转，燃油供应恢复，发动机自动起动。

(3) 燃油供给阶段：此阶段发动机正常工作，消耗燃油。

(4) 电动助力阶段：当驾驶员踩下加速踏板比较深时，通过电动机对车辆进行电动助力。

(5) 智能充电阶段：电机以发电机模式工作，由发动机带动发电，电池得到充电。

(6) 滑行阶段：当车辆进入滑行阶段时，发动机燃油被切断，在某些滑行期间，为了保证扭矩的平稳性和驾驶性能，电动机将带动发动机转动（此时未供油）。

(7) 再生制动阶段：当车辆减速时，发动机停止供油，车辆带动发动机转动，发动机通过皮带带动电动机，电动机以发电机模式工作发电，向电池充电，系统进入再生制动阶段，电动机此时相当于车辆负载，对车辆有制动作用。

5.4 混联式混合动力汽车

5.4.1 混联式混合动力汽车的原理与工作模式

混联式混合动力汽车是串联式和并联式两种模式的综合,可以以串联式模式工作,也可以以并联式模式工作,还能同时两种模式混合工作。与单一的串联式或并联式相比,混联式的动力部件更多,主要包括发动机、动力分配装置、发电机、电动机、动力合成装置、传动装置、驱动轮等。这要求有一个智能化的控制系统去控制这些部件协同工作。

混联式混合动力汽车的动力结构示意图如图 5.18 所示。发动机的动力经过动力分配装置分成两部分,第一部分通过机械传动系统传递到驱动轮,另一部则用于带动发电机发电。其中,发动机分离出的第一部分动力和电动机的动力在合成装置合成形成混合驱动,电机必要时也可以单独驱动,这属于并联式工作模式。另外,发电机发出的电可以有两个去向,一路用于驱动电动机,另一路可用于向电池充电,这又属于串联式工作模式。需要注意的是,有的动力分配装置除了具有动力分配的作用,还可以兼有动力合成装置的功能,即两种装置可以集成为一个部件。目前,混联式结构常以行星齿轮机构作为动力分配装置。

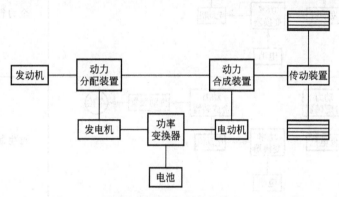

图 5.18 混联式混合动力汽车的动力系统结构

混联式混合动力汽车结合了串联式和并联式的结构特点,可以实现多种驱动方式,主要工作模式见表 5-13。

表 5-13 混联式混合动力汽车的工作模式

功率流向(实线为机械功率,虚线为电功率)	工作模式
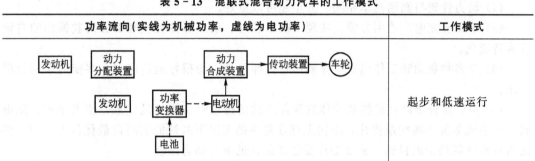	起步和低速运行

(续)

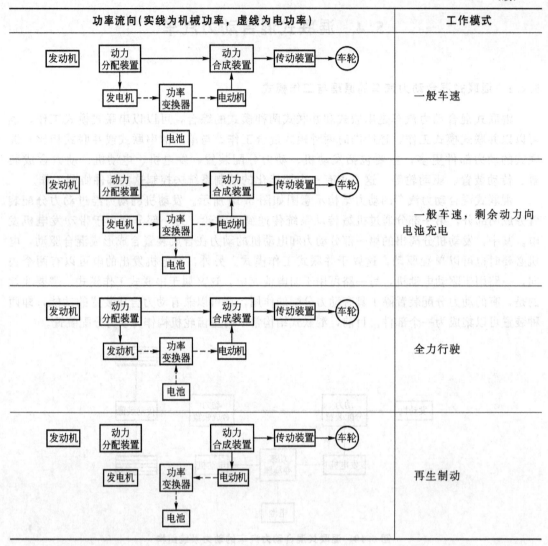

5.4.2 混联式混合动力汽车的优缺点

混联式混合动力汽车的优点如下。

(1) 动力性能与燃油汽车相同,甚至还可以更好。

(2) 不需要充电,使用方便,实现了能量管理、动力部件控制和部分驾驶操作的自动化和智能化。

(3) 有多种驱动和工作模式,车辆运行选择灵活,能很好地适应复杂多变的车辆行驶工况。

(4) 可以综合串联式的排放性能好和并联式的燃油经济性好的优点,使发动机、发电机、电动机等部件匹配最优化,结构上保证复杂的工况下系统能实时以最优状态工作,实现排放和油耗最少的目标,是节能环保性能最佳的混合动力系统。

混联式混合动力汽车的缺点如下。

(1) 动力系统部件多,增加整车质量,结构复杂,系统布置难度较大。

(2) 控制系统需要监测、控制、协调多个动力部件的工作状态,以保证车辆实时高效运行,系统的研发难度大。

(3) 目前成本还较高。

5.4.3 混联式混合动力汽车的功率控制策略

混联式混合动力汽车的控制策略通常将控制目标(如油耗、排放等)表示为系统状态参数、控制参数等的函数,再求出目标值最小时的动力部件状态参数值,如发动机和电动机的转矩、转速,电池电流等。具体实施有以下多种控制策略。

1. 发动机恒定点工作策略

发动机作为主要动力源,电动机和电池通过附加转矩的形式进行功率调峰,使系统获得足够的瞬时功率。由于采用了行星齿轮传动机构使发动机转速不随车速变化,这样使发动机工作在最优的工作点,提供恒定的转矩输出,而剩余的转矩由电动机提供。由电动机来负责动态部分,避免了发动机动态调节带来的损失,而且与发动机相比,电动机的控制也更为灵敏,容易实现。

2. 发动机最佳油耗线策略

这种策略从静态条件下的发动机万有特性出发,经过动态校正后,跟踪由驱动条件决定的发动机最优工作曲线,从而实现对发动机及整车的控制。在这种策略下,使发动机工作在万有特性的最佳油耗线上。发动机在高于设定的转矩或功率限值后才会打开。

3. 瞬时优化策略

在发动机最佳油耗线策略的基础上,再在控制目标中加入排放最小,对整车在某工况点下整个动力系统的综合控制目标进行优化,得到实时最优工作点,然后基于该点对各个状态变量进行动态再分配。在该策略中,对发动机工作点的设定不仅要根据油耗和排放特性,还要考虑电动机效率特性、电池 SOC 等因素。

4. 全局优化策略

由优化理论可知,瞬时最小值之和并不等于和的最小值,因此瞬时优化并不是获得全局最优的控制策略。全局优化策略可实现真正意义上的最优化,但实现这种策略的控制算法往往比较复杂,计算量很大,在实际车辆的实时控制中很难得到应用。通常的做法是将全局优化算法得到的控制策略作为参考,与其他控制策略相结合,在保证可操作性和可靠性的前提下进行优化控制。经典的动态最优控制理论有变分法、极小值原理和动态规划法。

5.4.4 混联式混合动力汽车示例

丰田 Prius 混合动力轿车(图 5.19)是世界上最早量产的混合动力车型之一,也是目前总销量最大的混合动力汽车。丰田 Prius 自推出以来经过了多次改进,动力性能和节油水平得到提升,目前已发展到第三代。Prius 采用的是混联式混合动力结构,最新款车型的发动机最大功率为 73kW,电动机最大功率为 60kW,驱动混合度为 45%,属于全混合动力汽车,驱动时可以更多地使用电能,有利于减少油耗和排放,综合百公里油耗为 4.3L。丰田 Prius 具有纯电动的行驶能力,车速在 55km/h 以下时,能够行驶几百米到 2km 左右,行驶距离和车速会因电池的电量状况而异。

图 5.19　丰田 Prius 外形

丰田将其混合动力技术命名为 THS(Toyota Hybrid System),丰田 Prius 采用了该系统,近期 THS 系统升级到了 THS-Ⅱ型。图 5.20 为 THS 系统结构。一个行星齿轮机构作为动力分离装置,它的行星架与发动机输出端相连,中心轮和发电机转子相连,齿圈和电动机转子同轴固连。发动机的动力经过该动力分离装置,动力分离为两部分,一部分动力经行星架和行星齿轮传到齿圈,和电动机的动力在齿圈合成,再经减速机构传到驱动轮,这条路线是并联式结构传动;发动机另一部分动力经行星架和行星齿轮传到中心轮,中心轮带动发电机发电,发出来的电可用于带动电动机或者向电池组充电,这条传动路线属于串联式传动路线。

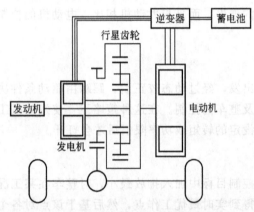

图 5.20　THS 混合动力系统

该系统可以根据行驶工况,灵活地选择串联式、并联式、串并联混合、纯电动等工作模式。另外,在制动时,发动机不工作,车辆带动电动机以发电机模式工作,向电池充电,回收制动能量。

图 5.21 为 THS-Ⅱ传动结构。THS-Ⅱ系统由一个汽油发动机、一个发电机(MG1)、一台永磁同步交流电动机(MG2)及镍氢电池、动力分离装置等主要部件组成。THS-Ⅱ与 THS 相比,THS 的电动机是直接与齿圈相连的,而 THS-Ⅱ的电动机(MG2)则多了一套行星齿轮减速机构,只不过这套轮系的行星架已被固定,少了一个自由度,只作为电动机(MG2)的减速增扭机构,相同负荷条件下减小了电动机的尺寸和质量。在车辆运行时,发电机(MG1)、行星齿轮动力分离装置、行星齿轮减速机和电动机(MG2)除了需要与发动机相互协调实现混合驱动之外,也承担了传统变速器的换挡任务,消除了换挡冲击,这一依靠行星轮系的运转来改变传动比实现无级变速的机构称为电子无级变速器(ECVT)。

丰田 Prius 的混合动力系统采用了多项新技术,目的是提升车辆动力性、经济性和驾驶性能。例如,1.798L 汽油发动机采用阿特金森循环,减少了泵气损失,改善小负

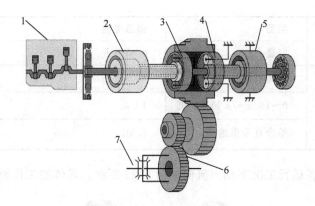

图 5.21　THSⅡ混合动力系统
1—发动机；2—MG1；3—动力分配行星齿轮；
4—电机减速行星齿轮；5—MG2；6—主减速器；7—差速器

荷时的燃油经济性，在大负荷时则结合排气 VVT-i 和精确控制 EGR 率来改善燃油经济性。在发动机和机械传动系统之间，安装了一个两级扭转减振器，发动机频繁关闭和起动，该扭转减振器可起到减振和降噪作用。镍氢蓄电池组封闭在密闭的金属外壳中，可以屏蔽电气元件的电磁辐射，同时安装了碰撞传感器，在碰撞时发送信号至控制系统及时中断电流。对电池冷却系统及主继电器进行了优化，冷却系统进出气口和风扇采用了小型化设计，减轻了质量，扩大了行李箱空间。采用可变电压功率变换器能有效控制镍氢电池的直流电和用于驱动电机的交流电，可使系统电压从原有的最大 500V 提升为 650V，大幅提升了电动机转矩，使得系统体积更小，质量更轻，运转更高效，输出功率更强劲。相对于上一代车型，电动机最大输出功率由原来的 50kW 提升到 60kW，并通过增加电动机转矩及采用减速齿轮等措施，实现了小型化及轻量化。丰田 Prius 的技术和性能参数见表 5-14。

表 5-14　丰田 Prius 的技术和性能参数

整车参数	长×宽×高	4485mm×1745mm×1510 mm
	整备质量	1395kg
发动机	类型	4 缸直列顶置双凸轮轴 16 气门 VVT-i 汽油机
	排量	1.798L
	最大功率	73kW /5200 r/min
	最大转矩	142 N·m /4000 r/min
电动机	类型	永磁同步交流电动机
	最大功率	60kW
	最大转矩	207N·m
变速器	类型	电子无级变速器（ECVT）

(续)

电池	类型	镍氢电池
	容量	6.5A·h
性能参数	最高车速	180km/h
	0~100km/h 加速时间	10.4s
	综合百公里油耗	4.3L

丰田 Prius 在各运行工况下动力流向如图 5.22 所示，具体的工作模式如下。

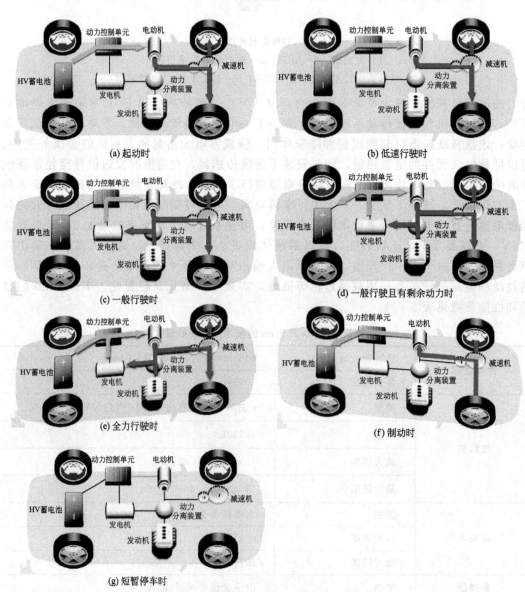

(a) 起动时　　　　　　　　　　　(b) 低速行驶时

(c) 一般行驶时　　　　　　　　　(d) 一般行驶且有剩余动力时

(e) 全力行驶时　　　　　　　　　(f) 制动时

(g) 短暂停车时

图 5.22　丰田 Prius 在各工况下的功率流向

1) 起动

车辆由电动机起动,发动机不工作。这样可充分利用电动机起动时的低速大转矩特点,而发动机不能在低速时输出大转矩。

2) 低速行驶时

车辆由电动机单独驱动,发动机不工作。这是因为发动机在低速运转时负荷低、效率低,油耗和排放大,而电动机可高效利用电能驱动车辆。

3) 一般行驶时

发动机作为主动力源,处于最经济区运行,发动机大部分动力直接驱动车轮,另一部分功率分配给发电动机,发电机产生的电能供给电动机,电动机辅助发动机驱动。

4) 一般行驶且有剩余动力

发动机处于最佳经济区运行,当发动机有多余动力或电池电量不足时,发动机将多余的动力分配给发电动机,产生的电能用于向电池充电。

5) 全力行驶时

在需要强劲动力时(如爬陡坡及超车),电池也提供电力,加大电动机的驱动力。通过发动机和电动机的共同驱动,满足车辆的动力性要求。

6) 制动时

当踩制动踏板和松开加速踏板时,车辆反过来带动电动机运转,将其作为发电机使用,将动能转换成电能,回收到电池中用于再利用。

7) 短暂停车时

发动机、电动机、发电机全部自动停止运转,消除发动机的怠速工况。

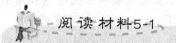

阅读材料5-1

混合动力汽车产业化技术研发

我国863计划"电动汽车关键技术与系统集成"重大项目中,有关混合动力汽车产业化技术研发的内容主要如下。

1. 中度混合动力汽车产业化技术攻关

研究目标:提升混合动力系统性能,提高整车节油率、产品性价比,开发中度混合动力汽车系列产品,并完成公告认证;建立关键零部件配套体系和整车批量生产能力。

主要研究内容:研究动力总成一体化技术、专用发动机控制及结构优化技术;研究变速器优化设计技术、整车与动力系统匹配与优化技术;研究整车标定与试验评价技术,优化整车动力性、经济性、排放、NVH、电磁兼容性、安全性等各项性能;研究成本控制技术,批量化生产工艺与检测技术;研制专用工装和质量控制技术。

主要考核指标:与同级别燃油车辆相比能耗降低率≥25%(轿车)或≥30%[客车(M3)];主要部件平均故障间隔里程≥10 000km(轿车)或≥5000km[客车(M3)];动力性与同级别燃油车辆相当,排放、安全性、电磁兼容性等满足国家标准。

2. 深度混合动力汽车产业化技术攻关

研究目标:掌握高效机电耦合技术,研制高可靠性的关键零部件,开发系列化整车产品,并完成公告认证;建立完善的生产、供应、质量保障体系,为批量化生产提供技术支撑。

主要研究内容：研究深度混合动力系统构型、发动机优化与控制、专用自动变速器控制、新型机电耦合等技术；研究整车综合能量管理、制动系统动态协调控制等技术；研究整车与动力系统集成匹配技术、整车标定及试验评价技术；开展整车与零部件生产一致性、批量化生产装备与工艺技术研究。

主要考核指标：与同级别燃油车辆相比能耗低率≥45%；主要部件平均故障间隔里程≥10000km(轿车)或≥5000km[客车(M3)]；动力性与同级别燃油车辆相当，排放、安全性、电磁兼容性等满足国家标准。

5.5 插电式混合动力汽车

5.5.1 插电式混合动力汽车概述

1. 插电式混合动力汽车的发展

在石油紧缺和环境保护的双重压力下，未来汽车必然要走向电动化，但在相当长的时间内纯电动难以解决电池充电时间、整车成本、缺乏基础设施等问题，所以人们近来更注重于混合动力汽车的研发和使用，但混合动力汽车本质上是以燃油为主能源的车辆，并不能从根本上解决依赖石油和排放的问题。随着混合动力汽车技术的不断进步和成熟，有必要使它向电驱动化更迈进一步，即增加电能使用的比例，具体就是加装一个充电器和增加电池的容量，这种衍生出来的车辆就是插电式混合动力汽车(Plug-in HEV, PHEV)。

插电式混合动力汽车的产生也有其使用背景。据一项统计，80%以上的法国人日均驾车里程少于50km；60%以上的美国人日均行驶里程少于50km，80%以上日均行驶里程少于90km。因此，在驾驶插电式混合动力汽车时，当路程为较短距离，如上下班时，可以以纯电动模式行驶，当长途旅行时，可以采取发动机为主动力的混合动力模式行驶。车辆补充能源可根据需要自主选择充电或加油。

美国是最早开展插电式混合动力汽车研发的国家，20世纪90年代就有大学和研究机构开始这方面的研究工作。1990年加州大学Davis分校的Andy Frank教授开始研制插电式混合动力汽车原型车，于1994年完成第一辆样车。2001年美国能源部在加州大学Davis分校成立了插电式混合动力汽车国家工程中心。

2000年，EPRI(Electric Power Research Institute)发起成立了混合动力汽车联盟，该组织的一项重要任务就是进行插电式混合动力汽车市场分析和商业化促进。2004年，克莱斯勒公司和EPRI开始进行道奇Sprinter插电混合动力厢式商用车的运行示范。

2006年11月通用汽车宣布制造插电式混合动力Saturn Vue的计划。2007年1月，通用汽车的雪佛兰Volt电动概念车在北美国际车展进行了全球首发，展出的第一代车型采用了插电式技术。2007年3月福特汽车公司联手爱迪生国际，共同推广插电式混合动力汽车，这是美国首例汽车行业与能源行业公司联手开展的插电式混合动力汽车的合作项目。

2005年，加州萨克拉门托市政管理区向Energy CS公司提供标准的Pruis，委托其改造为插电式,主要的改造部分如下:原 1.3kW 镍氢电池更换为 8.5kW 锂电池组,可用能量从 0.4kWh 增加到 6.5kWh;安装了输入电压为 110V,1.1kW 的车载充电器;安装了 Energy CS 公司的电池管理系统软件,对 2376 个单体电池进行管理。

改造的插电式混合动力汽车的纯电动行驶里程可达 60km(44mile)。对改造的插电式 Pruis 与标准 Pruis 进行全城市街道、城市与公路组合及高速公路三种行驶工况下的燃油经济性对比试验,结果见表 5-15。燃油经济性最好的是在全城市街道且路程大于 8 英里的情况下,插电式 Pruis 的经济性是标准 Pruis 的 2.4 倍;其次是高速公路工况,插电式 Pruis 的经济性是标准 Pruis 的 2.2 倍;第三是城市与公路组合工况,插电式 Pruis 的经济性是标准 Pruis 的 2 倍;燃油经济性最差的是在全城市街道且行驶路程小于 8mile 的情况下,Pruis 的经济性是标准 Pruis 的 1.4 倍。

表 5-15 改造前后的 Pruis 燃油经济性 (单位:mile/gal)

	插电式 Pruis		标准 Pruis	
全城市工况	112(大于 8mile)	61(小于 8mile)	46(大于 8mile)	43(小于 8mile)
组合工况	98		48	
高速公路工况	107		49	

注:1mile=1609.344m,1gal=3.78541dm³。

2010 年,作为全球首款增程型电动汽车,雪佛兰插电式混合动力 Volt 在美国上市销售。该车基于串联混合动力技术,发动机的动力不直接驱动车轮,只是用来发电,电机直接驱动车辆。在美国除 Volt 以外,近期其他的插电式车型还有通用公司的土星 Vue 插电式混合动力汽车,凯迪拉克的 Converj 插电式串联混合动力汽车,克莱斯勒公司的 Wrangler Unlimited 插电式混合动力吉普车,福特公司的插电式 Escape 混合动力 SUV 等。

日本各汽车公司近期也推出了各自的插电式混合动力汽车,如丰田的 Hi-CT 和 Prius 混合动力汽车的插电式车型,三菱的 PX-Miex 插电式混合动力汽车,铃木的雨燕插电式串联混合动力汽车等。

在德国,奔驰推出了 Blue Zero E-Cell Plus 和 Vision S500 插电式混合动力汽车,宝马有 Vision Efficient Dynamics 插电式混合动力汽车等。

我国各大汽车企业近期也推出了一些插电式混合动力汽车,如上汽的荣威 550 插电式混合动力轿车,比亚迪的 F3DM,奇瑞的增程型瑞麒 M1 等。

2. 插电式混合动力汽车的特点

插电式混合动力汽车与普通混合动力汽车的主要区别如下

(1)插电式混合动力汽车可以直接由外接电源充电,而传统的混合动力汽车只在车辆行驶时通过发动机为电池充电以及回收制动能量。

(2)插电式混合动力汽车的电池容量较大,有更大的纯电动行驶里程。

(3)插电式混合动力汽车行驶时优先以电力作为动力源,电驱动比例比普通混合动力汽车高,对燃料的依赖度减小。

插电式混合动力汽车的优点如下。

(1)驱动模式多,选择灵活,车辆可获得良好的动力性。

（2）中短程行驶时，具有纯电动汽车的全部优点，如零排放、低噪声及能量利用效率高等。

（3）与普通混合动力汽车相比，增加了电驱动的比例，降低了油耗，减少了有害气体、温室气体的排放。

（4）电驱动成本低于用油，插电式混合动力汽车优先使用电能降低了车辆运行成本。

（5）可利用电网晚间低谷电对车载电池进行充电，改善电厂发电组效率，节约能源。

（6）有加油和充电两种补充汽车能源的方式，增加了能源选择的自由度，有的车型还是"灵活燃料"汽车，可灵活补充普通燃油、生物燃料、气体燃料等多种能源。

（7）从国家能源战略角度看，推广应用插电式混合动力技术可显著减少燃油的使用量，降低对石油的依赖，提高能源安全。

3. 插电式混合动力汽车面临的问题

插电式混合动力汽车的研发和应用面临的问题主要来自动力电池、电机和充电基础设施三方面。

1）插电式混合动力汽车对电池的要求

动力电池是各种电动车辆的主要能量载体和动力来源，也是插电式混合动力汽车整车成本的主要组成部分。插电式混合动力汽车对动力电池有以下要求。

（1）要保证插电式混合动力汽车有良好的动力性能和足够的纯电动行驶里程，但又不增加太多的整车质量，因此其动力电池必须具有较大比功率和比能量。

（2）与普通混合动力汽车不同，插电式混合动力汽车经常采用纯电动模式，电池常有深度放电，要求保持长的使用寿命。

（3）为满足深度放电，要求低 SOC 时能大电流放电，为回收制动能量，要求电池能承受较大电流充电。

（4）电池成本不能太高，以降低整车成本。

锂离子电池与铅酸电池、镍氢电池相比，在比能量、比功率等性能方面均优于其他类型电池，被普遍认为是适合插电式混合动力汽车用的电池，但目前成本还较高。

2）插电式混合动力汽车的对电动机的要求

电动机是电动车辆的电驱动装置，与基本型混合动力汽车相比，插电式混合动力汽车电动机的负荷更大、使用更频繁，对其有较高的要求：

（1）为满足车辆在起动、加速、爬坡、高速行驶等情况下的动力性要求及具有一定的纯电动续驶里程，要求电动机输出功率大、低速时高转矩、调速范围宽、高效率。

（2）考虑到整车布置和使用寿命等因素，应选取高密度、小型轻量化、高可靠性、高耐久性、强适应性的电动机。

3）充电基础设施建设

充电基础设施是保证插电式混合动力汽车电能供给的必要条件，包括充电电网和充电站两大部分。充电电网和充电站的建设需要合理规划和大量资金投入，涉及电力、城建、国土和市政等多个部门，是一项规模庞大的系统工程。

大多数中国城市居民都居住在没有独立车库的小区里，需进一步研究解决家庭充电的方案；另一方面，机关单位的公务车、公交车、特种车都有专用的停车地点或车库，可以考虑安装充电设备。

除上述问题外,插电式混合动力汽车还面临着许多问题,如充电时间长,通信、控制系统、充电设备等的接口标准的制定和统一,各层面的政策支持,以及如何得到消费者的认可和接受等。插电式混合动力汽车的发展和应用需要政府、汽车厂商、电力公司的共同努力和消费者环保意识的加强。

5.5.2 插电式混合动力汽车的结构与工作模式

1. 插电式混合动力汽车的结构

插电式混合动力汽车可以从外部电网充电,是在混合动力汽车的基础上派生出来的新型车辆,兼有传统混合动力汽车与纯电动汽车的基本特征,插电式混合动力汽车与混合动力汽车相比,电动机功率和电池容量更大。插电式混合动力汽车结构与基本型混合动力汽车的结构是类似的,也可以分为串联式、并联式和混联式三种类型,如图5.23所示。

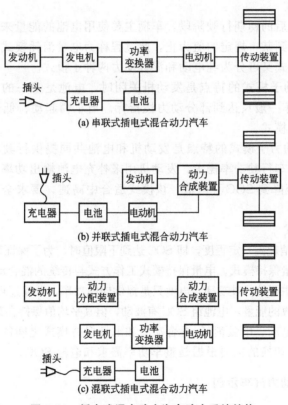

图5.23 插电式混合动力汽车动力系统结构

串联插电式混合动力汽车有时也称为增程式电动汽车,其特点是发动机带动发电机发电,发出的电能通过功率变换器直接输送给电动机,电动机驱动汽车行驶。动力电池可从外部电网充电,在汽车行驶时,还可以接收发电机发出的电能和制动时回收的能量。在必要时,可关闭发动机,实现电池单独给电动机供电来驱动车辆。在大强度加速和爬坡时,以发电机和电池混合动力模式工作。当电池组不起作用或不能使用时,发电机可单独驱动电动机带动汽车运行。在停车状态下可通过车载充电器对动力电池进行外接充电。

并联插电式混合动力汽车的发动机和电动机是两个相对独立的系统,既可实现纯电动行驶，又可实现发电机单独驱动行驶，在功率需求较大时还可以实现混合动力行驶。制动时，具有回收制动能量的功能。在停车状态下可通过车载充电器进行外接充电。

混联插电式混合动力汽车的动力系统是串联式与并联式的综合，可兼有串联式和并联式的工作方式，但系统较为复杂。在车辆低速行驶时，主要以串联式方式工作，车辆中高速稳定行驶时，则以并联工作方式为主。制动时，具有回收制动能量的功能。在停车状态下可通过车载充电器进行外接充电。

2. 插电式混合动力汽车的工作模式

插电式混合动力汽车由三种结构的混合动力汽车派生而来，可以实现前几节介绍的相应类型的工作模式。另外，除了按照驱动方式分类，根据车载电池电量状态的变化特点，可以将插电式混合动力汽车的工作模式分为电量消耗和电量保持模式，车辆行驶时优先采用电量消耗模式。

1）电量消耗模式

在电池组充满电后的初期行驶阶段，车辆主要使用电池的能量来行驶，此时电池电量在不断消耗，直至达到某一规定的值为止，此过程称为电量消耗模式。根据发动机是否参与工作，电量消耗模式又可分为纯电动和混合动力两种子模式。

电量消耗-纯电动子模式的特点是发动机关闭时，电池是唯一的能量源，零排放，电池的 SOC 降低，整车一般只达到部分动力性指标。当车辆起动、低速或者只要求部分动力性指标时，采用此模式。

电量消耗-混合动力子模式的特点是发动机和电池共同提供行驶功率，电池通过向电机供电承担主要的整车行驶功率需求，发动机用来补充电池输出功率不足的部分，电池的 SOC 也在降低，直至降到 SOC 下限值。该模式适合中高速，要求全面达到动力性指标时采用。

2）电量保持模式

在电池组的能量消耗到一定程度，即 SOC 达到下限值时，为了保证车辆性能和电池组的使用寿命，车辆进入电量保持模式。电量保持模式工作方式与传统的混合动力模式类似，发动机作为主动力源，提供主要的行驶功率，电池只是提供辅助功率，电池还可接收发动机在动力富余时的充电和制动回收的能量，电池组 SOC 有波动，但其平均值保持在某一水平上。

在电量消耗-纯电动、电量消耗-混合动力和电量保持模式之间能够根据整车能量管理策略进行无缝切换，切换的主要根据是整车功率需求和电池 SOC。

5.5.3 插电式混合动力汽车示例

雪佛兰 Volt（图 5.24）采用串联式结构，2010 年在美国上市后，2011 年引入中国命名为沃蓝达。雪佛兰 Volt 为紧凑型轿车，动力系统如图 5.25 所示，发动机和电驱动单元布置于发动机舱，驱动形式为前驱。发动机不直接驱动汽车，仅用于带动发电机发电。汽车由电动机驱动，电动机的峰值功率和最大转矩分别为 111 kW 和 370N·m，为车辆提供强劲的动力，最高车速为 160km/h，0～100km/h 的加速时间仅为 9s。与普通的串联式混合动力汽车不同的是，雪佛兰 Volt 的发电机在必要时可作为副电动机使用，进一步增强车辆的动力，这个功能是由一个行星齿轮动力分配装置和 3 个离合器共同配合实现的。

图 5.24 雪佛兰 Volt 外形

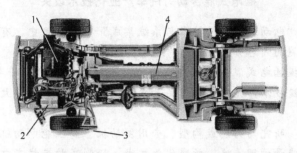

图 5.25 雪佛兰 Volt 动力系统结构
1—发动机；2—电驱动单元；3—充电接口；4—锂离子电池组

雪佛兰 Volt 配备的锂离子电池组容量为 16kWh，T 形布置在底盘上。使用层压式结构，288 个电池单元并列布置，在每个单元之间设计了冷却水管路，低温时为温水，高温时为冷水，由此可一直保持电池在最佳的工作温度。电池用普通的 220V 电源充电即可，充电约 6h，满电可实现最高 80km 的纯电动里程，可满足大多数日常行驶需求，这期间完全零油耗、零排放。Volt 还携带了 35L 的油箱，可实现 490km 的里程，满电满油状态可以行驶将近 570km。雪佛兰 Volt 提供了普通模式、运动模式、山路模式及保持模式共 4 种驾驶模式，能够在全天候、全路况下行驶。雪佛兰 Volt 混合动力汽车的技术和性能参数见表 5-16。

表 5-16 雪佛兰 Volt 混合动力汽车的技术和性能参数

整车参数	长×宽×高	4498mm×1787mm×1439 mm
	整备质量	1700kg
发动机	类型	直列 4 缸发动机
	排量	1.398L
	最大功率	63kW /4800 r/min
	最大转矩	126N·m /6250r/min
	油箱容积	35.3L
发电机	功率	55kW
电动机	最大功率	111kW
	最大转矩	370N·m
变速器	类型	CVT 无级变速
电池	类型	锂离子电池
	输出电压	360V
	容量	16kWh

(续)

性能参数	最高车速	160km/h
	0~100km/h 加速时间	9.0s
	综合百公里油耗	1.2L

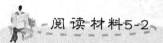

插电式混合动力汽车产业化技术攻关

我国863计划"电动汽车关键技术与系统集成"重大项目中,有关插电式混合动力汽车产业化技术攻关的内容如下。

研究目标:掌握插电式混合动力汽车动力总成模块化技术,研究整车集成、控制、匹配及产业化等关键技术,完成整车产品开发与公告认证,为实现大规模商业化示范提供技术支撑。

主要研究内容:研究动力总成构型、专用发动机、高性能电动机系统、机电耦合动力传动技术,研究能量管理策略、效率优化技术;研制高效车载充电机、电动化辅助系统等关键零部件;研究整车集成、匹配、NVH、轻量化及试验技术;研究成本控制、批量化生产及质量控制技术等产业化技术。

主要考核指标如下。

(1) 主要技术指标。插电式混合动力汽车主要技术指标见表5-17。

表5-17 插电式混合动力汽车主要技术指标

项目	指标	
	轿车	客车
纯电动续驶里程/km	≥30	≥50
与基准车相比能量消耗降低/(%)	≥50	≥45
主要部件平均故障间隔里程/km	≥10000	≥5000

(2) 动力性与同级别燃油车辆相当,排放、安全性、电磁兼容性等满足国家标准。

5.6 混合动力汽车动力系统设计

5.6.1 概述

混合动力汽车的动力系统可使整车的动力性不低于传统燃油车辆,油耗和排放大幅度减小,合理设计、匹配混合动力系统至关重要。混合动力系统的特点是动力部件多,有至少两种能量存储形式及机械动力和电力两种动力传递,因此混合动力系统的设计涉及诸多方面的问题和要求,如车辆的使用场合及性能要求、系统结构形式、不同能量的分配、驱动动力的分配、动力部件的选型与布置以及整车载荷的分配等。

对混合动力系统提出的设计要求如下。

(1) 保证车辆具有良好的动力性，最高车速、爬坡和加速能力不低于同型的燃油汽车。

(2) 续驶里程不低于同型的燃油汽车。

(3) 与燃油汽车相比，油耗和排放要求大幅降低。

(4) 至少有一种方便快捷的能源补充途径，如加油、加气，以增强车辆的实用性。

(5) 质量较轻，结构紧凑，占用空间尺寸减小，便于在车辆上布置。

(6) 成本较低，以利于混合动力汽车的推广。

不牺牲车辆的动力性是混合动力汽车的基本要求。混合动力汽车行驶功率有机械功率和电功率两个来源，如果能够合理分配这两种功率，发挥出不同动力装置各自的优势，就可获得甚至超过燃油汽车的动力性能。电机具有低速转矩大、有过载能力、响应快的特点，适合于起步、爬坡及大强度加速时提供峰值功率等工况，但只有配备大容量电池的车辆才可保持电机长时间运行。发动机具有高速运行时效率高、功率大、可连续运行等特点，故适合于中高速时为车辆连续提供动力。

混合动力汽车的续驶里程主要与车辆携带的发动机燃料量和电池容量相关。多数混合动力汽车以燃料作为主能源来保证续驶里程，对纯电动行驶里程没有要求或要求较低，电池只需提供足够的功率满足车辆的动力性需求，所以电池容量可以选择得较低，可大大减小电池的质量和成本。电池一般也不需要停车充电，电量的补充来自车辆行驶时发动机多余功率的充电及回收的制动能量，整个行驶过程电池的电量维持在一定范围内，这种设计称为"电量维持式"。而对于插电式混合动力汽车，要求有较长的纯电动里程。电池容量的大小决定它的纯电动里程的长短，电动机的最大功率决定纯电动行驶的动力性能。如果插电式混合动力汽车的发动机功率选择得较小（低于平均行驶功率），车辆不得不用电池能量来满足行驶要求，这种设计称为"电量消耗式"。如果发动机选择得足够大，有足够的剩余功率给电池充电，就形成"电量维持式"设计。

混合动力汽车的燃油经济性和排放性能很大程度上取决于动力系统各部件的匹配。动力系统的匹配，就是根据汽车的使用要求和行驶条件，合理选择各动力部件及其参数（如发动机功率，蓄电池类型、容量，电机类型、额定功率、电压、转速，功率变换器型式、容量、电压，传动系统传动比、挡位数等）。动力系统匹配有两个层次的要求，基本要求是各部件的容量足够，不出现动力传输瓶颈，能够保证车辆的动力性；更关键是各动力部件的工作特性尤其是效率特性要相互协调，以实现整车的低油耗和低排放。如果动力部件与使用条件或者相互之间不匹配，选择得过大或过小，会造成大马拉小车或小马拉大车的现象，大马拉小车会导致低负载率和高油耗，小马拉大车会导致动力性不足，不能满足使用要求。

车辆的行驶工况是复杂多变的，车速、行驶阻力都在较大的范围内变化。为适应这种复杂使用条件，要求混合动力汽车的驱动装置有较大的转矩和转速范围，以满足加速和爬坡度的要求，并且整个动力系统在常用工况有高的整体效率。要使系统能够高效运行，直接的方法是提高各个动力部件的效率，但受技术水平、成本的限制，短期内的提高幅度是有限的，并且不同部件对整体效率的影响程度不一，盲目追求部件高效率，可能会出现整体效率提高不大成本却大大增加的现象。所以，系统设计时需要掌握各部件的运行特性及典型汽车行驶工况的功率与车速分布，找出动力部件的常用工作区域，合理选择动力部件的类型、参数以及功率控制策略，达到动力系统与行驶工况，以及各部件之间的优化匹配。

此外，混合动力系统的尺寸不能太大，要易于在汽车上布置。系统质量不宜过重，且在前后轴的分配要合理。动力部件的选型不能盲目追求高性能指标，成本要合理控制，以利于提高整车的实用性和大众接受度。

能源和动力的多样性使得混合动力系统的部件具有很大的设计空间，可形成各种类型的混合动力汽车，应用于各种使用场合，满足动力性、续驶里程、纯电动里程、燃油经济性等方面的使用要求。值得注意的是，各动力部件的设计自由度也意味着没有一种固定的设计方法适用于所有类型的混合动力汽车。

5.6.2 串联式混合动力汽车动力系统设计

1. 电机的选择

电机是串联式混合动力汽车唯一的驱动装置，相关要求与设计方法与纯电动汽车的电机选择方法相同，参见4.3.1节。

2. 发动机的选择

串联式混合动力汽车的发动机与驱动轮没有机械连接，它与发电机组成发动机/发电机组向电动机供电或者向电池充电。发动机功率的选择与串联式混合动力汽车的功率控制策略相关。如果采用"开关式"控制策略，车辆驱动能量主要来自电池，发动机/发电机组不向电动机直接提供电力驱动功率，只在电池SOC下降到下限值时开启向电池充电，起延长车辆的续驶里程的作用。因此，该策略下发动机的功率可以选择得较小，一般在8~20kW。

对于采用"功率跟随式"控制策略的串联式混合动力汽车，发动机的功率随着行驶功率的变化而变化，发动机/发电机组发出的电主要向电机提供电力驱动。综合整车动力性和燃油经济性的要求，发动机的功率 P_e 应按该车辆的常用行驶工况下的平均行驶功率 P_{av} 来选择。平均行驶功率由整车参数和典型行驶工况来决定，可用式（5-9）表达：

$$P_e > P_{av} = \sum_{i=1}^{n} P_i f_i \tag{5-9}$$

式中，P_i 为典型行驶工况统计的第 i 个功率区间的功率；f_i 为第 i 个功率区间的使用频率。

另外，也可采用巡航车速对应的行驶功率，按式（5-10）来选择发动机功率：

$$P_e > \frac{1}{\eta_t}\left(\frac{Gf}{3600}u_{ac} + \frac{C_D A}{76140}u_{ac}^3\right) \tag{5-10}$$

式中，u_{ac} 为巡航车速，一般可取 $0.6 \sim 0.8 u_{amax}$。

考虑发动机附件驱动功率和向电池充电的需求，发动机功率选择得比计算值稍大。

3. 电池的选择

对于"开关式"控制策略的串联式混合动力汽车，电池提供主要的驱动能量，需要较多的电池数量，以满足电池单独供电的续驶里程要求，同时电池组还要满足向电动机提供最大驱动功率的要求。假定 n_1 和 n_2 分别为满足最大行驶功率需求的最少电池数和单独供电续驶里程需求的最少电池数，计算方法参见式（4-3）和式（4-4）。所需的电池数量为 n_1 和 n_2 间的大值，即

$$n_b = \max(n_1, n_2) \tag{5-11}$$

对于"功率跟随式"控制策略的串联式混合动力汽车，电池在加速、爬坡等工况下辅助发动机/发电机组供电，共同承担峰值行驶功率，需要的最少电池数量由式（5-12）得到：

$$n_b = \frac{P_{mmax} - P_e}{\eta_m \eta_c D_b m_b} \tag{5-12}$$

式中，P_{mmax} 为电动机最大功率；P_e 为发动机最大功率；D_b 为电池的比功率；m_b 为单块电池的质量。

5.6.3 并联式混合动力汽车动力系统设计

1. 发动机的选择

并联式混合动力汽车的发动机可以单独驱动汽车，是汽车驱动的主要动力源。为了提高发动机的负荷率，达到降低油耗的目的，它的功率按照平均行驶功率需求来选择，平均行驶功率可用式（5-9）进行计算，也可以用巡航车速对应的行驶功率来近似估算平均行驶功率，如式（5-10）所示。

2. 电机的选择

当在加速、爬坡等重负荷工况下，发动机功率不足时，就需要电动机辅助驱动，以提供峰值功率的不足部分。假定车辆最大强度加速或爬坡所需的行驶功率为 P_{max}，则电动机的最大功率 P_{mmax} 应满足

$$P_{mmax} \geq P_{max} - P_e \tag{5-13}$$

3. 电池的选择

并联式混合动力汽车基本上没有纯电动行驶里程的要求，所以只需满足加速和爬坡时向电动机提供最大功率的要求，电池数量要求按式（4-3）计算。

5.6.4 混联式混合动力汽车动力系统设计

1. 发动机的选择

混联式混合动力汽车有更多的运行模式，可以以串联式和并联式中的任一种模式工作，也可以两种模式共同存在，有利于实现最佳的车辆性能。为了获得优异的燃油经济性，它的发动机功率按照平均行驶功率来选择。

2. 电机的选择

混联式混合动力汽车的电机的最大功率要满足加速、爬坡时峰值行驶功率的需求，如式（5-13）所示。另外，混联式混合动力汽车有一定里程的纯电动行驶能力，这就要求电机有以一定车速单独连续驱动车辆的能力，若设定的纯电动最高车速为 u_e，则电动机的

额定功率应满足式（5-14）。

$$P_N \geq \frac{1}{\eta_t}\left(\frac{Gf}{3600}u_e + \frac{C_D A}{76140}u_e^3\right) \tag{5-14}$$

3. 电池的选择

混联式混合动力汽车的电池数量要满足最大行驶功率的要求，按式(4-3)计算。如果混联式混合动力汽车有较长的纯电动行驶里程，电池数量还要满足式(4-4)的计算值。所需的最少电池数量取两者的大值。

1. 何谓混合动力汽车？为什么要发展混合动力汽车？
2. 混合动力汽车有哪些类型？
3. 串联式混合动力汽车的省油机理是什么？
4. 并联式混合动力汽车中电动机和发动机的动力如何合成？
5. 插电式混合动力汽车与普通混合动力汽车有何异同？
6. 增程式电动汽车与插电式混合动力汽车有何异同？
7. 混合动力汽车各动力部件有哪些主要参数？设计时是如何确定的？

第 6 章
燃料电池汽车

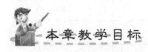

本章教学目标

通过本章的学习，要求了解燃料电池的类型与应用，以及氢气的制取和车载储存方式，掌握质子交换膜燃料电池的结构与工作原理，以及燃料电池汽车的组成与分类，对燃料电池汽车的氢安全问题有初步了解。

本章教学要点

知识要点	能力要求	相关知识
燃料电池	了解燃料电池的定义与类型； 了解氢的制取与储存	简单氢氧燃料电池的原理； 车载储氢
质子交换膜燃料电池	掌握质子交换膜燃料电池工作原理； 掌握质子交换膜燃料电池的组成与特性； 掌握质子交换膜燃料电池各部件的基本要求	Nafion膜的结构与特性； 电极材料； 催化剂载体； 燃料电池的水热管理
燃料电池汽车	掌握燃料电池汽车的组成； 掌握燃料电池汽车的类型与相应特点	直接供氢的燃料电池系统； 车载甲醇重整制氢； 混合驱动燃料电池汽车
燃料电池汽车的氢安全	了解氢气的安全特性； 了解燃料电池汽车的氢安全措施	氢的泄漏性、扩散性与可燃性； 氢管理系统

导入案例

当前的燃料电池汽车性能已经达到传统汽车水平。表6-1列出了各大汽车公司研发的几款燃料电池汽车的性能。燃料电池堆及整车成本太高是阻碍燃料电池汽车推广普及的一个重要原因。根据美国能源部的数据，按每年50万辆批量生产计算，2002年燃料电池的成本是$275元/kW，2011年降到了$49元/kW，2017年的目标是降到$30元/kW。此外，加氢站建设的滞后也限制了燃料电池汽车的推广。今后一段时间，燃料电池汽车的研发方向是降低燃料电池的成本(通过减少Pt用量、降低空压机功耗与成本、降低储氢成本等措施)，延长燃料电池使用寿命，进一步增强整车的可靠性、安全性及加快加氢站等基础设施的建设。

表6-1 部分燃料电池汽车的性能

车型	通用Hydrogen 4	奔驰B-Class FCV	丰田FCHV-adv	本田FCX Clarity
最高车速/(km/h)	160	170	155	160
续驶里程/km	320	380	830	620
燃料电池功率/kW	85~92	100	90	100
冷起动能力/℃	-40	-25	-30	-30
氢罐压力/MPa	70	70	70	35

6.1 燃料电池概述

6.1.1 燃料电池的概念与特点

1. 燃料电池的概念

燃料电池是一种将储存在燃料和氧化剂中的化学能通过电极反应直接转化为电能的发电装置。燃料电池平时将燃料(如氢气、甲醇等)和氧化剂(如氧气)分别作为电池两极的活性物质保存在电池的本体之外，在使用时将它们通入电池体内，使电池发电，只要持续供应，电池就会源源不断提供电能，因而其容量在理论上是无限的，但实际上由于元件老化和故障等原因，燃料电池有一定的寿命。

燃料电池实质上是电化学反应发生器，由阴极、阳极和电解质三部分组成。其反应机理是将燃料中的化学能不经燃烧而直接转化为电能。氢和氧是燃料电池常用的燃料和氧化剂，下面以氢氧燃料电池为例说明它的基本工作原理。如图6.1所示，电解质两侧分别为阳极(燃料电极)和阴极(氧化剂电极)，作为燃料的氢气通入阳极，阳极为燃料和电解质提供了一个接触面，在催化剂作用下发生氧化反应，氢原子失去电子成为H^+，阳极电化学反应式为

$$H_2 \longrightarrow 2H^+ + 2e^-$$

阳极失去的电子通过外部电路到达阴极,而 H^+ 则经过电解质到达阴极。阴极发生还原反应,通入阴极的氧气与电解质中的 H^+ 吸收外电路的电子,在催化剂的作用下生成水,反应式为

$$O_2+4H^++4e^- \longrightarrow 2H_2O$$

当外电路接上负载,燃料电池就形成了电流向负载提供电能,燃料电池的总反应式为

$$2H_2+O_2 \longrightarrow 2H_2O$$

氢氧燃料电池电化学反应排出一定的反应产物(水),同时也要放出一定的废热,以维持电池工作温度的恒定。燃料电池本身只决定输出功率的大小,其储存的能量大小由储存在储罐内的燃料与氧化剂的量决定。

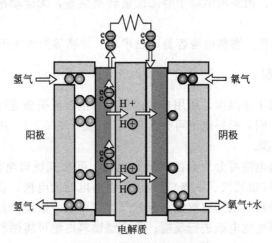

图 6.1 燃料电池原理图

2. 燃料电池与普通电池的异同

普通电池分为一次电池和二次电池(蓄电池)。一次电池的化学能储存在电池物质中,当电池放电时,电池物质发生化学反应,直到反应物质全部反应消耗完毕,电池就再也发不出电了。所以一次电池所发出的最大电能等于参与电化学反应的化学物质完全反应时所产生的电能。二次电池可以利用外部供给的电能,使电池反应向逆方向进行,再生成电化学反应物质。从能量角度看,就是将外部能量充给电池,使其可再发电,实现反复使用的功能。

从根本上讲,燃料电池与普通一次电池一样,是使电化学反应的两个电极反应分别在阴极和阳极上发生,从而在外电路产生电流来发电的。所不同的是,普通一次电池是一个封闭体系,与外界只有能量交换而没有物质交换。换言之,电池本身既作为能量的转换场所也同时作为电极物质的储存容器,当反应物消耗完时电池就不能继续提供电能。而燃料电池是一个敞开体系,与外界不仅有能量的交换,也存在物质的交换。外界为燃料电池提供反应所需的物质,并带走反应产物。

燃料电池与二次电池共同之处是,都可将化学能转变为电能。它们也有很大区别:二次电池是能量存储装置,可将化学反应能与电能可逆转换;燃料电池本体只是个能量转换装置,放电的电化学反应不可逆,即不可充电,它的能量补充来自外部输入的燃料和氧化剂。

3. 燃料电池的特点

燃料电池作为一种能量转化装置，与车用内燃机相比，主要具有以下优点。

（1）效率高。燃料电池不是热机，因此不受卡诺循环的限制，效率很高，目前已达60%。

（2）零排放或排放极低，对环境基本无污染。燃料电池没有燃烧过程，用化学方式直接转换化学能，属于"冷燃烧"。氢氧燃料电池的产物只有水，没有其他废气排出。

（3）过载能力强。燃料电池的短时过载能力可达2倍的额定功率或更大，而内燃机没有这样强的过载能力，燃料电池的这个特点特别适合汽车的短时加速的特性。

（4）振动与噪声小。燃料电池属于静态能量转换装置，无运动部件，因此在运行过程中噪声和振动很小。

（5）易于实现模块化。燃料电池容易通过串联、并联等模块化组合，提高输出功率。

6.1.2 燃料电池的类型

燃料电池可依据其工作温度、所用燃料的种类和电解质类型进行分类。

按照工作温度的不同，燃料电池可分为低温型（低于200℃）、中温型（200～750℃）和高温型（大于750℃）三类。

按燃料来源，燃料电池可分为直接式燃料电池、间接式燃料电池和再生型燃料电池。直接式燃料电池将燃料（如氢气、甲醇）直接供给燃料电池的电极，在催化剂的作用下发生电化学反应；间接式燃料电池是将汽油、天然气、二甲醚等能源经过重整或纯化得到氢气或富氢燃料再供给燃料电池电极进行反应；再生型燃料电池可将燃料电池生成的水经适当处理分解成氢气和氧气，输送给燃料电池电极循环使用。

按照电解质的不同，可将燃料电池分为碱性燃料电池（AFC）、磷酸型燃料电池（PAFC）、熔融碳酸盐燃料电池（MCFC）、固体氧化物燃料电池（SOFC）及质子交换膜燃料电池（PEMFC）等。

（1）碱性燃料电池。碱性燃料电池是以KOH或者NaOH等强碱性的水溶液为电解质，氢为燃料，纯氧或者脱除微量二氧化碳的空气为氧化剂的燃料电池。碱性燃料电池在燃料电极处采用多孔镍或铂、钯为催化剂，在氧电极处用多孔银或金属氧化物、尖石晶为催化剂。氧电极和燃料电极的外侧为石墨复合材料的多孔质夹层，供燃料或氧气在其中流动。它的工作温度为50～200℃。

碱性燃料电池需要以纯氢为燃料，这是因为C会生成CO和CO_2，CO会引起催化剂中毒，并且会与碱性溶液生成碳酸盐，大大降低燃料电池的性能。

碱性燃料电池是最早开发并获得成功的燃料电池，早在20世纪60年代就被用于太空飞船和登月飞行。碱性燃料电池具有稳定、耐久性强、启动快、可用非贵重金属作催化剂以及效率高（60%～90%）等优点，目前仍是最适合于太空使用的燃料电池。碱性燃料电池分为中温（工作温度约为523K）和低温（工作温度低于373K）两种。中温碱性燃料电池主要作为航天和太空电源，低温碱性燃料电池是今后开发重点，其应用目标是便携式电源和交通工具用动力电源。

（2）磷酸燃料电池。磷酸燃料电池以浓磷酸为电解质，采用铂、多孔石墨为催化剂。通常磷酸燃料电池是用甲醇经过重整处理转化的H_2为燃料，H_2不断地输入到燃料电极石墨多孔质燃料夹层中，80%以上分解后的 H^+ 经过多孔质催化剂层和只能通过 H^+ 的高分子电解质膜，移动到氧电极处与 O_2 发生氧化反应。在氧电极处，经过过滤的氧气或空气，进入氧电极石墨多孔质空气夹层中，使得磷酸燃料电池能够不断产生电能。

磷酸燃料电池工作温度为 180～220℃。它性能稳定、发电效率高、清洁，能自行排水，能耐受 CO，不能耐受 S，余热可以用于电池内部加压和重整。但它用铂作为催化剂，成本高，并且启动时间长，氧电极极化大、消耗大，对燃料气体的质量要求高。

磷酸燃料电池用于发电厂包括两种情形：用于分散型发电厂，容量在 10～20MW 之间，安装在配电站；用于中心电站型发电厂，容量在 100MW 以上，可以作为中等规模热电厂。磷酸燃料电池电厂比起一般电厂具有如下优点：即使在发电负荷比较低时，依然保持高的发电效率；由于采用模块结构，现场安装简单、省时，电厂扩容容易。

(3) 熔融碳酸盐燃料电池。熔融碳酸盐燃料电池以 Li_2CO_3 和 K_2CO_3 混合物为电解质。在燃料电极处采用多孔镍为催化剂，在氧电极处采用掺锂和氧化镍为催化剂。化学反应温度为 600～700℃。当温度加热到 600℃时，Li_2CO_3 和 K_2CO_3 混合盐就会溶化，产生碳酸根离子，从阴极流向阳极，与氢结合生成水、二氧化碳和电子。电子然后通过外部回路返回到阴极，在这过程中发电。

熔融碳酸盐燃料电池可以用非贵重金属作为催化剂，能够耐受 CO 和 CO_2，可以采用富氢燃料，余热温度高，可以充分利用。以 Li_2CO_3 和 K_2CO_3 混合物为电解质，可能会烧损或脆裂，降低了电池的寿命。在整个化学反应过程中，CO_2 要循环使用，从燃料电极排出的 CO_2 要经过除 H_2 后按一定比例与空气混合后送入氧电极，增加了电池的结构和控制的复杂性。

熔融碳酸盐燃料电池工作的高温能在内部重整诸如天然气和石油的碳氢化合物，在燃料电池结构内生成氢。在这样高的温度下，尽管硫仍然是一个问题，但 CO 污染却不是问题了，可用廉价的镍作为催化剂。这种燃料电池的效率最高可达 60%。如果其发出的热量能够加以利用，其潜在的效率可高达 80%。但高温也会带来一些问题，需要较长的时间方能达到工作温度，因此不能用于交通工具和家庭电源，一般用于发电厂。

(4) 固体氧化物燃料电池。固体氧化物燃料电池属于第三代燃料电池，是一种在中高温下直接将储存在燃料和氧化剂中的化学能高效、环境友好地转化成电能的全固态化学发电装置。固体氧化物燃料电池采用氧化钇为稳定剂，氧化锆固体氧化物作为固态电解质，在燃料极处采用 $Ni+YZrO_2$ 固体氧化物为催化剂，在氧电极处采用 $Sr_{0.1}La_{0.9}MnO_3$ 固体氧化物为催化剂。其反应温度为 800～1000℃。在这种燃料电池中，当氧离子从阴极移动到阳极氧化燃料气体(主要是氢和一氧化碳的混合物)时便产生能量。阳极生成的电子通过外部电路移动返回到阴极上，减少进入的氧，从而完成循环。

固体氧化物燃料电池的特点：由于温度高能抵御 CO 的污染，故燃料面广，可用煤、石油或天然气作为燃料；高温条件下可以不用催化剂就发生化学反应；固体氧化物催化剂对电池的结构材料没有腐蚀；可以实现内部重整，余热可以用来加热空气和甲醇等燃料；全固态固体氧化物材料制取困难，制作工艺复杂；由于工作温度高，需要采用隔热措施；热效率较熔融碳酸盐燃料电池低。

由于工作温度很高，固体氧化物燃料电池适合于发电厂，难以用于驱动汽车。

(5) 质子交换膜燃料电池。质子交换膜燃料电池也称为固态聚合燃料电池(SPFC)。质子交换膜燃料电池的质子交换膜多采用全氟磺酸质子交换膜，具有电解质、电极活性物质的基底和能够选择透过离子的功能。这种燃料电池采用两个碳电极和质子交换膜,在电极内浸入氟磺酸并与质子交换膜压合。在电极之间为催化剂层和质子交换膜电解质。工作时,输送到多孔质燃料夹层中的 H_2,扩散到多孔阳极板中,在催化剂的作用下转化为电子和 H^+,H^+ 通过质子交换膜到达阴极,与阴极多孔质空气夹层中的 O_2 发生氧化作用,转化为电能和水。

质子交换膜燃料电池采用贵重金属铂作为催化剂。燃料气体中的 CO 会使铂中毒,因此对燃料有较高要求。质子交换膜燃料电池比能量高达 200Wh/kg,单体电池电压为 1V,具有无腐蚀、安全耐用、在常温下容易快速起动和关闭等优点。

质子交换膜燃料电池发电作为新一代发电技术,主要用于车辆驱动及小型便携电源,中、大功率发电系统目前也取得较大进展。

各种燃料电池的特性比较见表 6-2。

表 6-2 各种燃料电池的特性比较

类型	碱性燃料电池	磷酸燃料电池	熔融碳酸盐燃料电池	固体氧化物燃料电池	质子交换膜燃料电池
电解质	氢氧化钾溶液	磷酸溶液	碳酸锂和碳酸钾	氧化锆陶瓷	质子交换膜
燃料	H_2	H_2、天然气等	天然气、液化石油气等	石油、煤、天然气、液化石油气等	H_2、甲醇等
氧化剂	O_2	空气	空气	空气	空气
工作温度/℃	50~200	180~220	600~700	800~1000	25~105
效率	60%~90%	37%~42%	>50%	50%~65%	43%~58%
启动时间	几分钟	2~4h	>10h	>10h	几分钟
特点	无污染,效率高,少维护	低污染,低噪声,随着连续运行电效率降低	有效利用能源,低噪声,腐蚀性电解质	有效利用能源,低噪声,腐蚀性电解质	污染排放很低,低噪声,适合于大规模生产
应用	航天、军事	中小电厂	大型发电厂	大型发电厂	车辆驱动,小型电源

6.2 氢的制取与储存

由于具有工作温度低、起动快、比功率高及环保等优点,质子交换膜燃料电池是近年来研究最多、应用最广泛的燃料电池,当前大多数的燃料电池汽车采用这种类型的燃料电池。质子交换膜燃料电池的氧化剂是氧气,可方便地从空气获取。燃料电池最常用的燃料是氢气。氢虽然是地球上最丰富的元素,但自然界中氢多以化合物的形式存在,氢气极少。为此,曾有学者指出,解决氢源问题比解决燃料电池本身问题更有意义。未来大规模推广应用燃料电池必须先解决氢源的问题。

6.2.1 氢的制取

目前的工业制氢主要利用化石燃料来制氢,还广泛采用电解水制氢的方法。近年来,随着对大规模制氢需求的提高以及技术的发展,一些环保的、低成本的、新型的制氢方法,如太阳能制氢、生物制氢、热化学分解水制氢等方法应运而生,它们将逐渐成为大规模制氢的主流。

1. 化石燃料制氢

化石燃料制氢是目前制氢的主要途径,其缺点是化石燃料储量有限,且制氢过程会对环境造成污染。化石燃料制氢主要有天然气制氢和煤气化制氢。

1) 天然气制氢

天然气制氢可采用天然气蒸气重整、部分氧化和自热重整等方法。

(1) 天然气蒸气重整。首先清除天然气中的硫化物,然后和水蒸气混合,送入内部有镍-氧化铝催化剂的反应器,同时从外部加热生成 CO 和 H_2,反应式为

$$CH_4 + H_2O \longrightarrow CO + 3H_2$$

然后,发生水-气转化反应,将 CO 和 H_2O 转化成 CO_2 和 H_2,反应式为

$$CO + H_2O \longrightarrow CO_2 + H_2$$

随着反应的进行,水蒸气有可能被 CO_2 取代,因此会发生下面的反应:

$$CH_4 + CO_2 \longrightarrow 2CO + 2H_2$$

H_2 中若含有 CO,会使燃料电池中的催化剂中毒,降低燃料电池的性能和寿命。为此,反应器输出的 H_2 要进行提纯,清除其中的 CO、S 等有害物质。用天然气重整制取 1kg 的 H_2,需要 2kg 的 CH_4 和 4.5kg 的水。

(2) 天然气部分氧化。天然气可在氧气中部分氧化生成合成气(水煤气),反应式如下:

$$CH_4 + 1/2 O_2 \longrightarrow CO + 2H_2$$

以上反应是放热反应,使用或不使用催化剂均可。

(3) 天然气自热重整。天然气自热重整是结合天然气蒸气重整和部分氧化的一种新方法,是指在氧气内部燃烧的反应器内完成全部烃类物质转化反应的过程。部分氧化是个放热反应,它放出的热量可提供给蒸气重整过程,这样既可限制反应器内的最高温度又可降低能耗。天然气自热重整的总反应式为

$$CH_4 + xO_2 + (2-2x)H_2O \longrightarrow CO_2 + (4-2x)H_2$$

2) 煤气化制氢

所谓煤气化,是指煤与气化剂在一定的温度、压力等条件下发生化学反应而转化为煤气的工艺过程。煤气化技术按气化前煤炭是否经过开采,可分为地面气化技术(即将煤放在气化炉内气化)和地下气化技术(即让煤直接在地下煤层中气化)。煤气化制氢曾经是主要的制氢方法,随着石油工业的兴起,特别是天然气蒸气重整制氢技术的出现,煤气化制氢技术呈现逐步减缓发展态势。但对中国来说,煤炭资源丰富,价格相对低廉,而天然气价格较高,且资源储量并不大,因此对我国大规模制氢而言,煤气化是一个重要的途径。

(1) 煤的地面气化技术。其主要包括三个过程,即造气反应、水煤气转化反应、氢的纯化与压缩。

造气反应生成焦炉煤气、水煤气、半水煤气等 CO 和水的合成气,方程式为
$$C(s)+H_2O(g)\longrightarrow CO(g)+H_2(g)$$
水煤气转化反应将 CO 和水的合成气转化为 CO_2 和 H_2,方程式为
$$CO+H_2O\longrightarrow CO_2+H_2$$
煤气化反应是一个吸热反应,反应所需热量由碳的氧化反应提供。

(2) 煤的地下气化技术。煤地下气化就是将地下处于自然状态下的煤进行有控制的燃烧,通过对煤的热作用及化学作用产生可燃气体,这一过程在地下气化炉的气化通道中由 3 个反应区域(氧化区、还原区和干馏干燥区)来实现。煤的地下气化技术被认为是实现大规模制氢的候选技术之一。

2. 利用工业生产含氢尾气制氢

1) 合成氨生产尾气制氢

在合成氨的生产过程中,含氢尾气的回收利用制氢应用广泛。制造合成氨的合成气中含有少量甲烷不参加合成反应,而且会在生产过程中逐渐积累,因此必须加以排除,与此同时也会把有效气体一起排放。合成氨的排放气压力$\geqslant 5.0$MPa,排放气的化学成分组成如下:H_2 占 50%~65%、N_2 占 15%~20%、Ar 占 3%~4.5%、$NH_3\leqslant 200\times 10^{-6}$。生产一吨合成氨,排放气量 150~250$Nm^3$。按我国每年生产合成氨能力为 1.5 亿 t 计算,每年可回收纯度大于 99% 的纯氢可达 120 亿 Nm^3。

2) 炼油厂回收富氢气体制氢

炼油厂石油加工过程中有多种副产富氢气体。例如,在催化重整过程中,烃类发生转移反应,副产大量的富氢气体(含氢量高达 80%);在加氢精制、加气裂化反应、渣油催化裂化等过程中均有排放气、副产富氢气体产生。采用相应的提氢装置,就可使这些富氢气体得到回收利用。现在一套提氢装置的处理能力可达 50000Nm^3/h,因此炼油厂利用富氢回收制氢产量相当可观。

3) 氯碱厂回收副产氢制氢

氯碱厂以食盐水(NaCl)为原料,采用离子膜或石棉隔膜电解槽生产烧碱(NaOH)和氯气(Cl_2),同时可得到副产品氢气。把这类氢气再去掉杂质,可制得纯氢,供各行各业使用。我国现在氯碱厂生产能力约为 550 万 t/年,以每生产 1t 烧碱,可得副产氢 270Nm^3 计算,每年可制得 14 亿 Nm^3 氢气。

4) 焦炉煤气中氢的回收利用

焦炭生产过程中,可获得焦炉煤气,其氢的含量为 50%~60%。可以用于法提取纯氢。绝大多数钢铁企业和焦化厂都生产焦炭。生产 1t 焦炭,可获得 400Nm^3 焦炉煤气,可提取纯氢 240Nm^3。我国焦炉煤气年产量约为 220 亿 m^3,可从焦炉煤气中提取纯氢 130 多亿立方米。

综上所述,利用化石燃料制氢是现在工业制氢的主要途径,而且在许多场合是石化、钢铁、焦化工业的重要副产品。

3. 电解水制氢

电解水制氢是传统的制氢方法,在技术上是十分成熟的一种方法。制氢原理相当简单,由浸没在电解液中的一对电极,以及中间隔一层防止氢气渗透的隔膜,构成水电解室。电解液一般是含有 30% 左右氢氧化钾(KOH)的溶液,当接通直流电后,水就分解为

氢气和氧气。

水电解制氢,技术成熟、设备简单、运行可靠、管理方便、不产生污染、可制得氢气纯度高、杂质含量少,适用于各种应用场合。唯一缺点是耗能大,制氢成本高。目前商品化的水电解制氢装置的操作压力为 0.8～3.0MPa,制氢纯度可达 99.7%,制氧纯度达 99.5%。

水电解制氢的关键是如何降低电解过程中的能耗,提高能源转换效率。电解水制氢一般都以强碱、强酸或含氢盐溶液作为电解液。目前商用电解槽法,能耗水平约为生产 $1m^3$ 的氢气需要 4.5～5.5kWh 的电。这表明采用此法的制氢成本过高,对于大规模商业化制氢是不合适的。目前各国正研发低能耗电解水技术。例如,美国 GE 公司开发一种固体高分子电解质水解法,以离子交换膜作为隔膜和电解质,使电解过程的能耗大大降低。

用常规能源(煤、石油等)生产的电来电解水制氢,显然在成本、能量效率和环保方面是没有优势的。近来,利用水利能、太阳能、风能、地热等可再生能源发电来制氢受到人们的很大关注,这样可以实现从制氢到燃料电池应用的整个能量链的低污染、低排放。

4. 其他制氢方法

除了传统的化石燃料制氢和电解水制氢,目前还有一些正在发展中的制氢技术,如热化学分解水制氢、太阳能制氢和生物制氢。

1) 热化学分解水制氢

所谓热化学分解水制氢是指在一定温度条件下,直接利用热使水通过一定的化学反应过程进行分解来制取氢气。直接用热使水分解是非常困难的,热化学法则是借助于复杂的化学反应过程,通过某些装置把热能转化为化学能,制取氢气。这与水的电解法制氢不同,水的电解法制氢是由电能转化为化学能,制取氢气。显然后者要求能量转换多次,效率相对前者要低得多。到目前为止虽有多种热化学制氢方法,但总效率都不高,仅为 20%～50%,而且还有许多工艺问题需要解决。

2) 太阳能制氢

太阳能是取之不尽的可再生、环保能源,利用太阳能制氢有多种方式,主要包括太阳能热分解水制氢、太阳能电解水制氢、太阳能光化学分解水制氢、太阳能光电化学分解水制氢等。

(1) 太阳能热分解水制氢。太阳能热分解水制氢有两种方法,即直接热分解和热化学分解。前者需要把水或蒸气加热到 3000K 以上,水中的氢和氧才能够分解,虽然其分解效率高,不需要催化剂,但太阳能聚焦费用太昂贵。后者是在水中加入催化剂,使水中氢和氧的分解温度降低到 900～1200K,催化剂可再生后循环使用,目前这种方法的制氢效率已达 50%。

(2) 太阳能电解水制氢。太阳能电解水制氢是首先将太阳能转换成电能,然后再利用电能来电解水制氢。

(3) 太阳能光化学分解水制氢。将水直接分解成氧和氢是很困难的,但把水先分解为氢离子和氢氧离子,再生成氢和氧就容易得多。基于这个原理,先进行光化学反应,再进行热化学反应,最后再进行电化学反应即可在较低温度下获得氢和氧。在上述三个步骤中可分别利用太阳能的光化学作用、光热作用和光电作用。这种方法为大规模利用太阳能制氢提供了实现的基础,其关键是寻求光解效率高、性能稳定、价格低廉的光敏催化剂。

(4) 太阳能光电化学分解水制氢。该法利用特殊的化学电池,这种电池的电极在太阳光的照射下能够维持恒定的电流,并将水离解而获取氢气。这种方法的关键是需要有合适的电极材料。

3) 生物制氢

人们已发现江河湖海中的某些藻类也有制氢的能力,如小球藻、固氮蓝藻、绿藻等就能以太阳光作动力,用水作原料,源源不断地放出氢气来。生物制氢是通过高效产氢细菌的作用,把自然界存在于有机化合物(碳水化合物、蛋白质等)的能量转化为氢气。能够产氢的微生物分为两类:一类是光合厌氧型产氢细菌,另一类是厌氧型产氢细菌。前一类又称光合菌,它是利用有机酸经过光照之后产生氢气和二氧化碳。后一类又称厌氧菌,它是利用碳水化合物(单糖、二糖或多糖等)及蛋白质等发酵,产生氢气、二氧化碳和有机酸,其中有机酸还可利用光合菌在光照下产生氢气和二氧化碳。通过微生物制取的氢和二氧化碳气体,再经过提氢装置加以分离,就可以制得纯度高于99%的纯氢。

各种以粮食类为原料进行加工的食品厂、酒精厂、啤酒厂、味精厂等的生产过程中会排放高浓度有机废水,既可将高浓度有机废水处理达标后排放,又可制取氢气。处理1吨高浓度的有机废水,可制取 $5\sim8Nm^3$ 氢气。目前人们还正在研发对农作物废弃的植物秸秆以及海藻等的发酵液的微生物制氢技术。总之,生物制氢是可持续地从自然界中获取氢气的重要途径之一,具有良好的应用前景。

6.2.2 氢的提纯

无论采用何种原料制备氢气,都只能得到含氢的混合气,需要进一步提纯和精制,以得到高纯氢。目前,用于精制高纯氢的方法主要有:冷凝-低温吸附法、低温吸收-吸附法、变压吸附法、钯膜扩散法、金属氢化物分离法以及这些方法的联合使用。

(1) 冷凝-低温吸附法。纯化分两步进行:首先,采用低温冷凝法进行预处理,除去杂质水和二氧化碳等,需在不同温度下进行二次或多次冷凝分离。再采用低温吸附法精制,经预冷后的氢进入吸附塔,在液氮蒸发温度(−196℃)下,用吸附剂除去各种杂质。如可用活性氧化铝进一步除去微量水,分子筛吸附除 O_2 和 N_2,硅胶除 CO、N_2、Ar,活性炭除 CH_4 等。吸附剂用加热 H_2 再生。工艺多采用两个吸附塔交替操作。净化后 H_2 纯度达 99.999%~99.9999%。

(2) 低温吸收-吸附法。纯化分两步进行:首先,根据原料氢中杂质的种类,选用适宜的吸收剂,如甲烷、丙烷、乙烯、丙烯等,在低温下循环吸收和解吸氢中杂质。例如,可用液体甲烷在低温下吸收 CO 等杂质,再用丙烷吸收其中的 CH_4,可得到纯度为 99.99% 的 H_2。然后,再经低温吸附法,用吸附剂除去其中微量杂质,制得纯度为 99.999%~99.9999% 的高纯氢。

(3) 变压吸附法。变压吸附是利用气体组分在吸附剂上吸附特性的差异以及吸附量随压力变化的原理,通过周期性的压力变化过程实现气体的分离。由于该方法具有能耗低、产品纯度高、工艺流程简单、预处理要求低、操作方便可靠、自动化程度高等优点,在气体分离领域得到广泛使用。变压吸附法制氢,可用各种气源为原料,技术成熟,产品纯度可以在 99%~99.999% 范围内灵活调节。

(4) 钯膜扩散法。利用钯合金膜在一定温度(400~500℃)只能使 H_2 透过,其他杂质气体不能渗透的特性，使 H_2 得到纯化。这种方法对原料气中 O_2 和水的要求很高。O_2 在钯合金膜会产生氢氧催化反应而造成钯合金局部过热，水又会使钯合金发生氧化中毒。所以，原料气需先透过预纯化器除去 O_2 和水，再经过滤器除尘后，才能送入钯合金扩散室纯化，得到 H_2 的纯度可达 99.9999%。但钯膜扩散法提纯仅适用于小规模生产。

（5）金属氢化物分离法。金属氢化物精制和储存氢是一项新技术。利用储氢合金对氢进行选择性化学吸收，生成金属氢化物，氢中杂质则浓缩于氢化物之外随废氢排出，氢化物再发生分解反应放出氢，使氢得到纯化。氢气进入氢合金纯化器之前通常需先进行预处理，以除去大部分 O_2、CO、H_2O 等杂质。纯化装置通常由数个纯化器联合操作，连续得到高纯氢，纯度可达 99.9999% 以上。金属氢化物在反复吸氢、放氢过程中会逐渐粉化，因此还必须在生产装置终端装有高效过滤器以除去粉尘。

6.2.3 氢的储存

当氢作为一种燃料时，必然具有分散性和间歇性使用的特点，因此必须解决储存和运输问题。氢气无论以气态还是液态形式存在，密度都非常低，气态时为 0.08988g/L，约为空气的 7%；液态（-253℃）时为 70.8g/L，约为水的 7%。表 6-3 为氢气、甲烷和汽油的密度比较。

表 6-3 氢气、甲烷和汽油在气态和液态下的密度

燃料	气态(20℃，1atm)		液态(沸点，1atm)	
	绝对值/(g/L)	相对于氢	绝对值/(g/L)	相对于氢
氢气	0.09	1.00	70.8	1.0
甲烷	0.65	8.13	422.8	6.0
汽油	4.4	55.0	700.0	9.9

氢在一般条件下以气态形式存在，且易燃、易爆，这就为储存和运输带来了很大的困难。储氢和输氢要求安全性高、能量密度大（包含体积能量密度和质量体积密度）、能耗少。当作为车载燃料使用时，应满足车辆行驶的能量要求。对于车用氢气存储系统，国际能源署提出的目标是质量储氢密度大于 5%、体积储氢密度大于 $50kgH_2/m^3$，并且放氢温度低于 423K，循环寿命超过 1000 次；美国能源部提出的目标是质量储氢密度不低于 6.5%，体积储氢密度不低于 $62kgH_2/m^3$。假定一辆普通汽车行驶 400km 需消耗汽油 24kg，要达到相同行驶里程，以氢气为电池燃料的燃料电池汽车（燃料电池效率为 50%～60%），则大致需要 4kg 的氢。

总体说来，氢气储存可分为物理法和化学法两大类。物理储存方法主要包括高压氢气储存、液氢储存、活性炭吸附储存、碳纤维和碳纳米管储存、玻璃微球储存等。化学储存方法有金属氢化物储存、有机液态氢化物储存、无机物储存、铁磁性材料储存等。

1. 高压氢气储存

对于一定量的气体，当温度一定时，升高压力会减小气体所占的体积，从而提高了氢气的密度。高压储氢就是基于这一原理的一种常用的氢气储存方法，其储氢压力一般为 12～15MPa，有的可达到 20MPa。

普通高压气态储氢是一种应用广泛、简便易行的储氢方式，而且成本低，充放气速度快，且在常温下就可进行。但其缺点是需要厚重的耐压容器，并要消耗较大的氢气压缩功，存在氢气易泄漏和容器爆破等不安全因素。一般一个充气压力为15MPa的高压钢瓶质量储氢密度仅约为1%，体积储氢密度仅约为$8kgH_2/m^3$；供太空用的钛瓶质量储氢密度也仅为5%。可见，高压钢瓶储氢的能量密度一般都比较低。

近年来开发的由碳纤维复合材料组成的新型轻质耐压储氢容器，其储氢压力可达20~60MPa。耐压容器是由碳纤维、玻璃、陶瓷等组成的薄壁容器，其储氢方法简单，储氢密度较大，储氢量可达5%~10%。目前正在研究能耐压80MPa的轻型材料，其储氢的体积密度可达到$36kgHz/m^3$。但这类高压气瓶需要解决阀体与容器的接口及快速加氢等关键技术。

车载高压氢气储存是目前最简单和常用的方法，但还存在以下问题：普通制成的储气瓶的储氢密度小，携带的氢气量少，不利于获得较长的车辆续驶里程；高压容器本身需要特殊照顾与维护，加上容器中装的是易燃易爆又易渗漏的氢气，车祸时可能有严重的后果；容器压力越高，充氢站的建设、压缩运行所花的代价越高。

2. 液氢储存

氢气在一定的低温下，会以液态形式存在。低温液态储氢先将氢气压缩，在经过节流阀之前进行冷却，经历焦耳-汤姆逊等焓膨胀后，产生一些液体。将液体分离后，将其储存在高真空的绝热容器中，气体继续进行上述循环。

液氢储存具有较高的体积能量密度。常温、常压下液氢的密度为气态氢的845倍，体积能量密度比压缩储存要高好几倍，与同一体积的压缩储氢容器相比，其储氢质量大幅度提高，可达10%以上。液氢储存工艺特别适宜于储存空间有限的运载场合，如航天飞机用的火箭发动机、汽车发动机和洲际飞行运输工具等。

氢气的液化温度非常低，达到-253℃，因此液氢储气罐的设计要特别考虑绝热问题。如图6.2所示，储气罐外壳由超绝热材料包裹，设有液氢进出口1、安全排气阀3。其内部装有液位计5和压力表6。由于液氢在气化时吸收大量的热量，所以储氢系统还还应包括热交换和压力调节系统。

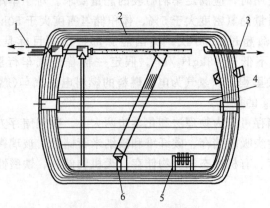

图6.2 液氢储气罐

1—液氢进出口；2—超绝热材料；3—安全排气阀；
4—液氢；5—液位计；6—压力表

若仅从质量和体积上考虑，液氢储存是一种极为理想的储氢方式。但是由于氢气液化要消耗很大的冷却能量，液化1kg氢需耗电4～10kWh，增加了储氢和用氢的成本。另外液氢储存容器必须使用超低温用的特殊容器，由于液氢储存的装料和绝热不完善容易导致较高的蒸发损失，因而其储存成本较贵，安全技术也比较复杂。

近来出现有一种壁间充满中空微珠的新型绝热容器。这种二氧化硅的微珠直径为30～150μm，中间空心，壁厚为1～5μm。在部分微珠上镀上厚度为1μm的铝可抑制颗粒间的对流换热，将部分镀铝微珠（一般为3%～5%）混入不镀铝的微珠中可有效地切断辐射传热。这种新型的绝热缘容器不需要抽真空，但绝热效果远优于普通高真空的绝热容器，是一种理想的液氢储存罐，美国宇航局已采用这种新型的储氢容器。

大规模推广车载液态储氢目前还需要解决低温容器的热漏损及液氢的生产、储存、运输、向车上加注和氢消耗大量能量等问题。

3. 金属储氢

氢可以从金属氢化物的形式储存在合金中。这类合金大都属于金属间化合物，制备方法可沿用制造普通合金的技术。这类材料有一种特性，即当把它们在一定温度和压力下曝置在氢气中时，就可吸收大量的氢气，生成金属氢化物。而在加热条件下，金属氢化物又释放出氢气，利用这一特性就可有效地储氢。目前人们已研究成功多种储氢合金，它们大致可以分为钛系储氢合金、锆系储氢合金、铁系储氢合金及稀土系储氢合金。

金属氢化物中的氢以原子状态储存于合金中，重新释放出来时经历扩散、相变、化合等过程。这些过程受热效应与速度的制约，因此金属氢化物储氢比液氢和高压氢安全，并且有很高的储存容量。表6-4列出了一些金属氢化物的储氢能力，从中可以看出有些金属氢化物的体积储氢密度与液氢相同甚至超过液氢。

表6-4 部分金属氢化物的储氢能力

储氢介质	氢原子密度/(个/cm³)	相对体积储氢密度	含氢质量比/(%)
标态下的氢气	0.0054×10^{22}	1	100
15MPa氢气	0.81×10^{22}	150	100
-253℃液氢	4.2×10^{22}	778	100
$LaNi_5H_6$	6.2×10^{22}	1148	1.37
$FeTiH_{1.95}$	5.7×10^{22}	1056	1.85
$MgNiH_4$	5.6×10^{22}	1037	3.6
MgH_2	6.6×10^{22}	1222	7.65

金属储氢具有以下特点。

(1) 与高压氢气储存相比，体积储氢密度提高很多，但由于金属的质量较大，它的质量储氢密度仍然较低，仅为1.5%左右。

(2) 储氢压力为1～2MPa，远低于高压储氢，提高了安全性，充氢能耗也相应降低。

(3) 金属氢化物对氢气中的少量杂质如 O_2、H_2O、CO 等有较高的敏感度，甚至高于燃料电池催化剂的敏感度，所以金属储氢对原料氢有较高的质量要求。

(4) 储氢金属存在机械强度、反复充放后粉碎等问题，可反复充放的次数不多，价格昂贵。

(5) 储氢的容器要能够耐高压，还要有足够的换热面积，能够迅速地传递吸氢和放氢反应过程中释放或者需要的热量。

4. 吸附储氢

吸附储氢是近年来出现的新型储氢方法。由于其具有安全可靠和储存效率高等特点而发展迅速。吸附储氢方式分为物理吸附和化学吸附两大类，其中所使用的材料主要有分子筛、高比表面积活性炭和新型吸附剂(纳米材料)等。由于该技术具有压力适中、储存容器自重轻、形状选择余地大等优点，已引起广泛关注。

(1) 活性炭储氢。活性炭储氢是利用超高比表面积的活性炭作吸附剂的吸附储氢技术。研究表明，在超低温77K、2～4MPa条件下，超级活性炭质量储氢密度可达5.3%～7.4%。通过高硫焦制备的超级活性炭，在93K、6MPa条件下，储氢质量分数达到9.8%。超级活性炭储氢具有经济、储氢量高、解吸快、循环使用寿命长和易实现规模化生产等优点，但所需温度低，今后研究的重点将放在提高其储氢温度方面。

(2) 碳纳米管储氢。目前吸附储氢材料研究的热点是碳纳米材料，其中以碳纳米管最引人注目。由于碳纳米材料中独特的晶格排列结构，材料尺寸非常细小，具有较大的理论比表面积，被认为是一种很有前途的吸附储氢材料。碳纳米管可分为单壁碳纳米管和多壁碳纳米管。碳纳米管产生一些带有斜口形状的层板，层间距为0.337nm，而氢气分子的动力学直径为0.289nm，所以碳纳米管能用来吸附氢气。同时碳纳米管中含有许多尺寸均一的微孔，当氢到达材料表面时，除被吸附在材料表面上外，还受到毛细力的作用，被压缩到微孔中，由气态变为固态。因此，这种材料可以通过吸附而储存相当多的氢，碳纳米管对氢的吸附量比活性炭大得多。另外，由于这些层板之间氢的结合不牢固，压力降低时能够通过膨胀来释放氢气，解吸速度快(数十分钟内完成)，可直接获得氢气，使用方便。

碳纳米管的微观结构，如直径大小、孔径分布、单壁碳纳米管的成束情况、多壁碳纳米管的碳层数和阵列等均能影响纳米碳管的储氢性能。研究表明，在80K、10MPa下，单壁碳纳米管的质量储氢密度可达8.25%，其储氢量大大超过了传统的储氢系统，但多壁碳纳米管的储氢性能要逊色一些。目前人们正致力改善这种材料在室温附近的储氢性能，包括通过真空热处理、酸洗、化学氧化等预处理方式和选择适宜的储氢方法及储氢条件。

碳纳米管虽然具有较高的储氢量，但将其用作商业储氢材料还有一段距离，主要原因在于批量生产碳纳米管的技术尚不成熟且价格昂贵，在储氢机理、结构控制和化学改性方面还需更深入研究。

6.3 质子交换膜燃料电池

质子交换膜燃料电池(PEMFC)是一种清洁、高效的绿色环保动力源，具有工作温度低、起动快、比功率高、无噪声、结构简单等优点，因此拥有广阔的应用前景，微型质子交换膜燃料电池便携电源和小型质子交换膜燃料电池移动电源已达到产品化程度。同时，PEMFC也是燃料电池汽车上研究最多、使用最普遍的燃料电池类型。

6.3.1 组成与工作原理

如图 6.3 所示,一个单体质子交换膜燃料电池包括的部件有:一个固态聚合物质子交换膜(两侧载有催化剂,多采用铂)、两个电极(又称气体扩散层)和双极板(又称流场板)。其中,阳极和阴极被质子交换膜隔开,质子交换膜被水饱和,且内载有固态酸电解质,电解质内具有游离的 H^+,因此能完成 H^+ 从阳极转移至阴极的任务,但电子不能穿越电解质膜。H^+ 也叫质子,因而有聚合物质子交换膜这个名称。

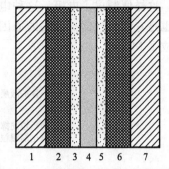

图 6.3 单体质子交换膜燃料电池
1,7—双极板(流场板);2,6—电极(气体扩散层);3,5—催化剂层;4—质子交换膜

氢燃料从阳极侧的双极板的流道流入阳极,氧则从阴极极侧的双极板的流道流入阴极。在阳极,氢分子首先会与电极表面的催化剂铂接触,氢分子被分裂并键合在铂表面,形成弱的 H—Pt 键。氢分子分裂成原子后,氧化反应就发生,每一个氢原子释放其电子,此电子沿外电路运动,到达阴极,这种电子的流动就形成了电流。剩下的 H^+ 黏附在膜表面的水分子上,形成水合氢离子(H_3O^+)。这些水合氢离子可离开催化剂,穿越膜材料到达阴极,这样催化剂就获得自由,可接纳下一批氢分子。在阴极,进入燃料电池的氧分子也是首先与电极表面的铂催化剂接触,氧分子被分裂并键合在铂表面,形成弱的 O—Pt 键,使得还原反应能够发生。而后氧原子离开铂催化剂,与来自外电路的电子和从膜穿过来的质子化合成水分子。阴极上的催化剂则获得自由,可接纳下一批氧分子。

可见,在质子交换膜燃料电池里,同时发生两个"半反应",一个是在阳极发生的氧化反应(失去电子),另一个是在阴极发生的还原反应(得到电子),这两个反应构成了一个总的氧化还原反应,反应生成物为水,反应式为

$$阳极:2H_2 \longrightarrow 4H^+ + 4e^-$$

$$阴极:O_2 + 4H^+ + 4e^- \longrightarrow 2H_2O$$

$$总反应:2H_2 + O_2 \longrightarrow 2H_2O$$

6.3.2 膜电极

在质子交换膜燃料电池中,电极、催化剂层、质子交换膜通常制成一体,称为膜电极(Membrane Electrode Assembly,MEA),如图 6.4 所示。

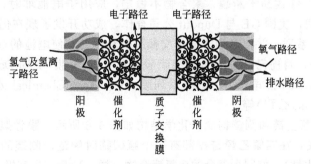

图 6.4 膜电极(MEA)

正负电极采用较多的催化剂材料是 Pt，用量约为 0.2mg/cm²。为了获得大的催化剂层的表面积，通常将很细的 Pt 颗粒固定在相对较大的炭粉粒子上，炭粉粒子起到支撑的作用，如图 6.5 所示。然后，将带 Pt 颗粒的炭粒子固定在多孔、导电性好的炭纸或炭布上，这样便制成了电极。这种电极由于由多孔性材料制成，能保证气体扩散到催化剂处，这也是它称为气体扩散层的原因。再下一步是将正负电极分别固定到质子交换膜两侧，便制成了 MEA。

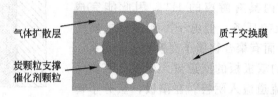

图 6.5 炭颗粒支撑催化剂颗粒

此外，还有一种制造 MEA 的方法是，先将带催化剂的炭粒子混入一定量的聚四氟乙烯，再将混合物用碾压、喷洒或印刷的方法，附加到质子交换膜上，最后再将炭纸或炭布加在它的两侧，起到气体扩散层和保护催化剂层的作用。这个气体扩散层同样也起到催化剂层与双极板之间的电路连接作用，还可以将反应产生的水从质子交换膜表面排出。

MEA 应当具有以下特性：具备适当的疏水性，最大限度地减小气体的传输阻力，使反应气体顺利由扩散层到达催化层发生电化学反应；可形成良好的氢离子通道，降低氢离子传输阻力；具有良好的机械强度及导热性；具有很好的化学稳定性和热稳定性及抗水解性。

1. 质子交换膜

质子交换膜不仅是一种隔离燃料与氧化剂的隔膜材料，也是电解质及催化剂的基底，它还是一种选择透过性膜，起着传导质子的作用。对质子交换膜的基本要求如下。

(1) 电导率高（高选择性地离子导电而非电子导电）。
(2) 化学稳定性好（耐酸碱和抗氧化还原能力强）。
(3) 热稳定性好。
(4) 良好的力学性能（如强度和柔韧性）。
(5) 反应气体的透气率低。
(6) 成本不能太高。

最早的质子交换膜是以碳氢为骨架的聚合物，如酚醛树脂磺酸膜、聚苯乙烯磺酸膜等。其结构中的 C—H 键易于断裂，聚合物不稳定，应用于电池堆时，寿命只有数小时。20 世纪 60 年代中期，美国 GE 与 Dupont 公司合作，成功开发了现在仍得到广泛应用的全氟型磺酸膜 Nafion 系列，并将其用于质子交换膜燃料电池，使电池的寿命提高到 57000h。除 Nafion 系列膜外，目前已开发的全氟型磺酸膜还有 Dow 膜（美国 DowChemical 公司）、BAM 膜（加拿大 Ballard 公司）、Aciplex 系列膜（日本 AsahiChemical 公司）和 Flemion 系列膜（日本 AsahiGlass 公司）等。

Nafion 膜由碳氟主链和侧链构成，化学结构如图 6.6 所示。膜骨架由疏水材料聚四氟乙烯（PTFE）链形成，在四氟乙烯链端部有一个氟碳临时侧链，侧链的终点是一个磺酸基（—SO_3H，具有亲水性）。如同大部分的含氟聚合物一样，Nafion 具有极强的抗化学侵蚀性。

磺酸基固定在氟碳基上，不会被移除，但与氟碳基不同的是，磺酸基会参与化学反应。

如图 6.7 所示，聚四氟乙烯链是长分子链，并且相互之间交错在一起，这些长分子链上带有一簇簇的磺酸侧链。长分子链是疏水的，但侧链是亲水的。磺酸基的存在使得 Nafion 有了以下重要的特性：由于磺酸基的强酸特性，Nafion 的功能就如酸催化剂；当接触到溶液时，Nafion 也能作为离子交换树脂；Nafion 可以在气相或液相状态快速吸水。每个磺酸基可以吸收高达 13 个水分子。磺酸基通过大量疏水性聚合物形成离子通道，而水也很快通过通道被运送。Nafion 是一种对水气有选择性的半渗透膜。但带负电的电子不能通过 Nafion 膜。

$—(CF_2—CF_2)_x—(CF_2—CF_2)_y—$
$\quad\quad\quad\quad\quad\quad |$
$\quad\quad\quad —(OCF_2CH_3F)_z—O(CF_2)_2SO_3H$
$\quad\quad\quad\quad\quad\quad |$
$\quad\quad\quad\quad\quad\quad CF_3$

图 6.6 Nafion 膜的化学结构（$x=6\sim10$，$y=z=1$）　　图 6.7 Nafion 的主链与侧链

Nafion 膜的性能与其含水量有很大的关系。干的 Nafion 机械强度好，有水时机械强度会降低。膜的质子导电性好，但 H^+ 的迁移必须伴随水的迁移，而有水时会影响气体扩散和带入杂质离子，膜内相对湿度为 30% 时 H^+ 导电率严重下降，15% 时已成绝缘体，所以膜内水量要很好地控制。另外，由于膜内必须有水，电池处于 0℃ 以下时水结冰会破坏膜。

全氟型磺酸膜的优点如下。
(1) 具有极高的化学稳定性。
(2) 有很高的质子电导率。
(3) 高的机械强度和低的气体透气率。
(4) 作为电解质还充当电极反应的介质，催化剂在膜中的催化活性高。
(5) 低温下实现高的电流密度。

全氟型磺酸膜的缺点如下。
(1) 质子导电率严重依赖膜内水的含量，低湿度时离子传导性变差。
(2) 单体合成困难，成本较高，废品难处理。
(3) 温度升高会引起离子传导性下降，工作温度限于 100℃ 以下，否则膜就会出现脱水，为了满足低温和高湿度的要求，PEMFC 系统必须要有复杂的热管理和水管理系统。

为了得到质子交换膜更好的性能，人们对全氟型磺酸膜进行改进研究，或是需求和开发新的聚合物材料，如非全氟型磺酸膜。目前改性的全氟磺酸膜主要如下。

(1) 增强型复合质子交换膜：如聚四氟乙烯/全氟磺酸复合膜、玻璃纤维/全氟磺酸复合膜。
(2) 高温型复合质子交换膜：如杂多酸/全氟磺酸复合膜、无机氧化物/全氟磺酸复合膜。
(3) 阻醇型质子交换膜：如离子体蚀刻与钯溅射改性膜、PVDF - Nafion 共混膜，它们可直接用于甲醇燃料电池。

2. 电极

电极材料应具有的功能及要求如下。

（1）起到支撑催化层的作用，要求其适合地支撑催化层，扩散层与催化层的接触电阻小。

（2）起气体和水通道的作用，扩散层应具备均匀的孔隙和孔分布，有利于传质。

（3）起到电子通道的作用，要求扩散层结构紧密且表面平整，接触电阻小，是电的良导体，并在横向及纵向均要保持较好的电阻平行性。

（4）热的传输和分配作用，要求有较好的热传输和分配的能力。

（5）有较强的耐化学腐蚀和耐电化学腐蚀的能力。

（6）具有一定的机械强度，适当的刚性与柔性。

（7）适当的亲水/憎水平衡，防止过多的水分阻塞空隙而导致气体透过性能下降。

目前用于电极的主要材料有碳纤维纸、碳纤维编织布、无纺布和炭黑纸。电极的制备方法如下：将上述电极主要材料浸入聚四氟乙烯乳液中，使其载上50%左右的聚四氟乙烯，然后在340℃左右热处理，使聚四氟乙烯乳液中的表面活性剂分解，同时使聚四氟乙烯均匀分散。经过憎水处理的电极主要材料可以直接使用，但是往往其表面凹凸不平而影响性能，需要经过后续处理。其目的是消除表面的凹凸不平，在炭纸或炭布表面再构建一个炭粉扩散薄层以使气体进行均匀扩散。方法是将乙炔炭黑与聚四氟乙烯混合，得到一定比例的溶液，对其进行超声振荡，以便分散得更为均匀，之后将混合溶液均匀涂覆在炭纸或炭布的表面，之后在330～370℃进行热处理。

3. 催化剂

质子膜燃料电池中，阳极的氢气或有机小分子的氧化反应以及阴极的氧气还原反应，尽管在热力学上是有利的，但由于其不良的动力学特征，特别是有机小分子的氧化和氧气的还原总是在远离平衡的高超电势下才可能发生，严重地降低了燃料电池的能量效率。因此，必须寻找适当的电催化剂，以降低反应的活化能，从而使这类电极反应在平衡电势附近以高电流密度发生。催化剂表面的微观形貌和状态、在电解质中特定化学环境下的稳定性以及反应物和产物在催化剂中的传质特性等也都会影响电催化剂的活性。

PEMFC对催化剂有以下要求。

（1）电催化活性高，并对副反应抑制。

（2）有高的电催化稳定性，具备耐受CO等杂质及反应中间产物的抗中毒能力。若使用甲醇作燃料时，由于甲醇的渗透现象，还必须具有抗甲醇氧化的能力。

（3）比表面积高，使催化剂具有尽可能高的分散度和高的比表面积，以降低贵金属的用量。

（4）导电性能好。

（5）稳定性能好、抗酸性腐蚀能力高，表面保持稳定。

催化剂还应当有适当的载体，载体对电催化活性具有很大的影响，必须具有良好的导电性和抗电解质的腐蚀性。载体的作用是，一方面是作为惰性的支撑物将电催化剂固定在其表面，并将催化剂粒子物理地分开，避免它们由于团聚而失效；另一方面有些载体和催化剂之间存在着某种相互作用，能够通过修饰催化剂表面的电子状态，发生协同效应，提高催化剂的活性和选择性。

炭载体价格低廉，在酸性环境中抗腐蚀，具有合适的导电能力和高比表面积等性能，因此是 PEMFC 催化剂载体的很好的选择。炭材料巨大的比表面积(如常用的载体美国 Cabot 公司的 XC-72 炭黑粉,当炭黑粒子尺寸为 30nm 时,其每克重量的表面积为 280m^2,当炭黑粒子尺寸为 15nm 时,其每克重量的表面积为 1475m^2),可以提高贵重金属粒子的分散性;优良的结晶度能为电子传递提供良好的导电环境;多孔的内部结构能给反应物与产物提供良好的传质通道,因此它的使用可以达到降低贵重金属用量、提高催化剂有效利用率的效果。针对炭粒子可能产生的自聚集现象(藏 Pt 现象),人们开始将其他物质介入到炭载体得到复合载体,以达到提高载体与催化剂之间的作用力,进一步减少单位面积上贵重金属的载量,并提高催化剂的活性和稳定性的目的,如采用碳纳米管或纳米碳纤维等新型碳材料以及导电聚合物作为催化剂载体。

Pt 基催化剂是质子膜燃料电池目前应用最广的催化剂。Pt 控制在颗粒直径几纳米的尺度范围内,固定在载体材料上,具有较低的过电势和较高的催化活性。但 Pt 非常容易发生 CO 等物质的中毒问题。CO 在 Pt 催化剂表面的吸附远强于氢,因此催化剂上吸附氢的活性位会被 CO 所占据,从而对氢的电氧化反应造成阻碍。研究表明,即使氢气中 CO 的浓度低至 10^{-5} 也会导致严重的阳极极化现象,使电池的性能严重下降。解决 CO 中毒问题有两个途径,一个是在燃料中加入氧化剂去除 CO 以提高燃料的纯度,另一个是增强催化剂的抗 CO 中毒的性能。研究表明,颗粒分布范围较窄,具有高比表面积或多元合金比单一金属具有更好的抗 CO 能力。为增强抗 CO 中毒能力,目前主要采用 Pt 复合催化剂,如 Pt-Ru、Pt-Sn、Pt-Mo、Pt-Cr、Pt-Mn、Pt-Pd 及 Pt-Ir 等。其中 Pt-Ru 性能最好,在质量比为 1:1 时催化性能最佳。Pt 和 Ru 通过协调作用降低 CO 的氧化电势,从而降低它对催化剂的毒害作用。

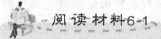
阅读材料 6-1

车用燃料电池催化剂抗衰减研究的现状

历经多年的研发,车用 PEMFC 取得了突破性进展。燃料电池汽车的性能已接近传统汽油车的水平,但车用 PEMFC 的寿命与成本尚未达到商业化的要求。目前车用燃料电池的典型催化剂为 Pt/C,其用量为 1g/kW,国际最先进水平已达 0.32g/kW。PEMFC 的核心部件 MEA 组件单位面积上的铂用量为 0.6~0.8mg/cm^2。若每千瓦燃料电池的铂用量为 1g,则每辆燃料电池轿车的铂用量约为 50g,燃料电池客车的铂用量约为 100g,这不但导致燃料电池的成本居高不下,而且地球上稀缺的铂资源也无法满足大规模车用燃料电池商业化的需求。车用燃料电池商业化的要求为小于 0.1~0.2g/kW,单位面积 MEA 的 Pt 用量小于 0.2mg/cm^2,是目前用量的 1/10~1/5。

在车用工况下运行的燃料电池通常要经历频繁变载工况,电池会经常经历在 0.4~1.0V 之间的电位变化,容易造成催化剂的聚集与流失。同时在车用工况下操作条件的变化会引起电池温度与湿度的变化,也会加速催化剂的老化。受动态工况、频繁起停、急速与零度以下储存和起停等因素的影响,目前电池堆的寿命与商业化要求相比还有差距。为解决车用燃料电池频繁变载与起停带来的燃料电池电势频繁变化,如电池中氢空界面引起的高电位,导致 Pt 溶解加速的问题,电催化剂抗衰减研究越来越得到广泛的关注,主要集中在催化剂载体抗衰减与催化剂抗衰减的研究上。

1. 催化剂载体的改进

作为催化剂载体的材料需要有高比表面积，可使贵金属催化剂高分散分布，增加催化剂的活性表面积。通常催化剂的载体比表面积大于 $75m^2/g$，具有 $2\sim10nm$ 的中孔结构。此外，导电性良好并具有适宜的亲水/憎水特性以保证足够的容水能力与良好的气体通道，也是对催化剂载体的基本要求。目前广泛用于 PEMFC 的催化剂载体是 Cabot 公司的 VulcanXC72 炭黑（比表面积为 $250m^2/g$，平均粒径在 $30nm$）、Cabot 公司的 Black Pearl BP 2000（比表面积为 $1000\sim2000m^2/g$）以及 Ketjen Black International 的 Ketjen Black（比表面积为 $1000m^2/g$）。实验表明这些广泛使用的炭载体在燃料电池实际工况下会产生氧化腐蚀，从而导致其担载的贵金属催化剂的流失与聚集，表现为催化剂颗粒长大和活性比表面积减小。

1）高比表面炭载体的石墨化

有研究发现，官能团的添加对阻碍催化剂的聚集具有一定效果，如羧基集团（＝CO）可提高催化剂的分散度，弱化聚集效应。高比表面炭载体石墨化是增强载体抗氧化腐蚀的可行方法，为增加炭载体的石墨特性，可对其进行高温处理（通常为 $2500℃$）。高比表面炭黑如 BP2000 经高温石墨化后，可使催化剂抗氧化能力明显提高。但是高温处理会减少炭载体的比表面积从而削弱载体的担载能力，如 BP2000 经高温石墨化后，其比表面积会降至 $400\sim500m^2/g$。

2）过渡金属氧化物覆膜修饰炭载体

为增加载体表面的活性基团并改善孔结构，炭载体可用各种氧化剂（如 $KMnO_4$、HNO_3）进行处理，也可用水蒸气、CO_2 高温处理。此外，金属盐促进介孔碳、炭气凝胶石墨化，使介孔炭与炭气凝胶可作为催化剂载体。对炭载体表面进行功能化修饰，形成纳米级的金属氧化物覆膜（TiO_2、WO、SiO_2 等），可起到保护炭载体的作用。例如，在炭载体表面先吸附钛酸四丁酯薄膜，水解后形成纳米级 TiO_2 等薄膜，可保护炭载体，降低电压损失，提高载体的抗氧化性。

3）新型纳米炭材料

一些新型炭材料，如碳纳米管（CNT）、碳纳米球、石墨纳米纤维、富勒烯C60、石墨烯等由于其独特的结构与性质，在一定程度上提高了 PEMFC 催化剂的电化学反应活性与抗氧化腐蚀。有实验表明，燃料电池中 Pt/CNTs 的腐蚀速度仅为 Pt/C 的一半。CNT 的电化学稳定性对其搭载催化剂稳定性的提高有所贡献。

炭气凝胶比表面积大、孔结构丰富、合成过程可控，可以作为燃料电池催化剂的载体。炭气凝胶担载 Pt 催化剂表现出良好的催化活性。大连化学物理研究所通过在炭干凝胶前驱体中添加具有催化石墨化作用的金属盐，采用溶胶凝胶聚合-高温热解法合成了具有较高石墨化度、中孔分布的炭干凝胶。其孔径主要分布于 $3\sim4nm$ 和 $30\sim100nm$ 范围内，该孔结构有利于炭干凝胶作为催化剂载体，且表现出了优于 XC-72C 的化学稳定性和热稳定性。

碳纳米纤维也可作燃料电池催化剂的载体，如大连化学物理研究所制备了具有环或管状结构的炭纳米材料，石墨化程度与多壁碳纳米管相当，其环状结构利于反应物与生成物的传递，高石墨化程度有利于电子的传递，孔分布为 $400\sim600nm$，比表面积为

$195m^2/g$，接近商业化的活性炭载体。

4）金属化合物

金属化合物作为催化剂载体材料，如以 W_xC_y、氧化铟锡（ITO）等为代表的金属氧化物与金属碳化物等得到了关注。采用 ITO 做载体与 VulcanXC72 进行对比，在同样的加速老化实验中，采用 VulcanXC72R 做载体的催化剂经过 50 个电势循环就失去了氢还原峰，而采用 ITO 做载体的催化剂在 100 个电势循环后氢还原峰还明显可见。采用计时电流法对比了 W_xC_y 和 VulcanXC72 做载体的催化剂在不同电势下的抗氧化性能，发现 Pt/W_xC_y 的氧化电位明显要高于 Pt/XC72。存在的问题是金属化合物的比表面积还不够高，且电导率较低，目前难以满足作为车用燃料电池电催化剂载体的要求。

2. 晶面与形貌控制提高 Pt 活性

为降低 Pt 用量，人们尝试了不同方法来提高单位 Pt 的活性。在 PEMFC 酸性环境中，Pt 的活性随晶面的不同有所变化，Pt(111) 晶面表现出最佳的氧化还原反应（Oxygen Reduction Reaction，ORR）活性。有研究者基于不同 Pt 晶面对 ORR 催化活性不同的特点，针对性地开展了催化剂的制备方法研究，可制备具有择优晶面取向的铂基电催化剂，大幅度提高了催化剂中具有更多 Pt(111) 优势晶面 Pt 纳米粒子的比例。

由于氧电化还原反应是电催化剂结构敏感反应，当采用不同 Pt 分散度的 Pt/C 电催化剂制备的电极作阴极时，Pt 粒子的粒径存在最优值，用 Pt 粒子平均直径为 3~5nm 的电催化剂制备的电极活性最佳。即电催化剂对氧电化还原的活性不仅与电催化剂本性有关，而且还与电催化剂的结构密切相关。而对于氢还原反应，则粒度小的 Pt 催化剂性能更佳。

3. 提高 Pt 抗氧化电位

为提高电催化剂的活性与稳定性，在 Pt 催化剂中引入过渡金属或其他贵金属为第二或第三组分，缩短 Pt-Pt 原子间距，可有利于氧的解离吸附。过渡金属的流失会导致 Pt 表面的糙化，增加 Pt 的比表面积，可提高电催化剂的活性，达到减少 Pt 用量并降低燃料电池成本的目的。

由于非贵金属存在溶解问题，研究人员着眼于贵金属与 Pt 组成的多元催化剂，其中 Au 和 Pd 是研究较多的组分。由于 Au 表面的氧吸附层有利于直接四电子反应，有人采用 Cu 欠电位沉积后再置换的方法在 Pt 纳米颗粒表面加入了 Au 单原子层。Au 的加入改变了 Pt 表面的电子结构，减少了表面能，使得 Pt 的氧化电势在 Au/Pt/C 表面升高，可降低 Pt 的氧化，起到抗 Pt 催化剂溶解的作用，在没有降低原 Pt/C 催化剂的电化学活性表面积（ECA）和 ORR 活性的前提下极大地提高了催化剂的稳定性。在 0.6~1.1V 之间进行 30000 个电势循环后，该 Au/Pt/C 催化剂催化氧化还原反应的半波电位仅衰减了 5mV，ECA 几乎没有损失。而同样情况下 Pt/C 催化剂的氧化还原反应半波电位衰减 39mV，ECA 减少约 45%。

4. 过渡金属的锚定效应

通过接枝取代、离子交换、固定化等手段，在催化剂载体表面引入过渡金属、巯基或氧化物，利用其"锚定"作用，可以提高 Pt 催化剂的分散性和稳定性，改善 Pt 催化剂的烧结聚集现象。研究发现，PtM 催化剂可能体现出较高的 ORR 交换电流密度。过渡金属的加入并以氧化物形式存在,提高了Pt周围的润湿程度,增加了气体扩散电极的三相界面;过渡金属的流失可导致Pt表面的粗糙化,增加了Pt的比表面积,提高了贵金属Pt的利用率;过渡金属对Pt晶面方向的优化可缩短Pt-Pt原子间距,从而有利于氧的解离吸附;另外,过渡金属对Pt还具有电子调变效应。

5. Pt基核壳结构催化剂

为降低贵金属Pt的用量,研究人员尝试了多种核壳结构的Pt基催化剂,较有代表性的是以非铂粒子为核,以Pt为表层的核壳结构催化剂。由于电催化反应为表面过程,只有分布在纳米粒子表面的活性组分才有可能被利用,而体相中的活性组分难以参与反应过程。因此,单纯贵金属Pt催化剂的利用率不高。将活性组分Pt分散在非铂纳米粒子表面,形成核壳结构的电催化剂,可有效提高贵金属Pt的利用率,从而降低Pt催化剂的用量。从电催化剂的转换频率(Turnover Frequency,TOF)来衡量电催化剂的活性,核(PtM)-壳(Pt)催化剂在"脱合金"后的电催化活性可达Pt/C的4倍,其TOF可达$160s^{-1}$。

Pt基核壳催化剂的代表为Pd@Pt,以Pd等金属为核心,以单层Pt为外壳,通过核心与外壳的相互作用,可以调控外壳的电子结构与几何结构,进而提高催化剂的催化活性与选择性。表面收缩以及Pd核的结合活性都会影响Pd核与Pt壳之间的交互作用。OH或O与Pt结合抑制了ORR反应(Pt表面上的ORR交换电流密度为$2.8 \times 10^{-7} A/cm^2$,而PtO/Pt表面上的ORR交换电流密度仅为$1.7 \times 10^{-10} A/cm^2$),而Pd核引入导致的表面收缩可削弱OH或O与Pt结合,促进ORR反应的进行。

6.3.3 双极板

阴极、阳极和电解质构成一个单体燃料电池,其工作电压约为0.7V。为了获得满足实际需要的电池,需将若干个单体电池通过起导电作用的隔板串联起来成为电池组。某一单体电池的一侧与前一个燃料电池的阳极侧接触,另一侧与后一个燃料电池的阴极侧接触,实现这一功能的部件就是双极板(流场板)。将双极板与膜电极组件交替叠合,各单体之间嵌入密封件,经前、后端板压紧后用螺杆紧固拴牢,即构成质子交换膜燃料电池电堆,如图6.8所示。叠合压紧时应确保气体主通道对正以便氢气和氧气能顺利通达每一单

图 6.8 PEMFC 电池电堆

电池。电堆工作时，氢气和氧气分别由进口引入，经电堆气体主通道分配至各单电池的双极板，经双极板导流均匀分配至电极，通过电极支撑体与催化剂接触进行电化学反应。双极板占整个燃料电池组重量的60%，成本的45%。图6.9为双极板实物图。

图6.9 双极板

双极板的主要功能如下。

(1) 将单体燃料电池串联组成电池组，一块双极板的两个侧面分别与相邻单体燃料电池的阳极和阴极接触。

(2) 提供气体通道，将氢送到阳极，将氧或空气送到另一单体电池阴极，但两种气体的通道是隔绝的。

(3) 为膜电极组件提供牢固支撑。

(4) 传输反应生成的水、湿气。

(5) 冷却电池组。

对双极板的要求如下。

(1) 良好的导电性。

(2) 有合理的流场结构，引导氧化剂和还原剂在电极表面流动，无穿孔性漏气，确保反应气均匀分配到电极各处。

(3) 要有一定的强度，利于提供电极支撑。

(4) 耐高温、耐腐蚀，适应各种条件下的电池内部环境。

(5) 导热性好，利于及时排出反应生成的热量。

(6) 质量轻，生产成本低。

双极板按照材料分为石墨板、金属板和复合板。

1) 石墨板

传统的双极板材料是高纯度的电导石墨，一般采用石墨粉、粉碎的焦炭与可石墨化的树脂或沥青混合，在石墨化炉中严格按照一定的升温程序，石墨化，再经切割和研磨，制备厚度为2~5mm的石墨板，机加工共用孔道和用电脑刻绘机在其表面刻绘需要的流场。这种石墨双极板的制备工艺不但复杂、耗时、费用高，而且难以实现批量生产。

石墨板又分为无孔石墨板和注塑石墨板。

无孔石墨板由炭粉或石墨粉与可石墨化的树脂在高温下制备。优点是化学稳定性好，电导率高，阻气性好。缺点是加工周期长，材质较脆，不易加工，价格较高。

注塑石墨板主要采用石墨粉或炭粉与树脂、导电胶黏剂混合，注塑成形后高温烧结，有的还在混合物中加入金属粉末、细金属网以增加其导电性，加入碳纤维、陶瓷纤维以增加其强度。这种板的优点是省略了机加工流场步骤，降低了成本，缩短了生产周期。缺点是高温过程容易形变。

2) 金属板

金属板不仅强韧性好，具有极高的气体不透过性，而且机械加工性能、导电性、导热性、致密性均很好，可以制成很薄的PEMFC双极板。但金属板存在腐蚀，腐蚀金属离子对催化剂产生毒化作用，金属离子还与质子交换膜发生离子交换，金属板表面腐蚀形成钝化层，使电极与双极板间的接触电阻增大，降低电池输出功率，满足不了燃料电池长期稳定运行的需要。因此，需要对金属板采取表面处理、表面涂层(如石墨粉、氧化铅、碳化硅)等改进措施。

3) 复合板

复合板按照复合方式分为结构复合型和材料复合型两类。

结构复合型是采用金属作为分隔板，边框采用塑料、聚砜、碳酸酯等，流场用炭板或石墨板，结合了石墨板和金属板的优点。

材料复合型的碳/聚合物复合材料的填料一般为导电石墨，聚合物一般为热塑性(如聚丙烯、聚偏氟乙烯)或热固性有机物(酚醛树脂)。这种材料不仅在成形的同时形成流场，简化了生产工艺，而且便于进行大规模生产，降低了双极板的生产成本。

6.3.4 水管理

在 PEMFC 的运行中，质子的传导需要水的存在，PEM 中水的含量下降会造成膜的电导率下降，并导致电池性能下降。另一方面，当 PEMFC 在大电流工作时，一旦阴极生成的水不能及时排除，就容易堵塞扩散层，阻碍气体到达催化层并造成浓差极化，从而限制电池电压的输出。因此，保持 PEMFC 中的水平衡是提高 PEMFC 性能的关键。对于电堆来说，增湿效果不仅影响它的输出性能，还决定它的稳定性和寿命。当电堆中某个单电池的膜失水干涸进而失去传导质子的能力时，运行电流流过这层单电池就相当于流过一个电阻，产生的大量欧姆热还会使相邻单电池的膜相继失水，最后导致整个电堆失效。同样水量过多也会影响电堆性能：由于电堆采用公共的供气通道给所有单电池供气，很难保证每层气体有同样的流速；当电堆中某单电池流道中气体流速过小不能带出过量水时，就会造成水的堵塞，导致化学反应的反常，使电堆失效关闭。因此，实现整个电堆水的有效供给和均匀性是 PEMFC 电堆设计的关键。

1. 增湿技术

目前质子交换膜燃料电池的增湿方法有 3 种：外增湿法，内增湿法和自增湿法。

1) 外增湿法

外增湿通过外部附加设备给反应气体增湿。通常所用的外增湿包括升温增湿、渗透膜增湿和直接液态水注射增湿。升温增湿的反应气体通过加湿器增湿。如图 6.10 所示，加湿器内的水蒸气和反应气体一起进入电池。外增湿器的温度很重要，通常要求它的氢气端和空气端分别比电池温度高 5℃和 10℃。这种增湿方法比较简单、容易控制，但是升温增湿要消耗能量，降低了电堆的有效输出功率，而且在电堆起动时很难提供加湿功能，因此通常只用于实验，不适合实际运行。

气体通过渗透膜加湿器进行加湿时，所用的加湿器是一个圆柱体，内有多个渗水膜管道，从管外面通入的液态水扩散到膜的内面给流过的反应气体加湿。液态水一般是电堆的冷却水，同时为反应气体预热，这样可以降低能耗。当电堆的氧化剂采用空气时，空

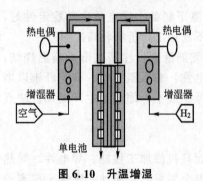

图 6.10 升温增湿

气中含氧量较低,空气的流量很大,这样会带走大量的水气,电池运行时需要很大的增湿水量,采用渗透膜增湿方法的增湿量往往不足以弥补空气带走的水量。

采用直接液态水注射增湿时,液态水直接注入反应气中进行增湿,增湿量可以很大,从而满足采用空气作为氧化剂时的需要。液态水的蒸发还可以起到冷却电极的作用,对燃料电池热的散失和温度均匀性有很大帮助。但是由于液态水的存在,容易出现水淹电极,造成电池的反极,因此使用这种增湿方法时应该适当增加气体的流速。

2) 内增湿法

内增湿是一种通过水泵将外部液态水带入电池内部,再由不同的内部结构对液态水进行分配的增湿方法,通常可以通过对双极板或扩散层的结构设计来实现。内增湿能简化电堆,减少电堆的体积和质量,有很好的实用性。

(1) 双极板内增湿。这种方式采用一种多孔的碳极板来代替传统的极板,这种碳极板具有足够高的孔隙率使反应气体能够顺利到达催化层,碳极板中大量微孔储存的水分用于质子交换膜的增湿,在电池的反应过程中生成的水将部分滞留在极板中,使极板中的储水量得以维持。另一种多孔的碳板设计如图 6.11 所示,碳板夹在单电池阴极面和邻近单电池的阳极面之间,中间冷却槽道起到隔离燃料剂和氧化剂的作用并提供冷却功能。调节氧化剂气体压力使之大于冷却水槽道压力,阴极生成水就会通过孔道进入冷却水槽道。同样,调节燃料剂气体压力使之小于冷却水槽压力,冷却水槽里的

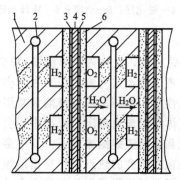

图 6.11 一种双极板内增湿的示意图
1—多孔双极板;2—冷却水道;3—阳极催化层;
4—质子交换膜;5—阴极催化层;6—气体扩散层

水就会通过碳板孔道进入阳极。另外,气体通过流道供气,水通过流场的脊部供水,水气分离,不仅能为电堆提供足够的增湿量,而且不会淹没电极。

(2) 扩散层内增湿。通常电池中的扩散层都制成疏水性,以便防止过多的液态水阻塞扩散层中的孔隙而导致气体透过性能下降,如使用聚四氟乙烯做憎水剂处理炭纸。但 UTC 公司采用一种亲水基体层和疏水基体层结合的扩散层设计,在阳极扩散层和阴极扩散层中都包含一个预定孔径的亲水基体层,利用亲水基体层的吸水而保持膜的润湿。阳极扩散层的亲水基体层可以促进冷却水向 MEA 阳极极侧迁移,阴极扩散层的亲水基体层改善了 MEA 阴极极侧水的去除能力。

3) 自增湿法

自增湿也是通过改变电池的内部构造来实现电池增湿的,它与内增湿的区别在于利用电池内部生成的水。采用自增湿技术可以简化电堆系统,提高电堆的体积功率比和重量功率比,但增湿量有限,只能用在小功率低温型的电堆中。

图 6.12 为在阴极极面采用互逆进气法来实现自增湿的结构。燃料电池的导流板的左右两端各设一个进气口和一个出气口,从两条通道进入的气体逆向流动。电池起动后,一条通道刚进入电池的气体处于干燥状态,容易将膜中的水带走;随着电化学反应,水不断生成,当气体到达流道的下半部分时就会含有大量的水,过量的水就会向另一条通道刚进入的干燥空气扩散达到增湿的效果。

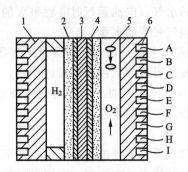

图 6.12 一种自增湿的示意图
1—双极板;2—气体扩散层;3—质子交换膜;4—催化层;5—水滴;6—冷却水道

2. 排水技术

电池中过量的水会阻碍反应气体到达催化层,严重时会使化学反应停止,所以及时排出多余的水也非常重要。PEMFC 的排水可以通过流场的结构和动态排水来实现。

1) 流场排水

双极板的流场可以为反应气体和生成物提供进出通道,而且流场的结构决定了反应气体的分布状态和生成水排出的效果,合理的流场结构可使反应生成水在反应尾气吹扫和夹带下顺利排出,这时流体在流道内具有一定的线速度。流场结构可分为点状流场、平行流场、蜿蜒流场(Ballard 公司专利,又称为蛇形流场)和交指形流场等,如图 6.13 所示。早期流场主要是点状流场,流体流经这种流场板时常常会发生短路使部分流场板不能得到利用,从而降低电池的输出性能。蜿蜒流场是目前最常用气体流场,它的气体的入口和出口压力差可以使生成水随气体沿着流道带出,流道中不会再出现水滴堵塞的现象。蜿蜒流场板分为单通道蜿蜒流场板和多通道蜿蜒流场板,其中多通道流动阻力相对较低,反应剂分布更均匀。交指形流场是现在研究的热点,在交指形流场中,气体不是通过扩散而是通过强制对流进入扩散层的,因此很容易带走扩散层多余的水,从而减小电池的浓差极化。采用交指形流场要求气体的对流速度要大,否则很难带走扩散层中的水。但是由于电堆采用公共气道供气,很难保证每一层都获得相同的气流量,因此很容易出现某处气体流速很低的现象。

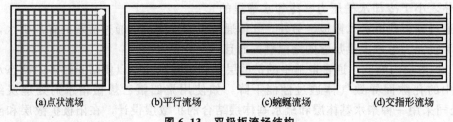

(a)点状流场 (b)平行流场 (c)蜿蜒流场 (d)交指形流场

图 6.13 双极板流场结构

2) 动态排水

动态排水通过安装在电池组出气口的一个排气装置来实现定时排水。在电池的运行过程中,催化层一旦有水堵塞,通过排气装置突然打开时所产生的一个瞬间气体压力,可以将多余的水排出电池。

图 6.14 为一种自动定时排水装置。气体出口接到一个用聚乙烯制作的固定圆盘上的几个孔,边上还有另外一个用直流电机控制的转动圆盘。每当转动的圆盘上的孔对上固定圆盘上的孔时,气体就排出一次。

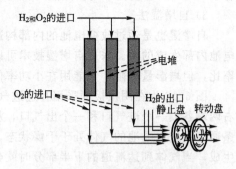

图 6.14 一种自动定时排水装置

6.3.5 热管理

质子交换膜燃料电池的化学能将近50%以热量的形式排放到环境当中。燃料电池的热管理就是对电池工作温度的控制，有效地利用和散发废热，保持电池内的热平衡。燃料电池的工作温度对其性能有着显著的影响。低温时，电池内各种极化增强，欧姆阻抗也较大，因此使电池性能恶化。温度升高时，会降低欧姆阻抗，同时减少极化，并有利于提高电化学反应速度和质子在膜内的传递速度，电池性能变好。但由于膜的水含量强烈影响其导电性能，温度高的同时会导致膜脱水，电导率下降，电池性能变差。同时，电池的温度分布对电池性能也有显著影响，它决定了水的蒸发和凝结，影响了水的分布，通过热表面张力和热浮力作用影响了多组分气体扩散传输。不充分或无效的电池冷却会导致整个或局部电池温度过高，这样会使得膜脱水、收缩、褶皱甚至破裂。为了防止膜的干燥及超温运行，需要有相应的传热机制以移走电化学反应产生的热量。保持燃料电池内部的热平衡，使其在一定的温度范围内工作是非常重要的。Nafion电解质膜在温度超过80℃时，其热稳定性和质子传导性能都会严重下降，故PEMFC的典型工作温度为60～80℃，散热温差很小，可见燃料电池热管理是一项颇具挑战性的任务。

PEMFC对电池热管理有以下要求。

(1) 控制温度范围。要使PEMFC电堆能够高效、稳定运行，必须将其工作温度控制在65～80℃之间，这是燃料电池的最佳工作温度范围。氢气和空气温度均低于所要求的温度，因此要对进气系统的气体在进入燃料电池前进行预热加湿。同时需根据燃料电池系统水平衡要求，控制排气系统的气体温度范围，进行冷却除湿。

(2) 电堆内部温度分布均匀。电堆内部各部分温度基本一致可保证电池的工作性能。为提高温度均匀性要求进出电堆冷却水的温差小于10℃，最好小于5℃。

(3) 控制温度极限。系统的大部分部件都要求在某个温限以下工作，因此需要控制温度极限。若电堆局部温度高于100℃时，膜将会出现微孔，使氢气泄漏到空气中。

热管理的任务是通过控制冷却循环系统来保持电池堆的稳定工作温度。通常，燃料电池的尾气会带走一部分热量，在电池的外表面由于自然对流也会带走一部分热量，但这两种方式带走的热量只占总废热的极小部分，不能满足散热的预期效果。

通常，功率在200W以下的燃料电池可以利用供应给阴极的空气来冷却，250W以上的燃料电池则需要在双极板上做出专门的冷却通道。冷却剂通常采用空气或水。采用空气作为冷却剂时，结构比较简单，但对于大功率的燃料电池，很难保证这个电池冷却的均匀性，并且需要的空气流量较大，空气通道也要相应加大，使整个电池堆的尺寸增大。此时，就应该采用水作为冷却剂。采用水冷时，在双极板上需要有水流通道，但往往并不需要在每块双极板上都设水通道，而是每隔一块或几块单电池设置一个冷却水道，取决于具体结构。图6.15为带冷却通道的双极板。

采用水冷来控制电池堆工作温度有两种方式。一种是冷却剂流量随着电池输出功率的变化而改变，将电池堆工作温度控制在预设的范围之内；另一种方式为固定冷却剂的流量，控制进出电池堆冷却剂的温差变化。当采用后者时，依据电池堆在最大输出功率时的

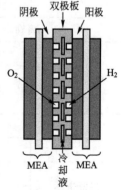

图6.15 带冷却通道的双极板

效率，计算冷却剂进出电池堆的最大允许温差下冷却剂的最小流量，选用的冷却剂流量应大于这一值。为确保电池组温度分布的均匀性，进出口冷却液温差应控制在一定范围之内。目前的冷却循环系统的构成为电池堆的冷却液进出口处设置温度传感器，冷却风扇后设置一个水流量计。冷却液从电池堆出来后经散热器冷却后再次进入电池堆，其动力由冷却水泵提供。控制单元根据温度传感器和水流量计测到的信号来控制冷却水泵的流量和冷却风扇的转速，将冷却液的进口温度控制在70℃左右，出口温度控制在80℃左右，从而维持电池堆内部的热平衡，使电池堆高效、稳定运行。

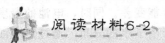

燃料电池电堆及关键材料的研发

我国863计划"节能与新能源汽车"重大项目中，有关燃料电池电堆及关键材料的研发的主要研究内容有：进行炭纸、膜、电催化剂、双极板等燃料电池关键材料开发与产品制备、批量生产技术研究。开发高导电性、合理孔结构、高稳定性炭纸；开发高性能增强型复合质子交换膜及自增湿质子交换膜产品；开发高活性、宽温度、抗聚集、耐环境杂质的电催化剂，以及高比表面积、抗腐蚀、长寿命的催化剂担体；开发耐腐蚀、低接触电阻的金属双极板材料，研究适应车载工况的薄型金属双极板技术及结构。

基于国产关键材料，开发高性能、长寿命、高功率密度的电堆。开展关键材料部件的匹配优化和电堆的模块化设计，开展电堆的安全性研究。

研发目标是形成国产材料部件的批量生产能力，形成燃料电池电堆小批量供应能力。具体研发指标、技术参数等见表6-5～表6-9。

表6-5 燃料电池发动机电堆指标

		客车发动机电堆	轿车发动机电堆
性能指标	持续输出功率	≥90kW	≥60kW
	电压	360～520V	
	模块比功率	质量比功率：常压：600W/kg 加压：1000W/kg 体积比功率：1000W/L	
	效率	≥50%	
	氢气利用率	≥95%（20%标定功率至最大功率工况）	
寿命		5000h	
环境适应性	低温环境	−20～−10℃储存与起动	
	污染环境	空气：长时间，三级污染城市 氢气：CO：10×10^{-6}；H_2S：0.1×10^{-6}	
安全性	绝缘性	≥1MΩ	
	氢泄漏	电堆模块机箱内部氢浓度≤5‰	
经济指标	即时状态	6000元/kW	
	批量生产状态	2000元/kW	

表6-6 炭纸技术参数

厚度/mm	$(0.150\sim0.200)\pm0.005$（产品单片面积≥400mm×400mm）
电阻/$(m\Omega\cdot cm)$	垂直：≤80；平行：≤6.0
导热系数 $W/(m\cdot K)$ 室温	垂直：≥1.7；平行：≥21
透气率/$[mL\cdot mm/(cm^2\cdot hr\cdot mmAq)]$	≥2000
空隙率/(%)	75~78
体积密度/(g/cm^3)	0.42~0.46
表面粗糙度/μm	≤8
弯曲强度/MPa	≥40
弯曲模量/GPa	≥10
抗拉强度/(N/cm)	≥50
成本/(RMB 元/m^2)	≤300（在批量生产条件下）

表6-7 增强型复合质子交换膜技术参数

厚度偏差（以相对厚度偏差计）	≤10%
透气性/$(cm^3\cdot cm\cdot cm^{-2}\cdot sec^{-1}\cdot cmHg^{-1})$	≤10^{-8}
质子电导/(S/cm^2)	≥15（最佳状态）
机械强度/MPa	≥30
尺寸稳定性	≤10%（各向）
成本/(元 RMB/m^2)	≤1000（在批量生产条件下）

表6-8 燃料电池电催化剂技术参数

贵金属催化剂载量/(mg/cm^2)	≤0.8（双面 MEA）
活性面积的衰减率	≤30% 3000h(≤80℃)；1000(>80℃)
贵金属催化剂用量/(g/kW)	≤0.8
操作温度范围/℃	-20~120
空气中杂质允许量	SO_2：$0.1mg/m^3$；NO_2：$0.08mg/m^3$

表6-9 薄金属双极板技术参数

厚度/mm	≤2.0（含流场）
比质量/(g/cm^2)	≤0.3（双极板面积）
电阻（包括接触电阻）/$m\Omega\cdot cm^2$	≤20
腐蚀电流/(A/cm^2)	≤1μ（0.5mol/L 硫酸+5×10^{-6}HF，室温）
弯曲强度/MPa	≥30
适用温度/℃	-20~80
成本/(RMB 元/片)	≤10（在批量生产条件下）

6.4 燃料电池汽车结构与类型

6.4.1 燃料电池汽车的特点

氢能作为洁净、高效的新能源,已经引起全世界的广泛关注。近年来,以氢为动力的燃料电池汽车(FCV)得到世界各国的高度重视,并取得了很大进展,为全球的能源紧缺和空气污染问题提供了有效的解决方案。与燃油汽车相比,燃料电池汽车具有以下优势。

(1) 绿色环保。燃料电池没有化学燃烧过程,当使用氢作燃料时,排放物只有水,属于零排放,当使用甲醇、汽油等作为直接燃料或用于重整制氢时,生产物除水之外只有少量的 CO_2,排放很低。

(2) 能量效率高。燃料电池的工作过程是化学能转化为电能的过程,不受卡诺循环的限制,能量转换效率较高,可以达到 50% 以上。

(3) 车辆的续驶里程长。采用燃料电池系统作为能量源,克服了纯电动汽车续驶里程短的缺点,燃料电池汽车的长途行驶能力接近于传统燃油汽车。

(4) 低噪声。燃料电池属于静态能量转换装置,除了空气压缩机和冷却系统以外无其他运动部件,因此与内燃机汽车相比,运行过程中噪声和振动都较小。

(5) 部件布置灵活。在空间和重量上都可对燃料电池组、电动机、辅助设备等部件进行灵活的布置。

但目前燃料电池汽车的发展还存在以下不足。

(1) 燃料电池汽车的基本性能需要进一步提高,满足方便、实用的需求。例如,提高燃料电池组的功率密度,加快其起动速度,增强电解质的温度适应范围等。

(2) 目前的燃料电池辅助设备复杂,质量和体积较大,并且燃料电池系统及整车的成本较高,成为推广燃料电池汽车的一个障碍。

(3) 燃料供给体系尚需建设。为了实现燃料电池汽车的普及,必须改变现有燃料供给体系,建立新的适合燃料电池汽车的燃料供给系统。

6.4.2 燃料电池汽车的组成

燃料电池汽车(FCEV)的外形和内部空间与燃油汽车基本相同,区别在于动力系统(图 6.16)。它的动力系统的主要组成部分有燃料电池系统、储能单元、辅助动力源、DC/DC 转换器、动力控制单元、电动机。如果采用交流电动机还包括 DC/AC 逆变器。

1. 燃料电池系统

燃料电池系统的核心是燃料电池组,此外,还装有燃料(氢气)供给系统、空气(氧化剂)供给系统、气体加湿系统、生成物处理系统、热管理系统等。只有这些辅助系统匹配恰当和正常运转,才能保证燃料电池系统正常工作。

研究表明,提高反应气体燃料和氧化剂的分压可使燃料电池的电压升高。类似于内燃机通过排气的涡轮增压来提高发动机的功率密度,燃料电池可以通过提高反应气体的压力来增大它的功率密度。按参加反应气体的压力不同,燃料电池系统可分为增压式燃料电池

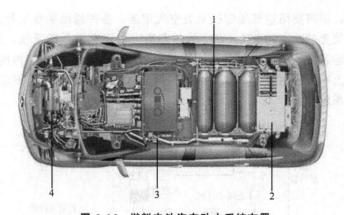

图 6.16 燃料电池汽车动力系统布置
1—储能单元；2—辅助动力源；3—燃料电池系统；4—驱动电动机

系统和常压式燃料电池系统。气体压力超过 1 个标准大气压以上时为增压式燃料电池系统。气体压力在 1 个标准大气压左右时为常压式燃料电池系统。

1) 增压式燃料电池系统

增压式燃料电池系统采用压缩氢气或液态氢作为燃料时，高压氢气通过减压系统和射流泵进入燃料电池堆，氢气的压力一般比空气(氧化剂)的压力高 0.02~0.05MPa，而空气(氧化剂)的进气压力为 0.2~0.3MPa。因此，空气(氧化剂)需要采用压缩机增压，以较高的速度进入燃料电池，可以增大燃料电池的电流密度与功率密度，提高燃料电池对载荷变化的动态快速响应的能力。

增压式燃料电池发动机需采用空压机以提高空气压力，由于反应温度增高，需要提高冷却效率，要对循环水采取中冷降温等辅助措施，因此，增加了各种辅助装备消耗的驱动功率(在空气进气压力为 0.3MPa 时，有约 20% 的总功率消耗在辅助系统)，并对封装、安装和管理的要求较高。图 6.17 为增压式燃料电池系统布置。

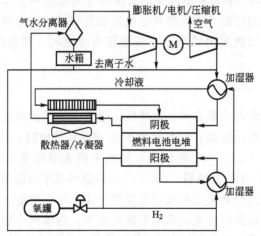

图 6.17 增压式燃料电池系统

2) 常压式燃料电池系统

常压式燃料电池中，压缩氢气经过减压系统，将压力降低到 0.1~0.2MPa，当采用空气作为氧化剂时,不需要用空气压缩机来为空气增压,各种辅助装备消耗的寄生功率也较低,消耗于辅助装置的功率约5%,系统的效率高。由于它是低压系统,因此管道和接头的安装、密封都容易处理。但燃料电池的开路电压较低,使得整体结构庞大,质量更重,在燃料电池汽车上布置较困难,一般作为燃料电池大客车的燃料电池发动机。图6.18为常压式燃料电池系统布置。

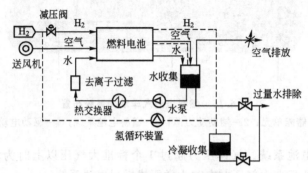

图6.18 常压式燃料电池系统

2. 辅助动力源

除了以燃料电池为动力源,多数燃料电池汽车还配置了辅助动力源,常采用的是蓄电池组、飞轮储能装置、超级电容等,它们构成燃料电池汽车的双电源系统。辅助动力源具有以下作用。

(1) 带动车辆快速起步,或者提供电能带动燃料电池发动机起动车辆。

(2) 用于储存车辆再生制动时反馈的电能。

(3) 为控制系统、仪表板、车载电子、照明系统、信号系统、电气设备等提供低压电源。

(4) 在加速和爬坡时,若燃料电池发动机提供的电能还不足以满足车辆驱动要求,则由辅助动力源提供额外的电能,形成燃料电池发动机和辅助动力源的双电源供电。

(5) 当燃料电池发动机发出的电用于驱动还有多余时,剩余的电能储存到辅助动力源中。

3. DC/DC变换器

燃料电池汽车采用的动力源有各自的特性:燃料电池提供的是直流电,不能用外电源充电,电流的方向只是单向流动;辅助动力源在充电和放电时,也以直流电的形式流动,但电流的方向是可逆性流动。车上的各种电源的电压和电流受工况变化的影响呈动态变化。为此,需要设置DC/DC变换器。DC/DC变换器的基本功能是:当输入直流电压在一定范围内变化时,能输出负载要求的变化范围的直流电压,当输入电压最低时也能达到最高输出电压,输入电压最高时也能达到最低输出电压;能输出足够的直流负载电流,并且在足够宽的负载变化范围的情况下(如从空载到满载,即电流从零到最大),能保证设备正常运行,不损坏器件。

燃料电池汽车的车载DC/DC变换器可以调节燃料电池的输出电压和整车能量分配以及稳定整车直流母线电压。对它的要求是:转换效率高,以便提高能源的利用率;为了降低对燃料电池的输出电压要求，变换器应具有升压功能；由于燃料电池输出的不稳定，需要变换器闭环运行进行稳压，为了给驱动器稳定的输入，需要变换器有较好的动态调节能力；体积小，重量轻。

4. 动力控制单元

燃料电池汽车的动力控制单元包括燃料电池系统控制、DC/DC 变换器控制、辅助动力源控制和电动机控制。燃料电池系统控制就是控制燃料电池的燃料/氧化剂供给与循环系统及水热管理系统，使燃料电池处于正常状态，能持续向外供电。DC/DC 变换器控制指的是调节 DC/DC 变换器的输出电压，使其满足电动机驱动电压的需求，并与辅助动力源的电压相匹配，协调燃料电池和辅助动力源的负荷。辅助动力源控制指的是对辅助动力源的充放电、SOC 等状态进行监控，使其正常工作，实现协助供电和回收制动能量。电动机控制的主要功能有电机转矩和转速的控制、电动机的再生制动控制以及过载保护控制。

5. 储能单元

燃料电池汽车的储能单元主要分为高压储氢瓶、液态储氢瓶和金属储氢装置，当采用车载重整供氢时，储能单元为向重整装置提供燃料的甲醇或汽油燃料箱。

6. 电动机

与纯电动汽车相同，燃料电池汽车上的电动机用于将电源提供的电能转换成机械能，输出转矩用于驱动车辆。燃料电池汽车用的驱动电机主要有直流电动机、交流电动机、永磁电动机和开关磁阻电动机等。燃料电池汽车驱动电动机的选型需要结合整车开发目标，综合考虑电动机的结构特点与性能。

6.4.3 燃料电池汽车的类型

1. 按燃料的来源方式分类

按燃料的来源方式，燃料电池汽车可分为直接燃料式和重整式。

1) 直接燃料式燃料电池汽车

直接燃料式燃料电池汽车中的车载燃料（主要为纯氢，少数使用甲醇等其他燃料）作为燃料电池组的阳极燃料。采用纯氢作为燃料的燃料电池汽车，氢燃料的储存方式有高压储氢、液氢储存和金属储氢等几种。目前在大多数的燃料电池汽车，特别是在燃料电池轿车上，仍然是以压缩氢气或液化氢气作为燃料。图 6.19 和图 6.20 分别为直接供氢燃料电池汽车和以氢为燃料的燃料电池系统。

2) 重整式燃料电池汽车

重整式燃料电池汽车使用甲醇、汽油、天然气、液化石油气等燃料，在汽车上通过重整器生成氢气，再将氢提供给燃料电池组作为阳极燃料。

直接供氢燃料电池汽车普及的关键是氢的供应和储存，为了保证车辆的用氢需求，必须建造氢站，这就增大了燃料电池汽车产业化和推广的难度。此外，尽管纯氢的比能量很高，但由于氢常温为气态，密度极小，所以纯氢的能量密度很低，在 20MPa 高压下仅为 600Wh/L，液氢也只有 2400Wh/L（且使用成本很高）（表 6-10），比甲醇、汽油等传统燃料的能量密度低很多。这意味着在相同容积的燃料箱（罐）条件下，燃料电池汽车能携带的能量大大减小，长途行

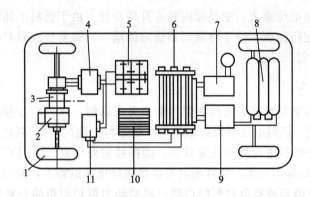

图 6.19 直接供氢燃料电池汽车

1—驱动轮；2—驱动系统；3—驱动电动机；4—逆变器；5—辅助电源装置；6—燃料电池组；
7—空气压缩机；8—氢气储存罐；9—氢气供应系统辅助装置；10—中央控制器；11—DC/DC 变换器

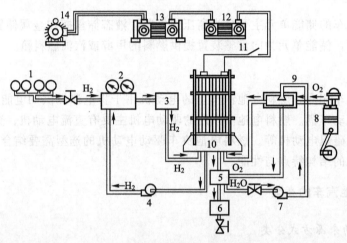

图 6.20 直接供氢的燃料电池系统

1—氢气储存罐；2—氢气压力调节装置；3—热交换器；4—氢气循环泵；
5—冷凝器及气水分离器；6—水箱；7—水泵；8—空气压缩机；9—空气加湿、
去离子过滤装置；10—燃料电池组；11—电源开关；12—DC/DC 变换器；13—逆变器；14—电动机

驶能力低。为此，人们采用重整式燃料电池汽车作为一种解决方案。重整式燃料电池汽车使用甲醇、汽油、天然气、液化石油气等燃料，在汽车上通过重整器生成氢气，再将氢提供给燃料电池组作为阳极燃料。图 6.21 为甲醇重整制氢的燃料电池系统。

表 6-10 氢的比能量和能量密度

燃料	比能量/(Wh/kg)	能量密度/(Wh/L)
压缩氢气(20MPa，常温)	33600	600
液态氢气(低温，0.1MPa)	33600	2400
储氢镁	2400	2100
储氢钒	700	4500

(续)

燃料	比能量/(Wh/kg)	能量密度/(Wh/L)
甲醇	5700	4500
汽油	12400	9100

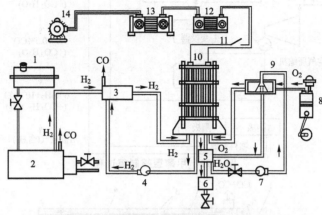

图 6.21 甲醇重整制氢的燃料电池系统

1—甲醇储存罐；2—重整器；3—氢净化器；4—氢气循环泵；
5—冷凝器及气水分离器；6—水箱；7—水泵；8—空气压缩机；9—空气加湿、
去离子过滤装置；11—电源开关；12—DC/DC变换器；13—逆变器；14—电动机

目前，通过重整反应利用甲醇制取氢气的技术比较成熟，故重整式燃料电池汽车多采用甲醇作为重整燃料。甲醇为液体，携带方便，提高了燃料电池汽车的续驶里程，且燃料能量的利用率可达 70%～90%，大大高于内燃机的效率。甲醇重整的方法有蒸气重整法、局部氧化重整法和废气重整法等。采用不同的重整方法，重整时化学反应和工艺过程也不同。甲醇重整目前使用较多的是蒸气重整法，化学反应过程是，在 621℃高温下的吸热分解反应，即

$$CH_3OH \longrightarrow 2H_2 + CO$$

在 200℃左右高温下发生轻微放热转化反应，即

$$CO + H_2O \longrightarrow CO_2 + H_2$$

总的化学反应为

$$CH_3OH + H_2O \longrightarrow CO_2 + 3H_2$$

车载甲醇重整制氢包括重整、变换、一氧化碳脱除及燃烧等几个过程。以甲醇为燃料的重整制氢过程如图 6.22 所示。

重整器是重整制氢的关键设备，图 6.23 为甲醇蒸气法的重整器。重整器由燃烧器、加热器和蒸发器三个部分组成，中部为蒸发器。甲醇气体与空气混合后，在加热器中加热甲醇和纯水的混合物，并在蒸发器中气化为甲醇和水的混合气，然后进入重整器的外腔，高温的甲醇和水的混合气在催化剂的催化作用下，转化为 H_2 和 CO_2。H_2 经过净化处理器处理，使气体中少量的 CO 转化为 CO_2 作为废气排出，控制气体中的 CO 的浓度降低到 20×10^{-6} 时，后输送到燃料电池中。

2. 按有无辅助源分类

按照是否配备辅助源，燃料电池汽车可分为纯燃料电池燃料电池汽车和燃料电池/辅

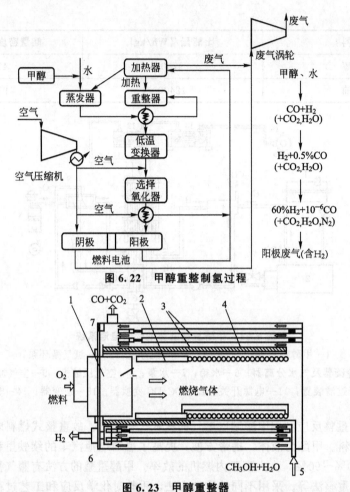

图 6.22 甲醇重整制氢过程

图 6.23 甲醇重整器
1—燃烧器；2—加热器；3—蒸发器；4—燃烧废气；5—甲醇/水混合物的入口；6—H_2 出口；7—CO 和 CO_2 废气出口

助源混合驱动燃料电池汽车。

1）纯燃料电池燃料电池汽车

纯燃料电池燃料电池汽车以燃料电池作为唯一动力源，汽车所有功率负荷都由燃料电池承担，图 6.24 为纯燃料电池燃料电池汽车的动力系统结构。

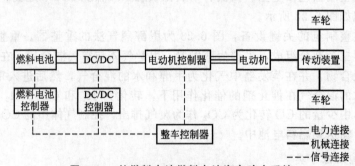

图 6.24 纯燃料电池燃料电池汽车动力系统

纯燃料电池燃料电池汽车的优点是系统结构简单，有利于整车的布置；系统部件少，有利于整车的轻量化。纯燃料电池燃料电池汽车的缺点是燃料电池的功率大，成本高；对燃料电池系统的动态性能和可靠性要求很高；不能回收制动能量。目前，纯燃料电池燃料电池汽车较少。

2) 燃料电池/辅助源混合驱动燃料电池汽车

燃料电池/辅助源混合驱动燃料电池汽车上除了燃料电池外，还配备了辅助源(常用的为蓄电池和超级电容)，车辆驱动功率由燃料电池和辅助源共同承担。当前的燃料电池汽车多数采用混合驱动型结构。

燃料电池/辅助源混合驱动燃料电池汽车的优点如下。

(1) 辅助源的加入提高了燃料电池汽车的动态响应能力和低温起动性能，降低了对燃料电池的动态性能要求。

(2) 通过调节辅助源功率，可将燃料电池设定在最佳的负荷条件下工作，提高燃料电池的工作效率，有利于提高整车的能量效率。

(3) 目前燃料电池的成本还很高，辅助源的加入使整车可选用功率小一些的燃料电池组，可以在一定程度上降低燃料电池组和整车成本。

(4) 辅助源可以回收汽车制动时的部分动能，增加整车的能量效率。

燃料电池/辅助源混合驱动燃料电池汽车的缺点如下。

(1) 动力电池的使用使得整车的质量增加，动力性和经济性受到一定影响。

(2) 系统比较复杂，系统的控制以及各部件布置的难度较大。

按照采用的辅助源类型，混合驱动的燃料电池汽车可分为"燃料电池＋蓄电池"型(FC＋B)、"燃料电池＋超级电容"型(FC＋C)和"燃料电池＋蓄电池＋超级电容"型(FC＋B＋C)。

图 6.25 为"燃料电池＋蓄电池"型燃料电池汽车的结构示意。该型燃料电池汽车带有燃料电池和蓄电池两个动力源，汽车功率负荷由燃料电池和蓄电池共同承担。在燃料电池系统起动时，蓄电池提供电能用于空压机或鼓风机的工作以及电堆的加热、氢气和空气的加湿等。在车辆行驶时，蓄电池提供部分功率需求，制动时还可回收部分制动能量。蓄电池降低了对燃料电池功率和动态特性的要求，降低了系统成本，但增加了系统复杂性、质量与体积，提高了蓄电池的维护、更换费用。

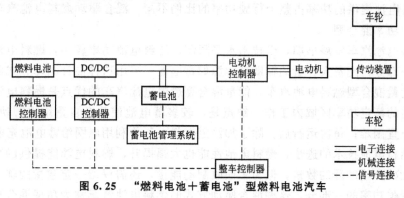

图 6.25 "燃料电池＋蓄电池"型燃料电池汽车

图 6.26 为"燃料电池＋超级电容"型燃料电池汽车的结构示意。与"燃料电池＋蓄电池"FCV 相比，它摈弃了寿命短、成本高、重量大和使用要求复杂的蓄电池，转而用超级电容取代之。超级电容在系统中起的作用与蓄电池类似，它的优势是寿命长、效率高、比功率大以及成本低，有利于燃料电池汽车的商业化推广。

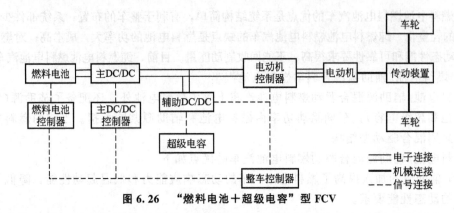

图 6.26 "燃料电池+超级电容"型 FCV

图 6.27 为"燃料电池+蓄电池+超级电容"型 FCV 的结构示意。它与"燃料电池+蓄电池"FCV 相比，在电压总线上再并联一组超级电容，用于提供加速或吸收紧急制动的尖峰电流，减轻蓄电池负担，延长其使用寿命。

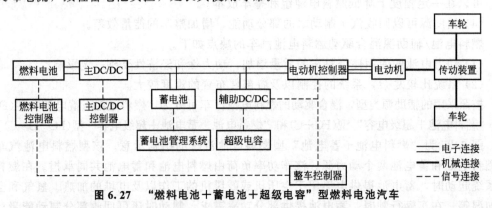

图 6.27 "燃料电池+蓄电池+超级电容"型燃料电池汽车

3. 按混合驱动比例分类

按燃料电池提供的功率占整个行驶功率的比例不同，混合驱动燃料电池汽车可分为能量混合型和功率混合型。

在燃料电池汽车发展早期，受技术水平限制，燃料电池功率较小，燃料电池只提供行驶功率的一部分，配备大容量的辅助动力源如蓄电池，采用这种混合驱动方式的燃料电池汽车称为能量混合型燃料电池汽车。能量混合型燃料电池汽车的优点是燃料电池可常在系统效率较高的额定功率区域内工作。缺点是：较多蓄电池使整车自重增加，动力性变差，在车辆上布置困难；每次运行后，除了加注氢燃料，还要利用电网给蓄电池充电。

随着燃料电池技术的进步，燃料电池性能也大幅提升，燃料电池能提供的功率比例增加，可大大减少辅助源的数量，但为了回收制动能量，还需保留一定数量的辅助源，辅助源只提供行驶功率的一部分，这种混合驱动方式的燃料电池汽车称为功率混合型燃料电池汽车。功率混合型燃料电池汽车以燃料电池为主动力源，辅助源只在起动、爬坡、加速时提供功率，并在制动时回收制动能量。功率混合型燃料电池汽车的优点是只配备较少数量的辅助源，整车质量下降，有利于提高动力性。缺点是：需配备较大功率的燃料电池，故整车成本较高；燃料电池工作状态随车辆工况波动较大，对燃料电池的性能要求高。

阅读材料6-3

燃料电池汽车动力系统技术平台研发

我国863计划"节能与新能源汽车"重大项目中，有关燃料电池轿车/客车动力系统技术平台研究开发的研究内容为：开发和掌握燃料电池汽车动力系统技术平台的关键技术，包括动力系统技术平台集成、设计技术，电耦合技术，控制策略和算法设计技术，失效模式、故障诊断和容错控制技术，分布式控制系统和网络通信技术，整车电气安全和氢安全系统技术，电磁兼容性技术，燃料电池动力系统技术平台热管理技术，燃料电池动力系统技术平台与整车的匹配、标定、优化和试验技术。

研发目标：掌握燃料电池轿车和客车模块化动力系统技术平台集成和控制核心技术，进一步提高燃料电池动力系统技术平台的动力性、经济性，突破可靠性、热管理和电磁兼容等关键技术，为整车企业开发各具特色的燃料电池示范样车提供系统核心技术支撑。具体性能指标见表6-11。

表6-11 燃料电池汽车研发性能指标

指标名称		参照标准	燃料电池轿车	燃料电池客车
动力性	加速时间/s	GB/T 19752—2005 GB 18385—2005	≤15(0~100km/h)	≤25(0~50km/h)
	最高车速/(km/h)		≥150	≥80
	最大爬坡度/(%)		≥20	≥18
经济性	续驶里程/km	GB/T 19753—2013 GB/T 19754—2005 GB 18386—2005	≥300	≥300
	氢燃料消耗率/ (kg/100km)		≤1.2	≤8.5
环境适应性			低温起动：−10℃环境；−10~40℃ 相对湿度：10%~90% 海拔高度：≤1000m	
可靠性	平均故障 间隔里程/km	GB/T 19750—2005 GB 18388—2005	≥2000	≥2000
噪声	加速行驶时车外噪声	GB 1495—2002	满足要求	

6.5 燃料电池汽车的氢安全

6.5.1 氢气的安全特性

与常规能源相比，氢有很多特性，其中既有不利于安全的属性，也有有利于安全的属性。不利于安全的属性有：更宽的着火范围，更低的着火能，更容易泄漏，更高的火焰传播速度，更容易爆炸；有利于安全的属性有：更大的扩散系数和浮力，单位体积或单位能量的爆炸能更低。

1）氢气的泄漏性

氢是最轻的元素，氢气分子直径小，比液体和其他气体更容易从孔隙中泄漏。氢气一旦发生泄漏，就会迅速扩散。在空气中，氢气火焰是几乎看不到的，因此接近氢气火焰的人有可能不知道火焰的存在，从而增加了危险性。与天然气相比，氢气扩散情况下的泄漏率为天然气泄漏率的3.8倍；层流的情况下，氢气泄漏率为天然气的1.3倍；湍流情况下，氢气泄漏率为天然气的2.8倍。燃料电池汽车中储氢瓶的压力一般为30MPa左右，气瓶直接发生氢泄漏是以湍流的形式发生；氢瓶后端的减压器进行一级降压，氢气进入电堆之前还要进行二级减压，最终供给电堆的氢压为200kPa左右，此时发生氢泄漏是以层流形式发生。可见，在燃料电池汽车中发生氢泄漏的压力大小及位置的不同，将直接影响氢泄漏的形式。

从高压储气罐中大量泄漏时，氢气和天然气都会达到声速。但是氢气的声速(1308m/s)几乎是天然气声速(449m/s)的3倍，所以氢气的泄漏要比天然气快。由于天然气的容积能量密度是氢气的3倍多，所以泄漏的天然气包含的总能量要多。

2）氢气的扩散性

如果发生泄漏，氢气就会迅速扩散。与汽油、丙烷和天然气相比，氢气具有更大的浮力（快速上升）和更大的扩散性（横向移动）。氢的密度仅为空气的7%，而天然气的密度是空气的55%。所以即使在没有风或不通风的情况下，它们也会向上升，而且氢气会上升得更快一些。而丙烷和汽油气都比空气重，所以它们会停留在地面，扩散得很慢。氢的扩散系数是天然气的3.8倍，丙烷的6.1倍，汽油气的12倍。这么高的扩散系数表明，在发生泄漏的情况下，氢在空气中可以向各个方向快速扩散，迅速降低浓度。

在户外，氢的快速扩散对安全是有利的。在户内，氢的扩散可能有利也可能有害。如果泄漏很小，氢气会快速与空气混合，保持在着火下限之下；如果泄漏很大，快速扩散会使得混合气很容易达到着火点，不利于安全。

3）氢脆

氢脆是指金属在冶炼、加工、热处理、酸洗和电镀等过程中，或在含氢介质中长期使用时，材料由于吸氢或者氢渗透而造成机械性能严重退化，发生脆断的现象。根据氢的来源，可分为内部氢脆和环境氢脆。氢在常温常压下并不会对钢产生明显的腐蚀，但当温度超过300℃和压力高于30MPa时，会产生氢脆腐蚀现象。因此在氢安全设计时，在氢高压端必须选择合适的材料来避免由氢脆导致的安全风险。

4）氢气的可燃性

在空气中，氢的燃烧范围很宽，而且着火能很低。氢空气混合物燃烧的范围是4%~75%（体积比），着火能仅为0.02MJ。而其他燃料的着火范围要窄得多（如甲烷为5%~15%），着火能也要高得多。所以在使用中，氢气的浓度要保持在的燃烧下限4%以下，并安装警报探测器与排风扇共同来控制氢气浓度。

氢气的着火下限是汽油的4倍，是丙烷的1.9倍，只是略低于天然气。而浓度为4%的氢气火焰只是向前传播，如果火焰向后传播，氢气浓度至少为9%。所以，如果着火源的浓度低于9%，着火源之下的氢气就不会被点燃。而对于天然气，火焰向后传播的着火下限仅为5.6%。因此，从着火下限的角度来看，氢气的安全性并不差。

另外，最小着火能的实际影响也不像该数字所表明的那样。氢气的最小着火能是在浓度为25%~30%的情况下得到的。在较高或较低的燃料空气比的情况下，点燃氢气所需的着火能会迅速增加。事实上，在着火下限附近，燃料浓度为4%~5%，点燃氢气/空气混合物所需要的能量与点燃天然气/空气混合物所需的能量基本相同。

但是，氢气的着火上限很高，在有些情况下是有害的。例如，在车库中发生氢气泄漏，超过了着火下限但没有点燃，这时落在着火范围之内的空气的体积就很大，因此，接触到车库中任何地方的着火源的可能性就要大得多。

5) 爆炸性

在户外，燃烧速度很低，氢气爆炸的可能性很小，除非有闪电、化学爆炸等这样大的能量才能引爆氢气雾。但是在密闭的空间内，燃烧速度可能会快速增加，发生爆炸。

氢气的燃烧速度是天然气和汽油的7倍。在其他条件相同的情况下，氢气比其他燃料更容易发生爆燃甚至爆炸。但是，爆炸受很多因素的影响，如精确的燃料空气比、温度、密闭空间的几何形状等，并且影响的方式很复杂。氢气的燃料空气比的爆炸下限是天然气的2倍，是汽油的12倍。如果氢气泄漏到一个离着火源很近的空间内，氢气发生爆炸的可能性很小。如果要氢气发生爆炸，氢气必须在没有点火的情况下累积到至少13%的浓度，然后再触发着火源发生爆炸。而在工程上，氢气的浓度要保持在4%的着火下限以下，或者要安装警报探测器或启动排风扇来控制氢气浓度，所以如果氢气浓度累积到13%~18%，那安全保护系统已经发生了很大的问题了，而出现这种情况的概率是很小的。如果发生爆炸，氢的单位能量的最低爆炸能是最低的。而就单位体积而言，氢气爆炸能仅为汽油气的1/22。

就扩散、浮力和爆炸下限而言，氢气都远比其他燃料安全，但氢气的燃烧速度指标是最坏的。因此氢气的爆炸特性可以描述为：氢气是最不容易形成可爆炸的气雾的燃料，但一旦达到了爆炸下限，氢气是最容易发生爆燃、爆炸的燃料。

6.5.2 燃料电池汽车氢安全措施

1. 供氢系统的氢安全

为保证燃料电池汽车的安全可靠运行，需要有一套安全有效的供氢系统。供氢系统的基本功能是为燃料电池系统提供稳定压力的氢气，此外，它还应具备过压保护、过流保护、过温保护和低压报警等功能，还应考虑碰撞安全、氢气泄漏的检测与控制等因素。过压保护，即车载供氢系统应有过压泄放装置，当系统高压部分的压力值超过设计安全值时，系统能够自动泄压从而使系统压力保持在安全的工作区间内。过流保护，指系统需配备过流保护装置，当车载供氢系统检测到储氢容器或管道流量异常增大时，能够自动关断储氢容器内的氢气供应。过温保护，指系统配备过温保护装置，当氢气温度超过允许最大值时系统将自动泄气，以免由于温度过高产生安全隐患。低压报警，指当系统检测到氢瓶压力过低时，应报警提示驾驶员加氢。此外，燃料电池汽车上还应装有碰撞传感器，当车辆发生碰撞时碰撞传感器与整车联动，切断整车氢气供应。另外，车辆还应安装氢泄漏检测传感器，当检测到车辆发生氢泄漏时，根据泄漏量的大小提醒驾驶员检车或直接切断氢气供应。

在系统整车布置方面，储氢容器及氢管路应布置在通风良好的地方或设计相应通风措施，保证发生泄漏时氢能够迅速扩散至环境中去。同时，氢系统应牢固可靠固定防止发生移位或损坏，并保证在布置上氢瓶及容器距离车边缘有一定的安全距离。

在零部件材料方面，储氢气罐由于氢脆等原因对其要求较高，故选择合适的材料以及储氢方式对储氢系统的安全非常重要。近期研发的塑料内胆和铝内胆碳纤维缠绕的高压储氢罐具有质量轻、重量储氢密度高的优点，可很好解决氢脆问题并降低成本，在燃料电池汽车上有良好的应用前景。目前，工作压力高达70MPa的高压氢罐已经得到应用。氢系统管路方面，由于系统高压段压力已达35MPa，同时在氢加注过程可能出现压力冲高过程，因此管路设计时必须合理选材。氢管路中大多采用316不锈钢材质，研究表明316不锈钢在85℃，45MPa氢气中的拉伸性能、低应变速率拉伸性能、疲劳性能和疲劳裂纹扩展性能与在惰性气体和空气中结果相似，即316不锈钢具有较好的抗氢脆性能。

图6.28为某燃料电池客车的供氢系统，包括电磁阀、气罐安全阀、溢流阀、气罐手动截止阀、温度传感器和压力传感器等装置。

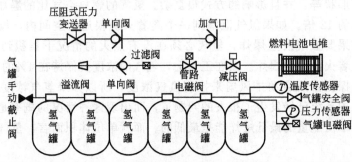

图6.28 某燃料电池客车供氢系统

温度传感器安装在氢气罐上，用来检测气罐内气体温度，气罐气体的温度信号传递到驾驶室仪表盘上，通过气体温度的变化可判断外界是否有异常情况发生。例如，气体温度突然急剧上升，氢气罐周围则可能有火警发生。

压力传感器主要用于判断气罐中剩余氢气量。当压力低于某值时，可以提示驾驶员应加注氢气。此外，还可根据仪表盘上的压力读数判断氢气罐是否有泄漏发生。

气罐安全阀可提高供氢系统的安全性。当气罐中氢气压力由于某种原因升高而超过安全阀设定值时，气罐安全阀可自动泄压，保证气罐在安全的工作压力范围之内。

气罐电磁阀通常与手动截止阀联合作用。当电磁阀正常工作时，手动截止阀处于常开状态，电磁阀由直流电源驱动，主要起开关气瓶的作用，无电时处于关闭状态，它可与氢气泄漏报警系统联动，当氢泄漏浓度达到设定值时能自动关闭，从而切断氢源；当气罐电磁阀失效时，可利用手动截止阀切断氢源。

加气口在加注时与加气机的加气枪相连，它配备有单向阀并具有颗粒过滤功能，并应与未遮蔽的电气接头、电气开关和其他可能的点火源至少保持200mm的距离。单向阀在加气口或供氢管路出现损坏情况下防止气体向外泄漏并提高加气口的使用寿命。

管路电磁阀在给气罐充气时，可有效防止气体进入电池；减压阀可以将氢气的压力调节到电池所需要的压力，当出现危险时针阀可以将氢气瓶中的残余氢气安全放空；溢流阀在系统正常工作时，阀门关闭，只有负载超过规定的极限（系统压力超过调定压力）时开启溢流阀，进行过载保护，使系统压力不再增加（通常使溢流阀的调定压力比系统最高工作压力高10%~20%）；过滤阀可防止管路中的杂质进入燃料电池，以免损坏燃料电池。

2. 氢泄漏安全

燃料电池汽车在起动、行车、停车及关闭等操作中可能会泄漏或排放出少量氢气，这就需要在设计燃料电池汽车时考虑氢排放和泄漏因素，使氢排放量满足安全要求。应在合理的布置点安装氢泄漏传感器实时检测氢泄漏浓度。通常，外漏至外界环境的氢浓度应小于75%LFL，乘客舱及其他舱中氢气浓度应该低于50%LFL。当氢泄漏传感器检测到浓度大于限值时，系统发出危险警示。在氢排放方面，应保证在氢排放口100mm气流中心线上的氢浓度始终小于75%LFL，否则应减小排放量或外加氢气稀释等装置。此外，为保证氢泄漏时的安全性，应保证燃料电池汽车的导体外壳与大地进行可靠相连，防止产生静电引燃氢气。

图6.29为某燃料电池轿车的氢泄漏传感器的分布图。该车氢罐放在燃料电池轿车的后舱靠乘员舱后排座位的位置，燃料电池堆放在前舱，氢管路在乘员舱的下面。基于燃料电池轿车的储氢系统布置，在前舱、乘员舱、后舱和排气管上各装了一个氢气泄漏检测传感器，分别是HL1、HL2、HL3和HL4。从氢气泄漏传感器的分布情况可以看出，传感器的布置是按照氢气管路分布来布置的，这样基本解决了对整车氢气泄漏监控的要求。尾排氢泄漏传感器HL4主要检测燃料电池堆排出混合气体中氢气的浓度。其他氢气泄漏传感器可以检测出在燃料电池轿车乘员舱、前舱和后舱是否有氢气泄漏。所有氢泄漏传感器信号传到氢管理单元（HMU），任何一个传感器超过了报警限值，HMU将向整车管理系统发送报警信息，并采取相应的措施。HMU将氢泄漏报警分为三级，分别是轻度泄漏报警、中度泄漏报警和紧急泄漏报警。轻度泄漏报警是指当空气中的氢气含量超过1‰（在1000×10^{-6}~5000×10^{-6}范围内）时，HMU将提示驾驶员有轻度氢气泄漏需要注意。而中度泄漏报警是指当空气中的氢气含量超过5‰（在5000×10^{-6}~10000×10^{-6}范围内）时，HMU将提醒驾驶员机有较严重的氢气泄漏，需要立即停车检查。紧急泄漏报警是指当空气中的氢气含量超过1%（10000×10^{-6}以上）时，HMU将提示有紧急泄漏报警，并立即自动关闭相应电磁阀切断氢路。

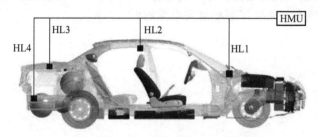

图6.29 某燃料电池轿车的氢泄漏传感器分布

3. 燃料电池汽车氢管理系统

燃料电池汽车氢管理系统是一个以HMU为核心的氢安全主动监控系统，除HMU外，还包括压力传感器、温度传感器、氢气泄漏传感器等检测元件及电磁阀、蜂鸣器等执行元件，具备检测、显示、报警功能。在正常工作时，氢管理系统与整车控制系统及燃料电池控制系统通信，根据检测的各种信号来控制氢气电磁阀的开与关，以及检测到氢泄漏时发出警报并处理。氢管理系统的功能主要包括氢系统安全管理、氢泄漏安全管理及氢系统故障管理。

（1）氢系统安全管理。为保证系统安全，HMU 实时检测氢容器的压力、温度以及管路压力等，当检测到氢瓶或管路的压力及温度过高或过低时，系统提示压力或温度异常。如果氢瓶压力过高且车辆处于加氢状态时，应立即停止加氢；如果氢瓶压力过低且车辆处于供氢状态时，应停止供氢。此外，当车辆处于加氢状态时，氢管理系统应将加氢状态发送给整车控制器并确认燃料电池系统、车载动力系统以及高压电系统均处于关闭状态。

（2）氢泄漏安全管理。为保证氢泄漏检测的可靠性，氢泄漏传感器应布置在车辆内氢泄漏时氢气容易聚集的位置。当车辆处于供氢状态时，氢管理系统应根据氢泄漏的浓度值，具备提示关闭氢系统及主动关闭氢瓶阀门的功能。当车辆处于加氢状态时，氢管理系统应根据氢泄漏浓度值停止加氢。

（3）氢系统故障管理。氢管理系统除应具备正常检测、通信功能外，还具备实时检测各传感器、电磁阀、蜂鸣器等是否发生故障的功能。当发生通信故障或零部件故障时，应根据故障情况立即执行警报或停机等命令。

思考题

1. 何谓燃料电池？燃料电池与普通电池有何异同？
2. 简述燃料电池的分类与应用情况。
3. 简述燃料电池汽车的储氢方式。
4. 质子交换膜燃料电池主要包括哪几部分？简述其工作原理。
5. 以 Nafion 膜为例，说明质子交换膜的工作机理。
6. 质子交换膜燃料电池的双极板起什么作用？对其有哪些要求？
7. 为何要对质子交换膜燃料电池进行水管理和热管理？
8. 燃料电池汽车有哪些类型？它们各有什么特点？
9. 甲醇重整制氢式燃料电池汽车有何优势？简述车载甲醇重整制氢的过程。
10. 燃料电池汽车上采取了哪些氢安全措施？

第 7 章
代用燃料汽车

本章教学目标

通过本章的学习，要求熟悉各种代用燃料的特性，掌握天然气汽车与液化石油气汽车的类型、特点及燃料供给系统，了解各类代用燃料汽车的应用现状。

本章教学要点

知识要点	能力要求	相关知识
天然气汽车	了解车用天然气的理化特性； 掌握天然气汽车的类型及特点； 掌握天然气汽车燃料供给系统的工作原理与基本结构； 了解天然气汽车的应用现状	天然气的来源、特性； 天然气汽车的分类方法； 燃料供给系统主要部件的结构； 天然气汽车的发展趋势
液化石油气汽车	了解液化石油气的理化特性； 掌握液化石油气汽车的分类及特点； 掌握液化石油气汽车燃料供给系统的工作原理与基本结构； 了解液化石油气汽车的应用现状	液化石油气的来源、特性； 液化石油气汽车的分类方法； 燃料供给系统主要部件的结构
醇类汽车	了解甲醇与乙醇的理化特性； 掌握醇类发动机的分类与特点； 了解甲醇与乙醇燃料的应用现状	甲醇、乙醇的生产来源； 醇类燃料的优缺点； 醇类燃料的应用方式
生物柴油汽车	了解生物柴油的理化特性； 了解生物柴油的原料与生产方法； 了解生物柴油的应用现状	生物柴油的优缺点； 生物柴油的应用前景
二甲醚汽车	了解二甲醚的理化特性； 了解二甲醚汽车的应用现状	二甲醚燃料的优缺点； 二甲醚燃料的应用方式
氢气汽车	了解氢气的理化特性； 了解氢气汽车的应用现状	氢燃料的优缺点； 氢燃料的应用方式

> **导入案例**

2014年7月29日,东风雪铁龙生产的2014款爱丽舍CNG双燃料汽车上市,时尚手动版售价9.48万元,天窗版售价9.78万元。外观方面,爱丽舍CNG双燃料汽车与汽油版爱丽舍区别不大,整车尺寸为4427mm×1748mm×1476mm,轴距为2652mm。动力方面,搭载的是1.6L双顶置凸轮轴16气门EC5发动机,可在天然气和汽油两种燃料间切换,使用燃气时最大功率和扭矩可达到75kW和130N·m,使用汽油时最大输出功率为86kW,最大扭矩为150N·m,与发动机匹配的是5挡手动变速器。该车配备了65L超大气瓶。

新爱丽舍CNG双燃料汽车(图7.1)气耗为$7.7m^3/100km$,对比汽油车型,可节省燃料费用40%以上,按照年行驶3万公里计算,一年可节省费用近7000元。当使用天然气作为燃料时,与同级别汽油车相比,HC排放减少50%,CO排放减少95%,NO_x减少35%,无硫化物和微粒排放。

图7.1 新爱丽舍CNG双燃料汽车

7.1 天然气汽车

7.1.1 车用天然气

天然气汽车以天然气作为汽油、柴油的代用燃料,是一种在技术上比较成熟、目前应用最广的代用燃料新能源汽车。作为车辆替代燃料的天然气,可以一定程度缓解石油资源的紧缺,逐步实现汽车能源的多样化。城市公交车和出租车改用天然气作为燃料,是减少城市空气污染的一项有效措施。

天然气是指天然蕴藏于地层中的烃类和非烃类气体的混合物。天然气主要存在于油田气、气田气、煤层气、泥火山气和生物生成气中,也有少量出于煤层。天然气主要成分是烷烃,其中甲烷占90%左右,另有少量的乙烷、丙烷和丁烷,此外一般有硫化氢、二氧化碳、氮和水汽和少量一氧化碳及微量的稀有气体,如氦和氩等。

天然气的密度为$0.718kg/m^3$(0℃,1个标准大气压),沸点为-162℃,故它的运输与存储与汽油和柴油有很大不同。它在大气中自燃温度为630℃以上,使用时只能用点燃方式而不能被压燃,并且抗爆性很好,研究表明可以通过提高压缩比来增强车辆的动力性和经济性。天然气的低热值高于汽油和柴油,但混合气热值比汽油和柴油低。此外,天然气的安全性较好,爆炸下限浓度高达5%。表7-1为天然气与汽油、柴油的理化特性比较。

车用天然气必须满足一定的技术要求。如果天然气含水量过高,生成的水合物会造成管道、气瓶瓶阀、充气嘴等堵塞,加速天然气中酸性气体对钢质件的腐蚀,当环境温度小于水露点时,会出现结冰现象,造成车辆无法使用天然气。含硫气体在水中会电离,对金属设备造成腐蚀,严重时会使其开裂。为了车辆运行良好和延长发动机等部件的寿命,一般的民用天然气在作为车用燃料使用前需要进行脱硫、脱水等加工处理。表7-2为国家标准GB 18047—2000《车用压缩天然气》对车用压缩天然气在热值、含硫、含水等方面的技术要求。

表7-1 天然气与汽油、柴油的理化特性

特性	汽油	柴油	天然气
在常压下的沸点/℃	30~220	180~370	−161.5
自燃温度/℃	220~471	260	630~730
低热值/(MJ/kg)	44.5	43	49.5
混合气热值/(MJ/m^3)	3.82	3.8	3.39
理论空燃比	14.7	14.5	16.7
辛烷值(RON)	90~97		130
爆炸浓度/(%)	1.3~7.6	0.5~4.1	5~15

表7-2 车用压缩天然气的技术指标(GB 18047—2000)

项 目	技术指标
高位发热量/(MJ/m^3)	>31.4
总硫(以硫计)/(mg/m^3)	≤200
硫化氢/(mg/m^3)	≤15
二氧化碳	≤3.0%
氧气	≤0.5%
水露点	在汽车驾驶的特定地理区域内,在最高操作压力下,水露点不应高于−13℃;当最低气温低于−8℃时,水露点应比最低气温低5℃

注:气体体积的标准参比条件是101.325kPa,20℃

7.1.2 天然气汽车的类型与特点

1. 天然气汽车的类型

1) 按燃料储存形式分类

分为压缩天然气(CNG)汽车、液化天然气(LNG)汽车和吸附天然气汽车。

CNG汽车使用的天然气压缩到20~25MPa,储存在车载高压气瓶中。这种车辆成本相对较低,在目前使用比较普遍,其最大的缺点是高压钢瓶过重,体积大且储气量小,占去了汽车较多的有效质量,限制了汽车携带燃料的体积,导致汽车连续行驶里程短。另外因钢瓶的储存压力高,也具有一定的危险性。

LNG 在常压下冷却至-162℃后液化形成，可以明显地减小天然气体积（缩小到标准状况的 1/625）。LNG 储存于车载绝热气瓶中，具有燃点高、安全性能强等优点，适于长途运输和储存。与 CNG 汽车相比，LNG 汽车在安全、环保、整车轻量化、整车续驶里程方面都具有优势。但是，LNG 生产设备的投资和能耗很高，它对存储容器的绝热性要求很高。

吸附天然气汽车气瓶内的天然气以吸附方式存储，压力为 3~6MPa。这种车辆的供气系统简单，成本低，但装载的天然气数量少，汽车的行驶距离短，加气次数多。

2）按燃料种类分类

分为单燃料天然气汽车、两用燃料天然气汽车和双燃料天然气汽车。

单燃料天然气汽车只使用天然气作为燃料。这种车辆的发动机专门针对天然气的供给、燃烧特点进行设计，因此燃烧效率高、排放低。

两用燃料天然气汽车既可以使用天然气也可以使用汽油作为燃料。这类车辆多由燃油汽车改进而来，具有两套燃料供给系统，一套供给汽油，一套供给天然气，但只能分别单独向发动机供给而不能同时供给。使用时，可以在燃烧汽油和燃烧天然气两种模式间切换。

双燃料天然气汽车可以同时使用柴油和天然气。这类车辆也具有两套燃料供给系统，一套供给柴油，一套供给天然气，并且能同时向发动机供给柴油和天然气，形成混合燃烧。使用时，可以在单独燃烧柴油和柴油/天然气混合燃烧两种模式间切换。

2. 天然气汽车的特点

天然气汽车具有以下优点。

(1) 排放少。天然气与空气混合均匀，燃烧较完全，可在很宽的着火界限实现稀燃，与燃油汽车相比，天然气汽车的 CO 和 HC 排放降低。天然气燃烧火焰温度低，所以 NO_x 排放量减少。统计表明，天然气汽车的 CO 排放降低 80%，HC 排放降低 60%，NO_x 排放降低 70%。此外，CO_2 排放量也比燃油车降低 20% 以上。许多国家已将发展天然气汽车作为减少城市空气污染的重要手段。

(2) 可降低汽车营运成本。目前天然气的价格比汽油和柴油低得多，燃料费用一般节省 50% 左右，使营运成本大幅降低。

(3) 可节省维修费用。天然气进入发动机气缸内时是气态，对润滑油无冲刷稀释作用，有利于延长机油的使用寿命和减少机油的消耗量，发动机磨损也相应减少。发动机冷起动性能好，运行平稳、不积炭，能延长发动机使用寿命，不需要经常更换机油和火花塞，可节约 50% 以上的维修费用。

(4) 安全性高。主要表现在：天然气燃点比汽油高，在 650℃ 以上，不易点燃；密度低，与空气的相对密度为 0.48，泄漏气体很快在空气中散发，很难形成遇火燃烧的浓度；抗爆性能好，辛烷值高达 130，比汽油辛烷值高得多；爆炸极限窄，仅 5%~15%，在自然环境下的形成条件十分困难；当压缩天然气从容器或管路中泄出时，泄孔周围会迅速形成一个低温区，天然气燃烧困难；配件的安全规格高。

天然气汽车目前还存在以下缺点。

(1) 动力性降低。天然气是一种低密度的气体燃料，当过量空气系数为 1 时，天然气与空气形成的混合气中只含有 10%（体积）左右的天然气，若采用缸外混合方式，就会减少进入气缸的空气量，其充气效率比液体燃料降低 10% 左右，另外，天然气的热值低于汽油和柴油，所以天然气汽车动力性比同排量汽油车或柴油车下降 5%~10%。

(2) 续驶里程缩短。天然气的密度很低，压缩天然气的能量密度低于燃油，并且不如汽油和柴油容易存储，故天然气汽车续驶里程较燃油车要缩短，加气次数较频繁。

(3) 储气罐占用空间。携带能量相同时，压缩天然气的体积是汽油的 5 倍，因此储气罐的体积大，不利于在车上布置。

(4) 初始投资较大。天然气汽车的一些关键部件（如储气罐、安全阀等）技术要求高，目前成本也较高。

7.1.3 天然气汽车的燃料供给系统

与燃油汽车相比，天然气汽车增加了一套燃气供给系统。燃料供给技术是天然气汽车的关键技术，它影响车辆的经济性、动力性和排放性能。

1. CNG/汽油两用燃料汽车供给系统

1) 工作原理

图 7.2 为某国产 CNG/汽油两用燃料汽车的混合器式燃料供给系统的示意图。该供给系统按功能可分为储气部件、燃气供给部件和控制功能部件三类。储气部件主要包括储气瓶、充气阀、高压管及接头、手动截止阀、气压表等。燃气供给部件主要包括天然气过滤器、减压调节器、混合器、低压气软管及循环水软管等。控制功能部件主要包括油气燃料转换开关、天然气电磁阀、汽油电磁阀、电控单元等。

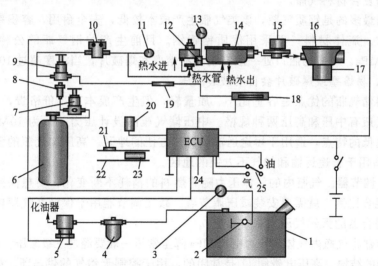

图 7.2 CNG/汽油两用燃料汽车混合器式燃料供给系统

1—汽油箱；2—油位传感器；3—汽油表；4—汽油滤清器；5—电动汽油泵；6—储气瓶；
7—充气阀；8—过滤器；9—手动截止阀；10—天然气电磁阀；11—高压表；12—安全阀；
13—低压表；14—减压调节器；15—步进电动机；16—混合器；17—化油器；18—压力显示器；
19—压力传感器；20—发动机转速传感器；21—氧传感器；22—发动机排气管；
23—三元催化转换器；24—电控单元；25—油气燃料转换开关

当需要使用天然气作燃料时，将手动截止阀 9 打开，油气燃料转换开关 25 扳到"气"的位置，此时天然气电磁阀 10 打开，汽油电磁阀关闭，电动汽油泵 5 停止工作，储气瓶内的 20MPa 高压天然气经高压管路依次通过充气阀 7、过滤器 8、手动截止阀 9 和天然气电磁阀 10 进入减压调节器 14 减压，再通过低压管路进入混合器 16，并与经空气滤清器进入的空气混合，经化油器 17 通道进入发动机气缸燃烧。该系统还具有空燃比闭环控制的功能。闭环控制系统由燃气 ECU、氧传感器 21、发动机转速传感器 20、安装在减压调节器和混合器之间的步进电机 15 组成。燃气 ECU 根据氧传感器和转速传感器的信号，通过调节步进电机伺服阀的行程来改变减压调节器和混合器之间的低压燃气通道面积及空气天然气的流量，使发动机在各种工况下获得最佳空燃比。

系统还包括汽油油路。油路中加装了一个汽油电磁阀，其余部件均保留不变。当需要使用汽油作燃料时，将油气燃料转换开关扳到"油"的位置，此时天然气电磁阀关闭，汽油电磁阀打开，汽油通过汽油电磁阀进入化油器并吸入气缸燃烧。

2) 主要部件结构

(1) CNG 储气瓶。CNG 储气瓶是天然气汽车的主要设备之一，其成本约占 CNG 汽车改装成本的 30%～70%。综合考虑气瓶的容积/重量比及降低加气站运行成本等因素，气瓶的储气压力一般为 20MPa。过高的储气压力反而会导致气瓶容积效率比的下降及加气站运行费用的升高。

CNG 储气瓶分为四类。第一类是钢或铝合金金属瓶；第二类是钢或铝内衬加筒身环向缠绕树脂浸渍长纤维加固的复合材料气瓶；第三类是钢或铝内衬加环向、纵向整体缠绕树脂浸渍长纤维加固的复合材料气瓶；第四类是塑料内衬加环向、纵向整体缠绕树脂浸渍长纤维加固的复合材料气瓶。

目前使用最多的是钢质气瓶，该类气瓶生产成本较低，安全耐用，容积率高，但容重比大、重量大。瓶体材料一般采用优质铬钼钢。目前生产的钢气瓶的公称工作压力为 16MPa 或 20MPa。气瓶的瓶口处一般安装有易熔塞和爆破片，当温度超过 100℃或压力超过 26MPa 时，易熔塞或爆破片会自动破裂泄压。

复合材料储气瓶的优点是容重比小、质量轻，但生产成本高，价格贵，容积效率低。复合材料储气瓶有中压和高压两种规格。中压储气瓶的设计压力一般为 10MPa 左右，具有充气时耗电低的特点，适用于短途运输和加气方便的地区。高压储气瓶的设计工作压力为 25MPa，适用于长途运输和加气不方便的地区。

(2) 减压调节器。气瓶内的气体压力随着燃料的消耗不断变化，要想保持稳定的天然气与空气的混合比例，就需要安装减压调节器。减压调节器用于保证在气瓶内的压力发生变化时进入混合器的天然气压力基本恒定。

减压调节器将气瓶内气体的压力由 20MPa 降至常压一般要经过三级减压。图 7.3 为某三级减压调节器的结构。高压电磁阀 11 是常闭的，用于控制天然气的供与断。高压电磁阀的阀芯安装了一个先导阀 1，先导阀的中心有一个小孔，使电磁阀的高压室与低压室相通。电磁线圈未通电时，电磁铁心在回位弹簧的作用下，将先导阀小孔封闭，通道关闭。当电磁线圈通电时，由于电磁力较小，不能直接打开主通道，先打开先导阀小孔，这时高压腔气体流入低压腔，高低腔压差减小，电磁铁心通过连接销将先导阀一起提起，主通道打开。

一级减压阀 10 为常开状态。未通入高压气体时，在压力弹簧的作用下膜片向下运动，带动杠杆转动，使阀芯与阀口保持一定间隙。当通入高压气体时，减压室的压力上升到一定值，气体作用在膜片下的压力克服弹簧压力，使膜片向上运动，带动杠杆转动，使阀关闭。当减压室的气体向二级减压阀输出后，减压室的气体压力又下降，下降到额定输出压力以下时，压力弹簧又使阀口打开，如此重复，出口压力稳定在 0.35～0.4MPa。二级减

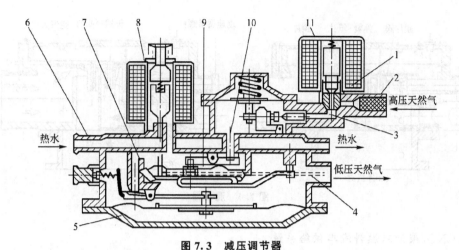

图 7.3 减压调节器

1—先导阀；2—天然气滤清器；3—主通道；4—低压出气管；5—通大气口；6—热水道；
7—三级减压阀；8—急速电磁阀；9—二级减压阀；10—一级减压阀；11—高压电磁阀

压阀 9 也处于常开状态，工作原理与一级减压阀类似，出口压力稳定在 0.15～0.19MPa。三级减压阀 7 的阀口是常闭状态。阀的开启由发动机的真空度控制，输出压力可通过压力弹簧的预紧力进行调节。当阀室内真空度为 0 时，在压力弹簧的作用下，阀关闭。当真空度为正，即阀室为负压时，膜片上方与大气相通，膜片两端存在压力差，膜片向阀内运动，带动杠杠克服弹簧力，阀被打开通气。当减压室负压减小，在弹簧力作用下阀又关闭。如此反复，三级减压阀的输出稳定在一定范围内。

经过三级调节器减压输出的气体的流量随发动机工况的变化而变化，由发动机进气真空度调节。发动机转速升高、吸力增大时(负压增大)，减压阀开度增大，气体流量增大，反之则减小。

气体流过减压调节器时，压力大幅度降低，温度也随之急剧下降，气体中的水分可能结冰，造成阀口和管道堵塞。因此，减压调节器设有加热用循环水套，利用发动机的冷却液对气体加热，以防止其减压后温度降至冰点以下。

(3) 混合器。混合器的作用是将空气和天然气按一定比例混合，形成一定浓度的可燃混合气。其工作原理是利用进气管真空度同时控制空气和天然气通道的通过面积，以控制混合气的空燃比。

混合器安装在化油器的进气口上。混合器(图 7.4)的 C 腔经化油器与进气歧管连通，A 腔与发动机的空气滤清器相连，D 腔则通天然气低压通道，膜片室 B 通过气孔与 C 腔相通。当发动机工作时，进气管真空度传至 C 腔，并通过气孔传入膜片室 B，使膜片室产生真空。由于 A 腔接近于大气压力，因此膜片在 A 腔与膜片室的压力差作用下，克服膜片自身的重力和弹簧的弹簧力向上弯曲，打开天然气阀口和空气入口，使天然气和空气进入 C 腔并在其中混合后进入发动机。在发动机工作期间，膜片将随着进气管真空度的变化而上下运动，天然气阀口和空气入口的开度也就随之变化。当发动机停机时，A 腔、C 腔和膜片室 B 均为大气压力，膜片在其自身的重力和弹簧力的共同作用下，向下弯曲并将天然气阀口和空气入口关闭。

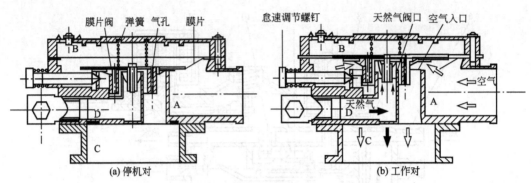

(a) 停机对　　　　　　　　　　　　　(b) 工作对

图 7.4　混合器

2. CNG/柴油双燃料汽车供给系统

CNG/柴油双燃料汽车由柴油机汽车改装而来,可以单独使用柴油,也可以天然气和柴油混合同时使用。当使用双燃料时,在每一个工作循环,喷油泵经喷油器向气缸内喷入少量柴油作为"引燃燃料",待柴油着火燃烧后再将天然气点燃。

图 7.5 为某车 CNG/柴油双燃料供给系统的示意图。当要使用天然气时,打开供气阀 4,高压气沿管道进入加热器 3,由发动机的循环冷却液对气体加热。升温后的气体进入高压减压阀 2。在高压减压器之后设有气体压力报警器 1 和限压阀 9。当高压减压器失灵并造成管道内气体压力过高时,压力报警器将发出信号报警,同时限压阀开启放出部分天然气,以避免由于气体压力过高而损坏系统内元件。如果因为密封失效天然气外泄而引起管道内气体压力过低时,压力报警器也将发出信号报警,这时驾驶员应关闭供气阀,停止向发动机供气,检查故障。此后,气体流入低压减压阀 13,在其中经两级降压后压力降到 0.1~0.15MPa。随后天然气经计量阀 11 进入混合器 12,并在其中与空气混合后进入气缸,在压缩行程结束之前由已经着火燃烧的柴油点燃。

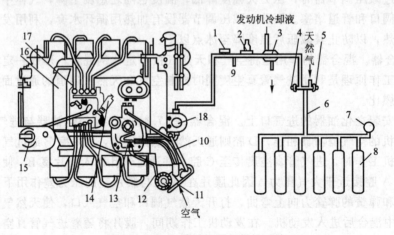

图 7.5　CNG/柴油双燃料供给系统

1—压力报警器;2—高压减压阀;3—加热器;4—供气阀;5—充气阀;6—高压输气管;7—压力表;
8—储气瓶;9—限压阀;10—低压供气管;11—计量阀;12—混合器;13—低压减压阀;
14—喷油泵供油量限位器;15—燃料转换开关;16—发动机;17—喷油泵;18—燃气滤清器

计量阀实际上是一个节流阀,是控制天然气供给量的装置,由驾驶员直接操纵。图 7.6 为计量阀结构图。节流阀开度大,供气量增多,发动机的功率增加。计量阀通常与限速器制成一体。限速器用来限制发动机的转速不使其超速。当发动机转速超过允许的转速时,混合器喉管处的真空度传入限速器膜片的下方并吸引膜片向下弯曲。膜片带动膜片拉杆向下移动。同时推动节流阀轴朝关闭节流阀的方向转动。由于节流阀关小,供气量减少,从而限制了发动机转速的升高。当发动机恢复正常转速之后,限速器膜片下方与大气相通,膜片恢复到原来的位置,此时限速器不起作用。

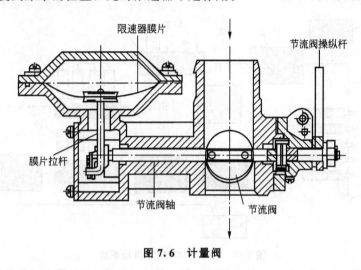

图 7.6 计量阀

3. 电控天然气直接喷射系统

近年来电控天然气喷射技术得到了快速发展。该系统利用燃气喷射器直接向气缸内供气,并由燃气 ECU 控制喷气量和喷气正时。按燃气喷射压力不同,直接喷射系统可分为高压喷射和低压喷射两种类型,高压喷射系统用在压缩自燃式的混合燃料发动机上,低压喷射用在点燃式的单燃料或两用燃料发动机上。

电控天然气直接喷射具有以下优点。

(1) 克服混合器空燃混合不精确的缺点,可以精确地控制空燃比,改善排放,提高动力性。

(2) 在起动、怠速及加减速等过渡工况,ECU 可迅速供给适量的燃气,发动机反应灵敏、排放低。

(3) 当汽车行驶在不同季节、不同地区,气温、气压及空气密度变化时,ECU 可对外界环境的变化进行自适应。

(4) 具有减速断油功能,降低排放,节省燃气。减速时,节气门关闭,发动机仍以高速运转,造成进气管内真空度增大,ECU 可以根据相应的转速和节气门信号采取断气措施。当发动机转速降到一定程度或踏下油门踏板后再恢复供气。

图 7.7 是电控 CNG/汽油两用燃料发动机的燃料供给系统示意图,天然气和汽油的供给都采用电控喷射方式。电控天然气喷射系统的工作原理与电控汽油喷射系统类似。系统的传感器有:曲轴位置传感器、节气门开度传感器、进气压力传感器、进气温度传感器、汽油/CNG 转换开关信号传感器、减压调节器后的天然气压力传感器、天然气温度传感器和氧传感

器等。执行器包括天然气电磁阀、天然气喷油器等。若能保证减压调节器后的天然气压力稳定,喷气量与喷射器开启的持续时间成正比,而后者由电控单元控制。电控单元根据来自各种传感器和各种开关的信号进行综合判断和运算,确定喷油器的开启时间,并发出适时启闭的指令。电控天然气喷射系统要求减压调节器出口压力保持在 0.6MPa 左右。一般采用两级减压调节器,第一级减压到 1.2MPa 左右,第二级减压到 0.6MPa 左右。对于 CNG/汽油两用燃料发动机来说,通常是利用原有电控汽油喷射系统的控制系统,只增加几个传感器、执行器和一个供气控制模块。原有的三元催化转换器和氧传感器仍可继续使用。

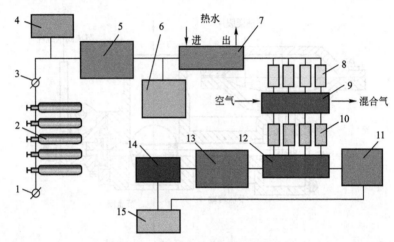

图 7.7 电控 CNG/汽油供给系统

1—充装阀;2—储气瓶;3—输出阀;4—压力表;5—天然气电磁阀;6—气量显示器;
7—减压调节器;8—天然气喷射器;9—进气歧管;10—喷油器;11—油压调节器;
12—燃烧分配器;13—汽油电磁阀;14—汽油泵;15—汽油箱

7.1.4 天然气汽车的应用

100 多年以来,全球汽车使用的传统能源是柴油和汽油,而汽车已是石油消耗的重点领域,也是城市大气污染的重要源头。如今,节能环保成为汽车工业发展的重要共识,在多种汽车节能方案中,使用替代能源逐渐被大家所接受,而大力推广使用汽车替代能源已成为世界许多国家能源政策的重要方向。综合而言,目前能够满足营运车辆使用要求、应用最为广泛的替代能源是天然气,许多国家都开始注重使用天然气来代替传统的石油燃料,严重缺油但气源相对丰富的国家更是如此。

据世界天然气汽车协会(IANGV)统计,2010 年全球天然气汽车保有量已达 1267.4 万辆,约为 2000 年的 10 倍,年均增长超过 25%,共有加气站 18202 座。目前亚太地区是世界天然气汽车增长最快的地区,天然气汽车的总量已占全球总量的 50%以上,拉美地区约占全球的 1/3。IANGV 预测,2020 年全球天然气汽车将达到 6500 万辆左右,约为全世界汽车保有量的 9%。

我国天然气汽车的发展已有 50 多年的历史。早在 20 世纪 60 年代,就在四川建立了天然气汽车试验站,并进行了压缩天然气汽车的改装、试验工作,后因一些原因中断。80 年代中期,我国又重新开始了该项目的研究和开发。1988 年四川省石油管理局从新西兰引进了充气装置和天然气汽车的改装件,并在四川省南充市建立了压缩天然气加气站,从而成为全国使用天然气汽车的第一家。到 1995 年底,全国拥有天然气汽车近 2400 辆,

1997年底发展到4594辆。石油勘探开发科学研究院机械所1997年成功地研制出我国第一辆具有实用价值的天然气/柴油双燃料汽车装置,并于1999年3月改装出我国第一辆液化石油气/柴油双燃料汽车。

进入21世纪以来,天然气汽车的推广应用进入了快速发展阶段。1999—2009年,我国开展"清洁汽车行动",示范推广天然气汽车,取得很大成绩。我国目前大约有60家汽车制造企业能够生产天然气汽车整车,约有450个车型(含底盘)获得产品公告;天然气发动机有几十种机型、功率覆盖40~480kW,产能达8万台/年;与天然气汽车配套的车用气瓶已经形成了全系列的设计和生产能力,年产能超过80万只,居世界首位。

加气站用成套设备的设计制造也已全部实现国产化,配套齐全,性能可靠;CNG长管挂车、CNG罐式集装箱挂车和LNG槽车完全能满足国内需要。截至目前,我国已经形成了天然气生产、运输、加注和天然气汽车整车及零部件研发、制造及推广使用的技术标准体系和产业链。天然气汽车及配套装备不仅可满足国内市场需求,还可批量出口海外。

我国道路运输推广天然气汽车是从CNG车起步的,10多年来重点推广CNG车。目前我国道路运输中的天然气汽车,大多数是出租车,其次是公交车,只有少量的城际客货运输车。在天然气汽车的燃料结构方面,目前绝大多数车辆使用的是CNG。随着LNG汽车技术的发展,LNG汽车自21世纪开始在道路运输领域示范推广。2001年,北京公交组建了50辆规模的LNG公交车示范车队,并建起1座LNG科技示范加气站。2006年我国第一个LNG接收站在深圳大鹏湾建成,LNG汽车迈入商业化推广使用阶段。

目前全国31个省市自治区共有加气站约2000座,天然气汽车总量超过100万辆。其中,四川、山东、重庆、新疆、陕西等地的天然气汽车推广走在前列。

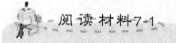
阅读材料7-1

我国LNG汽车技术现状

由于CNG汽车续驶里程短(一般为150~180km),建站受制于天然气管输网等制约因素,而LNG汽车特别适合于城际间的中长途客运班车和货源及线路稳定的中、重型卡车,能有效弥补CNG汽车限于城市车辆的发展缺陷。故要实现城际间天然气汽车应用推广目标,推进LNG汽车应用势在必行。

作为汽车燃料,LNG较CNG具有以下优势:燃料杂质少、纯度高(个别LNG中甲烷含量能达到99%),精纯的LNG燃烧更彻底,使发动机性能充分发挥,排放更加洁净;CNG汽车相对于汽油和柴油汽车而言,动力性下降5%~15%,而电喷式LNG汽车相对于汽油和柴油汽车,动力降低不到2%;LNG储罐为常压低温绝热容器,比CNG高压钢瓶压力要求低,自重降低很多;LNG常压使用,防撞、抗爆性好,LNG汽车较CNG汽车更安全;由于燃料储箱体积小,质量轻,燃料能量密度大,相应提高了汽车装载利用率,LNG汽车续驶里程约为CNG汽车的3倍,可超过400km。

LNG加气站的主要设备有LNG储罐、调压汽化器、LNG低温泵、加气机和控制系统。较CNG加气站,LNG加气站不需要造价昂贵及占地面积宽的多级压缩机组,大大减少了加气站初期投资和运行费用。LNG加气站的主要优势在于脱离天然气管输网限制,建站更灵活,可以在任何需要的地方建站。LNG加气站建站的一次性投资相对CNG加气站节约30%左右,且日常运行和维护费用减少近50%。

新能源汽车基础

LNG汽车主要由LNG汽车发动机和燃料系统构成,其中燃料系统主要由LNG储气瓶总成、汽化器和燃料加注系统等组成。LNG储气瓶总成包括储气瓶、安装在其上的液位装置及压力表等附件。储气瓶附件包括加注截止阀、排液截止阀、排液扼流阀、节气调节阀、主安全阀、辅助安全阀、压力表、液位传感器和液位指示表等。汽化器包括水浴式汽化器和循环水管路及附件,功能是将LNG加热转化为0.5~0.8MPa的气体供给发动机。燃料加注系统包括快速加注接口和气相返回接口,对应连接LNG加气机加液枪和回气枪。

经过近年的研发,国内LNG发动机和汽车的技术已基本成熟,如玉柴机器集团有限公司、上海柴油机有限公司、潍柴动力有限公司等发动机生产厂家,已成功开发生产出一系列LNG发动机,在公交车、重型货车领域有广泛使用。

近年示范运行的LNG汽车主要是在传统汽油或柴油发动机基础上改装为燃油/LNG双燃料车辆,发动机功率下降较为严重,主要应用于城市公交车,如重庆恒通客车有限公司研制生产的"前置发动机LNG客车"(已在贵阳、新疆等地投入使用)、"LNG后置公交客车"(已在珠海投入使用)。

现在国内LNG汽车整车技术已经取得历史性突破。新疆广汇实业有限公司开发了电控单燃料重型商用天然气发动机,并已形成批量生产能力。试验表明,LNG发动机功率超过200kW,发动机最低燃料消耗率达到195g/kW·h,整车排放达到国Ⅳ标准,运行成本在原燃油汽车基础上降低40%,整车性能符合GB 7258—2012《机动车运行安全技术条件》要求。因此,国产LNG汽车技术已发展较成熟,已具备将使用范围从公交车拓展到中长途中重型车辆的技术条件。

国内现在有多家LNG车载瓶制造企业,如张家港富瑞特种装备有限公司、四川空分设备有限公司、北京天海工业有限公司、张家港中集圣达因低温装备有限公司、哈尔滨深冷气体液化设备有限公司、青岛瑞丰气体有限公司等。

国内目前已有北京、乌鲁木齐、长沙、贵阳、海南等城市和地区进行了LNG汽车技术示范应用,但还主要局限在公交车领域的应用。截止到2009年12月,全国有2800余辆LNG汽车运行,已建成LNG加气站20余座。

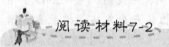 阅读材料7-2

代用燃料新型整车技术开发

我国863计划"节能与新能源汽车"重大项目中,有关代用燃料新型整车技术开发的主要研究内容如下。

开展LNG整车研究开发。进行整车集成开发、LNG燃料储存系统的布置及安全设计,完成LNG燃气发动机开发与整车的集成;进行整车的经济性、排放、驾驶性能、舒适性的匹配与标定;进行整车性能和可靠性试验研究;生产准备和质量控制。

开展甲醇/乙醇灵活燃料汽车开发。进行甲醇/乙醇灵活燃料发动机及整车的开发,研究甲醇/乙醇燃料腐蚀、溶胀和磨损等问题,进行电控系统软硬件研发,进行不同燃料比例的发动机及整车匹配标定与可靠性研究,开展不同燃料比例对发动机的动力性、燃料经济性、排放性(包括非常规排放)影响的研究。

研发目标为：掌握一批代用燃料新型整车开发技术，提升 LNG、醇类灵活燃料汽车产品性能和排放技术水平，为国内汽车代用燃料的发展提供产品和技术支撑。其中，LNG 汽车的研发指标见表 7-3。

表 7-3 LNG 汽车的研发指标

项目名称	LNG 单一燃料轿车	LNG 客车
功率	较同级汽油车下降≤10%	≥200kW
燃料经济性	与同级汽油车水平相当	最低燃料消耗≤205g/kWh
续驶里程	≥400km	≥500km
排放要求	达到国Ⅳ排放标准的要求	
排放耐久性	通过整车排放耐久性测试	
可靠性考核	发动机可靠性按 GB 19055—2003 标准进行；整车可靠性考核	
燃料储存系统	防泄漏、防碰撞、防低温泄漏安全设计	

7.2 液化石油气汽车

7.2.1 车用液化石油气

液化石油气(LPG)是丙烷(C_3H_8)和丁烷(C_4H_{10})的混合物，有的还伴有少量的丙烯(C_3H_6)和丁烯(C_4H_8)。LPG 本身无色无味，为了便于察觉，确保安全使用，在液化石油气中一般加入具有明显臭味的硫醇、硫醚或含硫化合物配制的加臭剂。

液化石油气的生产来源主要有以下三种。

(1) 油田、气田开采的伴生气。原油开采时，往往附带有烃类气体。气田开采时，在天然气中携带有其他烃类。这些烃类经初步分离及处理后，集中送到气体分离工厂进行加工，最后分别获得丙烷、丁烷。在一定压力下或冷冻到一定的温度将丙烷、丁烷分别进行液化。生产商可分别出售丙烷、丁烷，也可按用户要求，把丙烷、丁烷按一定比例，调配成符合质量标准的液化石油气。

(2) 炼油厂的副产品。原油在常减压蒸馏、热裂化、催化裂化、催化重整、加氢裂化及延迟焦化等工艺装置加工处理过程中都会产生烃类气体，这些气体经吸收稳定工序后，在一定压力下分离出干气(贫气)与富气。干气的主要组分为甲烷和非烃类气体，还有少量的乙烷和乙烯等。富气的主要组分为丙烷、丙烯、丁烷、丁烯类，还有少量戊烯类及非烃类化合物，这类气体在一定压力下冷凝为液态液化石油气。提炼 1t 原油一般可产生 3%～5% 的液化石油气。

(3) 由乙烯工厂生产。在轻油或轻烃进行裂解生产乙烯的过程中，也会产生液化石油气组分。但乙烯工厂的生产目标决定了这类工厂生产出的液化石油气质量较差,一般含碳四组分高。

液化石油气的低热值和混合气热值与天然气接近,低热值高于汽油和柴油,但混合气热值低于汽油和柴油。它的辛烷值也较高,达到100以上,具有较好的抗爆性。此外,液化石油气的着火温度比汽油高,火焰传播速度慢,需要较高的点火能量。

液化石油气在气态时比空气重,它一旦从容器或管道中泄漏出来,会往低处流动和停滞,易于达到爆炸浓度,对安全形成一定威胁。液化石油气的液态相对密度为0.5~0.6之间,大概为水的一半,因此当液化石油气中含有水分时,水就会沉积在容器的底部,造成容器底部腐蚀,缩短容器的使用寿命。液态的液化石油气体积膨胀系数较大,是水的10倍以上,温度升高10℃,液体体积膨胀3%~4%,所以LPG储气瓶不能暴晒,不能用开水浇泡,充装时绝对不能充满。此外,液化石油气的气化潜热比较大,在生产过程中要严禁液态的液化石油气直接接触人体,以免皮肤冻伤。

表7-4为液化石油气理化特性。

表7-4 液化石油气理化特性

特性	数值
在常压下的沸点/℃	-42~0.5
自燃温度/℃	462~537
低热值/(MJ/kg)	45.3
混合气热值/(MJ/m^3)	3.59
理论空燃比	15.8
辛烷值(RON)	100~110
爆炸浓度/(%)	1.5~9.5

不是所有的液化石油气都能作为车用燃料,普通的液化石油气含有烯烃、水、硫化物和机械杂质等有害杂质。烯烃在40~75℃会聚合成为胶状物(结焦),影响汽化调节器内膜片弹性和量孔的流动性能。丁二烯使橡胶膜片产生溶胀等。另外烯烃抗爆性差,燃烧易冒黑烟等。硫分主要会产生对钢和铝的腐蚀,燃烧后污染环境。水分存在时,不仅会促使硫化物对气瓶、管路、阀门、汽化调节器的腐蚀,而且在低温(或高压)下,会与LPG生成水化物(像冰状结晶物),堵塞管道、阀门。机械杂质会对蒸发调节器产生粉末堵塞。

国家标准GB 19159—2012《车用液化石油气》对车用液化石油气做出了有关规定。根据丙烷、丁烷组分含量的不同,车用液化石油气分为三个牌号产品:1号产品,可在环境温度-20℃以上条件下使用;2号产品,可在环境温度高于-10℃的条件下使用;3号产品,可在环境温度高于0℃的条件下使用。为了满足车辆的使用要求,该标准对车用液化石油气的蒸气压、腐蚀、含硫量、游离水、烯烃含量等作了严格技术要求,见表7-5。

表 7-5 车用液化石油气技术要求(GB 19159—2012)

项目		质量指标		
		1号	2号	3号
蒸气压(37.8℃,表压)/kPa		≤1430	890~1430	660~1430
组分的质量分数/(%)	丙烷	>85	>65~85	40~65
	丁烷及以上组分	≤2.5		
	戊烷及以上组分		≤2.0	≤2.0
	总烯烃	≤10	≤10	≤10
	丁二烯(1,3-丁二烯)	≤0.5	≤0.5	≤0.5
残留物	蒸发残留物/(mL/100mL)	≤0.05	≤0.05	≤0.05
	油渍观察	通过	通过	通过
密度(20℃)/(kg/m³)		实测	实测	实测
铜片腐蚀/级		≤1	≤1	≤1
总硫含量/(mg/m³)		<270	<270	<270
硫化氢		无	无	无
游离水		无	无	无

注 1. 总硫含量为 0℃、101.35kPa 条件下的气态含量。
　　2. 可在测量密度的同时用目测法测定试样是否存在游离水。

7.2.2 液化石油气汽车的类型与特点

1. 液化石油气汽车的类型

按照使用的燃料,液化石油气汽车可分为如下几种。

1) 单燃料液化石油气汽车

发动机仅使用 LPG 的燃料,燃料供给系统专为燃用 LPG 燃料而设计,其结构可保证气体燃料能有效利用,充分发挥 LPG 辛烷值高的优势。

因为 LPG 的辛烷值比 CNG 低,所以单燃料 LPG 汽车发动机的压缩比比单燃料 CNG 汽车稍低,燃料经济性略差。但 LPG 挤占空气容积较少,故 LPG 汽车动力性更好。

2) 两用燃料液化石油气汽车

汽车设有两套独立的燃料供给系统,利用选择开关可在 LPG 和汽油两种燃料中进行转换使用,但两种燃料不允许同时混合使用。一般汽油车发动机不改动,只是加装一套液化石油气燃料供给装置,就成为 LPG/汽油两用燃料汽车。

3) 双燃料液化石油气汽车

系统同时有两种供给汽车燃料的装备,配备两个供给系统及两个独立的燃料储存系统。发动机工作于双燃料状态时,用压燃的柴油引燃 LPG 与空气的混合气而实现燃烧。发动机也可使用纯柴油工作。在低负荷及急速时自动转换到纯柴油工作方式。

LPG/柴油双燃料汽车与 CNG/柴油双燃料汽车的主要优点类似,可以大幅度地降低大负荷工况的微粒排放，但小负荷时的 HC 排放有所增加。此外，LPG 不受管线限制，供油系统的成本低，LPG 的能量密度大、便于携带。

2. 液化石油气汽车的特点

液化石油气汽车具有以下优点。

（1）排放降低。液化石油气热值高，燃烧完全，CO、HC 和微粒的排放极低，大大减小了汽车的尾气污染。

（2）发动机运行性能好。液化石油气有较好的抗爆性，适当提高压缩比和点火提前角，可以提高发动机性能；发动机低温起动性好。试验证明，在环境温度为 $-30\,℃$ 时，LPG 汽车不需要采取特别措施就可以顺利起动。

（3）运行和维修成本低。使用液化石油气的费用要大大低于汽油车和柴油车；液化石油气以气态进入气缸，燃烧完全，积炭少，这使发动机的大修期和润滑油更换周期延长，降低了车辆维护费用和运行成本。

（4）安全性高。车用 LPG 系统设有专门设计的安全保护装置，不易泄漏。即使稍有泄漏，在极短的时间内空气含量很难达到爆炸极限。

液化石油气汽车与燃油汽车相比，目前还具有以下缺点。

（1）改装后的液化石油气汽车动力性有所下降。

（2）一次加满气的续驶里程不如燃油汽车，充气次数较多。液化石油气充气站目前还不够普遍，使用受限。

（3）汽车以双燃料方式并存，需要在原车的基础上加装供气系统，整车成本较高。

（4）储气瓶占用空间大，不利于在车上布置。

7.2.3 液化石油气汽车的燃料供给系统

与天然气汽车类似，液化石油气汽车必须装备一套燃气供给装置，两用燃料和双燃料车辆还保留了原有的燃油供给系统。液化石油气供给系统可分为机械式混合器供气系统（开环）、电控式混合器供气系统（闭环）和电控燃气喷射系统三类。它们不同之处体现在混合气的形成方式和混合气浓度控制方式的不同，而其他多数装置（如气瓶、组合阀、蒸发调压器等）基本相同。

图 7.8 为电控式混合器 LPG/汽油供给系统示意图。当需要使用 LPG 作为燃料时，将燃料转换开关 13 置于 LPG 位置，LPG 电磁阀 9 打开，LPG 从气瓶 7 流入蒸发调压器 10，并在其中蒸发减压，然后进入混合器 11，在混合器中与空气混合后进入发动机气缸燃烧。ECU 根据氧传感器 17 和发动机转速传感器 15 的信号，通过改变通向真空电磁阀 12 的脉冲信号占空比来调节蒸发调压器膜片室的压力，以控制蒸发调压器的输出压力和供气量，从而实现供气量的闭环控制。当使用汽油作为燃料时，将燃料转换开关切换到汽油位置，此时 LPG 电磁阀关闭，汽油电磁阀打开，电动汽油泵 4 开启，汽油通过汽油滤清器 3 进入化油器并吸入气缸燃烧。

LPG 储气钢瓶分为 A、B 两类。A 类瓶是指按设计的技术要求已装好组合部件及附件，提供给用户的整备车用钢瓶。B 类瓶是指未按设计的技术要求装好组合部件，提供给用户的是具有安装接口的车用钢瓶。

LPG 储气钢瓶由瓶体、组合阀、防护盒和支架组成。

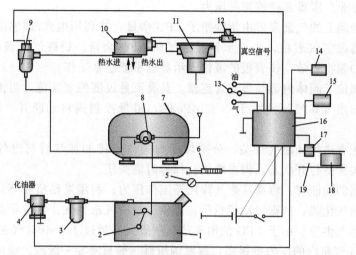

图 7.8 电控式混合器闭环控制 LPG/汽油供给系统

1—汽油箱；2—油位传感器；3—汽油滤清器；4—电动汽油泵；5—汽油表；6—辅助液面显示器；7—气瓶；8—集成阀；9—LPG 电磁阀；10—蒸发调压器；11—混合器；12—真空电磁阀；13—燃料转换开关；14—节气门位置传感器；15—发动机转速传感器；16—ECU；17—氧传感器；18—三元催化器；19—发动机排气管

单个钢瓶容量有 120L、100L、80L 等规格，整车燃气系统钢瓶量有 340L、320L 等，但最多可加气至钢瓶容量的 80%，以给气态 LPG 留出余量，在环境温度升高时，保证钢瓶的安全。

用于汽车的液化石油气钢瓶，必须按国家有关标准制造和进行检测。钢瓶额定工作压力为 2.2MPa，爆破压力大于 8.8MPa。钢瓶与组合阀组装后，要求按规定进行气密性检测，不允许自行拆卸或更换。钢瓶设计寿命为 15 年，每隔 5 年必须进行定期复查检测。

组合阀是指与瓶体用螺纹或螺栓法兰连接的、集成为一体的元件组合，包括限充阀、安全阀、单向阀、手动关闭阀、流量控制阀及气量表，有些还装有电磁控制阀。图 7.9 为某组合阀结构。

限充阀具有限量充装功能。在加气过程中，为确保充装限额，配有一个机械装置，该装置与一个浮子相连，在达到充装限额时（总容量的约 80%），自动切断流体，终止充装，避免钢瓶压力过高。装置中的单向阀确保单向充装及钢瓶间任何状态下都不能相互充装。

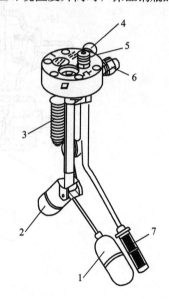

图 7.9 组合阀

1—LPG 容量传感器浮子；2—限充阀浮子；3—安全阀；4—单向阀；5—手动关闭阀；6—出液口；7—滤网；

安全阀用于保证钢瓶压力维持在安全范围内，当气瓶内部压力大于限值或温度高于 100℃ 时，安全阀将自动开启，降低瓶内压力，保持系统安全。安全阀一经卸荷开启，组合阀将不能继续使用，待钢瓶卸压后由专业人员更换组合阀，由有关专业厂家重新校核卸荷压力。

安装在组合阀上的气量表可由指针指示 LPG 余量，并利用电光/磁感应原理，将指针位置信号传到驾驶室仪表板，由显示器显示气瓶 LPG 余量。钢瓶气量表必须正常工作，否则充装限制功能将失效，仪表板的液位显示器也不能正常工作。

流量控制阀位于阀体内部与吸气管连接，具有流量过度控制功能，当流量超过正常规定限度，瓶内与出气口气压差大于 0.35MPa 时，流量控制阀自动断开，从而切断流体，停止液态泄漏。

组合阀还配有进气和出气开关，分别切断与阀体连接的加气管与出气管，一般情况下，这两个开关保持打开状态，但在维修、保养时需关闭。

蒸发调压器的功能有：将高压燃气降压至工作压力；利用发动机循环热水，提供液态燃气气化所需的气化热；依据发动机负荷，提供适量的气态燃气；紧急状态或发动机熄火时，自动切断燃气供应。由于 LPG 的饱和蒸气压最大不超过 1.5MPa（气温为 38℃时的表压力），比 CNG 气瓶内的压力低得多，蒸发调压器一般只需要一级或二级减压。

某蒸发调压器的结构如图 7.10 所示。它主要由燃料管路、水道管路、一级减压室和二级减压室组成。液体燃料利用其压力推开一级减压室中的单向进气阀，进入腔内蒸发成气体，当一级腔内的压力达到预定压力时，一级膜片压缩一级弹簧，带动连杆关闭进气阀

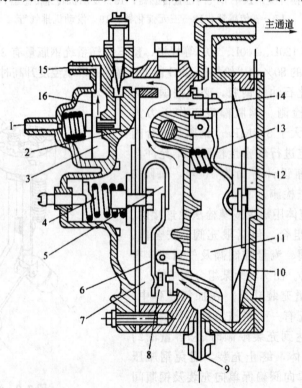

图 7.10　蒸发调压器
1—负压通道；2——级膜片；3—低速同步室；4——级弹簧；5——级膜片拉钩；6——级杠杆；
7——级减压室；8——级阀；9—LPG 入口；10—二级膜片；11—二级减压室；
12—二级弹簧；13—二级杠杆；14—二级阀；15—低速通道；16—低速同步膜片

门。当气体流入二级腔而使一级腔内的压力减小时,弹簧推动一级膜片,通过连杆打开进气阀门,使一级腔内的压力保持恒定的压力。燃气在进入二级减压室后进一步减压,调整低速调整螺钉可以设定低压室内的压力,使低压室内保持恒定压力。

7.2.4 液化石油气汽车的应用

早在20世纪初,LPG已用作汽车燃料,但并不普遍。20世纪70年代的能源危机,促使世界各国致力于解决减轻对石油的依赖问题,于是LPG逐渐成为一种较普遍的车用替代燃料,在交通领域得到越来越多的应用。2003年,美国大约有3500座车用LPG加气站,约占全美12.4万座加油站数量的3%。截至2008年3月,全世界已有超过54个国家采用了LPG汽车,总数接近1500万辆。

我国是从20世纪80年代开始发展LPG汽车。从1997年到2000年,基本上应用的是第一代LPG装置——机械式LPG系统(开环控制),第二代LPG装置——电控混合式LPG系统(电控闭环控制)很少在国内采用。2001年以来中国逐步推广应用第三代LPG装置——LPG多点喷气式系统,但无法解决一些车型的回火问题。第四代LPGV多点顺序缸内喷射单燃料系统能够解决这些问题,并且使用该系统的汽车尾气排放好于欧Ⅱ标准,具有良好推广前景。

20世纪80年代,中国石油行业的企业内部开始使用LPG汽车,1995年3月,天津大港油田引进澳大利亚技术改装LPG汽车。1997年,国务院领导召集各部委开展全国"空气净化工程——清洁汽车行动",并由13个部委局联合签发《关于实施空气净化工程——清洁汽车行动若干意见》,全国清洁汽车协调领导小组及办公室激活了第一批12个试点示范城市和地区的清洁汽车推广应用工作,各地政府和企业以市场运作方式抓LPG汽车改造和LPG加气站的建设。1999年,北京市将14000辆出租车改造为LPG汽车,改造公交车1500辆,购置LPG双燃料公交车1100辆。截至1999年11月底,上海市已建成LPG加气站20座,改装LPG出租车10000辆。到2005年,上海市LPG汽车保有量已达到3.9万余辆,建成LPG加气站105座。2004年底,我国正式确定的清洁汽车重点推广应用城市(地区)有19个。2005年,LPGV技术正向中小型城市发展,LPG汽车保有量为25万辆左右。到2007年,广州已有85%的公交车使用LPG,接近6500辆,1.6万辆出租车全面完成LPG改造工作,广州成为世界上使用LPG公交车辆最多的城市。

7.3 醇类汽车

7.3.1 甲醇燃料汽车

1. 甲醇的生产来源

甲醇(CH_3OH)为无色、略带乙醇香气、易挥发的可燃性液体。甲醇易溶于水、乙醇、乙酸乙酯,在汽油中有较大溶解度,但在脂肪族烃类中的溶解度较小。甲醇有剧毒,易吸收水汽,易燃烧,其蒸气与空气在一定范围内可形成爆炸性化合物。

甲醇的来源广,制取方式多,可以从煤炭、天然气、煤层气、可再生生物资源、分类垃圾等物资中制取。世界甲醇生产主要集中在天然气资源丰富的地区，其中亚太地区的生产能力约占世界总产能的30%，我国甲醇生产原料以煤为主。

甲醇是基本有机化工原料（用于生产甲醛、烯烃、MTBE和许多精细化学品）和重要的溶剂，广泛用于有机合成、染料、医药、涂料和国防等工业。目前，世界甲醇生产供应能力大于市场需求。随着世界石油资源的日益减少和甲醇市场价格的降低，用甲醇作为新的石化原料已经成为一种趋势，也促进了甲醇工业的发展。近年来我国甲醇燃料消费量发展较快，已经成为带动甲醇需求的主要动力之一。甲醇燃料是现今唯一可以用煤及天然气等作原料大规模生产的经济液体燃料，生产工艺成熟，储存使用方便。

2. 甲醇燃料的特性

甲醇用于汽车燃料有掺烧、纯烧和改质三种方式。

掺烧是甲醇在汽车上的主要应用方式，是指甲醇以不同的体积比例掺入汽油（柴油）中。掺烧方法主要有混合燃料法、熏蒸法和双供油系统法三种。其中，前两种可用于汽油机和柴油机，双供油系统法仅用于柴油机。纯烧是指单纯燃烧甲醇燃料，主要有裂解法、蒸气法、火花塞法、电热塞法、炽热表面法、加入着火改善剂法六种方式，其中后三种只用于柴油机，其他可用于汽油机和柴油机。甲醇改质是指利用发动机的余热将甲醇生成为H_2和CO，然后输送到发动机内燃烧。采用甲醇改质需要对发动机进行较大的改造。

混合燃料法是最常用的掺烧方法。甲醇易于吸水且密度低于柴油，与柴油的互溶性较差，因此甲醇在柴油机中应用较少。甲醇与汽油的混合燃料称为甲醇汽油，用MX表示，X表示甲醇在燃料中所占的体积百分比，如M5、M10、M15、M85等，M100为纯甲醇燃料。

目前汽车用的甲醇汽油可分为低比例和高比例。所谓低比例，是指在汽油中添加30%以下的甲醇，可以起到部分替代能源的作用，促进汽油充分燃烧、降低排放、降低使用成本。一般甲醇含量在15%及以下，对车辆的油耗基本没有影响；超过15%以上，油耗会增加，但是混合燃料的售价更低。低比例甲醇汽油对汽车动力性影响不大。高比例是指M85~M100的甲醇汽油，目前以使用M85为主。使用这种燃料的车辆需要再安装一套燃料转换器，这样就可以灵活转换燃料，既可使用甲醇燃料，又可使用汽油。M85可以起到大量替代汽油、大幅度降燃料成本、降低排放的作用。

甲醇燃料作为汽车替代能源具有以下优点。

(1) 甲醇的来源广泛，采用甲醇燃料可部分缓解石油紧缺的现状。我国煤储量丰富，煤制甲醇作为替代燃料意义重大。

(2) 甲醇燃料含氧量高，燃烧充分，是一种绿色环保燃料，能有效地降低和减少有害气体的排放。与汽油相比，甲醇燃料燃烧的碳氧化合物下降90%以上，碳氢化合物下降85%以上。

(3) 甲醇燃料的燃烧特性能有效地消除燃烧系统各部位的积炭，避免了因积炭的形成而引起动力下降、燃烧不充分等现象，且可降低各工况排气温度，有利于降低零部件热负荷，延长发动机部件的使用寿命。

(4) 甲醇是一种性能优良的溶剂，能有效地消除油箱及油路系统中杂质的沉淀和凝结，有良好的油路疏通作用，减少为清洁疏通油路而购买的如油路通、燃油精等添加剂的费用开支。

(5) 汽油发动机不需要或只需花费很低成本的改装费用,就可使用甲醇汽油。

(6) 甲醇汽油辛烷值高,动力强,适用于高压缩比发动机,可提高发动机的效率。

表 7-6 为甲醇、乙醇与汽油和柴油的理化特性比较。

表 7-6 甲醇、乙醇与汽油和柴油的理化性质对比

性质	甲醇	乙醇	汽油	柴油
化学式	CH_3OH	C_2H_5OH	C_{4-12}烃化合物	C_{16-23}烃化合物
相对分子质量	32	46	95~120	180~200
碳/(%)	37.5	52.5	85~88	86~88
氢/(%)	12.5	13	12~15	12~13.5
氧/(%)	50	34.8	0	0~0.4
C/H	3	3.971	5.6~7.4	6.4~7.2
密度(20℃)/(g/mL)	0.792	0.7893	0.72~0.78	0.82~0.86
沸点/℃	64.8	78.5	30~220	180~370
凝固点/℃	-98	-114	-57	-1~-4
闪点/℃	11	21	-45	45~60
低热值/(MJ/kg)	20.3	27.2	44.5	43
混合气热值/(MJ/m³)	3.56	3.66	3.82	3.8
汽化潜热/(kJ/kg)	1109	904	297	
辛烷值或十六烷值	112(RON)	111(RON)	90~97(RON)	40~55

为了提高甲醇作为车用燃料的实用性,需要克服以下缺点。

(1) 甲醇燃料汽车的动力性下降。甲醇热值仅为汽油热值的 45%,因而车辆动力性能下降。通常采用添置助燃剂的方法,改善其动力性。目前燃烧促进剂主要有以下几类:一类是金属化合物如铜、钴、锰、铬等油溶性好的有机金属盐和含有羟基的非金属化合物,这类化合物可降低燃油的着火温度、促进碳粒氧化、提高燃烧速度,促使燃料完全燃烧;另一类是一些含氧有机化合物、有机过氧化合物,这种化合物在燃烧室内能产生更多的自由基,从而缩短燃油的滞燃期,促进燃料完全燃烧;第三类是其他含氧添加剂,如碳酸二甲酯,这类添加剂在促进燃料燃烧时的作用较为明显,发动机的功率基本不变,热效率有所提高,烟度也有所下降。

(2) 甲醇燃料具有腐蚀性。甲醇燃料在燃烧过程中会产生有机酸(甲酸等)物质,对发动机燃烧系统造成腐蚀与磨损。一般采用添加腐蚀抑制剂的方法来抑制甲醇燃料的腐蚀性,添加剂多为含有有机碱成分的含氮物质,使其在燃烧中与甲酸等物质发生中和反应,或在燃料高温燃烧中生成耐高温油膜保护气缸壁。

(3) 甲醇汽油的稳定性需要增强。极性的甲醇与非极性的汽油体系是具有上临界温度的部分互溶双液相体系。当甲醇含量小于 5% 和大于 70% 时,甲醇与汽油相溶性很好,甲

醇含量在5%～70%之间时，二者会发生分层现象。用作汽车燃料的甲醇汽油必须均匀稳定，要防止分层，一般需要采取添加助溶剂的办法。

(4) 甲醇汽油具有溶胀性。甲醇是一种良好的极性溶剂，汽油是一种良好的非极性溶剂，它们对发动机的弹性胶体、密封件等有不同程度的溶胀作用。解决甲醇汽油溶胀性的办法有两种：一是改用不被甲醇腐蚀的氟橡胶；二是在燃油中添加溶胀抑制剂，如羧酸或酰氯与芳胺反应制得的溶胀抑制剂。

(5) 甲醇汽油具有高温气阻性。气阻是指输油管因高温而使汽油气化产生气泡，堵塞油路导致发动机供不上油而熄火。甲醇沸程单一(64.8℃)，大量加入后，甲醇汽油馏程严重偏离原汽油馏程曲线，因而需要添加高沸点的组分以调整馏程曲线，确保甲醇汽油在输油管中不气化。

(6) 甲醇的低温起动性差。汽油沸程很宽，因而即使低温也易起动；甲醇沸程单一，掺入汽油中会使汽油馏程严重偏离汽油原馏程曲线，因而需要添加活性过氧化物或低沸点的醚化物以调整馏程曲线，改善甲醇汽油的冷起动性能。

(7) 甲醇的溶水性强。甲醇极性很强，与水可以无限互溶，水分对甲醇汽油的稳定性影响很大，水分的存在会使甲醇与汽油的临界互溶温度提高，甚至在某些情况下从空气中吸收的水分也会导致稳定均一的甲醇汽油重新分层。改进甲醇汽油的溶水性，其本质还在增加甲醇与汽油的相容稳定性。目前，改善甲醇汽油稳定性所用的助溶剂有醚类、高级醇及脂肪烃、低碳杂醇、芳香族化合物等。

3. 甲醇燃料的使用情况

甲醇作为代用燃料始于20世纪20年代，70年代以后受二次石油危机的影响，加上世界甲醇生产能力的过剩和人们对环境质量要求越来越高等，各国先后大力进行甲醇燃料及甲醇汽车技术的研究开发。

美国重点开发M85、M100甲醇燃料汽车。1987年福特公司改装500辆福特车，试用M85甲醇燃油，总行程3380万公里，时间长达3年。1995年美国能源部投入12700辆甲醇车试用M85。福特还开发了可使用甲醇与汽油以任意比例混合的灵活燃料汽车(FFV)，目前燃料汽车在美国已经能大规模商业化生产。日本对甲醇燃料的研究始于20世纪80年代后期，90年代初已有300多辆甲醇燃料汽车投入运行，他们主要将高比例的甲醇燃料用于轻型货车(由柴油机改造)。日本汽车研究所1993年用大型公共汽车、载货车使用M85、M100燃料，进行了6万km的道路试验，以检验发动机的耐久性、可靠性。在欧洲，瑞典1975年首先提出甲醇可以成为汽车代用燃料，并随即成立国家级的甲醇开发公司。德国在20世纪70年代开始研制甲醇发动机，1979年制定了用于公路交通运输的醇类燃料的研究规划，将M15甲醇汽油用于汽车，其间组织了由6家汽车厂生产的1000多辆甲醇汽车投入试运行，并在全国主要大、中城市建立M15加油站，形成供应甲醇汽油的网络。目前，已有许多国家正在推广或已较大规模使用M15汽油。

我国对甲醇燃料的研究起步于20世纪70年代初期。"六五"期间，M15甲醇汽油研究列入国家重点攻关项目，并在山西省组织实施，进行了M15～M25甲醇燃料的研究实验，共有480辆货车参与了试验及示范工作。"七五"期间，中国科学院牵头组成攻关组，重点对甲醇燃料发动机的扭矩、热效率和尾气排放等技术进行了较为系统的研究，各项试验指标均取得了较满意的效果。"八五"期间，国家科委组织有关部门和院校与德国大众汽车公司合作，开展中德 M100 甲醇燃料技术合作，进行了高比例甲醇发动机和汽车的试验研究，先后共有 14 辆桑塔纳轿车参与了路试，其中有 8 辆车在北京累计行驶约 150 万公里，单车行驶最长里程超过了 22 万公里。同期国家把低比例 M3、M15 甲醇汽油应用列入攻关计划，在江苏、山西、河南、重庆有数百辆汽车投入运营试验。近几年的甲醇汽油研究更是突飞猛进，不但有关技术难题得以突破，其实际应用更是迅猛发展。目前大比例甲醇燃烧技术攻克了甲醇热值低动力不足、冷起动难、热气阻、遇水分层、稳定性差、腐蚀溶胀、高温润滑等难题，车用甲醇燃料的开发也从第一代的直接掺混甲醇汽油、第二代的添加助溶剂甲醇汽油发展到以大比例甲醇催化燃烧技术为代表的第三代催化燃烧甲醇燃料，使我国甲醇燃料技术水平达到世界前列。另外，近期国家制定并及时颁布了多个甲醇汽油标准，为甲醇汽油进入市场扫清障碍，大幅度提高国内燃料市场对甲醇的需求量。

7.3.2 乙醇燃料汽车

1. 乙醇的生产来源

乙醇(C_2H_5OH)俗称酒精，它的工业生产主要有化学合成法和生物发酵法两种。化学合成是以乙烯加水合成乙醇，该方法产生的杂质较多，且乙烯是石油的工业副产品，在石油日益短缺的情况下，该方法应用受到限制。生物发酵法生产乙醇的生产原料有三类：第一类是含糖作物与副产物，如甘蔗、甜菜、甜高粱和糖蜜等；第二类是淀粉质作物，如玉米、高粱、小麦、红薯和马铃薯等；第三类是纤维素、半纤维素生物质原料，如木材、木屑和谷物秸秆等。一代生物乙醇技术所用的原料基本上属第一、第二类。目前，二代生物乙醇技术正在快速发展，相比于利用淀粉、糖类农作物的一代技术，二代技术主要利用第三类生产原料，在有效物的来源上实现较大突破，有利于缓解当前生物乙醇企业与民争地、与地争粮的局面，并提供一种处理城市生活垃圾、木薯秸秆、甘蔗渣等废料的有效途径，具有较为广阔的发展前景。

2. 乙醇燃料的特性

与甲醇类似，乙醇用于汽车燃料也分为掺烧、纯烧和改质三种。其中，掺烧是主要的应用方式，掺烧时最常用的是混合燃料法。

乙醇更多地应用于汽油机。乙醇汽油指的是，在不含 MTBE(甲基叔丁基醚)等含氧添加剂的专用汽油组分油中，按体积比加入一定比例的变性燃料乙醇(特定工艺生产的高纯度无水酒精)，由车用乙醇汽油定点调配中心按照规定的质量要求，通过特定工艺混配而成的混合燃料。甲醇汽油用 E×表示，×表示乙醇在燃料中所占的体积百分比，E100 为纯乙醇燃料。为了在推广应用时便于管理和监督，我国目前只大规模生产乙醇含量为 10% 的 E10 乙醇汽油。E10 乙醇汽油按研究法辛烷值分为 90 号、93 号、95 号、97 号四个标号。标示方法是在汽油标号前加注字母 E，即 E90♯、E93♯、E95♯、E97♯。目前试点推广使用的车用乙醇汽油主要为 E90♯、E93♯、E97♯ 三个标号。

国家标准对 E10 乙醇汽油的质量要求见表 7-7。

表 7-7 车用乙醇汽油(E10)的质量标准(GB 18351—2013)

项 目		质量指标		
		90 号	93 号	95 号
抗爆性	研究法辛烷值(RON) 不小于	90	93	95
	抗爆指数(MON+RON)/2 不小于	85	88	90
铅含量/(g/L)不大于		0.005		
馏程	10%馏出温度/℃ 不高于	70	70	70
	50%馏出温度/℃ 不高于	120	120	120
	90%馏出温度/℃ 不高于	190	190	190
	终馏点/℃ 不高于	205	205	205
残留量(体积分数)/(%) 不大于		2	2	2
蒸气压/kPa	从11月1日至4月30日 不大于	88	88	88
	从5月1日至10月31日 不大于	72	72	72
溶剂洗胶质含量/(mg/100mL) 不大于		5	5	5
诱导期/min 不小于		480	480	480
硫含量(质量分数)/(%) 不大于		0.015	0.015	0.015
硫醇(满足下列要求之一)	博士试验	通过	通过	通过
	硫醇硫含量(质量分数)/(%) 不大于	0.001	0.001	0.001
铜片腐蚀(50℃,3h)/级 不大于		1	1	1
水溶性酸或碱		无	无	无
机械杂质		无	无	无
水分(质量分数)/(%) 不大于		0.20	0.20	0.20
乙醇含量(体积分数)/(%)		10.0±2.0	10.0±2.0	10.0±2.0
其他有机含氧化合物(质量分数)/(%) 不大于		0.5	0.5	0.5
苯含量(体积分数)/(%) 不大于		1.0	1.0	1.0
芳烃含量(体积分数)/(%) 不大于		40	40	40
烯烃含量(体积分数)/(%) 不大于		30	30	30
锰含量/(g/L) 不大于		0.016	0.016	0.016
铁含量/(g/L) 不大于		0.01	0.01	0.01

乙醇作为汽车的替代燃料具有以下优点。

(1) 乙醇的生产资源丰富,并且都是可再生资源,使用乙醇燃料可减少车辆对石油资源的依赖,有利于国家的能源安全。

(2) 有害排放减少。乙醇含氧量高达35%,含10%乙醇的乙醇汽油中,含氧量能达到

3.5%，这有利于燃油充分地燃烧，大大降低 CO 和 HC 的排放量，生成的炭烟也极少。

（3）乙醇辛烷值高，抗爆性好，可通过增加压缩比来提高发动机的热效率和动力性。另外，乙醇蒸发潜热大，可提高发动机的进气量，进一步提高发动机的动力性。

（4）车用乙醇燃料的燃烧特性能有效地消除火花塞、燃烧室、气门、排气管消声器部位积炭的形成，避免了因积炭形成而引起的故障，延长部件使用寿命。

（5）对汽车发动机不需要改动或改动不大，即可使用乙醇燃料。

乙醇作为车用燃料需要克服以下缺点。

（1）乙醇的蒸发潜热是汽油的两倍多，蒸发潜热大影响混合气的形成及燃烧速度，使乙醇燃料低温起动和低温运行性能恶化，如果发动机不加装进气预热系统，燃烧高比例乙醇燃料时汽车难以起动。

（2）乙醇在燃烧过程中会产生乙酸，对汽车金属特别是铜有腐蚀作用。研究表明，在汽油中乙醇的含量在 10% 以下时，对金属基本没有腐蚀，但乙醇含量超过 15% 时，必须添加有效的腐蚀抑制剂。

（3）乙醇是一种优良溶剂，易对汽车的某些密封橡胶及其他合成非金属材料产生轻微的腐蚀、溶胀、软化或龟裂作用。氯丁胶、顺丁胶、丁苯胶、丁腈胶和硅橡胶的耐油性和抗乙醇汽油的溶胀性较好，可在燃用乙醇汽油的汽车上使用；氰化丁腈胶、氯化聚醚和丁基橡胶的耐油性和抗乙醇汽油的溶胀性较差，不宜在燃用车用乙醇汽油的汽车上使用。

（4）乙醇易于吸水，车用乙醇燃料的含水量超过一定值后，容易发生液相分离，即乙醇和水将从乙醇燃料中分离出来，产生分层，使乙醇燃料不能正常燃烧。

（5）乙醇的沸点只有 78.5℃，在发动机正常工作温度下，也易产生气阻，使燃料供给量降低甚至中断供油。

3. 乙醇燃料的使用情况

乙醇汽油最早在巴西，后来在美国广泛使用。美国玉米产量很大，用总产量的 13% 来生产乙醇汽油，产量已达 42 亿 gal（1gal=3.78541L），但仅占汽油市场的 2%。巴西是目前世界上唯一不供应纯汽油的国家。2005 年，车用乙醇产量近 1300 万 t，居世界第 1 位，占世界产量的 43%。巴西目前主要以丰富和廉价的甘蔗为原料，车用乙醇年生产能力达 160 亿 L。2003 年，日本资源能源厅决定在汽油中添加乙醇，乙醇的混入比例容许值为 3% 以下。印度于 2003 年启动燃料乙醇计划，一些地区试点在汽油中加入 5% 的乙醇，并准备在全国推广，且将乙醇的比例提高到 10%。另外，很多具有农业资源优势的国家，如英国、荷兰、德国、泰国、南非等国也制定规划，积极发展与应用乙醇汽油。

我国也正在大力推广乙醇汽油，2004 年 2 月，国家发改委等 8 部门联合制定颁布了《车用乙醇汽油扩大试点方案》和《车用乙醇汽油扩大试点工作实施细则》，相关试点工作全面启动。从 2004 年 4 月起，在黑龙江、吉林、辽宁、河南、安徽五省全部地区，以及河北、山东、江苏、湖北四省部分地市全面推广使用车用乙醇汽油。

目前，我国生物乙醇生产正朝着多元化原料方向发展，如薯类纤维素等。在新疆、内蒙古等地，我国自行培育的具高抗逆性和可以在全国种植的甜高粱，每公顷能产生物乙醇 6 吨，比甘蔗高 30%，比玉米高 3 倍。我国积极应用转基因技术选育和开发能源作物原料，已开发出利用甜高粱茎秆汁液等生物质制取乙醇的技术工艺。此外，还开展研究生物质原料的高压蒸气爆破预处理、纤维素酶制备、大规模酶降解、戊糖己糖同步乙醇发酵、微生物细胞固定化、在线杂菌防治以及副产品木质素的深度加工利用等关键技术。

我国生物乙醇产业发展还处于起步阶段，其发展还面临一些困难和问题，如原料不足、政策与市场环境不完善、技术产业化基础薄弱以及成本高、产品市场竞争力不强等。

7.3.3 醇类燃料发动机

1. 采用掺烧的醇类燃料发动机

采用掺烧的醇类燃料发动机分为混合燃料式、熏蒸式、双供油系统式三种。

1) 混合燃料式

这种发动机加油时注入的是醇类和汽油或柴油预先按一定比例混合好的醇类燃料。混合比不同，发动机在结构上需要改进的程度有所不同。汽油机使用低比例甲醇汽油（M5以下），不需使用任何添加剂，发动机不做任何发动，车辆可以正常使用。当使用M15甲醇汽油时，汽油机只需进行不大的改动，就可以正常运行。15%是甲醇燃料汽油机是否要进行大改的一个比例界限，因此M15甲醇汽油的应用最广。对于乙醇燃料汽油机，10%乙醇含量是发动机是否需要进行大改的比例极限，我国现在主要使用乙醇含量为10%的E10乙醇汽油。低比例的醇类燃料目前技术比较成熟，通过加入各类添加剂等手段基本解决了气阻、腐蚀、溶胀、互溶等问题。

醇类易吸水，密度小于柴油，与柴油的互溶性差，着火性能差，加上受点火促进剂和发动机制造成本较高等因素的影响，醇类燃料在柴油机上的应用不如在汽油机上的应用来得普遍。甲醇燃料柴油机在欧美一些国家有应用，使用的汽车多为城市公交客车和载重汽车。

醇类燃料柴油机使用较多的改进方法是加点火促进剂以改善点火性能、提高压缩比和利用废气再循环，此外还可采用电热塞法、柴油引燃法、高能电火塞法、乳化甲醇柴油等方法。

2) 熏蒸式

熏蒸法是利用醇燃料表面张力及黏度低的特点，通过不同方式将醇燃料雾化、气化后从进气管送入燃烧室。可利用流动的空气流、机械部件等使醇燃料雾化，或者利用冷却水或排气的热量加热醇燃料，使其气化。熏蒸法掺烧需要在发动机上增加一些部件，目前应用不多，但它适用于含水的醇类燃料，燃料中不采用价格昂贵的助溶剂，有利于降低使用成本。熏蒸掺烧主要有低压喷嘴法和甲醇蒸气法两种。

如图7.11所示，采用低压喷嘴法的醇类燃料发动机在缸盖进气道3上安装甲醇喷油器4，在进气行程通过喷油器将甲醇喷入进气道，与空气雾化后进入气缸。如果对着气流方向喷入甲醇，还可以增加甲醇颗粒与空气的相对速度，促进甲醇颗粒的雾化。采用低压喷嘴法可以掺烧70%的甲醇，但每缸都需要安装一个喷油器，要有一个控制甲醇喷量和时间的装置。

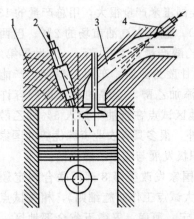

图 7.11 利用甲醇喷油器向进气道喷入甲醇
1—排气道；2—喷油器；3—进气道；
4—甲醇喷油器

甲醇蒸气法利用发动机排气或冷却循环水的热量将醇类蒸发成气体后送入气缸。这种方法可以掺烧各种比例至100%的醇类燃料,可用于汽油机和柴油机。图7.12为利用废气热量的甲醇蒸发器示意图,电动油泵2从甲醇油箱1将甲醇输送到加热器3,甲醇温度升高,然后进入蒸发器4,此时甲醇变为较热的气体,将其送入混合器与空气进行混合,形成混合气后进入气缸。通过阀门可以调节进入废气的流量,进而改变甲醇的蒸发量。

3) 双供油系统式

双供油系统式只适用于柴油机,它具有两套分开的喷油泵/喷油器系统,或有一套能向缸内喷射两种不同燃料的喷油泵/喷

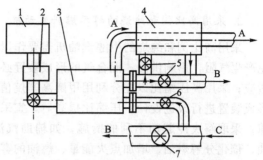

图7.12 利用废气热量的甲醇蒸发示意图
1—甲醇油箱;2—电动油泵;3—加热器;
4—蒸发器;5、6、7—阀;A—甲醇蒸气;
B—排入大气;C—来自发动机的废气

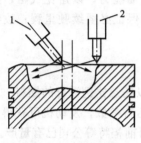

图7.13 双喷油器
1—甲醇喷油器;2—柴油喷油器

油器系统。这种结构的目的是在柴油机上能燃用大比例醇与柴油的混合燃料或者用少量的柴油引燃大量的醇燃料。图7.13为ω型燃烧室的两个喷油器布置。引燃油束喷射角、喷射定时、引燃油量是影响双供油醇类燃料柴油机性能的主要因素之一。

此外,此类柴油机的供油管及喷油器也要作一些结构的变动。如图7.14所示,将现有的喷油器9的高压油管12稍加改装,利用高压喷油泵1的出油阀7回位时,在出油阀上部至喷油器之间的高压油管内产生负压,醇或其他代用燃料在此负压作用下,通过单向阀8被吸入喷油器,被吸入的代用燃料在高压柴油紊流作用下形成乳化液11后喷入燃烧室。

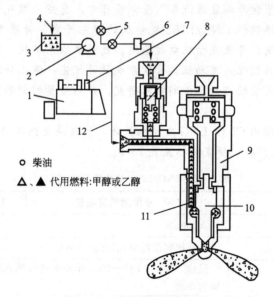

图7.14 喷油器的结构改进
1—高压喷油泵;2—输油泵;3—代用燃油箱;4—回油管;5—电磁阀;6—压力调节器;
7—出油阀;8—单向阀;9—喷油器;10—喷油器针阀;11—浮化液;12—高压油管

2. 采用高比例和纯烧的醇类燃料发动机

采用高比例和纯烧的甲醇汽油机需要作以下改进：提高电动汽油泵的供油压力，以避免产生气阻，影响供油；混合气的形成装置必须与甲醇较低的热值及较少的空气需要量相适应；采用高压缩比以充分利用甲醇高辛烷值的特性，压缩比可提高到 9~11；对混合气形成装置进行改进设计；压缩比提高后，宜采用冷型火花塞，合理选择火花塞和火花塞间隙；采取解决冷起动不利的措施，如辅助汽油喷射、电加热、火焰起动装置、热分解燃油、催化分解燃油、增加点火能量、燃油的雾化、燃油中添加低沸点的添加剂；改善有关零件的抗腐蚀性和抗溶胀性，提高供油管路的金属件、橡胶件和塑料的性能，如油压调节器的膜片；加大燃料箱或采用双油箱结构，以保证必要续驶里程；与提高发动机的压缩比相适应，加大点火提前角，调整 2°~5°。

纯烧乙醇汽油机应进行必要改进：提高压缩比至 9~11，充分发挥乙醇辛烷值高的优势；与提高压缩比相适应，采用冷型火花塞；加大输油泵的供油能力，以避免气阻；用附加供油系统及加强预热等措施，改善冷起动；加大燃料箱，以保证必要续驶里程；改善有关零件的抗腐蚀性和抗溶胀性等。

3. 灵活燃料发动机

灵活燃料发动机既可以使用汽油，又可以使用醇类与汽油以任意比例混合的燃料。工作时由燃料识别器识别燃料成分，由控制系统确定发动机的最佳运行参数，发动机可获得良好的动力性、经济性和加速性。灵活燃料汽车的商业前景良好，目前福特等公司已有量产。

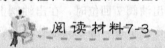

阅读材料 7-3

天然气专用发动机的研发

我国 863 计划"节能与新能源汽车"重大项目中，有关天然气专用发动机的主要研究内容为：进行电控单燃料 CNG/LNG 发动机的研究开发。开展 CNG/LNG 发动机高效燃烧系统的研究开发；开展发动机电控系统、燃料供给系统软、硬件开发与系统优化匹配；增压器的选型与匹配；发动机热管理系统设计优化；催化转换器的选型匹配与老化试验考核；发动机可靠性与故障诊断技术研究；产品质量控制和一致性研究，形成批量化生产能力。

研发目标是提升国内 CNG/LNG 发动机性能，开发满足国Ⅳ排放标准的高效 CNG/LNG 重型燃气发动机产品，研发指标见表 7-8。

表 7-8 CNG/LNG 发动机研发指标

	CNG 专用燃气发动机	LNG 专用燃气发动机
功率	≥200kW	
燃料经济性	最低燃料消耗率≤205g/(kWh)	
通用技术要求	符合"QC/T 691—2002 车用天然气单燃料发动机技术条件"标准的要求	
排放要求	达到国Ⅳ排放标准的要求	

(续)

	CNG 专用燃气发动机	LNG 专用燃气发动机
排放耐久性	通过发动机后处理耐久性测试	
可靠性考核	发动机可靠性按 GB 19055—2003 标准进行，变工况 400h，冷热冲击 200h；整车可靠性	
减压器进口压力	0～20MPa	0.3～1.6MPa
产品价格要求	不高于同级性能、排放水平的柴油机价格	

7.4 生物柴油汽车

7.4.1 生物柴油的特点

生物柴油指的是来源于动植物油脂的脂肪酸甲酯。它是生物质能的一种，是以油料作物如大豆、油菜、棉、棕榈等，野生油料植物和工程微藻等水生植物油脂以及动物油脂、餐饮垃圾油等为原料油，通过酯交换工艺制成的可代替石化柴油的无毒、可生物降解、可再生的燃料。生物柴油是含氧量极高的复杂有机成分的混合物，这些混合物主要是一些分子量大的有机物，几乎包括所有种类的含氧有机物，如醚、醛、酮、酚、有机酸、醇等。

生物柴油可与普通柴油以任意比例混合，制成生物柴油混合燃料，表示为 BX，其中 X 为生物柴油含量。目前世界各国使用较多的是 B20 生物柴油。生物柴油与矿物柴油的理化特性比较见表 7-9。

表 7-9 生物柴油与矿物柴油的理化特性比较

特性		生物柴油	矿物柴油
冷滤点（CFPP）	夏季产品/℃	-10	0
	冬季产品/℃	-20	-20
20℃密度/(g/mL)		0.88	0.83
40℃动力黏度/(mm²/s)		4～6	2～4
闭口闪点/℃		>100	45～60
十六烷值		56～62	40～55
低热值/(MJ/kg)		37	43
硫含量(质量分数)/(%)		0.001	0.2
氧含量(质量分数)/(%)		10	0～0.4
理论空燃比		12.5	14.6

生物柴油作为车用燃料具有以下优点。

（1）环保性能好。生物柴油含氧量达10%，燃烧性能好，排烟少，CO的排放与矿物柴油相比大大减少；生物柴油中硫含量低，使得二氧化硫和硫化物的排放大量减少；生物柴油中不含对环境会造成污染的芳香族烷烃，其废气对人体的损害低于柴油；生物柴油的生物降解性好。

（2）具有可再生性。生物柴油的根本来源是太阳能，它本质上是由阳光、空气和水形成，在土地中生长的燃料。由于矿物燃料资源在全球范围内是有限的，生物柴油成为矿物燃料很好的补充或替代能源，对于矿物燃料依赖进口的国家，生物柴油对提高能源安全具有重要意义。

（3）便于存储和运输。生物柴油的闪点高于石化柴油，不属于危险品，其安全性与食用油相同，易于储存和运输。可利用现有矿物柴油的加油设备加注生物柴油。

（4）润滑性能优良。生物柴油较矿物柴油有很好的润滑性，可延长发动机的使用寿命。研究表明，在相同的行车里程和条件下，使用生物柴油的发动机缸体的磨损程度只是使用普通柴油发动机的一半。

（5）较好的发动机低温起动性能。在无添加剂时，生物柴油的冷滤点可达$-20℃$。

（6）抗爆性能好。生物柴油的十六烷值高，可达56～62，高于矿物柴油的50，所以抗爆性更强。

7.4.2 生物柴油的原料与生产

1. 生物柴油的原料

发展生物柴油，油脂原料是关键。油脂原料是生物柴油价格的主要决定因素，占总成本的70%以上。世界各国根据本国国情选择合适的油脂原料，如美国主要利用高产转基因大豆为原料，欧洲各国以菜籽油为原料，巴西的主要原料是蓖麻油和转基因大豆油，东南亚地区利用棕榈油生产生物柴油，日本则以餐饮废油为主要原料。本着不与人争粮油、不与粮油争地的原则，包括我国在内的世界各国正积极开发多样化的非粮油原料供应途径，主要包括以下几种。

（1）木本油料植物。木本油料植物分为富含类似石油的木本植物和富含油脂的木本油料植物。

富含类似石油的木本植物（又称石油树）是指那些通过光合作用把二氧化碳和水直接转化成富含碳氢化合物的一类植物，这类植物分泌的乳汁或提取的化学成分与石油的化学成分类似。目前，用于规模生产生物柴油的树种主要有4种：橡胶树，原产巴西，将其树皮割开就可流出汁液，成分与石油相似，化学特性同柴油相仿，不需要任何加工就可直接作为燃料使用，如果经过简单加工还可以提炼出汽油；香脂苏木，又称苦配巴，直接在其树干上钻孔，就能流出油来，每个洞流油3h，可得油10～20L，其成分接近柴油，可直接在柴油机上使用；油楠，苏木科油楠属，多年生热带珍稀常绿大乔木，油脂存在于木质部内，可燃性能与柴油相似；绿玉树，大戟科大戟属直立灌木或小乔木，原产非洲，树茎干中的白色乳汁中含有碳氢化合物，与石油的成分类似，可在不适合生产粮食的干旱地区栽培。

富含油脂的木本油料植物的种子中富含脂肪酸甘油酯，一般不直接用作车用燃油，而是通过酯交换反应，制成脂肪酸甲酯或乙酯，即生物柴油而使用。目前，此类木本植物主要有麻疯树、光皮树、黄连木、文冠果、水冬瓜、油棕、油橄榄、榄油桐、橡胶树等。

我国有着丰富的木本油料资源，已建立起规模化的良种供应基地的油料植物有10种左右。目前可开发作为能源树种的有麻疯树、黄连木、文冠果、光皮树、乌桕和油桐等。麻疯树，我国引种已有300多年的历史，在贵州、云南、两广都有大量的野生分布，热带干旱地区都可以种植，最高能长至6m，有30年的收获期，其果核可用来榨油。种植3～4年的麻疯树年产种仁可达$4500kg/hm^{-2}$（$1hm^2=10^4m^2$），种子含油量为35%～40%，种仁含油量高达50%～60%。

国家林业部门已将林业生物柴油列为重点发展项目，提出到2020年定向培育能源林1333万hm^2，满足年产600万t生物柴油和1500万kW发电量的原料供应。优良品种与丰产栽培技术是当前能源林种植中亟待解决的突出问题。

(2) 转基因油料作物。通过转基因技术可以使传统油料作物（如油菜、棉花、大豆等）的产量和出油率得到极大提高。例如，中国农业科学院油料作物研究所培育成功的"中油－0361"高蓄能油菜新品系种子含油率高达54.72%，较长江中下游大面积推广的一般油菜品种提高25%以上，亩产达到180kg。我国长江流域和黄淮地区有2670万hm^2冬闲耕地，如用来种植能源油菜，按当前平均菜籽产量$1.6t/hm^2$，含油率40%计，每年可为1700万吨生物柴油提供原料。如果种植高产和含油量高的转基因油菜，则可提供的生物柴油原料达3900万吨。

(3) 废油脂。废油脂是最经济的生物柴油原料。每年来自食品加工和动植物加工的废油脂达几百万吨，植物油加工的油脂通过硫酸酸化处理回收的酸化油，主要以游离脂肪酸为主，酸价高达150～190mgKOH/g。从动物油脂加工厂来的脂肪，主要以甘油三酯为主，动物油脂的特点是含饱和脂肪酸较高。从餐饮业来的废油脂，主要是动植物油脂的混合物，根据我国食用油消耗量估算，每年有100万吨左右。政府在废油脂回收中已经有很多措施保证废油脂不被误用，回收的废油脂作为生物柴油原料有环保、卫生及食品安全上的意义。目前，我国生物柴油的主要原料是这些废油脂。但废弃油脂资源总量有限、供应不稳定，原料组成及性能变化较大，只能是生物柴油产业发展的有限资源。

(4) 微生物油脂。微生物油脂又称单细胞油脂，是由酵母、霉菌、细菌等微生物在一定的条件下产生的，其脂肪酸组成与一般植物油相近，以C_{16}和C_{18}系脂肪酸如油酸、棕榈酸、亚油酸和硬脂酸为主。常见的产油酵母有浅白色隐球酵母、弯隐球酵母、斯达氏油脂酵母、茁芽丝孢酵母、产油油脂酵母、胶粘红酵母、类酵母红冬孢等。常见的产油霉菌有：土霉菌、紫癜麦角菌、高粱褶孢黑粉菌、高山被孢霉、深黄被孢霉等。一些产油酵母菌能高效利用木质纤维素水解得到的各种碳水化合物，包括五碳糖和六碳糖，胞内产生的油脂可达到细胞干重的70%以上。

(5) 微藻油脂。藻类光合作用转化效率可达10%以上，含油量可达50%以上。美国的研究人员从海洋和湖泊中分离得到3000株微藻，并从中筛选出300多株生长速度快、脂质含量较高的微藻。在各种藻类中，金藻纲、黄藻纲、硅藻纲、绿藻纲、隐藻纲和甲藻纲中的藻类都能产生大量不饱和脂肪酸。小球藻为绿藻门小球藻，属Chlorella单细胞绿藻，生态分布广、易于培养、生长速度快、应用价值高。小球藻细胞除了可在自养条件下利用光能和二氧化碳进行正常的生长外，还可以在异养条件下利用有机碳源进行生长繁殖，可以获得含油量高达细胞干重55%的异养藻细胞。

2. 生物柴油的生产方法

生物柴油的制备技术包括物理法和化学法。物理法包括直接混合法和微乳液法两种。

物理法操作简单，但产品的物理性能（如黏度）和燃烧性能都不能满足柴油的燃料标准。化学法包括裂解法和酯交换法。裂解法能使产品黏度降低 2/3，但仍不能符合要求。酯交换法是目前生产生物柴油最普遍的方法，即油脂在催化剂作用下与短链醇作用形成长链脂肪酸单酯。该反应需要催化剂（如酸或碱）分裂甘油三酯与短链醇重新结合为单酯，同时副产甘油。因为甲醇成本最低，从而成为最常用的短链醇。但甲醇主要来源于不可再生的天然气或煤炭，致使第一代生物柴油多为不完全可再生。而巴西拥有丰富的甘蔗资源，生物基乙醇取代了甲醇用来生产生物柴油，成为完全可再生的绿色产品。其他短链醇，如丙醇、正丁醇、异丁醇等也有研究，但无产业化报道。目前实际应用的催化剂多为酸、碱和脂肪酶，其中 NaOH 因价格低廉、催化活性较高而被广泛使用。

按照催化剂的种类可以将酯交换法分为：酸、碱催化法，生物酶催化法和无需催化剂的超临界法。

1) 酸、碱催化法

目前工业化的生物柴油生产方法主要是在液体酸、碱催化剂的存在下对动植物油脂与甲醇进行酯化或/和酯交换反应。优点是反应速度快、时间短、转化率高、成本较低等，缺点是液体催化剂难以分离回收再利用，副反应较多，存在乳化现象，副产物甘油精制困难，产品后续水洗与中和产生大量的工业废水，造成环境污染等。非均相固体催化剂可以重复使用，而且反应条件温和，容易实现自动化连续生产，对设备腐蚀小，对环境污染小，成为生物柴油生产新工艺的研发热点。

固体催化剂分为固体酸催化剂和固体碱催化剂。固体酸催化剂是具有给出质子和接收电子对能力的固载化催化剂，同时具有 Bronsted 酸和 Lewis 酸活性中心。固体酸能够同时催化酯化反应和酯交换反应，相对地酯化反应的活性更高，甚至达到了液体酸的催化水平。固体酸催化剂包括阳离子交换树脂、负载型固体酸、碳基固体酸等。固体碱催化剂主要是指能向反应物提供电子的固载化催化剂，即具有 Bronsted 碱和 Lewis 碱活性中心。固体碱在有机催化中应用较广，包括酯交换反应、双键异构化反应、氧化和还原反应、Aldol 缩合、Michael 加成、Knoevenagel 缩合等。用于制备生物柴油的固体碱催化剂包括镁铝水滑石、碱土金属氧化物、沸石分子筛、负载型催化剂等。

2) 生物酶催化法

生物酶催化法利用脂肪酶催化油脂与短链醇（主要是甲醇和乙醇）进行酯交换反应。该方法对原料品质要求低、副产物甘油易分离、耗能低，但反应时间长、酶容易失活。常用的脂肪酶包括 Novozym 435 脂肪酶、南极假丝酵母脂肪酶、固定化假丝酵母 Candida sp. 99－125 脂肪酶、米根霉脂肪酶、洋葱假单胞菌脂肪酶。

固定化酶或细胞可以克服游离脂肪酶分散不均易聚集结块、不便回收重复利用等缺陷，如 Novozym 435 作为一种固定化脂肪酶被广泛应用于生物柴油的制备研究中，固定化细胞 Candida sp. 99－125 也应用于连续制备脂肪酸甲酯中。

提高脂肪酶对短链醇的耐受性是解决酶易失活的重要途径。采取批式流加甲醇、添加惰性溶剂（如正己烷）降低醇的浓度、用乙酸甲酯作为酰基受体等措施可以在一定程度上减小甲醇和甘油对酶的毒性，延长酶的使用寿命。复合脂肪酶能有效地克服单一脂肪酶的底物专一性，改善不同脂肪酶的协同催化效应，提高转酯效率。用固定化米根霉和玫瑰假丝酵母脂肪酶作为复合酶催化植物油脂与甲醇的反应，反应 4h 后生物柴油的转化率达到了 98%，反应时间较单一酶催化大大缩短。

3）超临界法

所谓超临界状态，就是指当温度超过其临界温度时，气态和液态将无法区分，于是物质处于一种施加任何压力都不会凝聚流动的状态。超临界甲醇可以在无催化剂的情况下与油脂反应生成脂肪酸甲酯，但需要相当高的温度和压力条件（350℃，20~50MPa）。利用共溶剂可以改善超临界的工艺条件，但不能将温度降到临界点附近。少量碱性催化剂可以减少甲醇的用量，也能降低反应温度和压力，从而大大降低该方法的成本。

超临界催化很好地解决了反应产物与催化剂难分离的问题，它的最大特点是不用催化剂，在较短的反应时间内取得较高的反应转化率。

7.4.3 生物柴油的应用

1. 国外应用情况

2006年，全球生物柴油产量达到500万t，2010年产量达到1920万t，2011年产量约为2050万t。

欧洲是目前生物柴油生产和应用最多的区域。1991年奥地利颁布了世界上第一个油菜籽油酸甲脂的标准，1997年德国推出生物柴油标准。2002年欧盟制定了统一的生物柴油标准，其推广生物柴油的目标是到2010年达800万~1000万t。目前，欧盟是世界生物柴油的最大生产地区，2010年欧盟生物柴油产量为957万t，2011年受生物柴油进口竞争影响产量有所减少，为907万t。德国和法国在欧盟生物柴油产量最高，占欧盟总产量的51%。德国2010年和2011年生物柴油产量分别为280万t和273万t；法国2010年和2011年生物柴油产量分别为198万t和187万t。欧盟生物柴油进口量快速增长，2011年进口量达252万t，增长21%，其中从阿根廷进口140万t，从印尼及新加坡进口83万t。

有效监管、原料充足和财税扶持是欧盟生物柴油快速发展的关键因素。以德国为例，为发展生物柴油产业，成立生物柴油质量监管联盟，对生产、销售和使用的各个环节进行监督；加大推广力度，提高服务质量，设立1800个生物柴油加油站，加油站密度每20~45km设一个；保证原材料的供应，约100万hm^2的耕地种植油菜籽，具备生产160万t的能力，出台减免税优惠政策。德国机动车使用生物柴油已占总额度的6%。

美国生物柴油生产原料供应充足，2009年豆油用量为90.2万t，牛油用量26.2万t，其他69.7万t。《2005年能源税收政策法案》对美国生物柴油生产影响较大，该法案授权美国环保署全面实施可再生能源标准，要求每个汽油及柴油生产商和进口商向运输燃料中添加可再生燃料，规定2011年生物柴油最低使用量应达到8亿gal（260万t），2012年增加到10亿gal（326万t），此后直至2022年每年都不低于10亿gal。2010年，美国生物柴油产量为110万t。2011年，由于美国政府重新启动税收优惠政策，总产量达到280万t。

2010年和2011年巴西生物柴油产量分别为211万t和240万t。阿根廷2010年生物柴油产量约为181万t，2011年为230万t。原料充足是巴西和阿根廷生物柴油发展的重要原因。巴西85%的生物柴油由豆油生产，阿根廷生物柴油全部来自豆油。

2. 国内应用情况

我国研发生物柴油始于中国科学院的"八五"重点科研项目："燃料油植物的研究与应用技术"，项目完成了金沙江流域燃料油植物资源的调查及栽培技术的研究，建立了30公顷的小桐子栽培示范片。"九五"期间完成了国家重点科研攻关项目"植物油能源利用技术"。2004年，国家科技部启动了"十五"国家科技攻关计划"生物燃料油技术开发"项目。国家发改委提出了我国生物燃料产业发展按3个阶段统筹安排："十一五"实现技术产业化，"十二五"实现产业规模化，2015年后大发展，到2020年建立起具有国际竞争能力的生物燃料产业，并使生物燃料消费量占到全部交通燃料的15%左右。

我国生物柴油产业起步较晚。2001年9月，在河北建立起我国第一家生物柴油工厂，标志着我国生物柴油产业的诞生。2002年8月，四川古杉油脂化学公司成功开发利用植物油下脚料，在绵阳建立了生物柴油生产线。2003年，湖南天源生物清洁能源有限公司成立了生物柴油工业化生产的示范点。2005年起我国生物柴油产业开始进入高峰期，各种研究项目快速增加，生产线飞速扩大，生产能力迅猛提升。2006年1月1日开始《中华人民共和国可再生能源法》正式实施，将生物质可再生能源列入国家研究和发展规划。2007年5月1日，《柴油机燃料调合用生物柴油（BD100）国家标准》的正式实施，规范了我国生物柴油产品市场。2006年12月，国家税务总局规定，以动植物油为原料生产的生物柴油不属于消费税征税范围，2008这项规定被废止。2011年，生物柴油免征消费税政策又重新出台。

我国2010年生物柴油产能约300万t，产量约20万t，主要原料为餐饮废油、榨油废渣等。近来，石油企业重视生物柴油业务，积极介入。2008年7月，国家发改委正式批准了中国石油、中国石化、中国海油三大公司以麻疯树为原料的示范装置建设。2009年底中国海油6万t/年生物柴油生产装置在海南东方正式试车运行，生产的生物柴油产品已于2010年11月在海南的12家加油站试销售。

7.5 二甲醚汽车

7.5.1 二甲醚的特点

二甲醚燃料是近年来新出现的一种汽车代用燃料。二甲醚化学分子式为CH_3OCH_3，是一种无毒含氧燃料，常温常压下为无色、无味气体，常温下可在5个大气压下液化，易于储存与输运。二甲醚十六烷值高达55～60，具有优良的压燃性，并且自身含氧，组分单一，碳链短，燃烧性良好，热效率高，燃烧过程中无残留物、无黑烟，是一种非常适合于压燃式发动机使用的代用清洁燃料。二甲醚能从煤、煤层气、天然气、生物质等多种资源中制取，作为一种新型二次能源，它具有很大的发展潜力和市场前景。表7-10为二甲醚与柴油的主要理化特性的比较。

表7-10 二甲醚与柴油的理化特性

	二甲醚	柴油
化学分子式	CH_3OCH_3	C_xH_y
分子量	46.07	180～200
沸点/℃	-24.9	180～370
液态密度/(g/cm^3)	0.668	0.82～0.86

(续)

	二甲醚	柴油
理论空燃比	9.0	14.6
十六烷值	55～66	40～55
汽化潜热/(kJ/kg)	460	290
低热值/(MJ/kg)	28.43	43
混合气热值/(MJ/m³)	3.71	3.8
自燃温度/℃	235	260
黏度/Pa·s	0.15	4.4～5.4
弹性模量/(N/m³)	$6.37×10^8$	$14.86×10^8$
碳的质量分数/(%)	52.2	86～88
氢的质量分数/(%)	13.0	12～13.5
氧的质量分数/(%)	34.8	0～0.4

二甲醚作为压燃式发动机代用燃料，具有下列优点。

(1) 二甲醚分子结构中没有 C—C 键，只有 C—O 键和 C—H 键，且含有 34% 的氧，因此燃烧后生成的 CO、HC 和微粒少，发动机能承受较高的排气再循环率以降低 NO_x 的生成与排放。

(2) 二甲醚的十六烷值高于柴油，远高于其他代用燃料，因此在柴油机上燃用二甲醚不像甲醇、乙醇、液化石油气和天然气那样需要采用助燃措施；二甲醚自燃温度低，滞燃期比柴油短，NO_x 排放与燃烧噪声比使用柴油低。

(3) 二甲醚的低热值为柴油的 64.7%，混合气热值与柴油相当，但只要每次循环中增大二甲醚的循环供给量，其产生的功率可大于柴油发动机功率。与甲醇燃料相比，二甲醚的燃烧效果更优，除保留甲醇燃料所具有的优点外，还可克服其低温起动性能和加速性能差的缺点。

(4) 二甲醚的气化潜热为柴油的 1.6 倍，蒸发吸热降低缸内混合气温度，会大幅度降低柴油机最高燃烧温度，有利于抑制 NO_x 的生成。

(5) 二甲醚沸点低(-25℃)，在喷入气缸后即能气化，其油束的雾化特性将明显优于柴油，有可能在低喷射压力下就能满足燃烧要求。

(6) 二甲醚可以从来源丰富的煤、天然气和生物质中提炼。

二甲醚作为燃料应用目前存在的问题：二甲醚常温常压下为气态，易发生气阻现象；黏度低，高压供油系中易泄漏，使偶件易早期磨损；对普通橡胶塑料有腐蚀性；受其辛烷值低的限制，如掺混其他燃料则使供给系统过于复杂；常温蒸气压高，爆炸范围宽，对设施的安全要求高于汽、柴油；二甲醚生产主要以煤炭为基础，而煤炭属不可再生型能源；二甲醚属于甲醇的延伸产品，从产能到价格受甲醇制约。

7.5.2 二甲醚的生产

二甲醚以煤和天然气为原料合成制取，二甲醚的生产方法分为一步法和二步法，一步法是指由原料气一次合成二甲醚，二步法是由合成气合成甲醇，然后再脱水制取二甲醚。

1. 一步法

该法是由天然气转化或煤气化生成合成气，合成气再进入合成反应器内，在反应器内同时完成甲醇合成与甲醇脱水两个反应过程和变换反应，产物为甲醇与二甲醚的混合物，混合物经蒸馏装置分离得二甲醚，未反应的甲醇返回合成反应器。

一步法多采用双功能催化剂，该催化剂一般由两类催化剂物理混合而成，其中一类为合成甲醇催化剂，如 Cu-Zn-Al(O) 基催化剂、BASFS 3-85 和 ICI-512 等；另一类为甲醇脱水催化剂，如氧化铝、多孔 SiO_2-Al_2O_3、Y 形分子筛、ZSM-5 分子筛、丝光沸石等。

一步法合成二甲醚没有甲醇合成的中间过程，与两步法相比，其工艺流程简单、设备少、投资小、操作费用低，从而使二甲醚生产成本得到降低，经济效益得到提高。因此，一步法合成二甲醚是国内外开发的热点。但由于合成反应和分离过程复杂，目前尚未完全工业化。

2. 二步法

该法是分两步进行的，即先由合成气合成甲醇，甲醇在固体催化剂下脱水制成二甲醚。国内外多采用含 γ-Al_2O_3/SiO_2 制成的 ZSM-5 分子筛作为脱水催化剂。反应温度控制在 280～340℃，压力为 0.5～0.8MPa。甲醇的单程转化率在 70%～85% 之间，二甲醚的选择性大于 98%。

二步法合成二甲醚是目前国内外二甲醚生产的主要工艺。该法以精甲醇为原料，脱水反应副产物少，二甲醚纯度达 99.9%，工艺成熟，装置适应性广，后处理简单，可直接建在甲醇生产厂，也可建在其他公用设施好的非甲醇生产厂。但该法要经过甲醇合成、甲醇精馏、甲醇脱水和二甲醚精馏等工艺，流程较长，因而设备投资较大。目前国内外大型二甲醚建设项目大多数采用二步法。

7.5.3 二甲醚汽车的应用

1. 二甲醚在汽车上的应用方式

二甲醚主要用于压燃式发动机，使用方式有纯液态二甲醚和以二甲醚作为点火促进物质两种方式。在适当加入抑制自燃的物质后，二甲醚也可用于预混的点燃式发动机。

1) 纯液态二甲醚用于缸内直喷压燃式发动机

二甲醚十六烷值高，纯烧时可获得良好的综合性能，适于作为压燃式发动机燃料。利用燃油喷射装置直接向气缸内喷射液态二甲醚，靠发动机的活塞压燃着火的方式是二甲醚在发动机上最常见的应用方式。

柴油机改造成二甲醚发动机主要是在柴油机上加装一套储气和加压设备。工作时，在压缩行程终了附近时刻，二甲醚经高压泵和喷油器喷入气缸，与缸内的空气迅速混合并在缸内高温下自燃和扩散燃烧。纯二甲醚发动机保留了柴油机的压燃和负荷质调的主要特征。纯二甲醚发动机需要配备加压设备保持二甲醚的液态，如高压氮气瓶。

通过改进喷油器和安装降低进气温度的中冷器，二甲醚发动机在各种工况下可实现无 PM 颗粒物的排放。无 PM 排放意味着可以采用大比例的 EGR，大大降低 NO_x 的排放。

二甲醚沸点低，易于形成可燃混合气，故二甲醚的喷射不需要很高的压力。

2）二甲醚作为点火促进物质用于柴油机

将二甲醚作为点火促进剂的原因是它十六烷值高，自燃性好。少量的二甲醚在进气行程进入气缸，在压缩行程后期先行燃烧，使得缸内温度升高，对主燃料的燃烧起到促进的作用，进而改善发动机的燃烧和排放性能。

按照燃料供给方式不同可分为混合喷射和二甲醚预混柴油（或甲醇）喷射。

混合喷射是将二甲醚加压以液态与柴油（或甲醇）混合，一同经由喷油器喷入气缸。此法也保留了柴油机压燃和负荷质调的特征，但效果不如纯烧二甲醚，而且仍然需要加压设备，装置也未简化。

二甲醚预混柴油（或甲醇）喷射是指二甲醚以预混方式进入气缸，柴油（或甲醇）仍利用原喷油装置喷入气缸。该方式不再需要确保二甲醚为液态的加压设备，不能获得大的掺烧比，整个发动机的性能与纯烧相比存在差距。

2. 二甲醚汽车的应用现状

目前，很多国家对二甲醚在汽车上的应用开展了研究。

奥地利 AVL 公司在一台 7.3L V8 柴油机上进行了用二甲醚替代柴油的可行性研究。研究表明，二甲醚作为替代燃料具有低排放、高效率的优点。燃烧时烟度为零，NO_x 排放大约降低 30%，可以解决传统柴油机不能同时降低颗粒和 NO_x 的矛盾。瑞典 VOLVO 公司将二甲醚用于公共汽车柴油机上的研究表明，使用二甲醚作燃料，发动机能够在不带排气再循环和任何排气后处理装置的情况下满足美国加州的超低排放车辆（ULEV）标准。此外，还有很多机构进行的类似研究和试验证明了，二甲醚能使压燃式发动机在不采取任何后处理措施的条件下，可达到欧洲Ⅲ排放标准。

在高速直喷发动机上进行改燃二甲醚燃料的研究表明，发动机燃烧柔和，排放好，同时还具有直喷柴油机的高热效率。针对二甲醚饱和蒸气压高，在较低启喷压力下就能获得优异发动机性能的特点，国外开发了适用于二甲醚的共轨喷射系统。随着专用燃油喷射和燃烧系统的发展，使得二甲醚发动机既保留传统柴油机的优点，如高压缩比、稀混合气燃烧，又能使 NO_x 的排放极低。

1997 年，西安交通大学开始进行二甲醚汽车的研究。他们的试验表明，使用二甲醚可使发动机功率提高 10%～15%，热效率提高 2%～3%，噪声降低 10%～15%，排放达到欧洲Ⅲ标准。上海柴油机股份有限公司和大连柴油厂也进行了二甲醚作为柴油机燃料的相关研究，如二甲醚燃料发动机喷射特性、燃烧机理与排放特性、二甲醚燃料特性以及燃油系统精密偶件减磨耐磨及可靠性的研究等。2003 年，科技部设立"十五"国家清洁汽车关键技术研究开发及示范应用项目，上海汽车工业总公司和大连柴油机厂共同承担了二甲醚汽车的研究开发工作，西安交通大学、无锡油泵油嘴研究所、上海交通大学都参与了本项目的研究与开发。西安交通大学在单缸机上使用二甲醚的研究表明二甲醚发动机具有动力性能好，热效率高，NO_x、HC、CO 排放低，在全部转速负荷范围内可以实现无烟燃烧等优点。无锡油泵油嘴研究所在 CA498 发动机上进行二甲醚燃油系统的研究试验，排放已达到欧Ⅲ标准。上海交通大学对二甲醚发动机的燃料喷射过程、喷雾特性、燃烧与性能、可靠性和材料相容性进行了深入系统的研究，研发了适合于二甲醚燃料特性的发动机供给系统、喷射系统、燃烧系统和整机。

图 7.15 我国首台二甲醚公交客车

2005年6月,上海汽车工业总公司、上海交通大学、上海柴油机股份有限公司联合开发了我国首台二甲醚公交客车,如图7.15所示。测试结果表明,城市客车采用二甲醚发动机后,在车辆满载下,实测的最高车速为83.1km/h,加速性能车辆直接挡由25km/h加速到60km/h时间为34.9s,均达到了车辆设计要求和国家有关标准,车辆的动力性能够满足中高级公交车辆的运营需要;加速烟度试验未检出有可见污染物,该项性能大大优于柴油车;二甲醚客车噪声比原柴油车有显著的改善,二甲醚车外加速噪声比原柴油车降低了2.3dB(A),二甲醚车的车内噪声比柴油车下降了2.5dB(A);二甲醚车辆50km/h行驶时百公里当量油耗为17.8L,优于原柴油车。

7.6 氢气汽车

氢气作为车用能源,有两种应用方式,一种是氢气的化学能转变为电能,再转变为机械能,即燃料电池;另一种是燃烧氢气将其化学能转变为热能,再转变为机械能,即将氢气作为发动机燃料。本节介绍以氢气为发动机燃料的氢气汽车。

7.6.1 氢气燃料的特点

联系一次能源(石油、煤炭、风能、核能等)和用户的中间纽带,可分为"含能体能源"和"过程性能源"。汽油、柴油属于"含能体能源",电能是当前应用最广的"过程性能源"。随着常规能源日益紧缺,在开发新的一次能源的同时,人们也将目光投向新的"含能体能源"。氢能正是一种值得期待的新型二次能源。氢气被广泛认为是未来人类社会的主要动力来源,尤其是用于发电和交通工具方面。

氢的资源丰富,在自然界大量存在。氢气的来源丰富,目前主要从水中通过裂解制取,或者来源于各种工业副产品。氢不具毒性及放射性,是一种清洁环保能源,它可存储、可循环再生。氢的燃烧热值高,高于所有化石燃料和生物质燃料,并且燃烧稳定性好,燃烧充分。由于具有上述优点,故氢在未来能源体系中,将成为各种能量形式之间转化的优良载体。

氢气的分子式是H_2,它在常温、常压下是无色、无味的气体。氢气作为车用发动机燃料,具有以下特点。

(1) 氢气是不含碳的燃料,H_2O是燃烧主要的生成物,废气中不含传统燃油发动机排放的CO、HC以及微粒、铅、硫等有害物质,也没有导致地球温室效应的CO_2,只有高温下生成的NO_x。

(2) 氢气燃烧的火焰传播速度快,是汽油的很多倍;氢是气态燃料,混合气形成质量好、分配均匀;着火界限很宽,允许采用较稀的混合气,实现稀薄燃烧;氢的自燃温度比汽油高,辛烷值高,允许有较高的压缩比。因此,氢气发动机的热效率比汽油机高。

(3) 氢气的质量低热值很大,达到 119.9MJ/kg,尽管理论空燃比也较大(34.48),以质量计的混合气热值仍然保持高值,达到 3.38MJ/kg,而汽油仅有 2.82MJ/kg。但由于氢气的密度太小(仅为空气的 1/14.5),它以体积计的混合气热值较小,仅为 $3.17MJ/m^3$,而汽油为 $3.82MJ/m^3$,天然气为 $3.39MJ/m^3$,甲醇为 $3.56MJ/m^3$,乙醇为 $3.66MJ/m^3$,二甲醚为 $3.71MJ/m^3$。因此,氢气燃料发动机理论上的输出功率比燃用汽油要低。

(4) 点火能量较低,最小可以低到 0.018mJ,汽油掺氢燃烧后,点火能量可以降低,低温下容易起动。

(5) 氢气发动机易出现早燃、回火、工作粗暴等不正常燃烧现象。

(6) 容积系数很小,加上沸点低,因此氢在汽车上的存储难度大。

7.6.2 氢气汽车的应用

1. 氢燃料在汽车上的应用方式

1) 氢气的携带方式

按照氢气的携带方式不同,氢气汽车可分为压缩氢汽车、液化氢汽车和吸附氢汽车。

压缩氢汽车上氢气以 20~25MPa 的压力储存于高压容器中。工作时经降压、计量和混合后进入气缸,也可以直接喷入气缸。

液化氢汽车是指以液态携带氢的氢燃料汽车,工作时液态氢经升温、降压和计量,然后直接喷入气缸,或在机外混合后进入气缸。一般是直接喷入气缸。液态氢的缺点有:液态氢容器必须承受−253℃下的超低温,材料要求很高,管道及阀门要求有极高的绝热能力及耐低温能力;液态氢容器各接头密封难度很大。

吸附氢汽车是指以金属氢化物或碳纳米管携带氢的氢燃料汽车。工作时,储存于金属氢化物或碳纳米管中的氢释放出来直接喷入气缸,或在机外与空气混合后进入气缸。

2) 氢喷射方式

在进气阀关闭后将氢喷入缸内,即在气缸内部形成混合气,能有效地提高发动机功率。内部形成混合气的热值比气缸外部形成混合气的氢发动机高 41%。内部混合气形成的氢发动机的氢喷射有低压喷射型和高压喷射型两种。

低压喷射型的喷射压力可低至 1MPa。氢在压缩行程的前半冲程被喷入缸内,采用火花点火。因为氢是在进气阀关闭后喷入缸内,不会发生回火现象。因不会发生早燃,喷射 0~50℃的低温液态氢,可使其功率比汽油机高 20%。若在室温下喷射氢,由于易发生早燃,氢发动机功率下降至与汽油机相同的水平。

采用高压喷射型时,氢在上止点附近喷入缸内,采用炽热表面点火或火花塞点火,其优点是不会发生回火、早燃及爆震,压缩比可达 12~15,从而提高热效率,适用于大缸径发动机。但是,这种类型的氢发动机必须采取下列措施:①为了使氢能喷入燃烧室内的高压空气中,并使氢喷注贯穿整个燃烧室,喷射压力必须大于 8MPa,此压力可通过采用液氢泵来获得。②由于氢极易通过喷射阀和阀座间的狭缝泄漏,所以这些机件必须精密加工。③由于氢的密度很小,它在高压空气中喷注的喷射速度较低,射程较短,此外它的自燃温度高,且氢燃烧火焰的辐射较弱。所以,氢发动机的氢燃烧过程(包括氢的喷射、混合气形成、着火以及火焰传播)较迟缓。要实现快速燃烧,必须合理组织燃烧室内的气体流动。④因氢混合气难以压燃,故必须借助炽热表面或火花点火。这两种点火方式皆可行，但从点火系统的寿命以及防止喷嘴泄漏而积聚的氢发生早燃的角度考虑，火花点火方式更为合适。

3) 氢混合气点火方式

(1) 低压喷射火花点火。低压喷射氢发动机适合采用火花点火方式。若通过增加充量并控制早燃，则可得到较大的输出功率。当过量空气系数小于 1.2 时易发生早燃，此时仅可获得相当于或小于汽油机额定功率的输出功率。若喷射氢的温度低至 0~50℃，则可防止早燃，发动机输出功率可增大。

(2) 高压喷射炽热表面点火。根据炽热表面点火试验可知，炽热表面温度高于 900℃ 时，混合气才能可靠地着火。这种点火方式也存在实际使用寿命太短，加热点火塞需大容量的电池，喷氢阀易产生氢的泄漏以及起动时易发生早燃和回火等问题。

(3) 高压喷射火花点火。为了解决高压喷射炽热表面点火存在的问题，可采用火花点火方式。由于氢/空气混合气只需较小点火能量便能着火，而且混合气着火界限也较宽广，故适合于采用火花点火。试验表明，若喷氢嘴的喷孔与火花塞电极间隙之间的距离缩短，则氢喷束顶端更易到达电极间隙内，从而使着火落后期缩短，燃气压力的升高更趋平稳。火花点火必须精确布置点火位置和控制点火正时。

2. 氢气汽车的发展

氢气汽车的发展经历了缓慢曲折的历程。20 世纪初，氢作为发动机燃料的研究就开始进行。英国人 Ricardo 和 Burstoll 最早研究了氢发动机，他们用了 20 年对氢发动机的燃烧和工作过程进行了详细研究。20 世纪 70 年代，由于国际石油价格上涨，人们开始加大了对氢发动机的研发投入。日本、美国和德国等国家开展了相关的研究工作。日本武藏工业大学与尼桑公司合作研制成功的"武藏系列液氢汽车"成为 20 世纪 90 年代该领域的标志性成果。此后，世界各大汽车制造商相继推出了自己的氢燃料内燃机汽车。

图 7.16 福特氢燃料 V10 发动机

福特于 2001 年推出了第一辆氢气发动机试验车，在此后的多次车展中相继展出了多款氢燃料概念车。2006 年，福特氢燃料 V10 发动机(图 7.16)正式投产，作为 Ford E-450 氢气客车的动力装置。该 V10 发动机针对氢燃料的特点采用了以下技术：气阀和气阀座采用特殊硬化的材料以补偿氢相对汽油润滑性能的下降；火花塞采用铱金以提高火花塞寿命；点火线圈采用与火花塞整体式的高能线圈可以满足独特的点火特性要求；喷油器专为氢和高容量燃油轨设计；曲轴减振器针对氢燃料进行调谐确保平稳运行；对活塞、连杆与活塞环采用高强度设计以适应氢燃烧较高的燃烧压力；采用特殊气缸垫以适应增大的燃烧室压力；进气歧管采用全新设计以适应双螺旋机械增压器和水-空气式中间冷却器；配置的双螺旋机械增压器和水-空气式中间冷却器可进一步改善功率输出，提供最佳效率；发动机油的分配方针对氢燃烧特性进行了优化。E-450 氢气客车(图 7.17)首先供应佛罗里达，后覆盖北美其他地区。福特是全球首个正式生产氢燃料发动机的汽车制造商。同时，福特也开展下了一代氢燃料发动机的研究，包括提高功率和燃油经济性的直喷技术。

2007年3月，10个欧洲合作单位历经3年成功完成了氢燃料发动机项目，实现对氢燃料发动机的优化。该项目由欧盟委员会发起并推广，项目研发出一款氢燃料发动机，这款发动机比其他驱动系统在性能和成本上具有鲜明优势。该项目由宝马公司负责协调，开发出的两种燃气混合模式已在乘用车和城市客车发动机上得到验证。2007年6月，宝

图7.17 福特E-450氢气客车

马推出世界上第一款供日常使用的氢动力豪华高性能轿车BMW氢能7，如图7.18所示。BMW氢能7完美结合了氢技术及典型BMW轿车的动态性能和驾驶表现，展示了氢能驱动技术的巨大潜力。安装于BMW氢能7系汽车上的是一款能够使用液氢燃料和汽油的6.0L V12混合动力发动机，最大输出功率为191kW，在4300r/min转速下最大转矩可达390N·m，0~100km/h加速时间为9.5s，最高车速为230km/h。该车除配有一个容量为74L的普通油箱外，还配有一个额外的储氢罐，可容纳约8kg的液态氢。

图7.18 BMW氢能7氢气轿车

我国对氢内燃机的研究起步较晚。20世纪80年代中期以来，浙江大学、天津大学等在氢/汽油、氢/柴油混合燃料发动机上展开研究。90年代中期，浙江大学在一辆中型商用车上改装氢/汽油混合燃料发动机获得成功。2000年以来，华北水利水电大学与浙江大学合作在改装的氢燃料发动机样机上进行了深入研究。西安交通大学在Ford基金支持下开展了天然气掺氢发动机燃烧与排放特性的研究。2006年10月，北京理工大学宣称攻克了综合电子控制、运行安全技术、氮氧排放控制等难关，成功开发出了具有超低排放的氢燃料内燃机样机。2007年1月，由镇江江奎科技、清华大学、奇瑞汽车三方自主研发的"示范性氢燃料轿车研制项目"通过国家级专家组评审，标志着国内第一台以氢燃料为动力的国产轿车正式研制成功。2007年6月，重庆长安汽车研制的高效低排放氢发动机实现点火。

1. 天然气汽车为什么能成为目前应用最广的代用燃料汽车？
2. 简述CNG/汽油两用燃料汽车的供给系统的组成和工作原理。

3. 采用电控天然气直接喷射有何好处？
4. 液化石油气作为汽车燃料需要满足哪些要求？
5. 简述液化石油气汽车的燃料供给系统的组成与工作原理。
6. 甲醇作为汽车燃料有哪几种应用方式？各有什么特点？
7. 简述醇类燃料发动机的类型及各自特点。
8. 何谓生物柴油？它为什么可作为汽车的代用燃料？
9. 二甲醚作为代用燃料，在汽车上的应用方式有哪些？
10. 氢气作为车用发动机燃料有何优点？

第 8 章
电动车辆性能与仿真

本章教学要点

通过本章的学习,要求掌握纯电动汽车和混合动力汽车动力性和经济性的计算方法,学会使用 ADVISOR 软件对电动车辆性能进行仿真计算。

本章教学要点

知识要点	能力要求	相关知识
电动车辆的纵向受力	掌握纯电动汽车和混合动力汽车的行驶方程式	纯电动汽车和混合动力汽车驱动力; 汽车行驶阻力
电动车辆的动力性	掌握纯电动汽车动力性计算方法; 掌握混合动力汽车动力性计算方法	电动车辆动力性评价指标
电动车辆的经济性	掌握纯电动汽车经济性计算方法; 掌握混合动力汽车经济性计算方法	纯电动汽车的续驶里程、能量消耗率和比能耗
电动车辆 ADVISOR 性能仿真	了解 ADVISOR 软件; 掌握用 ADVISOR 软件进行车辆性能仿真的方法和步骤	前向仿真、后向仿真

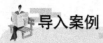

图 8.1 为汽车加速上坡时的受力图,图中 G 为汽车重力,h_g 为质心高度,L 为轴距,a、b 分别为质心到前后轴距离,α 为道路坡道角,F_W 为空气阻力,T_{f1}、T_{f2} 分别为前后轮的滚动阻力偶矩,T_{je} 为发动机的惯性阻力偶矩,T_{w1}、T_{w2} 分别为前后轮的惯性阻力偶矩,F_{Zw1}、F_{Zw2} 分别为前后空气升力,F_{Z1}、F_{Z2} 分别为前后轮地面法向反力,F_{X1}、F_{X2} 分别为前后轮地面切向反力。那么,一辆电动或者混合动力汽车的动力性与以上受力有何关系?它们的经济性评价、计算方法与传统燃油车是否相同?本章的学习将解答这些问题。

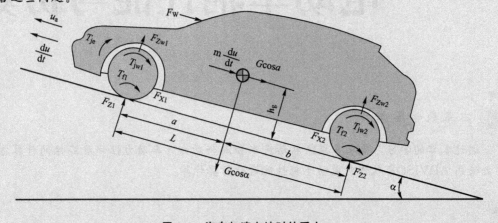

图 8.1 汽车加速上坡时的受力

8.1 电动车辆的纵向受力

传统汽车的性能主要包括动力性、燃油经济性、制动性、操控稳定性、平顺性和通过性。电动车辆的转向系统、悬架系统的结构与传统汽车基本一致,所以它们的操控稳定性、平顺性、通过性的评价指标及分析方法也相同。纯电动与混合动力汽车的电动机具有再生制动的能力,再生制动的加入会影响汽车的制动性。电动车辆的动力性评价指标可沿用传统汽车的指标,但是动力装置有较大的变动,所以它们表现出来的动力性与传统汽车有所不同。另外,纯电动汽车消耗的是电能,故不存在燃油经济性,它的经济性评价指标和计算方法需要重新设立。混合动力汽车由发动机和电动机协同提供动力,发动机的运行与整车的结构形式及功率控制策略相关,所以燃油经济性与传统车辆有较大区别。

电动车辆的动力性和经济性取决于动力装置的状态和汽车沿行驶方向的运动状况。为此,需要掌握沿纵向作用于汽车的各种外力,即驱动力与行驶阻力。

8.1.1 驱动力

1. 纯电动汽车的驱动力

纯电动汽车的动力来自电动机,电动机产生的转矩经传动系统传至驱动轮。若令 T_m

表示电动机输出转矩，i_g 表示变速器传动比，i_0 表示主减速器传动比，η_T 表示机械传动效率，则驱动轮转矩可表示成

$$T_t = T_m i_g i_0 \eta_T \tag{8-1}$$

驱动轮由于驱动转矩的存在使其对地面有一向后的切向力，地面则对驱动轮有一向前的反作用力，即驱动力，若 r 为车轮半径，驱动力 F_t 可表示成

$$F_t = \frac{T_t}{r} = \frac{T_m i_g i_0 \eta_T}{r} \tag{8-2}$$

由式(8-2)可知，电动机转矩是决定驱动力的主要因素。若将电动机转矩与转速之间的关系以曲线表示，该曲线就是电动机转矩特性曲线。电动机转矩特性的特点是在低转速时(基速以下)具有恒转矩，在基速以上电动机的转矩随着转速的升高而减小。为了便于性能计算，可用以下多项式来描述试验测得的电机转矩特性曲线：

$$T_m = \begin{cases} A, & n \leqslant n_N \\ \sum_{i=0}^{k} B_i n^k, & n > n_N \end{cases} \tag{8-3}$$

式中，T_m 为电动机转矩；n 为电动机转速；n_N 为电动机基速。系数 A 和 B_i 可根据试验数据拟合得到，阶数 k 一般取 2 或 3。

2. 混合动力汽车的驱动力

串联式混合动力汽车的驱动装置是电动机，驱动轮的驱动转矩只来自电动机，所以驱动力的表达式与纯电动汽车相同，即式(8-2)。

并联式和混联式混合动力汽车的驱动具有多种模式。当电动机单独驱动时，驱动力可用式(8-2)表达。当发动机单独驱动时，驱动转矩只来自发动机，若以 T_e 表示发动机转矩，则驱动力为

$$F_t = \frac{T_e i_g i_0 \eta_T}{r} \tag{8-4}$$

当发动机和电动机共同驱动时，驱动转矩由电动机和发动机传递过来的转矩叠加得到，驱动力为

$$F_t = \frac{(c_1 T_e + c_2 T_m) i_g i_0 \eta_T}{r} \tag{8-5}$$

式中，c_1、c_2 为由动力合成方式及合成装置传动比决定的比例系数。

8.1.2 行驶阻力

汽车的行驶阻力分为滚动阻力、空气阻力、坡道阻力和加速阻力四种。其中，滚动阻力和空气阻力在汽车行驶时总是存在，坡道阻力当汽车在坡道行驶时存在，加速阻力在汽车加速时存在。

1. 滚动阻力

车轮滚动时，轮胎与路面间的接触区产生法向和切向的相互作用力及轮胎和路面的变形。当轮胎在硬路面行驶时，主要发生轮胎的弹性变形。此时由于轮胎内部的摩擦会产生弹性迟滞损失。汽车行驶时，轮胎的变形不是固定的，而是呈周期性的加载压缩和卸载伸张状态，但是压缩过程做的功要大于卸载过程释放的功，其差值就是弹性迟滞损失，损耗

的动能变成热能散发到空气中。这种迟滞损失的力学表现为阻碍车轮滚动的滚动阻力偶矩,为了克服这个阻力偶矩,必须在车轮中心施加一个额外的推力。为了描述问题方便,可以认为这个推力克服的是一个阻碍车轮滚动的阻力,即滚动阻力。滚动阻力与汽车的重量成正比,可写成

$$F_f = Gf \tag{8-6}$$

式中,F_f 为滚动阻力;G 为汽车重量;f 为滚动阻力系数,滚动阻力系数与路面的种类、行驶车速以及轮胎的构造、材料、气压等有关。

2. 空气阻力

汽车直线行驶时受到的空气作用力在行驶方向上的分力称为空气阻力。空气阻力分为压力阻力与摩擦阻力两部分。压力阻力是在汽车外形表面法向压力的合力在行驶方向上的力,分为形状阻力、干扰阻力、内循环阻力和诱导阻力。形状阻力主要与汽车的形状有关;干扰阻力由汽车突出部件(如后视镜、门把手、导水槽、驱动轴、悬架导向杆等)引起的阻力;内循环阻力是发动机冷却系统、车身通风等气流流过汽车内部引起的阻力;诱导阻力是空气升力在水平方向的分力。摩擦阻力是由于空气黏性在车身表面产生的切向力的合力在行驶方向上的分力。

对于轿车,这几项阻力所占的比例大致为:形状阻力约占 58%,干扰阻力约占 14%,内循环阻力约占 12%,诱导阻力约占 7%,摩擦阻力约占 9%。

研究表明,空气阻力与车速的平方成正比,可表示成

$$F_w = \frac{C_D A u_a^2}{21.15} \tag{8-7}$$

式中,F_w 为空气阻力(N);u_a 为车速(km/h);C_D 为空气阻力系数;A 为迎风面积(m^2),即汽车行驶方向的投影。式(8-7)表明,空气阻力与 C_D 和 A 成正比,由于乘坐空间的制约,A 值的减小幅度很有限,故减小 C_D 是降低空气阻力的主要途径。

3. 坡度阻力

当汽车在坡道行驶时,汽车重力沿坡道的分力称为汽车坡度阻力 F_i,即

$$F_i = G\sin\alpha \tag{8-8}$$

道路的坡度定义为道路坡道角的正切

$$i = \tan\alpha \tag{8-9}$$

一般道路的坡度较小(9% 以下),坡度阻力可近似写成

$$F_i = G\sin\alpha \approx G\tan\alpha = Gi \tag{8-10}$$

但是,在坡度较大时,近似算式误差较大,坡度阻力应按式(8-8)计算。

4. 加速阻力

汽车加速时,需要克服其质量加速运动的惯性力,产生的阻力称为加速阻力。汽车的质量分为平移质量和旋转质量两部分。平移质量产生的是惯性阻力,旋转质量产生的则是惯性阻力偶矩。为了分析问题方便,把旋转质量的惯性阻力偶矩转化为平移质量的惯性阻力,并以系数 $\delta(\delta>1)$ 作为计入旋转质量惯性阻力偶矩后的汽车质量换算系数,δ 与飞轮的转动惯量、车轮的转动惯量以及传动系的传动比有关。

汽车加速时的阻力 F_j 可写成

$$F_j = \delta m \frac{du}{dt} \tag{8-11}$$

式中，m 为汽车质量(kg)；$\frac{du}{dt}$ 为汽车行驶的加速度(m/s^2)。

8.1.3 行驶方程式

汽车行驶时动力需求与动力供应是平衡的，即驱动力应与各项行驶阻力之和相等，该平衡关系式称为汽车的行驶方程式。

1. 纯电动汽车

根据分析汽车纵向的受力，可以得到纯电动汽车的行驶方程式为

$$\frac{T_m i_0 i_g \eta_T}{r} = Gf\cos\alpha + \frac{C_D A u_a^2}{21.15} + G\sin\alpha + m\delta \frac{du}{dt} \tag{8-12}$$

多数道路的坡道角不大，$\cos\alpha \approx 1$，$\sin\alpha \approx \tan\alpha = i$，则行驶方程式可近似写成

$$\frac{T_m i_0 i_g \eta_T}{r} = Gf + \frac{C_D A u_a^2}{21.15} + Gi + m\delta \frac{du}{dt} \tag{8-13}$$

2. 混合动力汽车

串联式混合动力汽车的行驶方程式同式 (8-12)。

并联式混合动力汽车的行驶方程式可表示成

$$\frac{(c_1 T_e + c_2 T_m) i_g i_0 \eta_T}{r} = Gf\cos\alpha + \frac{C_D A u_a^2}{21.15} + G\sin\alpha + m\delta \frac{du}{dt} \tag{8-14}$$

混联式混合动力汽车可实现发动机单独驱动、电动机单独驱动、并联、串联等多个行驶模式，不同行驶模式下有相应的行驶方程式。

8.2 电动车辆的动力性

8.2.1 动力性评价指标

对新能源汽车的动力性要求与对传统汽车的要求是相同的，所以新能源汽车的动力性评价指标沿用传统汽车的指标，分为汽车最高车速 u_{amax}、加速时间 t 和最大爬坡度 i_{max} 三项。

最高车速是指汽车在良好的水平路面(混凝土或柏油)上能达到的最大行驶速度。

加速时间分为原地起步加速时间和超车加速时间。原地起步加速时间指的是汽车由第 I 挡或第 II 挡起步，并以最大的加速强度(包括选择恰当的换挡时机)逐步换至最高挡后到某一预定的距离或车速所需的时间。一般用 0~400m 或者 0~100km/h 的时间表示原地起步的加速时间。超车加速时间指的是最高挡或次高挡由某一较低车速(常为 30km/h 或 40km/h)全力加速至某一高速所需的时间。

汽车的爬坡能力以满载(或规定的其他载荷)、良好路面上的最大爬坡度 i_{max} 来表示。不同类型汽车对爬坡度的要求是不一样的。货车在各种地区的各种道路上行驶，所以要求

有足够的爬坡能力，一般i_{max}要达到30%即坡道角16.5°左右；越野汽车需要行驶在坏路或无路的条件下，对爬坡度的要求更高，i_{max}要达到60%即坡道角31°左右；轿车通常在良好的市区道路行驶，一般不强调它的爬坡能力，然而它的最高车速大，加速能力强，故爬坡能力也强。

8.2.2 动力性计算方法

给定新能源汽车的动力装置特性以及m、C_D、A、r、η_T等汽车结构参数，就可以利用行驶方程式来计算新能源汽车的动力性指标。

1. 纯电动汽车

为了清晰地描述汽车行驶时受力情况及其平衡关系，可将行驶方程式用图解方式进行描述，即将驱动力F_t和常见行驶阻力F_w和F_f绘在同一张图上，称为驱动力-行驶阻力平衡图。驱动力-行驶阻力平衡图可以用来确定汽车的动力性。

1) u_{amax}

汽车在水平道路以最高车速匀速行驶时，坡度阻力和加速阻力都为0，此时行驶方程式写成

$$\frac{T_m i_0 i_g \eta_T}{r} = Gf + \frac{C_D A u_a^2}{21.15} \qquad (8-15)$$

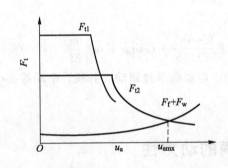

图8.2 纯电动汽车驱动力-行驶阻力平衡图

由式(8-15)、式(8-3)及车速与电动机转速的关系式$u_a = 0.377 n_m \cdot r/i_0 i_g$，可联立求出汽车的最高车速，但这种方法的数学计算非常复杂。为此，一般利用驱动力-行驶阻力平衡图来求最高车速。图8.2为纯电动汽车的驱动力-行驶阻力平衡图。该车配备了一个二挡变速器，最高挡(Ⅱ挡)的驱动力线F_{t2}与$F_f + F_w$曲线的交点即为最高车速。因为此时的驱动力与行驶阻力相等，汽车处于稳定的平衡状态。超过此车速时，行驶阻力已大于驱动力，这是不可能实现的。此外由该图可知，在车速低于最高车速时，驱动力大于行驶阻力，这些剩余的力可用来加速或爬坡。

2) 加速时间

一般用汽车在水平良好路面的加速时间来评价汽车的加速能力。此时，坡度阻力为0，由行驶方程式，可得加速过程的加速度为

$$a = \frac{du}{dt} = \frac{1}{\delta m}(F_t - F_f - F_w) \qquad (8-16)$$

式(8-16)中，F_t、F_f、F_w为与车速相关的量，故可将a看成是车速的函数。假定要求汽车从u_1加速到u_2所用的加速时间为t，由运动学知识和式(8-16)可得

$$dt = \frac{1}{a} du \qquad (8-17)$$

$$t = \int_0^t dt = \int_{u_1}^{u_2} \frac{1}{a} du \qquad (8-18)$$

但式(8-18)难以通过直接的算式积分计算得到 t，通常采用计算机积分或图解法积分法求出 t。用图解积分法，画出 $1/a$ 与 u 的关系曲线如图 8.3 所示，t 的几何意义为曲线与积分区间围成的面积。将速度区间分割成足够小的若干等间隔 Δu，求每个间隔的面积，加速时间为各个间隔面积之和。

$$t \approx \sum \Delta_i = \sum \frac{1}{a}\Delta u \qquad (8-19)$$

3）爬坡度

用最大爬坡度 $i_{\max}$ 来评价汽车爬坡的能力。计算爬坡度时，设定汽车在良好路面上，克服 $F_f + F_w$ 后的余力都用于克服坡度阻力。此时加速度为 0，由行驶方程式可得

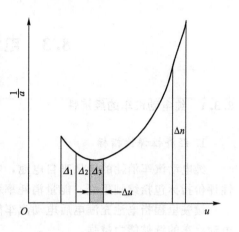

图 8.3　图解积分法求加速时间

$$F_i = F_t - (F_f + F_w) \qquad (8-20)$$

当坡道角 α 较小时，$\cos\alpha \approx 1$，$\sin\alpha \approx \tan\alpha = i$，爬坡度可通过下几式求出：

$$\begin{cases} F_i = Gi \\ F_f + F_w = Gf + \dfrac{C_D A u_a^2}{21.15} \\ i = \dfrac{F_t - (F_f + F_w)}{G} \end{cases} \qquad (8-21)$$

低挡的爬坡度大，若用式(8-21)计算误差较大。此时，坡度阻力应该采用准确的表达式 $F_i = G\sin\alpha$，进一步写成

$$G\sin\alpha = F_t - \left(Gf\cos\alpha + \frac{C_D A u_a^2}{21.15}\right) \qquad (8-22)$$

由式(8-22)可得到坡道角为

$$\alpha = \arcsin\frac{F_t - (F_f + F_w)}{G} \qquad (8-23)$$

再由 $i = \tan\alpha$ 求出爬坡度。

2. 混合动力汽车

串联式混合动力汽车的动力性计算方法与纯电动汽车相同。

并联式混合动力汽车的动力性与其动力合成方式、控制策略、电机容量有关。对于混合度很小的微混合动力汽车，电机不参与驱动汽车，动力完全由发动机提供，动力性计算方法与传统燃油汽车相同。对于电机具有辅助驱动功能的混合动力汽车，其驱动力由发动机和电机共同提供，动力性应按式(8-14)的并联混合动力汽车行驶方程式进行求解。

混联式混合动力汽车可实现串联、并联、纯电动等工作模式。它的起步可以分为纯电动和电机辅助发动机混合驱动两种类型，相应的加速时间计算方式也有两种，取决于具体的车型。混联式混合动力汽车虽然具有纯电动行驶能力，但因为电池容量有限致使纯电动里程短，所以最高车速的计算应按并联混合驱动模式来计算。为了获得大的爬坡能力，最大爬坡度也应按并联模式来计算。

8.3 电动车辆的经济性

8.3.1 纯电动汽车的经济性

1. 经济性评价指标

纯电动汽车消耗的能量来自电池,电池通过充电从电网补充能量。纯电动汽车的经济性评价指标包括续驶里程、能量消耗率和比能耗。

续驶里程指电池充满电后电动汽车能够行驶的里程,常用单位为 km。这个数值越大,电动汽车的续航能力越强。

能量消耗率指电动汽车在一定运行工况下行驶一定路程所消耗的电池的能量,常用单位为 kWh/km。这个数值越大,电动汽车的耗能经济性越好。

比能耗指电动汽车单位质量的能量消耗率,常用单位为 kWh/km·t。这个数值越大,电动汽车的能量利用效率越高。

2. 续驶里程的估算

若每块电池的额定容量为 $C_N(A \cdot h)$,电压为 $U_N(V)$,每组电池串联的电池数为 M,并联的电池组数为 N,D 为允许的放电深度,则电动汽车电池储存的能量 $E(Wh)$ 为

$$E = C_N U_N MND \tag{8-24}$$

然而电池并非总在额定条件下工作。假定电动汽车以车速 u_a(km/h)匀速行驶,若 P_f 为滚动阻力功率,P_w 为空气阻力功率,P_b 为电池放电功率,η_d 为电池放电效率,η_c 为功率变换器效率,η_m 为电动机效率,η_t 为机械传动效率,则电池的工作电流为

$$I = \frac{P_b}{MU_N} = \frac{P_f + P_w}{MU_N \eta_d \eta_c \eta_m \eta_t} = \frac{\frac{Gfu_a}{3600} + \frac{C_D A u_a^3}{76140}}{MU_N \eta_d \eta_c \eta_m \eta_t} \tag{8-25}$$

以 I_N 表示额定放电电流,由 Peukert 公式,当放电电流为 I 时,电池的可用能量为

$$E = C_N U_N MND \left(\frac{I_N}{I}\right)^{n-1} \tag{8-26}$$

若 E_e 表示传递到驱动轮的有效驱动能量,F 为总的行驶阻力,以车速 u_a 匀速行驶的续驶里程 $S(km)$ 可用下式计算:

$$S = \frac{3.6E_e}{F} = \frac{3.6E\eta_d \eta_c \eta_m \eta_t}{F} = \frac{3.6C_N U_N MND \eta_d \eta_c \eta_m \eta_t}{Gf + \frac{C_D A u_a^2}{21.15}} \left(\frac{I_N}{I}\right)^{n-1} \tag{8-27}$$

由式(8-27)可知影响电动汽车续驶里程的因素如下。

(1)动力电池参数。额定容量、额定电压、放电深度影响单块电池存储的能量,放电电流和放电效率影响电池能够释放的容量大小。

(2)电动汽车的总质量。总质量越大,消耗的功率和能量越高,续驶里程越小。

(3)电池数量。增加电池数量一方面可增加总能量,有利于延长续驶里程,但另一方面总质量也增加而加大能量消耗,降低续驶里程。可见,不能简单认为电池数量越多,汽

车的续驶里程就越长。

另外,影响电动汽车续驶里程的因素还有如下几个。

(4) 辅助装置。照明、音响、通风、空调都需要消耗电动汽车电池的电能,这部分能量消耗约占总能耗的 6%～12%。

(5) 行驶的环境状况。汽车行驶的道路与天气(如道路的种类与交通拥挤状况、气温的高低、风力的方向与大小等)会影响电动汽车行驶的能量消耗,从而影响电动汽车的续驶里程。

(6) 行驶工况。汽车的行驶包括等速、加速、减速、短暂停车等行驶工况。同一车辆,不同行驶工况的续驶里程是不一样的。不同车辆在同一行驶工况规范下的续驶里程才具有可比性。

为了模拟汽车实际的运行情况,使测量或计算的汽车能量消耗量接近实际量,各国针对不同的情形(如道路、车型等)制定了一些规范化、标准化的循环行驶工况。循环工况规定了车速随时间的变化规范,包括行驶的速度、加速度的数值以及何时换挡、何时制动等内容。只有少数很简单的循环工况可在路上进行试验,多数循环工况在路上试验比较困难,通常是在底盘测功机进行测试。

图 8.4 为我国制定的城市客车四工况循环工况图,可用于城市客车能量消耗量的测试或计算。图 8.5 为 GB/T 18386—2005《电动汽车能量消耗率和续驶里程试验方法》规定的电动汽车循环试验工况。该试验循环由市区运转循环和市郊运转循环组成,市区运转循环又由四个市区运转循环单元构成,理论试验总距离为 11.022km,行驶时间为 1180s。

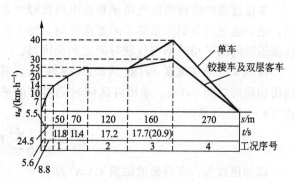

图 8.4 城市客车四工况循环工况图

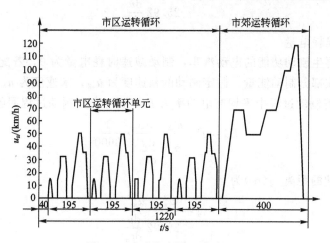

图 8.5 电动汽车循环试验工况

3. 循环工况能量消耗率的计算

1) 匀速工况耗电量

设 P_f 为滚动阻力功率,P_w 为空气阻力功率,纯电动汽车匀速行驶的行驶阻力功率为

$$P_F = P_f + P_w = \frac{Gfu_a}{3600} + \frac{C_D A u_a^3}{76140} \tag{8-28}$$

电池组的放电功率为

$$P_b = \frac{P_f + P_w}{\eta_d \eta_c \eta_m \eta_t} \tag{8-29}$$

若汽车以车速 u_a(km/h)行驶 s_v(m)，则该过程消耗的电能 E_v(kW·h)为

$$E_v = P_b t_v = \frac{P_b s_v}{1000 u_a} \tag{8-30}$$

2) 等加速工况耗电量

加速行驶时，行驶阻力功率包括 P_f、P_w 和加速阻力功率 P_j，并且随着车速的增加而增加。电池的放电功率为

$$P_b = \frac{P_f + P_w + P_j}{\eta_d \eta_c \eta_m \eta_t} = \left(\frac{Gfu_a}{3600} + \frac{C_D A u_a^3}{76140} + \frac{\delta m u_a}{3600}\frac{du}{dt}\right)\frac{1}{\eta_d \eta_c \eta_m \eta_t} \tag{8-31}$$

加速过程中电池的放电功率和放电电流都会发生变化。等加速过程耗电量求解的思路是：把加速过程分割为足够多的速度区间，每个区间可看成是匀速过程，每区间的耗电量根据该区间的平均功率与行驶时间之积来求得。

设汽车以等加速度 du/dt 从 u_{a1} 加速到 u_{a2}，若速度间隔取 1km/h，共 n 个，每个区间经历相同的时间 Δt(s)。求出各区间时刻对应的平均功率 $\overline{P}_i$，则加速过程的耗电量 E_a 按式（8-32）计算。

$$E_a = \frac{1}{3600}\sum_{i=1}^{n}\overline{P}_i \Delta t \tag{8-32}$$

该加速过程汽车行驶的距离 s_a(m)为

$$s_a = \frac{u_{a2}^2 - u_{a1}^2}{25.92\frac{du}{dt}} \tag{8-33}$$

3) 等减速工况耗电量

对于未设置再生制动功能的电动汽车，制动减速时耗电量为0，若配置有再生制动功能，电池能够回收部分制动能量。假定制动的初速度为 u_{a2}，末速度为 u_{a3}，制动减速度为 du/dt_d(m/s²)。若制动过程中平均充电功率为 P_{bc}(kW)，则制动过程回收的能量为

$$E_d = P_{bc}\frac{u_{a2} - u_{a1}}{3.6\frac{du}{dt_d}} \cdot \frac{1}{3600} \tag{8-34}$$

制动过程行驶的距离 s_d(m)为

$$s_d = \frac{u_{a2}^2 - u_{a3}^2}{25.92\frac{du}{dt_d}} \tag{8-35}$$

4) 短暂停车工况

由于电动汽车的电机起步能力强，所以短暂停车时电动机关闭，耗电量为0。

5) 循环工况的能量消耗率

循环行驶工况由若干个匀速、等加速、等减速、短暂停车等工况组合而成，整个循环的能量消耗率 E_s(kWh/km)为

$$E_s = \frac{\sum E}{s} \times 1000 \tag{8-36}$$

式中,$\sum E$ 为基本工况的耗电量之和(kWh),包括所有 E_v、E_a 及 E_d,其中 E_d 是回收能量,故取负;s 为所有基本工况的行驶距离之和(m)。

8.3.2 混合动力汽车的燃油经济性

1. 燃油经济性评价指标

混合动力汽车通过加油的方式补充能量(插电式混合动力汽车例外),经济性指的是燃油经济性,其评价指标与传统燃油汽车相同。

燃油经济性评价指标分成两类。

一类是在一定的运行工况下汽车行驶一定路程所消耗的燃油。常用的指标是百公里消耗的燃油升数,单位 L/100km,这个数值越大,燃油经济性越差。我国和欧洲采用这种评价指标。

另一类是在一定的运行工况下汽车以一定的燃油行驶的里程数。美国采用这类燃油评价指标,单位为 MPG(mile/USgal),指的是每加仑燃油能行驶的英里数,1mile=1.6093km,1USgal=3.785L。MPG 数值越大,汽车燃油经济性越好。

2. 燃油经济性计算方法

计算汽车燃油经济性需要确定发动机的运行情况。混合动力汽车发动机的运行与汽车行驶状态、系统控制策略以及电池电量相关。确定发动机运行状态后,结合发动机万有特性就可得到汽车在某一行驶状态的油耗。汽车的实际行驶包含匀速、加速、减速及短暂停车等基本行驶工况,将各个基本工况的油耗加起来,经过折算即可得出循环行驶工况的百公里油耗。混合动力汽车燃油经济性计算具体流程如图 8.6 所示。

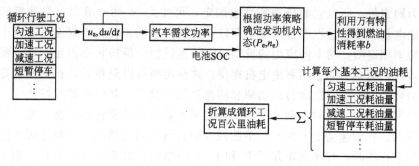

图 8.6 混合动力汽车燃油经济性计算流程

1) 匀速工况的油耗

设 P_f 为滚动阻力功率,P_w 为空气阻力功率,η_t 为总传动效率,混合动力汽车需要提供的功率可表示成

$$P_R = \frac{1}{\eta_t}(P_f + P_w) + \frac{1}{\eta_t}\left(\frac{Gfu_a}{3600} + \frac{C_D A u_a^3}{76140}\right) \tag{8-37}$$

传统燃油汽车的行驶需求功率完全由发动机提供,但混合动力汽车并不是这样,除了发动机驱动车辆,电机必要时也提供驱动功率。混合动力汽车发动机的实际功率不仅与行驶需求功率相关,还与电机工作情况和电池是否需要充电等因素相关。整车控制器根据输

入的汽车行驶状态以及各动力部件状态信号,按照预先设定的控制策略确定发动机的工作模式和运行状态。混合动力汽车发动机功率可通过下式得到:

$$P_e = k_s \left(P_R - k_m \frac{P_m}{\eta_{mt}} + k_b \frac{P_b}{\eta_{bt}} \right) \quad (8-38)$$

式中,P_m为电机功率;η_{mt}为从电机到驱动轮的传动效率;P_b为电池充电功率;η_{bt}为发动机动力经电机/发电机、功率变换器到电池的转换效率;k_s为发动机开关状态信号,k_s取 0 和 1 分别表示发动机处于的运行和关闭;k_m为电机开关状态信号,k_m取 0 和 1 分别表示电机处于运行和关闭状态;k_b为电池充电信号,k_b取 0 和 1 分别表示发动机不提供和提供电池充电功率。k_s、k_m以及k_b的取值取决于混合动力汽车的类型、控制策略以及汽车实际运行状态。

确定了发动机运行状态(功率P_e和转速n)后,利用发动机的万有特性可以确定此时发动机的燃油消耗率b(g/kWh),进而可以求得汽车以车速u_a行驶时的单位时间燃油消耗率Q_t(mL/s),即

$$Q_t = \frac{P_e b}{367.1 \rho g} \quad (8-39)$$

式中,ρ为燃油密度(kg/L)。

以车速u_a行驶s_v(m)行程的燃油消耗量Q_v(mL)为

$$Q_v = \frac{P_e b s_v}{102 u_a \rho g} \quad (8-40)$$

2) 等加速工况的油耗

不同类型、不同控制策略的混合动力汽车在加速时,发动机运行状态差异极大,主要可分为开关型、功率固定型和功率跟随型三类,其油耗计算方法分别如下。

(1) 开关型。主要指采用开关式控制策略的串联式混合动力汽车的发动机的运行模式。发动机与驱动轮没有机械连接,它的运行状态与行驶工况完全脱离。发动机运行功率与转速都为固定值,所以它的耗油特性也固定,可按式(8-39)求出。发动机的开启与否取决于电池电量,加速过程中若发动机开启,计量其油耗,若关闭则油耗计为 0。

(2) 功率固定型。功率固定型的发动机在加速过程中保持状态恒定,处于经济转速和功率稳定运行,剩余的加速功率由电机提供。这种类型可以避免发动机的不稳定工况,获得较低的油耗。发动机固定运行的功率和转速预先已设定,其油耗特性按式(8-39)求出。

(3) 功率跟随型。此时发动机的功率和转速随着车速的变化而变化。发动机转速与车速呈线性关系。在加速强度不大时,多数混合动力汽车的发动机以此种方式运行。

汽车加速行驶时,行驶功率除了P_f和P_w,还增加了加速阻力功率P_j。混合动力汽车需要提供的功率为

$$P_R = \frac{1}{\eta_T}(P_f + P_w + P_j) = \frac{1}{\eta_T}\left(\frac{Gfu_a}{3600} + \frac{C_D A u_a^3}{76140} + \frac{\delta m u_a}{3600} \frac{du}{dt} \right) \quad (8-41)$$

加速过程中发动机的功率和转速会发生变化。加速工况油耗求解的思路是:把加速过程分割为若干速度区间,若区间取得足够多,每个区间可近似看成是匀速过程,每区间的燃油消耗量可根据该区间的平均单位时间燃油消耗量与行驶时间之积来求得。

汽车以等加速度du/dt从u_{a1}加速到u_{a2},若速度间隔取 1km/h,共n个。按式(8-39),可求出各区间时刻对应的单位时间燃油消耗率Q_{ti},则整个加速过程的燃油消耗量Q_a(mL)按式(8-42)计算。

$$Q_a = \frac{1}{2}(Q_{t0} + Q_{tn})\Delta t + \sum_{i=1}^{n-1} Q_{ti}\Delta t \quad (8-42)$$

该加速过程汽车行驶的距离 s_a（单位为 m）为

$$s_a = \frac{u_{a2}^2 - u_{a1}^2}{25.92 \dfrac{du}{dt}} \quad (8-43)$$

3) 等减速制动工况的油耗

对于开关式控制策略的串联混合动力汽车，汽车减速制动不影响发动机运行，若发动机处于开启状态，按式(8-39)求汽车耗油特性，发动机若处于关闭状态，油耗计为0。

多数混合动力汽车在减速行驶时，节气门松开至关至最小位置，发动机处于强制怠速状态，其油耗量即为怠速油耗。减速工况燃油消耗量等于怠速燃油消耗率 Q_i 与减速行驶时间的乘积。

假定制动的初速度为 u_{a2}，末速度为 u_{a3}，制动减速度为 du/dt_d（m/s²），则制动过程的油耗量 Q_d 为

$$Q_d = \frac{u_{a2} - u_{a1}}{3.6 \dfrac{du}{dt_d}} Q_i \quad (8-44)$$

制动过程行驶的距离为

$$s_d = \frac{u_{a2}^2 - u_{a3}^2}{25.92 \dfrac{du}{dt_d}} \quad (8-45)$$

4) 短暂停车工况

对于开关式控制策略的串联混合动力汽车，发动机运行与行驶工况脱离，此时如果发动机仍然处于开启状态，按式(8-39)求汽车耗油特性，发动机若处于关闭状态，油耗计为零。

多数混合动力汽车为了省油，发动机在短暂停车时关闭，油耗为零。

5) 循环行驶工况的百公里油耗

循环行驶工况由多个匀速、等加速、等减速、短暂停车等基本行驶工况组合而成，整个循环的百公里燃油消耗量 Q_s（L/100km）为

$$Q_s = \frac{\sum Q}{s} \times 100 \quad (8-46)$$

式中，$\sum Q$ 为所有基本工况的耗油量（Q_v、Q_a、Q_d 等）之和（mL）；s 为所有基本工况的行驶距离之和（m）。

8.4 电动车辆 ADVISOR 性能仿真

在新能源汽车的设计与开发工作中，往往需要根据各动力部件的特性对汽车的性能进行仿真计算，它起到的作用如下。

(1) 在设计阶段就掌握车辆的性能，评估其指标是否达到设计要求。

(2) 通过性能仿真可以得到整车以及各动力部件参数对汽车性能的影响程度，评价各

动力部件的匹配程度，为新能源汽车的设计与优化提供理论依据。

（3）用于评价新能源汽车控制策略的效果，为控制策略的设计和优化提供一项有力工具。

8.4.1 性能仿真方法

汽车的动力系统可分为燃油汽车、纯电动、混合动力等多种形式，但基本组成都可简化成如图8.7所示模型。车载能源用于能量存储，动力生成装置用于将其他形式的能量转化成驱动车辆所需要的动能，动力调节装置用于调节动力装置输出动力以满足汽车行驶的要求。

图8.7 汽车动力系统简化模型

按照仿真时动力的流向，汽车性能仿真分为后向仿真、前向仿真和混合仿真。

1. 后向仿真

后向仿真也称为反向仿真，其计算流程如图8.8所示。其特点是从行驶工况出发，确定汽车行驶的要求，反向确定动力传动系统各部件应满足的工作特性，进而确定汽车的能耗。可见，它的计算流程与汽车实际动力流向是相反的，不考虑驾驶员的驾驶意图和操纵特性。这种仿真方法常用于经济性的计算，有利于设计初期动力系统参数的初步校核。

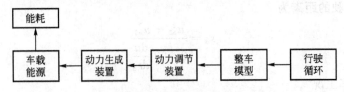

图8.8 后向仿真流程

后向仿真的优点有：计算过程较简单，不需要建立驾驶员模型；部件模型建立可采用简单的试验数据表示法，计算中的数据可用查表法，计算效率高。后向仿真的缺点是：假设车辆一定能满足行驶要求，不利于预测实际性能；试验数据表格法建模，难以考虑部件的动态特性；无驾驶员模型，忽略了制动踏板、加速踏板位置等信号，不利于系统动态性能模拟和控制系统的设计分析。

2. 前向仿真

前向仿真也称正向仿真，其计算流程是从驾驶员开始的，计算路线与汽车控制信号以及实际动力的流向是一致的，如图8.9所示。前向仿真具有驾驶员模型，动力装置模型将加速踏板等信号转化成实际输出转矩、转速，经动力调节装置模型传递到整车模型，实现车辆正常行驶。前向仿真侧重动力性能和操纵性能仿真，可用于对已选定部件的详细设计和动态仿真。

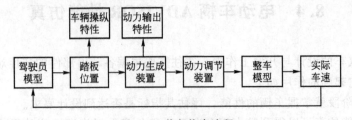

图8.9 前向仿真流程

前向仿真的优点有：驾驶员模型可真实模拟实际工作特征，尤其是驾驶员对汽车的操纵特点，有利于控制系统设计；计算过程包含部件动态模型，可对车辆动态(极限)性能做出预测。前向仿真的缺点是：仿真结构中存在动力部件的动态变化过程的计算，对积分运算有较高要求，通常采用高阶的积分方法进行计算，以提高仿真的精度；相应的积分步长取得较小，所以计算速度慢。

3. 混合仿真

为了综合前向仿真和后向仿真两者的优点，将两者结合起来即为混合仿真。在混合仿真中，可利用后向仿真进行设定的循环行驶工况的计算，评价车辆的经济性、排放等整车性能，而前向仿真可用于动力部件的动态性能仿真。

8.4.2 ADVISOR 软件介绍

1. 概述

ADVISOR(Advanced Vehicle Simulator，高级车辆仿真器)是由美国可再生能源实验室(National Renewable Energy Laboratory，NREL)在 MATLAB/SIMULINK 环境下开发的车辆性能仿真软件。该软件1994年开始开发和使用，而后功能和模块逐渐扩展，可对传统燃油汽车、纯电动汽车、混合动力汽车等各种类型的车辆进行性能分析。全球许多汽车公司、高校和研究机构使用该软件进行汽车性能的研究和开发。

ADVISOR 软件具有以下特点。

(1) 采用模块化建模方式。将整车模型分为整车结构参数、动力装置、储能装置、变速器、车轮等模块化部件。各模块可以扩充和修改，可自由组合。各模块有标准数据输入/输出端口，便于数据传递。

(2) 仿真模型和源代码开放。使用者能够得到仿真模型的模型框架和细节的信息，可根据需要修改或重建部分仿真模型，节省建模时间，将主要精力投放在具体问题的研究上。

(3) 采用后向仿真为主、前向仿真为辅的混合仿真，集成了两种方法的优点，在计算量较小、运算速度较快的同时，也可保证仿真精度。

(4) 软件在 MATLAB/SIMULINK 环境下开发，所以开放性强，便于二次开发。

(5) 具有开放的软件接口，能与其他多种软件进行联合仿真，便于用户对仿真模型的改进和功能拓展。

ADVISOR 软件具有以下功能。

(1) 根据工况模拟整车的经济性和排放指标。

(2) 根据工况模拟整车的动力性指标(加速性能、最高车速、最大爬坡度)。

(3) 模拟各动力部件的性能指标的时间变化历程等动态特性。

(4) 考察整车和各动力部件参数对汽车性能指标的影响。

2. 软件界面

ADVISOR 的运行需要先开启 MATLAB 软件，将工作目录设置在 ADVISOR 的安装目录，在 MATLAB 的命令栏输入 advisor，即可进入 ADVISOR 的启动界面，如图 8.10 所示。

1) 整车定义界面

ADVISOR 的工作界面主要有三个：整车定义界面、工况定义界面和结果显示界面。

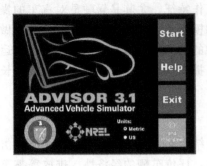

图 8.10　ADVISOR 启动界面

图 8.11 为整车定义界面。第 1 部分用于选择汽车类型和定义汽车的各个部件（汽车总体参数、动力装置、传动系统、储能装置、控制策略等）。软件中自带一些车型和典型部件的仿真模型及数据参数，自建模型可以以它们为基础，通过修改或新建 m 文件进行整车和各部件的参数定义。

第 2 部分的作用是以下拉菜单的形式对各参数进行定义，而不需要进入 m 文件。

第 3 部分可用于查看仿真的 SIMULINK 模型。

第 4 部分显示已定义汽车的结构简图，标识了整个动力传动系统结构和能量的传递方向。

第 5 部分用于显示部分部件的特性图，如发动机的万有特性和排放特性图、电机的效率特性图等。

第 6 部分为流程操作按钮，可以选择保存、上一步、下一步、退出等功能。

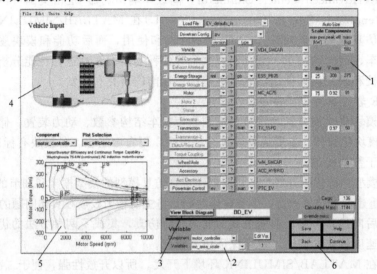

图 8.11　整车定义界面

2）工况定义界面

图 8.12 为工况定义界面。第 1 部分用于输入用于仿真计算的循环行驶工况及循环次数，软件自带了各国典型的循环行驶工况。

第 2 部分用于设置需要进行的动力性测试项目（主要包括加速性能和爬坡度测试）的具体条件。

第 3 部分用于汽车参数匹配分析，设置参数的变化范围，可考察参数变化对性能的影响。

第 4 部分为选择的行驶工况的图形显示以及相应的统计参数，如最高车速、平均车速、最大加速度、平均加速度等。

第 5 部分为流程操作按钮。

3）结果显示界面

图 8.13 为结果显示界面。第 1 部分为整车和各部件特性参数（如车速、电池 SOC、电机输

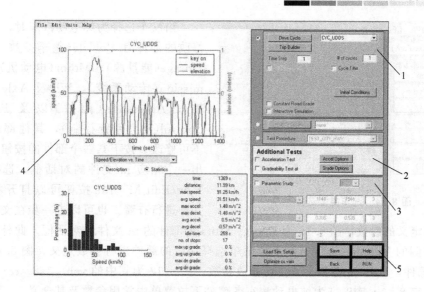

图 8.12　工况定义界面

出转矩等)的选择下拉菜单。当选定某参数后,在第 2 部分就会显示它在仿真过程中的变化图。

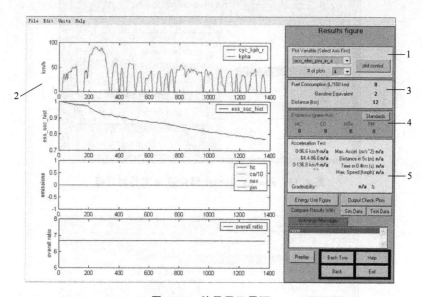

图 8.13　结果显示界面

第 3 部分显示仿真过程的燃油消耗量(或等效值)和行驶里程。

第 4 部分显示汽车的各种尾气的排放量,燃油汽车和混合动力汽车有此项,纯电动汽车为 0。

第 5 部分显示加速时间和爬坡度等动力性指标的数值。

8.4.3　ADVISOR 的性能仿真应用

1. 纯电动汽车

1) 整车定义

在整车定义部分的 Drivetrain Config 选项右侧的下拉菜单选择 ev,如图 8.14 所示。

新能源汽车基础

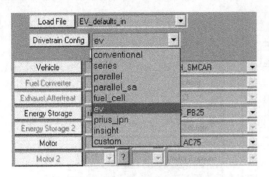

图 8.14　汽车类型选择菜单

当汽车选择为纯电动汽车时，可以进行修改的部件有 Vehicle（整车参数）、Energy Storage（能量源）、Motor（电动机）、Transmission（传动系统）、Wheel/Axle（车轮/车轴）、Accessory（附件）以及 Powertrain Control（动力系统控制），其他部件呈灰色不可修改。按下某一个部件的按钮，就会弹出一个相应 m 文件的对话框，选择其中的 Vew/Edit M - file 按钮可以打开相应的 m 文件进行查看，也可以进一步在文件中修改需要重新定义的参数，图 8.15 为 Energy Storage 部件的 m 文件的对话框。此外，还可以在界面下侧的 Variable 选项下的下拉菜单选择相应的部件进行参数定义，图 8.16 选择了 Vehicle 部件，Vehicle 有多个下拉可修改参数，图 8.17 为其中的 veh_1st_rrc 参数修改对话框。表 8-1～表 8-5 为纯电动汽车各部件下拉菜单中常用参数及其含义。

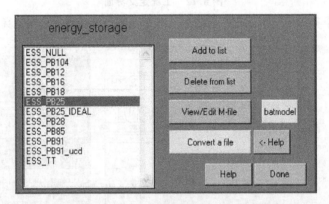

图 8.15　Energy Storage 部件的 m 文件对话框

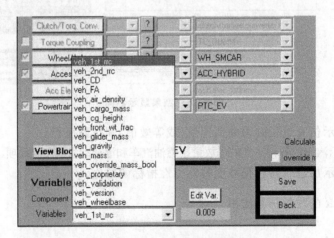

图 8.16　Vehicle 的参数下拉菜单

在定义完整车参数之后，选择整车定义界面右下角的 Save 按钮，将定义好的整车参数保存在一个 m 文件，便于以后仿真时的再次调用。然后按下 Continue 按钮进行下一步操作，即进入仿真工况定义界面。

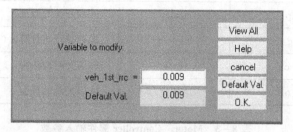

图 8.17　veh _ 1st _ rrc 参数修改对话框

表 8 - 1　Vehicle 部件输入参数

参数名称	类型	含义
veh _ 1st _ rrc	scalar	滚动阻力系数常数
veh _ 2nd _ rrc	scalar	滚动阻力系数第二项
veh _ CD	scalar	空气阻力系数
veh _ FA	scalar	迎风面积
veh _ cargo _ mass	scalar	装载质量
veh _ cg _ height	scalar	质心高度
veh _ front _ wt _ frac	scalar	前轴载荷比
veh _ glider _ mass	scalar	平动质量（除去电动机、变速器、电池等）
veh _ gravity	scalar	重力加速度
veh _ mass	scalar	总质量
veh _ override _ mass _ bool	boolean	是否启用覆盖质量，0＝不启用，1＝启用
veh _ wheelbase	scalar	前后轴距离

表 8 - 2　Energy _ Storage 部件输入参数

参数名称	类型	含义
ess _ max _ volts	scalar	每块电池最大电压
ess _ min _ volts	scalar	每块电池最小电压
ess _ mod _ airflow	scalar	每块电池冷却风量
ess _ mod _ cp	scalar	每块电池热容量
ess _ module _ mass	scalar	每块电池质量
ess _ module _ num	scalar	电池块数

(续)

参数名称	类型	含义
ess_set_tmp	scalar	风扇开关的温度
ess_th_calc	boolean	是否进行热计算，0=否，1=是
ess_th_res_on	scalar	风扇开时的热阻
ess_th_res_off	scalar	风扇关时的热阻

表 8-3 Motor_Controller 部件输入参数

参数名称	类型	含义
mc_area_scale	scalar	表面积换算系数
mc_cp	scalar	热容量
mc_eff_scale	scalar	效率换算系数
mc_inertia	scalar	电动机转动惯量
mc_mass	scalar	电动机质量
mc_max_crrnt	scalar	允许最大电流
mc_min_volts	scalar	允许最小电压
mc_overtrq_factor	scalar	短时转矩过载系数
mc_sarea	scalar	电动机表面积
mc_spd_scale	scalar	电动机转速换算系数
mc_th_calc	boolean	是否进行热计算，0=否，1=是
mc_trq_scale	scalar	电动机转矩换算系数
mc_tstat	scalar	冷却泵开启温度

表 8-4 Transmission 部件输入参数

参数名称	类型	含义
tx_mass	scalar	传动系统质量
gb_eff_scale	scalar	变速器效率换算系数
gb_gears_num	scalar	变速器挡位数
gb_inertia	scalar	变速器转动惯量
gb_loss_const	scalar	变速器功率损失

(续)

参数名称	类型	含义
gb_loss_input_spd_coeff	scalar	变速器输入转速损失系数
gb_loss_input_trq_coeff	scalar	变速器输入转矩损失系数
gb_loss_output_pwr_coeff	scalar	变速器输出功率损失系数
gb_loss_output_spd_coeff	scalar	变速器输出转速损失系数
gb_loss_output_trq_coeff	scalar	变速器输出转矩损失系数
gb_mass	scalar	变速器质量
gb_shift_delay	scalar	变速器换挡时间
gb_spd_scale	scalar	变速器转速换算系数
gb_trq_scale	scalar	变速器转矩换算系数
fd_inertia	scalar	主减速器转动惯量
fd_loss	scalar	主减速器转矩损失
fd_mass	scalar	主减速器质量
fd_ratio	scalar	主减速器传动比

表 8-5 Powertrain_Control 部件输入参数

参数名称	类型	含义
cs_hi_soc	scalar	允许最大 SOC
cs_lo_soc	scalar	允许最小 SOC

2) 仿真工况定义

通过工况定义界面可以设定仿真工况和选择试验条件。在界面右侧上方的 driving cycle 按钮右边的下拉菜单可选择循环工况,如图 8.18 所示。另外,还可进一步在 driving cycle 按钮下方进行计算的时间步长、循环次数、是否交互仿真的设置。

Acceleration Test(加速测试)和 Gradeability Test(爬坡度测试)是仿真的可选项,用户可以根据需要进行选择。如果选择进行相关测试,则要分别按下右侧的 Accel Options 和 Grade Options 按钮进行加速的车速区间以及爬坡车速等测试条件的设置,如图 8.19 和图 8.20 所示。

若选中右侧下方的 Parametric Study 项,则可以对最多 3 个汽车参数进行灵敏度分析,用于分析这些参数对汽车性能的影响。Parametric Study 选项的下方具有汽车参数的下拉选择菜单,以及相应的数值变化的上下范围。

在本界面定义完成之后,选择右下方的 Save 按钮可保存定义,便于下一次的调用。然后,按下 RUN 按钮,软件就开始进行仿真计算。

新能源汽车基础

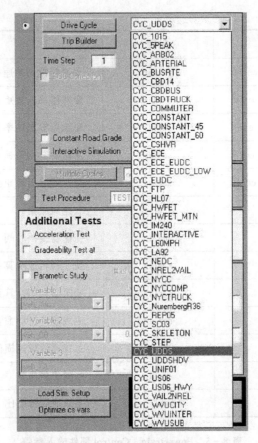

图 8.18　工况选择菜单

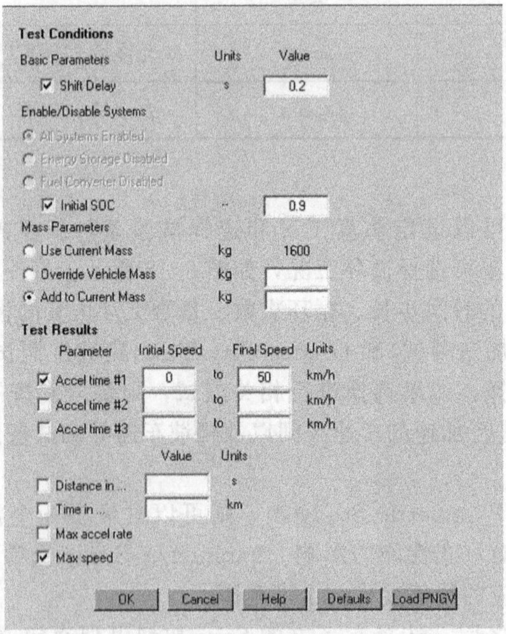

图 8.19　加速条件设置

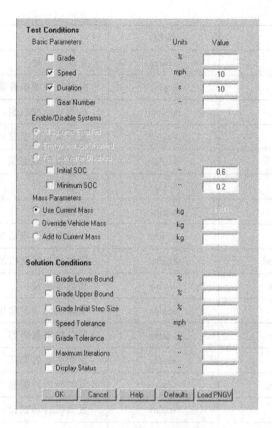

图 8.20　爬坡条件设置

2．混合动力汽车

混合动力汽车的 ADVISOR 性能仿真步骤与纯电动汽车大致相同。在整车定义部分的 Drivetrain Config 选项的下拉菜单选择混合动力汽车的类型（如 series、parallel 等）。与纯电动汽车相比，混合动力车可修改的部件增加了 fuel convertor（发动机）、exhaust aftertreat（排放处理模块）、generator（发电机，用于串联式）等。发动机万有特性建模方法是将多个转速和转矩下的燃油消耗率试验数据以矩阵形式输入 ADVISOR 的发动机模型 m 文件。混合动力汽车的 Vehicle（整车参数）、Energy Storage（能量源）、Motor（电动机）、Transmission（传动系）等部件的输入参数与纯电动汽车相同，参见表 8-1～表 8-4，其他主要部件的常用输入参数见表 8-6～表 8-9。

表 8-6　Fuel_Converter（发动机）输入参数

参数名称	类型	含义
fc_acc_mass	scalar	发动机附件质量
fc_base_mass	scalar	发动机机体质量
fc_c2i_th_cond	scalar	气缸热传导率
fc_cl2h_eff	scalar	机舱加热效率
fc_cp	scalar	发动机热容量

(续)

参数名称	类型	含义
fc_disp	scalar	发动机排量
fc_eff_scale	scalar	发动机效率换算系数
fc_emis	boolean	是否有排放数据,0=无,1=有
fc_emisv	scalar	发动机表面至发动机罩的散热率
fc_ext_sarea	scalar	发动机外表面积
fc_fuel_den	scalar	燃油密度
fc_fuel_lhv	scalar	燃油低热值
fc_fuel_mass	scalar	燃油及燃油箱质量
fc_h2x_th_cond	scalar	发动机与发动机舱间的热导率
fc_h_air_flow	scalar	加热器风量
fc_h_cp	scalar	发动机舱与发动机罩的热容量
fc_hood_emisv	scalar	发动机罩散热率
fc_hood_sarea	scalar	发动机罩表面积
fc_i2x_th_cond	scalar	发动机内外的热导率
fc_inertia	scalar	发动机转动惯量
fc_mass	scalar	发动机质量(包括供油系统)
fc_max_pwr	scalar	发动机最大功率
fc_pwr_scale	scalar	发动机功率换算系数
fc_trq_scale	scalar	发动机转矩换算系数
fc_spd_scale	scalar	发动机转速换算系数
fc_tstat	scalar	节温器设置温度

表 8-7 Generator(发电机,串联 HEV 部件)输入参数

参数名称	类型	含义
gc_inertia	scalar	发电机转动惯量
gc_mass	scalar	发电机质量
gc_max_crrnt	scalar	允许最大电流
gc_min_volts	scalar	允许最小电压
gc_overtrq_factor	scalar	短时允许最大转矩
gc_spd_scale	scalar	转速换算系数
gc_trq_scale	scalar	转矩换算系数

表 8-8 Powertrain_Control(用于串联 HEV)输入参数

参数名称	类型	含义
cs_charge_deplete_bool	boolean	能量策略,1=电量消耗,0=电量保持
cs_charge_pwr	scalar	充电功率
cs_fc_init_state	scalar	发动机初始状态,1=开,0=关
cs_hi_soc	scalar	允许最高 SOC
cs_lo_soc	scalar	允许最低 SOC
cs_max_pwr	scalar	发动机最大功率
cs_max_pwr_fall_rate	scalar	发动机功率减小的最快速度
cs_max_pwr_rise_rate	scalar	发动机功率增加的最快速度
cs_min_off_time	scalar	允许发动机关闭的最短时间
cs_min_pwr	scalar	发动机最小功率
vc_idle_spd	scalar	发动机怠速转速

表 8-9 Powertrain_Control(用于并联 HEV)输入参数

参数名称	类型	含义
cs_charge_deplete_bool	boolean	能量策略,1=电量消耗,0=电量保持
cs_charge_trq	scalar	充电转矩
cs_electric_launch_spd_hi	scalar	车速上界
cs_electric_launch_spd_lo	scalar	车速下界
cs_hi_soc	scalar	允许最高 SOC
cs_hi_trq_frac	scalar	期望的发动机最大载荷比例
cs_lo_soc	scalar	允许最低 SOC
cs_lo_trq_frac	scalar	期望的发动机最小载荷比例
cs_min_trq_frac	scalar	设定的发动机最小转矩,低于该值,发动机以临界转矩运行
cs_off_trq_frac	scalar	设定的发动机临界转矩,低于该值,发动机关闭
cs_trq_to_soc_factor	scalar	发动机和 SOC 的权重系数。该值小,SOC 更重要;该值大,发动机更重要
vc_clutch_bool	boolean	离合器状态,1=断开,0=不断开
vc_idle_bool	boolean	发动机是否怠速,1=是,0=发动机关闭
vc_idle_spd	scalar	发动机怠速转速
vc_launch_spd	scalar	起步打滑时,离合器输入转速

3. 示例

一辆纯电动轿车，整车参数如下：质量 1600kg，空气阻力系数 0.03，迎风面积 1.9m²，滚动阻力系数 0.02，车轮半径 0.3m；电池选用 ADVISOR 自带的 ESS - NiMH80 - EV1 - draft 镍氢电池模型，采用 26 块；电动机为 75kW 交流异步电动机，将电动机效率特性和转矩特性试验数据以矩阵形式输入电动机模型 m 文件；变速器采用两挡，传动比分别为 1.7 和 1.1，主减速器传动比为 4.1。

在整车定义界面通过对话框或 m 文件输入整车和各部件参数后，在工况选择界面分别选择 UDDS 城市工况和 HWFET 公路工况进行性能仿真，设置的循环工况次数要足够多，保证其总里程大于电动轿车的续驶里程。仿真结果见表 8-10。图 8.21 为 UDDS 工况的仿真结果图。

表 8-10 纯电动轿车性能仿真结果

0~100km/h 加速时间/s		8.6
最高车速/(km/h)		159.8
最大爬坡度/(%)		40.5
续驶里程/km	UDDS 工况	117.8
	HWFET 工况	128.1
耗电(等效成百公里油耗)/(L/100km)	UDDS 工况	2.9
	HWFET 工况	2.6

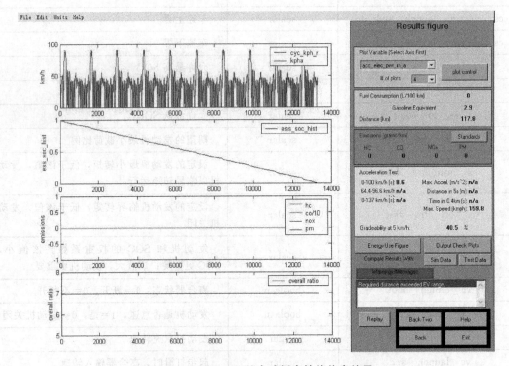

图 8.21 UDDS 工况纯电动轿车性能仿真结果

1. 纯电动汽车和混合动力汽车的驱动力有何不同？
2. 如何求解纯电动汽车的最高车速？
3. 如何计算纯电动汽车的续驶里程？该里程与哪些因素相关？
4. 如何计算纯电动汽车循环工况的能量消耗率？
6. 说明串联式混合动力汽车的 ADVISOR 性能仿真步骤。

参 考 文 献

[1] 陈全世. 先进电动汽车技术 [M]. 北京：化学工业出版社，2007.
[2] 麻友良，严运兵. 电动汽车概论 [M]. 北京：机械工业出版社，2012.
[3] 余志生. 汽车理论 [M]. 北京：机械工业出版社，2010.
[4] 臧杰. 新能源汽车 [M]. 北京：机械工业出版社，2013.
[5] 胡骅，宋慧. 电动汽车 [M]. 北京：人民交通出版社，2012.
[6] 周渊深. 电机与拖动基础 [M]. 北京：机械工业出版社，2013.
[7] 王震坡，孙逢春. 电动车辆动力电池系统及应用技术 [M]. 北京：机械工业出版社，2012.
[8] 喻凡. 车辆动力学及其控制 [M]. 北京：机械工业出版社，2012.
[9] 崔胜民，韩家军. 新能源汽车概论 [M]. 北京：北京大学出版社，2011.
[10] 袁定胜，胡向春，刘应亮. 超级电容器用炭材料的研究进展 [J]. 电池，2007，37(6)：466-468.
[11] 张熊，马衍伟. 电化学超级电容器电极材料的研究进展 [J]. 物理，2011，40(10)：656-663.
[12] 朱桂华，刘金波，张玉柱. 飞轮储能系统研究进展、应用现状与前景 [J]. 微特电机，2011，8：68-74.
[13] 汪黎莉. 超导磁悬浮飞轮储能系统的研究 [D]. 武汉：华中科技大学，2006.
[14] 郑慧勤. 纯电动汽车动力系统的设计与实现 [D]. 武汉：武汉理工大学，2009.
[15] 雷治国，张承宁. 电动汽车电池组热管理系统的研究进展 [J]. 电源技术，2011，35(12)：1609-1612.
[16] 蔡飞龙，许思传，常国峰. 纯电动汽车用锂离子电池热管理综述 [J]. 电源技术，2012，36(9)：1410-1413.
[17] 岳思，李艳. 电动汽车充电模式及方式浅析 [J]. 通信电源技术，2012，29(2)：38-40.
[18] 鲁莽，周小兵，张维. 国内外电动汽车充电设施发展状况研究 [J]. 华中电力，2010，23(5)：16-20.
[19] 曹珊. 基于CAN总线的混合动力汽车辅助动力单元系统与控制策略研究 [D]. 长春：吉林大学，2007.
[20] 李国洪. 混合动力汽车控制策略与动力电池系统的研究 [D]. 天津：天津大学，2005.
[21] 许炜，陶占良，陈军. 储氢研究进展 [J]. 化学进展，2006，18(2/3)：200-210.
[22] 俞红梅，衣宝廉. 车用燃料电池现状与电催化 [J]. 中国科学：化学，2012，42(4)：480-494.
[23] 丁刚强，罗志平，潘牧. 质子交换膜燃料电池组水管理研究 [J]. 能源技术，2005，26(1)：18-22.
[24] 王琦，罗马吉，罗仲. 燃料电池汽车车载氢气安全研究 [J]. 武汉理工大学学报，2011，33(2)：232-235.
[25] 冷宏祥，赵斌良. 燃料电池汽车氢气安全系统介绍 [J]. 上海汽车，2010，6：21-23.
[26] 冯文，王淑娟，倪维斗. 氢能的安全性和燃料电池汽车的氢安全问题 [J]. 太阳能学报，2003，24(5)：677-682.
[27] 宋涛，郑义，郭津. 我国替代燃料乙醇汽油发展现状 [J]. 小型内燃机与摩托车，2013，42(6)：92-96.
[28] 滕虎，牟英，杨天奎. 生物柴油研究进展 [J]. 生物工程学报，2010，26(7)：892-902.
[29] 赵群，王红岩，刘德勋. 世界生物柴油产业发展现状及我国生物柴油发展建议 [J]. 广州化工，2012，40(17)：44-45.
[30] 王丽君，杨振中，司爱国. 氢燃料内燃机的发展与前景 [J]. 小型内燃机与摩托车，2009，38(4)：89-92.

高等院校汽车类创新型应用人才培养规划教材

丛书特点

注重以学生为本：
站在学生的角度、根据学生的知识面和理解能力来编写，考虑学生的学习认知过程，通过不同的工程案例或者示例深入浅出进行讲解，紧紧抓住学生专业学习的动力点，锻炼和提高学生获取知识的能力。

注重人文知识与科技知识的结合：
以人文知识讲解的手法来阐述科技知识，在讲解知识点的同时，设置阅读材料版块介绍相关的人文知识，增强教材的可读性，同时提高学生的人文素质。

注重实践教学和情景教学：
书中配备大量实景图和实物图，并辅以示意图进行介绍，通过模型化的教学案例介绍具体工程实践中的相关知识技能，强化实际操作训练，加深对理论知识的理解；设计有丰富的题型，在巩固知识技能的同时启发创新思维。

注重知识技能的实用性和有效性：
以学生就业所需专业知识和操作技能为着眼点，紧跟最新的技术发展和技术应用，在理论知识够用的前提下，着重讲解应用型人才培养所需的技能，突出实用性和可操作性。

北京大学出版社
地址：北京市海淀区成府路205号
邮编：100871
编辑部：（010）62750667
发行部：（010）62750672
技术支持：pup_6@163.com
http://www.pup6.cn

教材预览、申请样书
微信公众号：教学服务第一线

"北京大学出版社"
微信公众号

ISBN 978-7-301-25882-8
定价：56.00元